权威 · 前沿 · 原创

皮书系列为

“十二五”“十三五”“十四五”时期国家重点出版物出版专项规划项目

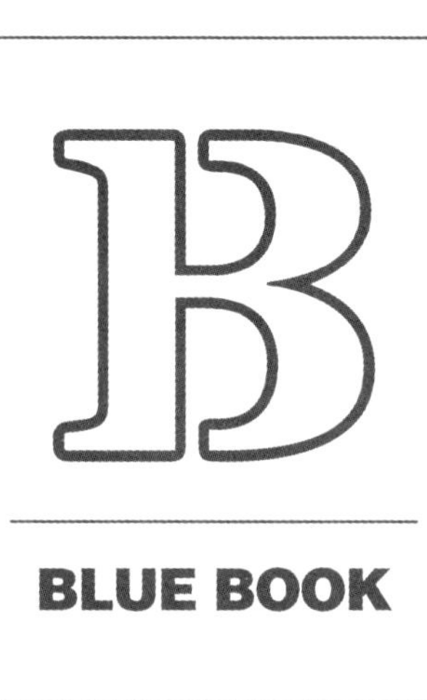

智库成果出版与传播平台

中国语言服务发展报告

（2024）

REPORT ON THE DEVELOPMENT OF LANGUAGE SERVICES IN CHINA (2024)

主　编／王立非　王继辉

副主编／蒙永业　刘劲松　韩林涛

社会科学文献出版社
SOCIAL SCIENCES ACADEMIC PRESS (CHINA)

图书在版编目(CIP)数据

中国语言服务发展报告. 2024 / 王立非，王继辉主编；蒙永业，刘劲松，韩林涛副主编. --北京：社会科学文献出版社，2024. 12. -- (语言服务蓝皮书).
ISBN 978-7-5228-4474-9

Ⅰ. H059

中国国家版本馆 CIP 数据核字第 2024UD5456 号

语言服务蓝皮书
中国语言服务发展报告（2024）

主　　编 / 王立非　王继辉
副 主 编 / 蒙永业　刘劲松　韩林涛

出 版 人 / 冀祥德
组稿编辑 / 恽　薇
责任编辑 / 孔庆梅
文稿编辑 / 刘　燕
责任印制 / 王京美

出　　版 / 社会科学文献出版社 · 经济与管理分社（010）59367226
地址：北京市北三环中路甲 29 号院华龙大厦　邮编：100029
网址：www. ssap. com. cn
发　　行 / 社会科学文献出版社（010）59367028
印　　装 / 天津千鹤文化传播有限公司

规　　格 / 开　本：787mm × 1092mm　1/16
印　张：25　字　数：374 千字
版　　次 / 2024 年 12 月第 1 版　2024 年 12 月第 1 次印刷
书　　号 / ISBN 978-7-5228-4474-9
定　　价 / 168. 00 元

读者服务电话：4008918866

《中国语言服务发展报告（2024）》
编　委　会

高晓强　中国国际图书贸易集团有限公司副总经理
郭　伟　中国国际图书贸易集团有限公司战略规划部经理兼重大项目办主任
郭英剑　中国人民大学外国语学院教授、首都发展与战略研究院副院长
韩林涛　北京语言大学副教授、国家语言服务出口基地语言技术研究中心主任
何恩培　传神语联网网络科技股份有限公司董事长、国家语言服务出口基地负责人
胡培安　华侨大学华文学院院长、国家语言服务出口基地主任
胡文飞　四川外国语大学商务英语学院教授、院长
李　梅　同济大学外国语学院教授
李佐文　北京外国语大学人工智能与人类语言重点实验室教授、主任
刘和平　北京语言大学高级翻译学院教授
蒙永业　中译悦尔（北京）翻译有限公司董事长、国家语言服务出口基地语言产业研究中心主任
穆　雷　广东外语外贸大学高级翻译学院教授
司显柱　北京第二外国语学院高级翻译学院教授
田　亮　新译信息科技有限公司董事长、国家语言服务出口基地负责人
王继辉　北京大学英文系教授、北京语言大学特聘教授
王铭玉　天津外国语大学翻译与跨文化传播研究院教授、院长

王宗琥　首都师范大学外国语学院教授、院长

文　军　北京航空航天大学外国语学院教授

于中根　北京语言大学教授、国家语言服务出口基地智能语言教育研究中心主任

张　政　北京师范大学外国语言文学学院教授

张天伟　北京外国语大学教授、国家语言能力发展研究中心副主任

郑　樑　中国对外贸易经济合作企业协会副会长、高级经济师

仲伟合　澳门中西创新学院校董、校长、教授

编写组成员　王立非　蒙永业　崔　璨　赵秋荣　刘劲松

孙疆卫　李　雪　邵珊珊　张　娣　彭　哲

周芷伊　李　洁　金钰珏　李　昭　吴志龙

林　旭　艾　斌　姚　雪　付劲松　张晋如

彭祥悦　颜文瑾　王弋戈　赵　柯　董曼霞

韩林涛　栗洁歆　常一凡

审　　校　王立非　谢寿光

主编简介

王立非 南京大学博士，北京语言大学高级翻译学院教授、博士生导师，国际语言服务研究院院长，国家语言服务出口基地首席专家。兼任中国对外贸易经济合作企业协会国际商务与语言服务工作委员会会长、中国英汉语比较研究会语言服务研究专委会副理事长、四川外国语大学巴渝讲座教授、上海财经大学特聘教授、华北科技学院特聘高层次专家。在《外语教学与研究》、《中国翻译》、《人民日报》、光明网、中国网等报刊和其他媒体发表文章百余篇，参与《中国国际服务贸易发展报告》（2022~2024年）语言服务相关章节编写，著有《经济话语新发展研究》《商务英语论要》《商务话语名物化研究》，主编《语言服务产业论》《中国企业“走出去”语言服务蓝皮书》《“战疫”应急语言服务报告》《京津冀、长三角、粤港澳大湾区语言服务竞争力报告》《中国语言服务发展报告（2024）》，译有《全球语言服务市场报告（2017—2020）》等。

王继辉 美国普渡大学博士，北京大学教授、博士生导师，北京语言大学特聘教授、博士生导师，中国外文局资深翻译家，北京大学MTI教育中心创始主任，教育部考试中心原考研英语命题组长，中国语言服务40人论坛联席主席，全国语言术语标准化技术委员会委员。研究方向为中世纪英国文学、历史语言学、西方文献学、翻译研究、国际语言服务研究。发表论文30篇，代表译著有《英语语言史略》《中国近代通俗文学史》等。

序 言

国家语言能力是文化软实力的重要体现，是推进高水平对外开放的基础保障。习近平总书记指出，“语言是了解一个国家最好的钥匙”[①]，“翻译是促进人类文明交流的重要工作”[②]。新征程上，实施大国语言战略，构建更有效力的国际传播体系，在扩大国际合作中提升开放能力，对在改革开放中开辟中国式现代化广阔前景具有重要意义。

2010年，中国翻译协会在中国国际语言服务行业大会上首次正式提出“语言服务”的概念。进入新时代以来，语言服务行业在我国迅速崛起，蓬勃发展。据统计，截至2023年底，我国各类语言服务企业已超过124万家，市场总产值突破1982亿元，特别是机器翻译和智能语言服务企业增长较快，已超过82万家，市场总产值达到616亿元。国家对语言服务产业高度重视，2022年修订的《鼓励外商投资产业目录（2022年版）》首次将语言服务产业纳入其中，2024年发布的《产业结构调整指导目录（2024年本）》首次将语言服务归入“鼓励类”产业，商务部、中央宣传部、教育部和中国外文局等多部门首次批准设立了特色服务出口基地（语言服务），这不仅是对行业发展成果的肯定，更是对行业未来发展的支持和期待。

当前，我国翻译事业正在经历从翻译世界向翻译中国、从翻译大国向翻译强国的历史性转变，语言服务行业既面临前所未有的发展机遇，也面临复

① 《语言是了解一个国家最好的钥匙》，《人民日报》（海外版）2022年12月22日，第5版。

② 《习近平给外文出版社的外国专家的回信》，中国政府网，2022年8月26日，https://www.gov.cn/xinwen/2022-08/26/content_5706952.htm。

杂多变的外部环境以及技术变革的巨大挑战。面向未来，需要学习贯彻党的二十大和二十届三中全会精神，深入落实习近平总书记给外文出版社外国专家回信要求，深入实施科教兴国、人才强国、创新驱动发展战略，推动语言服务行业创新发展，在中国式现代化进程中发挥更大的作用。

科技是推动语言服务行业发展的第一生产力。人工智能（AI）、大数据等新技术在语言服务行业的应用，实现了语言服务生产要素的创新性配置，发展了新质生产力。大语言模型技术的突破改变了传统的人力翻译生产方式，极大地提升了翻译的生产效率和产品质量。智能语言服务以智能化的方式处理、分析和生成语言内容，从机器翻译到智能客服，从聊天机器人到智能语音助手，其应用场景日益广泛，影响力日益深远。科技推动了语言服务行业数字化和智能化转型，催生了行业生产力，生产方式实现了新的飞跃。

创新是引领语言服务行业发展的第一动力。语言服务行业依托深厚的多语言能力和先进的信息技术，通过信息转化、知识转移、文化传播为各行各业提供各类服务，包括人工或机器翻译、本地化、外语教培、多语数据资源服务、多媒体加工制作、语言技术开发应用、语言与术语标准化、语言行业咨询等全方位解决方案。随着语言服务行业的深度转型升级，行业内涵不断丰富、结构不断优化、水平不断提升，这为国际经贸往来和文明交流互鉴奠定了坚实的基础。

人才是保障语言服务行业发展的第一资源。语言服务是知识密集型服务，高层次、复合型语言人才是提升行业发展质量和水平的关键。语言服务行业的迅速发展对高层次人才的需求十分迫切，需要进一步完善行业人才队伍建设规划，推动教、产、学、研等各方面资源联动，加快构建“语言服务学”自主学科体系，推动智能语言服务教育发展，推动专业人才的职业教育、实践锻炼、终身学习、表彰激励等环节相互促进，为行业高质量可持续发展培养更多通语言、懂传播、会技术、能服务的优秀语言人才。

语言服务行业的快速发展，需要加强顶层设计和系统布局，研究解决语言服务领域特别是智能语言服务中的新情况新问题，做好相应的政策引领、技术迭代、管理规范和人才培养等工作。中国外文局承担着加强翻译人才队伍建设、推动翻译事业发展的职责，长期从事对外译介和国际传播工作，将指导所属翻译院、中国翻译协会等单位以及国际传播科技文化园等首批14家语言服务出口基地，为语言服务行业发展提供更好的服务和保障，推动语言服务行业创造更多的社会效益、经济效益、技术效益、生态效益。

《中国语言服务发展报告（2024）》是在“语言服务”概念提出后，第一次以蓝皮书的形式对中国语言服务发展历程及已有成果进行的全面总结和展示，为国内外从事相关工作的机构和人士系统了解中国语言服务行业现状和发展前景提供借鉴和参考。本书汇聚了众多专家学者及从业者的智慧，是新时代全行业加强语言服务体系建设、提高语言服务能力的耕耘与探索的体现。道阻且长，行则将至。这是语言服务蓝皮书的“第一部”，也是为行业发展积跬步的“第一步”。希望全行业各方机构和有识之士以“语言服务蓝皮书”为起点和平台，不断增强创新活力、汇聚更多合力，为以中国式现代化推进强国建设、民族复兴伟业做出新的更大贡献。

中国外文局局长

中国翻译协会会长

杜占元

2024年8月于北京

前　言

语言服务是中外文化、科技、经贸交流合作的桥梁，是参与全球治理和促进文明交流互鉴的重要支撑，是国家语言能力的重要体现。“语言服务蓝皮书”出版的现实意义和学术价值体现在三个方面。

时代引领性：我国的语言服务市场需求日益增长，产业规模和企业数量不断增长，受到政府、企业、高校越来越多的关注。本书聚焦中国语言服务产业发展，对推动新时代中国特色的语言服务高质量发展具有重要意义。

政策导向性：本书系统梳理了我国颁布的语言服务相关政策，为政府、企业、高校和科研机构提供重要的政策依据。对于企业了解政策走向、把握市场机遇也具有重要的指导意义。

行业研究性：本书全面梳理语言服务产业发展状况，从产业、区域、企业等多个角度深入分析，为语言服务产业发展提供重要信息和市场洞察，也为高校语言教学和科研提供宝贵的参考资料。

本书的创新性具体体现在三个方面。

选题新：本书选题具有引领性和创新性，国内首次出版“语言服务蓝皮书”，弥补了蓝皮书系列迄今为止没有语言服务智库研究报告的缺憾。

内容新：本书总报告清楚定义语言服务产业的相关核心概念和分类，提供关于我国语言服务产业发展状况的权威数据分析；此外，市场篇对语言服务核心市场及机器翻译与智能语言服务市场进行专题分析；区域篇对六大语言服务核心区域进行专题分析；国际借鉴篇重点分析全球语言服务产业和重点区域语言服务产业发展情况；案例篇选择部分语言服务企业开展问卷调查，并对9家特色服务出口基地（语言服务）做典型案例分析，在此基础上，提出语言服务产业面临的挑战和建议。

方法新：本书采集了大量权威而翔实的统计数据，建成国内最权威的语言服务产业数据库，基于语言服务产业数据统计，进行产业数据挖掘、产值估算、行业景气度分析等，在方法上有所创新。

本书的编写得到了中国外文出版发行事业局的直接指导，中国国际图书贸易集团有限公司提供出版资助，社会科学文献出版社精心策划和编校，编写团队分工协作，从资料收集、数据挖掘到编写修改，付出了大量心血，在此深表感谢和敬意。

在本书出版之际，我们衷心地祝愿，我国语言服务事业不断发展、语言服务贸易不断扩大、国家语言服务能力不断增强，早日迈入世界语言服务强国的行列。

摘　要

语言服务是现代服务业和服务贸易的重要组成部分。2023 年，我国服务进出口总额达到 6 万亿元，语言服务产值突破 1982 亿元，全国语言服务类企业数量超过 124 万家。与此同时，机器翻译与智能语言服务市场增势迅猛，语言服务产业成为知识和技术密集型服务业的新增长点。

《中国语言服务发展报告（2024）》涵盖总报告、市场篇、区域篇、国际借鉴篇和案例篇五个部分，运用定量分析、大数据挖掘、景气度分析等多种方法，全面剖析了中国语言服务产业的发展历程、环境、现状和前景，深入探讨了面临的主要挑战并提出产业发展建议。本书重点聚焦语言服务八大核心市场和京津冀地区、长三角地区、粤港澳大湾区等六个重点区域的语言服务产业发展，分析了机器翻译与智能语言服务市场的特征，探讨全球语言服务产业发展趋势，同时对国内语言服务类企业的生存状况进行抽样调查，剖析三类特色服务出口基地（语言服务）案例，力图全面展现中国语言服务产业的发展水平。

中国语言服务产业虽然起步较晚，但已初步形成较为完整的产业体系，规模不断扩大，分类逐渐清晰，服务种类齐全，地域分布广泛，发展潜力巨大。“十四五”期间，中国语言服务产业形成了八大核心市场，涵盖翻译与本地化、多媒体语言服务、语言培训服务、多语言内容服务等多个领域。2023 年，核心市场成就显著，发展潜力巨大。然而，产业在快速发展的同时面临诸多挑战。翻译与本地化市场人才短缺，翻译质量不稳定；多媒体语言服务市场成本压力增大，知识产权纠纷频发；语言培训市场质量参差不齐，影响培训效果；多语言内容翻译质量不高，影响对外传播效果。建议完善翻译与本地化服务标准，提升服务质量，加强多媒体语言服务技术研发与知识产权保护，加大语言教师培训力度，提升多语言内容翻译质量和文化适应性，推动跨境电商智能语言技术的应用，培养多语种人才，促进语言服务产业的高质量和可持续发展。

京津冀地区、长三角地区、粤港澳大湾区等六大经济发达地区是中国语言服务产业发展的重点区域。2023 年，六大区域的语言服务市场尽管进步显著，但这些区域的产业仍面临结构不合理、产业发展不平衡、智能语言技术落后、语言人才供给不足等问题。语言服务对促进区域经济发展、中外合作交流具有不可替代的作用，六大区域需进一步规范行业标准，提升金融、法律、医疗等专业领域的智能语言服务能力，做强、做大区域语言服务产业，引领全国语言服务产业的发展。

2023 年，中国的机器翻译与智能语言服务产值超过 616 亿元，相关企业数量超过 82 万家。智能语言服务业态多元化发展，数据服务成为核心业态之一，人工智能技术进步不断推动市场竞争与技术迭代。建议加大技术研发投入力度，加强产学研合作，推动标准化和质量控制，特别是关注机器翻译市场的应用创新与人才培养，促进智能语言服务市场的健康发展。

在全球范围内，2023 年语言服务产业继续保持高增长态势，全球产值超过 519 亿美元，欧美地区是全球语言服务产业的中心。亚太地区虽然市场份额较小，但发展潜力巨大，发展前景广阔。全球语言服务市场呈现智能化、细分化和标准化的发展趋势，中国语言服务产业应充分认识这一趋势，以技术驱动创新，推动产业的国际化和专业化发展。

根据对国内 144 家语言服务企业的问卷调查结果，尽管疫情对行业造成了一定影响，但约 73%的企业经营状况良好，与此同时，人力成本大、市场竞争激烈等问题依然突出。建议语言服务企业加强数字化转型和技术应用，探索多元化市场与业务领域，吸引和保留高端人才，制定长远的发展规划与有效的风险评估机制，提高市场竞争力。

在国家政策的支持下，2022 年，国家认定了一批特色服务出口基地

（语言服务），对推动产业发展发挥了积极作用。园区类基地通过"一站式"服务、科技创新与国际交流推动产业发展；高校类基地重视学科创新，提升国际中文教育质量与国际化人才培养水平；企业类基地以技术驱动创新，确保高品质服务。展望未来，中国语言服务产业正迎来重要机遇期，需紧跟智能语言服务发展的步伐，不断优化产业结构，提升服务质量与效率，促进语言服务出口，服务国家高质量发展与对外开放新格局。

关键词： 语言服务　语言服务产业　智能语言服务

目录

Ⅰ 总报告

Ⅱ 市场篇

Ⅲ 区域篇

Ⅳ 国际借鉴篇

Ⅴ 案例篇

总 报 告

B.1 中国语言服务发展：现状、问题与建议（2024）*

王立非　王继辉**

摘　要：　“十四五”期间，中国不断扩大对外开放，语言服务产业进入快速发展的机遇期。本报告明确定义语言服务的相关核心概念，采用数据统计分析方法，深入剖析中国语言服务产业的发展历程、发展环境、发展现状、发展前景，以及面临的主要挑战，提出行业发展建议。中国语言服务产业发展起步较晚，但如今已形成较为完善的产业体系。2023年，中国的语言服务产值超过1982亿元，语言服务类企业超过124万家，其中语言服务企业达到54491家，产业规模不断扩大，产业分类逐步清晰，服务种类逐

* 本报告为2020年国家语言文字工作委员会科研重大项目“新时代中国特色语言管理理论体系建构研究”（ZDA135-16）的资助成果。

** 王立非，博士，北京语言大学高级翻译学院教授、国家语言服务出口基地首席专家，兼任中国对外贸易经济合作企业协会国际商务与语言服务工作委员会会长，研究方向为语言教育、语言服务、商务英语；王继辉，博士，北京大学教授、北京语言大学特聘教授、中国语言服务40人论坛联系主席，研究方向为英美文学、文献版本目录学。

渐齐全，地域分布日趋广泛，产业发展潜力巨大。“十五五”即将到来，语言服务产业发展面临人才短缺、技术应用不足、市场竞争加剧等问题。未来，智能语言服务将成为产业发展的新趋势。语言服务需优化产业结构，积极拥抱技术创新，不断提高服务质量和效率，加强人才培养，推动技术融合应用，加强语言服务出口，主动服务中国高质量发展和对外开放新格局。

关键词： 语言服务　语言服务产业　技术创新　智能化

一　语言服务的概念与分类

语言服务是语言产业的一个子集，语言产业是指一切与语言相关的产业，包括教育、翻译、出版、软件开发等，包含使用中文、民族语言、方言、外语、盲文、手语等，以语言为主要工具、产品或服务的行业。

（一）语言服务的定义

语言服务是指个人或企业依托多语言能力和信息技术能力，以信息转化、知识转移、文化传播等为目标，为各行各业提供的人工/机器翻译、本地化、外语教培、多语数据处理、多媒体加工、语言咨询等，以及与语言相关的营销、贸易和投融资等衍生服务或系统解决方案。[①]

（二）语言服务产业的概念与分类

语言服务产业（Language Service Industry），是一个包括所有提供语言转换和语言管理服务的企业及个体的全球产业门类。该产业的服务使语言和文化不同的人群能够沟通和交流，为全球化的经济活动提供支持，主要包括

① 王立非：《从语言服务大国迈向语言服务强国——再论语言服务、语言服务科学、语言服务人才》，《北京第二外国语学院学报》2021 年第 1 期。

以下服务方式。[1]

笔译（Translation）：将一种语言的文本转换为另一种语言的过程，包括文档翻译、网站翻译、软件翻译等。

口译（Interpretation）：将一种语言的口语表达转换为另一种语言。口译分为同声传译、交替传译和远程口译等不同形式。

本地化（Localization）：更进一步地对产品或服务（如软件、视频游戏、网站等）进行内容和功能调整，以适应全球特定地区或市场的语言习惯和文化特征。

外语教培（Language Training）：为个人或机构提供学习第二语言或外语的教育服务。

语言技术（Language Technology）：开发和应用软件及技术来支持语言服务，如翻译记忆系统、术语管理工具、自动翻译软件（机器翻译）和自然语言处理工具。

字幕和配音（Subtitling and Dubbing）：为电影、电视节目、视频和其他多媒体内容提供字幕翻译或语言替换的服务。

多语种内容管理和制作（Multilingual Content Management and Production）：创建和管理多语种的内容，确保信息准确、及时和跨文化交流有效。

跨文化咨询（Cross-cultural Consulting）：帮助企业和组织理解并适应不同的文化环境，以改善国际业务和沟通。

语言服务为全球化的商业活动、国际合作和跨文化交流提供基础。这个产业发展迅速，特别是人工智能（AI）领域的发展不断推动语言服务产业转型，带来服务新模式和工作新方式。

（三）语言服务类企业

语言服务通常涉及三类企业：第一类是语言服务企业，如翻译公司、外

---

① 美国 CSA Research 语言服务咨询公司编《全球语言服务市场报告（2017—2020）》，蒙永业、王立非译，对外经济贸易大学出版社，2021。

语教培机构；第二类是营业范围内含有语言服务的企业（简称“含语言服务的企业”），如广告公司、留学咨询机构、信息科技企业；第三类是外商投资企业，如麦肯锡咨询公司、四大会计师事务所等，业务涉及相关语言服务内容。

语言服务企业是指提供笔译、口译、本地化、国际化、编译、撰稿、语言技术开发应用、翻译设备租赁等语言相关服务的专业公司或机构，能根据客户的特定需求提供个性化、专业化的语言解决方案。

含语言服务的企业是指经营范围中明确包含了语言服务的相关内容，如技术写作、桌面排版、软件本地化等的企业。这些企业不是单纯的语言服务专业公司，而是提供的多元化服务中包含语言相关服务的公司，根据客户需求提供一站式的语言解决方案，帮助客户克服语言障碍，实现有效的沟通和交流。

外商投资企业是指在中国境内设立的外国投资者或外国投资者与中国投资者共同投资并符合《中华人民共和国外商投资法》的企业。一般分为三种类型：外资企业（WFOE）、中外合资经营企业（JV）和中外合作经营企业（CJV）。外商投资企业的业务通常会涉及各类语言服务，如麦肯锡咨询公司可为跨国客户提供市场调查和咨询报告编写。

（四）智能语言服务的概念与分类

智能语言服务指利用人工智能技术提供语言相关服务，通常包括机器翻译、自然语言处理、语音识别与生成、图像处理与生成、信息抽取、文本情感分析、内容创作、AI 大语言模型等。这些服务能够模拟人类对语言的理解和生成能力，以智能的方式处理和生成语言内容。

智能语言服务根据技术类型可分为机器翻译、自动语音识别、自然语言处理等技术；根据应用场景可分为智能翻译、智能客服、智能语音助手等；根据服务对象可分为个人服务和企业服务，如个人智能翻译机、手机应答软件和企业机器翻译平台等；根据服务形态可分为在线服务和离线服务，如在线翻译网站、实时语音翻译等，以及离线翻译器、语音识别软件等。

智能语言服务包含人工智能内容生成（GenAI）体系，主要包括以下类型。

自动翻译：使用机器翻译技术将一种语言翻译成另一种语言，可以是文本翻译，也可以是口语翻译。现代机器翻译系统如谷歌翻译、百度翻译等已经能够实现相当高的翻译精确度。

自然语言理解：计算机程序理解人类语言的意图和含义，应用于聊天机器人、语音助手（如苹果的 Siri、亚马逊的 Alexa）、情感分析等场景。

语音识别与生成：语音识别技术将人类口语转换成文本，而语音合成技术则是相反的过程，将文本转换为人类口语。这两种技术的结合应用于语音助手和交互式语音响应（IVR）系统。

文本校对和编辑：利用自然语言处理技术检查文本的语法、拼写错误，并提供修改建议，如 Grammarly 就是一个流行的在线文法检查工具。

信息提取：从非结构化的文本数据中提取结构化信息，如命名实体识别（NER）识别出文本中的人名、地点、机构名称等信息。

文本挖掘和分析：分析文本数据，以发现模式、趋势或关联，应用于市场分析、公共意见调查、学术研究等。

对话系统：通过自然语言与用户交流的系统，可以是基于规则的简单聊天机器人，也可以是利用深度学习的复杂对话系统。

内容创作辅助：AI 工具帮助用户创作内容，包括撰写文章、生成报告等。

（五）传统语言服务与智能语言服务的差别

传统语言服务主要依靠人力和人工完成，如人工笔译和口译。智能语言服务主要依靠人工智能技术，如机器翻译。两者存在以下差别。一是人力与自动化的差别。传统语言服务依赖人工译员翻译和处理语言，包括人工翻译、口译、校对等。而智能语言服务则利用人工智能技术和自动化工具翻译和处理语言，如机器翻译、语音识别等。智能语言服务通过算法和模型自动处理语言，减少了人工的介入。二是精度与效率的差别。传统语言服务通常注重翻译的精度和质量。人工翻译能够更好地理解和传达语言和文化的细微差异。而智能语言服务注重效率和速度，通过自动化的处理，快速处理大量的翻译任务，但在一些特定的语言和文化细节上存在不足。三是人类智慧与机器学习的差别。传统语言服务依赖人类的智慧和经验，翻译人员通过专业知识和判断力来翻译和处理语言，能够理解和传达语言的含义和情感，以及文化背景和细节。而智能语言服务则通过机器学习和算法来处理语言，根据已有的数据和模型自动化处理。四是人际交流与技术工具的差别。传统语言服务强调人与人之间的交流和沟通。翻译人员能够与客户互动，理解他们的需求和意图，并提供定制化的语言服务。而智能语言服务更注重技术工具的应用，提供标准化的翻译和语言处理服务，无法提供个性化的交流和沟通。

综上所述，传统语言服务侧重语言之间的传递和转述，智能语言服务侧重内容的推理和传播，可以说 GPT 扩展了多模态机器翻译的外延，让语言服务市场进一步扩大，垂直行业场景化的数据将不断积聚。随着 AI 技术的不断进步，智能语言服务的准确性和可用性不断提高，智能语言服务逐渐成为商业、教育、娱乐等众多领域不可或缺的服务。

二　中国语言服务发展历程

（一）发展阶段

中国的语言服务从诞生到成熟大致经历了四个阶段。[①]

1. 早期发展阶段（1980~2004年）

语言服务的概念形成于 20 世纪 80 年代初的欧美。改革开放为中国早期的语言服务产生和发展提供了有利的环境。1986 年，全国语言文字工作会议提出，当前的主要任务是加强语言文字的基础研究和应用研究，做好社会

① 王立非、栗洁歆：《国际语言服务本科专业培养方案的设计与实现》，《外语教育研究前沿》2023 年第 2 期。

调查和社会咨询、服务工作。[①] 当时就已经有了语言服务的意识。[②] 中国早期的语言服务面临产业集聚化程度低、品牌度不高、产品质量难以鉴别等问题。[③] 产业规制较为缺乏，经营主体以微、小型企业为主，主营业务集中在笔译和现场口译上。[④]

2. 快速发展阶段（2005~2012年）

2005 年，上海召开世博会语言环境建设国际论坛。2007 年，《语言服务研究论纲》一文论述了语言服务的概念。[⑤] 2008 年，北京奥运会多语言服务中心联合工作组，即中国第一个带有政府性质的语言服务工作机构，用 44 种语言提供“无障碍”语言服务。2010 年，中国翻译协会召开中国国际语言服务大会，标志着语言服务在中国正式得到认可。

3. 逐步壮大阶段（2013~2020年）

2013 年，随着“一带一路”倡议的提出，中国语言服务产业迎来了快速发展的新机遇。2013 年 10 月，中国翻译协会联合上海文化贸易语言服务基地举办“2013 中国国际语言服务业大会”。大会以“语言服务与文化贸易”为主题，探讨语言服务如何推动中国对外贸易和文化“走出去”。之后，“语言产业”与“语言服务”成为热词，语言服务产业不断繁荣壮大。2014 年 5 月，中国翻译协会主办第三届京交会重点活动“语言服务与全球化论坛”。2016 年，《中国企业“走出去”语言服务蓝皮书（2016）》和《语言服务与“一带一路”》与读者见面。这一时期，语言服务产业呈现数字化、众包化和细分化的趋势。同时，国内外对语言服务的需求日益增长，促进了语言服务学科的建立和完善。2015 年，北京语言大学成立中外语言服务人才培养基地，北京语言大学高级翻译学院开始尝试在翻译本科专业招

① 李宇明：《语言服务与语言产业》，《东方翻译》2016 年第 4 期。

② 屈哨兵：《语言服务研究论纲》，《江汉大学学报》（人文社科版）2007 年第 6 期。

③ 郭小洁、司显柱：《高质量发展视角下中国语言服务业发展路径探索》，《中国翻译》2021 年第 3 期。

④ 刘浩：《我国语言服务业的市场结构、发展趋势与路径》，《东南大学学报》（哲学社会科学版）2014 年第 5 期。

⑤ 屈哨兵：《语言服务研究论纲》，《江汉大学学报》（人文社科版）2007 年第 6 期。

收“本地化”方向的学生；2018 年开始尝试在翻译硕士笔译专业（MTI）招收“本地化管理”方向的研究生。然而，尽管中国语言服务市场规模不断扩大，但在技术应用、人才结构等方面仍存在不足。

在学术研究方面，2017 年，“语言服务 40 人论坛”成立，汇聚众多专家学者共同探讨语言服务学科发展和人才培养，先后组织了中美俄语言服务高峰论坛、全国语言服务师资研修班，主题涉及语言服务与“一带一路”、语言服务学科发展、语言服务人才培养、应急语言服务等。2018 年，《北京第二外国语学院学报》在国内率先开辟语言服务专栏，先后发表了一系列论文，介绍美国应急语言服务团建设、语言服务研究重点与研究方法、语言服务学科内涵和人才培养等，受到学界和业界高度关注。《语言服务引论》《语言产业引论》《国家语言能力理论体系构建研究》《语言服务产业论》《京津冀协同发展语言服务调查报告》《应急语言问题研究》《语言治理的理论与实践》《语言消费论》等著作出版。[①] 2020 年，新冠疫情发生，国内部分高校研发了《抗击疫情湖北方言通》和 41 个语种的《疫情防控外语通》，发布《“战疫”应急语言服务报告》，[②] 语言服务从理论探讨走向实践应用。

4. 高质量发展阶段（2021年至今）

在中国经济由高速增长转向高质量发展的背景下，语言服务产业开始注重质量提升和服务创新。通过加强产业集群发展、深度开发产业链等措施，市场竞争力不断增强。同时，国内研究者开始关注语言服务的理论建构和跨学科研究，拓展研究广度和深度。[③] 语言服务市场需求促进语言服务教育发展和人才培养。2021 年 8 月，教育部批准北京语言大学在外国语言文学一级

---

① 屈哨兵主编《语言服务引论》，商务印书馆，2016；贺宏志主编《语言产业引论》，语言出版社，2013；文秋芳、张天伟：《国家语言能力理论体系构建研究》，北京大学出版社，2018；王立非主编《语言服务产业论》，外语教学与研究出版社，2020；崔启亮编著《京津冀协同发展语言服务调查报告》，对外经济贸易大学出版社，2021；李宇明主编《应急语言问题研究》，商务印书馆，2021；王春辉：《语言治理的理论与实践》，中国社会科学出版社，2021；李艳：《语言消费论》，语文出版社，2022。

② 王立非主编《“战疫”应急语言服务报告》，对外经济贸易大学出版社，2020。

③ 仲伟合、许勉君：《国内语言服务研究的现状、问题和未来》，《上海翻译》2016 年第 6 期。

学科下自设“国际语言服务”专业（代码 0502Z5），培养国际语言服务硕士研究生和博士研究生。2021 年 12 月，北京语言大学与美国 CSA Rzsearch 语言服务咨询公司合作发布《全球语言服务市场报告（2017—2020）》中文版。[①] 2022 年 3 月，商务部、中央宣传部、教育部、中国外文局等认定北京语言大学等 14 家单位为首批特色服务出口基地（语言服务）。2022 年 10 月 28 日，国家发展改革委和商务部发布第 52 号令，首次将语言服务产业纳入《鼓励外商投资产业目录（2022 年版）》。语言服务发展日趋成熟。

（二）发展规模

20 世纪 80 年代，全国的语言服务企业不足 20 家；进入 21 世纪之后，语言服务企业蓬勃发展，2019 年成立的语言服务企业达 9077 家，疫情三年，全国新注册的语言服务企业有所减少。2022 年，即使受疫情影响，语言服务企业还新增了 6487 家。

54491 家在营语言服务企业中有 54 家企业成立年份不详。1951～2022 年，全国语言服务企业大体上呈现快速发展态势。在营语言服务企业中，北京外文印刷厂有限公司成立最早，建于 1951 年。第一个海外语言服务机构是香港翻译学会，成立于 1971 年。第一个国有语言服务企业是中国邮电翻译服务有限公司，成立于 1985 年，中国最大的国有语言服务机构是对外翻译有限公司，成立于 1986 年。[②] 2004～2022 年，中国语言服务企业数量猛增到了 54491 家，这一时期，语言服务企业的发展速度明显加快。特别是 2013 年后企业数量急速增长，企业增长数量由 2014 年的 1605 家增长到了 2019 年的 9077 家，达到近年来企业增长数量的顶峰。2019 年以后，企业增长数量呈现下降趋势，2020 年、2021 年和 2022 年因为疫情，企业增长数量有所下降（见图 1）。

① 美国 CAS Research 语言服务咨询公司编写《全球语言服务市场报告（2017—2020）》，蒙永业、王立非译，对外经济贸易大学出版社，2021。

② 王立非、栗洁歆：《国际语言服务本科专业培养方案的设计与实现》，《外语教育研究前沿》2023 年第 2 期。

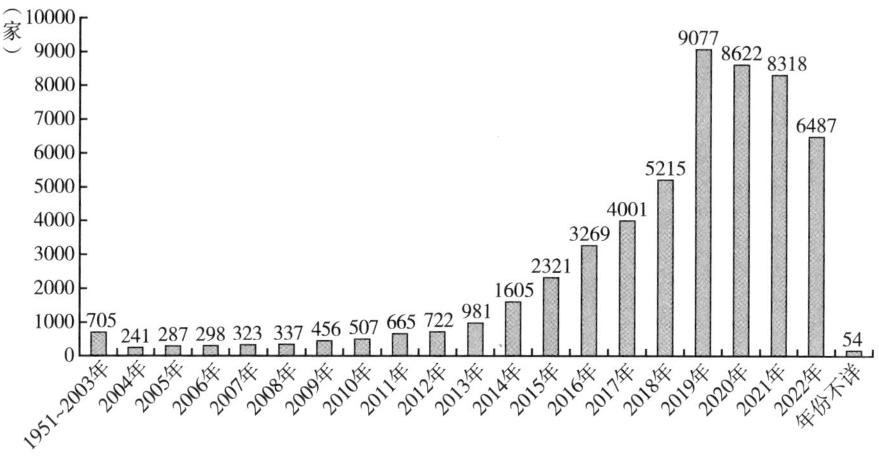

图 1　1951~2022 年中国语言服务企业增长数量

资料来源：国家市场监督管理总局企业注册信息数据库。

三　中国语言服务发展环境

（一）产业环境分析

1. 语言服务产业发展的国际环境

根据《全球语言服务市场报告（2017—2020）》，自 2009 年以来，全球语言服务市场一直稳定增长，年均复合增长率（CAGR）为 7.8%，这一速度超过总体经济增长速度。[①] 2021 年受新冠疫情影响，全球语言服务市场产值为 492.8 亿美元。2022 年，全球语言服务市场产值突破 520 亿美元。[②] 美国语言服务实力较强，2019~2020 年全球 100 强语言服务企业榜单前 3 名均为美国企业，2020 年 3 家企业的产值合计高达 24.8 亿美元，占所有美洲

① 美国 CAS Research 语言服务咨询公司编写《全球语言服务市场报告（2017—2020）》，蒙永业、王立非译，对外经济贸易大学出版社，2021。

② 2019~2023 年 CSA《全球语言服务市场报告》。

上榜企业产值的78%。[①] 亚太地区语言服务实力较弱，2022年的语言服务市场产值为72.985亿美元，占比13.27%。[②] 亚太地区是新兴语言服务市场，特别是“一带一路”建设和文化贸易的增长，将促进语言服务产业不断增长，市场潜力巨大。

2. 语言服务产业发展的国内环境

2023年，中国的语言服务企业总计54491家，产值为9890945万元，从业人数为598467人。北京、上海、江苏和广东四省市的产值超过了全国产值的一半，达到60.56%。北京产值最高，占总产值的22.11%；上海语言服务企业产值在全国排名第二，占15.32%；江苏语言服务企业产值占11.73%；[③] 广东和浙江的语言服务企业产值较高，与这两个省份的经济发展水平和外贸活动较多有关；西藏、青海和宁夏等地的语言服务企业产值较低。香港和澳门的语言服务企业数量较少，但产值却不低，港澳的国际金融中心和国际旅游中心地位促进语言服务产业增长。中国的语言服务产业发展不平衡，企业和要素资源都集中在经济发达的省份和沿海地区，同时反映出经济发达程度会对语言服务需求和竞争力产生直接影响。

2023年，中国的语言服务核心市场包括翻译、外语培训、本地化服务、外译图书出版、多媒体语言服务等。其中，翻译产值达到6740188万元，在整个语言服务市场中的活跃度和资本集中度高。外语培训产值达到2234129万元，市场规模较大。本地化服务产值为177266万元，虽然企业少，但产值高，显示出该市场资本密集型的特点。外译图书出版产值达到137375万元，说明市场需求较大。国际多媒体产值为103402万元。根据以上数据判断，中国语言服务产业未来几年发展势头良好，需要进一步提升跨境语言服务能力，扩大语言服务贸易，抓住“一带一路”建设、数字经济新发展和

---

① 王立非、任杰：《中国语言服务行业国际竞争力评价与分析》，载李小牧、李嘉珊主编《中国国际服务贸易发展报告（2022）》，社会科学文献出版社，2022，第107页。

② 蒙永业、王立非编译《全球语言服务市场研究报告（1）》，对外经济贸易大学出版社，2023。

③ 国家市场监督管理总局企业注册信息数据库。

中华文化国际传播的契机，扩大语言服务出口业务，为推动更高水平对外开放做贡献。

（二）政策环境分析

1. 语言智能技术研发和应用受到国家人工智能产业政策的高度重视

中央及各级地方政府出台了 60 余项与人工智能产业发展相关的政策，语言智能技术和产业受到中央政府的高度重视和鼓励。

2016 年 5 月，国家发展改革委、科技部、工业和信息化部及中央网信办联合发布《“互联网+” 人工智能三年行动实施方案》，提出加快计算机听觉、生物特征识别、复杂环境识别、新型人机交互、自然语言处理、机器翻译等应用技术研发和产业化。

2017 年 7 月，国务院发布《新一代人工智能发展规划》，明确提出重点突破自然语言的语法逻辑、字符概念表征和深度语义分析的核心技术，推进人类与机器的有效沟通和自由交互，实现多风格、多语言、多领域的自然语言智能理解和自动生成，研究短文本的计算与分析技术、跨语言文本挖掘技术和面向机器认知智能的语义理解技术、多媒体信息理解的人机对话系统。12 月，工业和信息化部印发《促进新一代人工智能产业发展三年行动计划（2018—2020 年）》，提出面向语音识别、视觉识别、自然语言处理等基础领域及工业、医疗、金融、交通等行业领域，支持建设高质量人工智能训练资源库、标准测试数据集并推动共享，鼓励建设提供知识图谱、算法训练、产品优化等共性服务的开放性云平台。

2018 年 11 月，工业和信息化部办公厅发布《新一代人工智能产业创新重点任务揭榜工作方案》，提出构建行业训练资源库，到 2020 年，基础语音、视频图像、文本对话等公共训练数据量大幅提升，在工业、医疗、金融、交通等领域汇集一定规模的行业应用数据，用于支持创业创新。

2020 年，国家标准化管理委员会等五部门印发《国家新一代人工智能标准体系建设指南》，旨在加强人工智能领域标准化顶层设计，推动人工智能产业技术研发和标准制定。

2022 年，中共中央办公厅、国务院办公厅发布了《关于加强科技伦理治理的意见》，全面部署了中国科技伦理治理工作。最高人民法院发布了《最高人民法院关于规范和加强人工智能司法应用的意见》，旨在到 2025 年基本建成较为完备的司法人工智能技术应用体系。中国信息通信研究院发布《人工智能白皮书（2022 年）》，全面回顾了全球人工智能在政策、技术、应用和治理等方面的新动向，分析了人工智能发展面临的形势和所处的新发展阶段。

2023 年，科技部等六部门联合印发了《关于加快场景创新以人工智能高水平应用促进经济高质量发展的指导意见》，统筹推进人工智能场景创新。国家互联网信息办公室发布了《生成式人工智能服务管理办法（征求意见稿）》，拟对生成式人工智能在中国的开发及应用进行规范。中国新一代人工智能发展战略研究院和南开大学中国式现代化研究院联合发布《中国新一代人工智能科技产业发展报告 2024》，以"中国人工智能产业创新版图：'极化'和'扩散'"为主题，分析了中国人工智能技术体系、产业创新生态和企业联盟的构建情况。

此外，中国颁布《个人信息保护法》、《网络安全法》和《数据安全法》，这些法律构成了治理人工智能底层要素的法律体系，尤其是为数据安全和个人隐私保护提供了法律依据。

2. 语言服务产业首次进入《鼓励外商投资产业目录（2022年版）》

国家发展改革委和商务部于 2022 年 10 月 28 日发布第 52 号令，发布《鼓励外商投资产业目录（2022 年版）》（以下简称《目录》），首次将"语言服务产业"列入《目录》，语言服务产业被列为第 460 条，包括翻译、本地化服务、语言技术开发应用、语言资源服务等，隶属于租赁和商务服务业。①

语言服务产业作为租赁和商务服务业的一个重要领域首次列入《目

① 《鼓励外商投资产业目录（2022 年版）》，中国政府网，2022 年 10 月 26 日，https：//www.gov.cn/zhengce/2022-10/26/content_ 5737552. htm。

录》，是国家对语言服务产业发展前景的准确判断，是商务部等部门落实中共中央、国务院发展现代服务业决策部署的具体举措，为中国服务业的高水平对外开放提供了新思路，丰富了全方位对外开放的新内涵。语言服务产业列入《目录》将有力地促进服务业扩大对外开放，为服务业扩大开放提供新思路，同时国家语言服务能力的提升，将进一步赋能其他产业发展，助力各类中国企业“走出去”，吸引更多外资“走进来”，促进服务要素跨境流动便利化，提高跨境服务贸易开放水平，推进整个服务业高水平扩大开放。

语言服务产业列入《目录》将为外商来华投资提供更广阔的空间，中国语言服务产业高质量发展，将进一步提振外资预期和信心，优化投资结构，拉动来华投资总量增长。作为政治、经济、文化等领域扩大开放和开展中外交流的基础性支撑产业，语言服务产业涉及众多领域，包括机器翻译，语音、语义和文本处理，术语库、语料库、语言数据和语言资源，语言智能科技，社交媒体文案创意，全球资讯信息传播产业，视听本地化，健康医疗翻译产业，知识产权贸易和版权交易，跨境社交电子商务，网络文学出海等。语言服务产业列入《目录》将推动语言服务产业高质量发展，形成良性循环，激励语言服务企业不断优化壮大，以吸引更多投资，同时国外资金、技术、管理经验进入将促进中国的语言服务产业链和价值链不断转型和升级。

3. 语言服务首次进入国家《产业结构调整指导目录（2023年本）》

2022 年，国家发展改革委牵头会同相关部门共同修订形成《产业结构调整指导目录（2023 年本）》［以下简称《目录（2023 年本）》］。《目录（2023 年本）》由鼓励类产业、限制类产业和淘汰类产业组成。此次目录修订，在第一类鼓励类产业中，第 32 条商务服务业条目下，列出经济、管理、信息、会计、税务、审计、法律、节能、节水、环保等咨询与服务，首次增加了语言服务（包括翻译、本地化服务、语言文字技术开发应用）。

国家发展改革委将语言服务列为鼓励类产业，具有现实意义和长远意义。一是推动相关产业的发展，语言服务产业的发展有助于拉动教育、出版、软件开发、互联网服务等相关产业的进步，形成产业链的良性互动，增强整体产业竞争力。二是支撑数字经济发展，语言文字技术开发应用对于打破语言障碍、促进信息的自由流通至关重要。语言智能、语言大数据、机器翻译、语音识别、自然语言处理、生成式大语言模型等技术的应用对数字经济发展起到了重要支撑作用。三是提升服务质量和水平，语言服务产业的发展促进企业和机构加大技术创新和人才培养投入力度，从而整体提升服务质量和服务水平，满足不断增长的市场需求。四是增加就业和创业机会，语言服务产业是一个前景广阔的产业，需要大量的语言专家、翻译人员、技术开发人员，从而提供机会就业，同时促进相关创业活动和小微企业的发展。五是加强文化传播与保护，语言服务不仅仅是信息传递的工具，更是文化传播的重要途径。鼓励语言服务产业加强文化的国际传播，推广语言和文化，有助于保护和振兴民族语言、方言等非主流语言，维护文化多样性。六是扩大国际交流与合作，语言服务是沟通的桥梁，鼓励语言服务产业发展，提高国际交流的效率和质量，有助于国内企业和机构更好地融入全球市场。

将语言服务列为鼓励类产业不仅是对语言服务的经济价值和社会价值的肯定，也体现了对语言服务的未来发展潜力寄予的期望。产业政策支持能够加快语言服务产业的规范化、专业化和国际化步伐，促进产业结构的升级和经济社会的全面发展。

4. 国家首次认定特色服务出口基地（语言服务）

为推动服务贸易高质量发展，更好发挥服务贸易在构建新发展格局中的作用，商务部、教育部、自然资源部、人力资源社会保障部、国家知识产权局、中国外文局于 2022 年 3 月 15 日联合发文，批准认定专业类特色服务出口基地，国际传播产业园、北京市语言大学等 14 家单位成为首批特色服务出口基地（语言服务）。①

---

① 《中华人民共和国商务部　中共中央宣传部　中华人民共和国教育部　中华人民共和国自然资源部　中华人民共和国人力资源和社会保障部　国家知识产权局　中国外文出版发行事业局公告 2022 年第 9 号》，商务部网站，2022 年 5 月 30 日，https：//www. mofcom. gov. cn/zcfb/zgdwjjmywg/art/2022/art_2d6f57d6a5a540f38debcc817327053f. html。

语言服务出口基地的总体目标是力争到2025年，培育一批具有较强国际竞争力的语言服务企业，形成一批具有较强辐射力的语言服务平台，打造一批具有国际影响力的语言服务品牌，基地在引领带动语言服务产业和贸易发展方面的作用不断彰显，语言服务产业规范化、专业化和国际化水平稳步提升，为中国文化、产品、服务、技术、标准“走出去”提供高效专业的支撑。语言服务出口基地主要完成以下六项任务。①

一是落实国家倡议。发挥语言服务在促进文化交流、科技合作、对外贸易等方面的重要作用，努力降低文化折扣，增进民心相通、服务互联互通，推动更多优秀文化产品和服务“走出去”，推动“一带一路”倡议走深走实。

二是扩大贸易投资规模。支持语言服务企业国际化发展，统筹两个市场、两种资源，积极扩大语言服务出口。鼓励有条件的企业在境外设立分支机构或开展跨国并购，进一步整合优化资源，增强国际竞争力。鼓励语言服务企业积极参与行业国际标准规则制定。

三是培育市场主体。支持语言服务企业发展壮大，打造具有较强国际竞争力的品牌，搭建专业化语言服务平台，辐射带动中小企业共同发展，努力形成配套完整、协同发展的产业链条。鼓励语言服务企业创新拓展商业模式、升级服务能力，从提供语言服务、语言技术向综合解决方案与咨询等领域拓展。支持建立语言服务出口基地联席机制。

四是加强融合创新。推动传统语言服务产业数字化转型，促进语言服务与人工智能、大数据、云计算、区块链等新技术加速融合。鼓励企业加强自主创新，加大研发投入力度，提升技术能力，拓展技术应用的深度与广度，提高语言服务质量，提升服务效率。鼓励企业依法开展自研技术对外许可或转让。支持语料库等语言服务基础设施建设，推动语言资产等基础资源共用共享。

五是强化人才队伍建设。促进语言服务企业与语言服务管理机构、社会团体、高等院校等紧密合作，共同搭建政用产学研相结合的综合性语言服务

① 《商务部等7部门办公厅（室）关于组织申报专业类特色服务出口基地的通知》，http://www.kaifu.gov.cn/zfxxgk/zfgbm/qswj/tzgg_18923/202111/P020211109411080582686.pdf。

平台。加强多层次语言服务人才梯队建设，建设示范性语言服务专业实习实践基地，培养具有人文底蕴和国际视野、契合市场需求的复合型、多语种语言服务人才，盘活小语种人才资源。强化语言服务智库建设，提供高质量的政策研究与咨询服务。

六是带动相关领域“走出去”。借助多语种、多形式语言服务，助力国内节展、论坛、赛事等重大活动提升国际化水平，为国内各领域企业开展国际商贸、科技、文化等方面的交流合作提供优质服务。不断丰富语言服务应用场景，为中国文化、产品、服务、技术、标准“走出去”提供专业支撑。

语言服务出口是语言服务贸易的重要组成部分，语言服务贸易是知识密集型服务贸易的重要领域之一。语言服务贸易竞争力指某个国家或地区的语言服务企业获取跨境资本和要素资源、为企业的利益相关方创造价值、实现海外经营效益最大化的能力。中国需要进一步提升跨境语言服务能力，抓住“一带一路”建设、数字经济新发展和中华文化国际传播的契机，扩大语言服务出口业务，推动更高水平的对外开放。目前，国家出台了一系列语言服务产业政策，再加上相关领域的扶持政策，都将极大地拉动语言服务出口。例如，商务部、中央宣传部等五部门共同认定的“国家文化出口重点企业”和“国家文化出口重点项目”中，越来越多的语言服务企业获得国家资助。再如国家出版业“走出去”的重要工程“丝路书香出版工程”的“重点翻译资助项目”，项目数量逐年上升，覆盖了共建“一带一路”国家和地区的几十个常用语种。工业和信息化部公布的《2023 年大数据产业发展试点示范名单》中，也出现了语言服务企业和与语言相关的大数据开发项目。在对外开放和“一带一路”建设的大背景下，语言服务的重要性逐渐凸显，语言服务企业开始更多地参与国家项目。

进出口贸易的发展对语言服务产业具有推动作用。根据国家外汇管理局的数据，2009～2023 年，中国文化服务进出口规模由 177 亿美元增长至 1663.63 亿美元。[①] 文化服务进出口规模的不断扩大必然会带动语言服务进

① 海关总署。

出口的快速发展。数字经济的发展催生对智能语言服务的需求。新零售领域、智能汽车领域、能源及制造领域等重点行业数字化转型离不开智能语言服务。

5. 中译外翻译技术首次进入国家限制出口目录

2020 年，商务部、科技部发布 2020 年第 38 号公告，对《中国禁止出口限制出口技术目录》（以下简称《目录》）进行调整。[①] 第 96 条软件和信息技术服务业规定 18 项信息处理技术禁止出口限制出口，其中包括第 7 条中译外翻译技术（机器翻译系统得分>4.5 分）。由此看出，语言服务技术涉及语言安全，发展语言服务产业应该维护国家安全，特别是语言安全，包括语言文字安全、语言资源安全和语言技术安全。语言技术安全指采用通信和媒体技术、互联网和云计算技术、自然语言处理技术等开展语言信息处理、语言技术创新过程中的技术安全。语言智能化程度越高，技术风险就越大。该目录从语言信息安全管理入手，统一谋划，统一部署，统一推进，统一实施，完善体制、机制和法治环境，保障语言服务产业沿着健康、安全和可持续的轨道不断发展。

6. “国际语言服务”首次进入教育部自主增设二级学科目录

2021 年，教育部学位管理与研究生教育司公布了学位授予单位（不含军队单位）自主设置二级学科和交叉学科。[②] 北京语言大学依托外国语言文学一级学科，自主增设“国际语言服务”（学科代码 0502Z5）二级学科获得批准，国际语言服务专业开始招收和培养博士研究生和硕士研究生。

国际语言服务学科的设立符合中国参与全球治理和新科技革命发展趋势，符合高质量对外开放新格局下的现代服务业发展需求，符合新时代中国特色“双一流”学科与新文科建设的需要。国际语言服务专业培养“语言+技术+服务”三复合人才，就“语言+技术”培养而言，面向行业和企业数字信息技术服务，培养企业急需的本地化技术和流程管理、语言软件工具开

① 中华人民共和国商务部服务贸易与商贸服务业司网站。

② 教育部学位管理与研究生教育司网站。

发、术语库建设与管理、机器翻译语料库开发、语言数据信息处理分析、数字媒体内容编创、技术写作与传播等领域的复合型、应用型人才；就“语言+服务”培养而言，面向现代服务业，培养企业国际化、海外市场营销、应急管理、语言标准化、语言服务出口、文化贸易、涉外知识产权服务等领域需要的复合型和应用型人才。

7. 应急语言服务列入“十四五”国家应急体系

2020 年初，突如其来的新冠疫情引发对应急语言服务的需求，教育部委托北京语言大学成立应急语言服务团，北京语言大学等高校先后联合研制《抗击疫情湖北方言通》和《疫情防控外语通》等，提供应急语言服务。[①]全国两会代表委员呼吁重视应急语言服务建设，提议将其列入相关法律法规、应急预案和“十四五”规划。

2022 年 4 月，教育部、国家语委会同应急管理部、国家民委、共青团中央等部门在北京正式宣布成立国家应急语言服务团。国家应急语言服务团以高校为主，共有 29 所高校、协会和企业参加，是由志愿从事应急语言服务的相关机构和个人自愿组成的公益联盟组织，主要针对各类突发公共事件应急处置及国家其他领域重要工作中亟须克服的语言障碍，提供国家通用语言文字、少数民族语言文字、汉语方言、手语、盲文、外国语言文字等方面的语言服务。

国家应急语言服务团成立具有政策依据，《国务院办公厅关于全面加强新时代语言文字工作的意见》（国办发〔2020〕30 号）提出，“建立语言服务机制，建设国家语言志愿服务队伍”。《国务院关于印发“十四五”国家应急体系规划的通知》（国发〔2021〕36 号）提出，“提升应急救援人员的多言多语能力，依托高校、科研院所、医疗机构、志愿服务组织等力量建设专业化应急语言服务队伍”。国家应急语言服务团在教育部、国家语委、应急管理部、国家民委、共青团中央等有关部门的指导下，编写《国家应急语言服务团三年行动计划（2023—2025 年）》（以下简称《行动计划》）并正式发布。《行动计划》明确指出，加强国家应急语言服务能力建设是全

① 李宇明主编《应急语言问题研究》，商务印书馆，2021。

面建设社会主义现代化国家的应有之义，是语言文字战线贯彻落实总体国家安全观的重要举措。

根据《行动计划》，国家应急语言服务团按照“平时备急，急时不急”的工作总思路，面向各类突发公共事件和国家其他重要领域的急需事项，有重点、有组织、有针对性地提供国家通用语言文字、少数民族语言文字、汉语方言、手语、盲文、外国语言文字等服务，大幅度提升我国的应急语言服务能力和水平。

8. 国家数据局统筹管理数据全要素

为统筹推进数据基础制度建设，推动数字经济和数字社会的发展，国家发展和改革委员会于 2023 年 10 月 25 日正式成立国家数据局，其主要职能是协调推进数据基础制度建设，统筹数据资源整合共享和开发利用，统筹推进数字中国、数字经济、数字社会规划和建设，研究拟订数字中国建设方案，协调推动公共服务和社会治理信息化，推进国家大数据战略，推进数字基础设施布局建设，将有力促进数据要素的技术创新、开发利用和有效治理，推动数字经济的快速发展。

语言数据资源作为国家数据的组成部分纳入国家全面管理。一是统筹不同来源和类型的语言数据资源，实现资源的有效整合，为语言研究、技术开发和应用提供丰富的数据基础。二是建立和完善数据共享机制，促进语言数据在学术界、产业界以及公共部门之间的流通和共享，提高数据的使用效率。三是推动语言数据的标准化工作，制定统一的数据格式、分类和编码体系，为语言数据的存储、处理和分析提供便利。四是确保在收集、存储和使用语言数据的过程中遵守数据安全法律法规，保护个人隐私和数据安全。五是为自然语言处理、机器翻译、语音识别等语言技术的发展提供数据支持，推动相关技术的创新和应用。六是支持构建大规模的语言数据库，包括语料库、词典、术语库等，为语言教育、翻译服务和文化交流提供资源。七是建设和应用语言数据资源，促进跨语言信息传播和文化交流，提升国家文化软实力。八是收集和保存濒危语言和方言的数据，支持语言多样性的保护工作，维护语言文化遗产。九是参与制定有关语言数据资源建设和保护的政策和规划，为语言数据资源的长期发展提供指导和支持。十是推动语言数据资源的国际合作与交流，参与国际语言数据标准制定，提升中国在全球语言数据资源领域的影响力。

9. 各地加强语言服务治理能力建设

（1）北京市提升国际交往语言环境水平

2022 年 1 月，北京市开始实施《北京市国际交往语言环境建设条例》（以下简称《条例》）。《条例》对首都国际交往中心建设意义重大，是中国首部关于语言环境建设的地方性法规。有利于提升城市国际化服务水平，有利于保障国际交流交往的顺利进行，有利于推动中国城市国际化发展，有利于树立城市语言环境建设依法治理的新标杆。

《条例》首次为北京国际交往中心建设开出了“语言服务清单”，清单包含四个方面的语言服务内容：公共服务、外语标识使用规范、国际交往语言环境建设、语言服务法律法规保障。

就公共服务而言，《条例》提出一是加强和完善政府网站的国际语言服务；二是为确有需要的人提供必要的北京各类窗口公共服务热线的外语或口译服务；三是改进北京重大活动和突发事件的国际语言服务；四是加强北京国际语言服务专业人才队伍建设。

就外语标识使用规范而言，《条例》提出规范机场、车站、公交站点，大型国际活动承办、接待场所，境外人才聚集的国际社区，应急避难场所等重要公共场所的外语标识。在外语标识内容、外语译写标准、审核主体、监测主体、执法主体等方面提出严格的要求。

就国际交往语言环境建设而言，《条例》要求广泛动员社会主体参与国际交往语言环境建设，包括政府部门、行业协会、志愿组织、社会机构、企事业单位和个人，社会广泛参与有助于进一步提升国际交往语言环境建设的整体水平。

就语言服务法律法规保障而言，《条例》明确法律责任，对公共场所语言违规违法，根据情节轻重给予相应的处理或处罚。情节较轻的，由城市管理综合执法机构责令改正，并处罚款。情节严重的，视影响恶劣程度给予警告、治安管理处罚。构成犯罪的，依法追究刑事责任。

（2）广东省大力加强国际语言环境建设

2024 年 1 月，广东省颁布实施《广州市公共场所外语标识管理规定》，规范公共场所的外语标识设置、相关服务、管理等活动。市、区人民政府将公共场所外语标识管理纳入城市建设和管理工作。市人民政府外事部门负责此项工作的管理和相关工作，包括制定标识译写标准和规范、日常监测和纠正工作、提供译写认定意见等。公共场所管理者或经营者负责外语标识的设置及维护，并保持标识准确、完整和清晰。公共场所标识的设置应以规范汉字为基础，辅以外国文字译文，并且不得违反社会主义核心价值观和公序良俗。市人民政府外事部门会定期对公共场所的外语标识进行巡查和抽查。违反规定的，将督促限期改正。如果拒不改正，将由市场监督管理部门或城市管理综合执法部门处理。拒不改正的，予以警告，并督促其限期改正。构成犯罪的，将依法追究刑事责任。

（3）北京市支持特色服务出口基地（语言服务）发展

2022 年，《北京市外经贸发展资金促进服务贸易创新发展实施方案》《北京市外经贸发展资金优化服务进出口结构实施方案》等发布，北京市商务局拨付服务贸易发展专项资金支持特色服务出口基地（语言服务）建设。北京市支持特色服务出口基地（语言服务）建设对于推动服务贸易发展、优化服务进出口结构和提升语言服务的国际竞争力具有重要意义。

首先，投入资金支持特色服务出口基地（语言服务）建设能够推动服务贸易发展。语言服务是服务贸易的重要组成部分，通过资金支持，优化和完善语言服务产业链，提升语言服务的整体质量和效率，有利于促进服务贸易的发展。

其次，资金支持优化服务进出口结构。语言服务作为一种高附加值的服务，对优化服务进出口结构有积极作用。通过资金支持，引导和鼓励更多的企事业单位投入语言服务领域，有利于提升服务进出口的质量和水平。

最后，投入资金支持特色服务出口基地（语言服务）建设有助于提升语言服务的国际竞争力。通过资金奖励，吸引更多的优秀人才和先进技术加入语言服务领域，提升语言服务的技术含量和附加值，有利于增强语言服务在国际市场上的竞争力。

（三）社会环境分析

中国的语言服务产业发展的社会环境主要有以下特点。第一，中国扩大对外开放和人文交流，国际交流合作愈加频繁，对于语言服务的需求也在持续增长。中国作为全球最大的发展中国家和第二大经济体，对于语言服务的需求非常大。无论是政府、企业，还是个人，都需要语言服务来推动与国际的交流。这为语言服务产业提供了广阔的市场空间。第二，社会对语言服务的认知度不断提升，中国翻译协会 2010 年正式提出“语言服务”的概念，《中国翻译及语言服务行业发展报告》《冬奥会体育项目名词》《京津冀、长三角、粤港澳大湾区语言服务竞争力报告》等一批有社会影响力的成果问世，媒体广泛报道，社会公众对语言服务的认知度逐渐提升，对于语言服务产业的接受度也在逐步提高。第三，语言技术进步和创新氛围日趋浓厚，政府鼓励科技创新和创业，不断增设各类创新平台、孵化器，增加资金投入，为语言服务产业的发展提供了强大的社会环境支持。各级政府针对语言服务产业出台了一系列政策法规，设立了相关专项资金，提供了硬件设施支持，为语言服务产业的发展营造了良好的外部环境。此外，各类优惠政策和措施也进一步激发了语言服务市场的活力。

语言服务产业在发展的同时，也面临社会环境的不利因素。如全球化带来巨大挑战，存在如何应对激烈的国际竞争、满足多元文化的差异性需求等问题；社会对语言服务专业性和复杂性的理解有待进一步加深；技术进步和创新环境带来了市场竞争和技术迭代的压力。

（四）技术环境分析

语言技术是语言服务的核心要素之一，《Nimdzi 2023 年语言技术图谱》显示，语言技术市场细分为翻译管理系统、翻译公司运营系统、翻译系统、语音识别技术、视频翻译、机器翻译、翻译提供商整合平台、质量管理系统、在线翻译营运平台、多语言内容生成模型等。在全球语言技术市场中，美国的语言技术市场产值占比最高，为 36.34%，德国为 8.17%，英国为

7.18%，中国为5.35%。[①]

中国的语言技术市场主要包括机器翻译、语音识别、语义分析、自然语言处理、大语言模型等各类技术应用，在教育、新闻、医疗、司法、旅游等行业的应用广泛。2023年，中国语言服务市场规模接近2000亿元，并持续高速增长。从技术环境来看，首先，中国政府大力推广人工智能、大数据、云计算等新兴信息技术，这为语言服务产业发展提供了强有力的支撑。其次，中国的互联网用户规模巨大，网络信息丰富，为语言技术的训练和应用提供了海量的数据。最后，中国高等教育和研究机构在自然语言处理、机器翻译等领域有深厚的研究基础，有大批人才储备。中国语言服务产业的技术环境可以总结为四个特点：一是政策支持力度大；二是数据资源丰富；三是研究基础深厚；四是人才储备足。

语言技术环境对语言服务产业既有积极影响也有不利影响。积极影响是政府政策支持力度大，十分有利于企业投资研发，取得优质的技术成果。数据资源丰富，能够提高语言服务的质量和效率。不利影响是语言技术涉及众多学科交叉，技术研发难度大，需要高投入，而且成果转化周期长。另外，语言技术面临的竞争不断加剧，新技术和新模式的快速迭代对现有的语言服务产业构成挑战。

四　中国语言服务产业发展现状

（一）中国语言服务产业分类

本报告的语言服务产业分析框架以国家发展改革委和商务部发布的第52号令《鼓励外商投资产业目录（2022年版）》为主要依据，主要分为翻译、本地化服务、语言技术开发应用、语言资源服务四大类，并在此基础上参考美国CSA Research语言服务咨询公司发布的语言服务相关报告中的分

① "The Nimdzi Language Technology Atlas," https://www.nimdzi.com/language-technology-atlas/.

类，结合中国的语言服务市场实际情况，增加了语言教育培训服务和其他增值服务，共六类（见表1）。

表1　语言服务产业分类

产业分类	细分业态
翻译	1. 笔译(创译、机器译后编辑、网文翻译、国家标准翻译、应急沟通翻译、民族语言翻译、手语翻译、盲文翻译等) 2. 口译(会议口译、现场口译、电话口译、视频远程口译、远程同声传译、机器口译等)
本地化服务	1. 本地化翻译(网站、软件、动漫、游戏、App、影音视频等) 2. 本地化工程 3. 本地化测试
语言技术开发应用	1. 语言服务交付工具(术语管理、翻译记忆、机器翻译、口译工具、搜索技术) 2. 工作流程管理平台 3. 内容创作与发布系统(内容管理系统、创作辅助、自动内容扩充、连接器) 4. 多语影音工具(配音、字幕等) 5. 机器翻译、语音识别、舆情监控、摘要自动生成、观点提取、文本自动分类、文本语义对比、语音识别、中国 OCR 技术等 6. 客服交互系统 7. 聊天机器人 8. 数字人
语言资源服务	1. 多语与平行语料库研发 2. 术语库研制与管理 3. 翻译记忆库 4. 翻译规则库 5. 语言大数据 6. 语言资产管理 7. 内容管理与扩充
语言教育培训服务	1. 培训机构(K12、学历、出国、兴趣追求、职业发展) 2. 培训方式(线上集中视频、线下集中培训、一对一服务) 3. 外语学习产品(语言学习软硬件、网站、App 等)
其他增值服务	1. 项目管理 2. 桌面排版 3. 国际化 4. 国际测试 5. 工程设计 6. 质量保证 7. 人力外包和招聘 8. 营销服务：品牌分析、市场研究、社交媒体支持、广告推广、数据分析

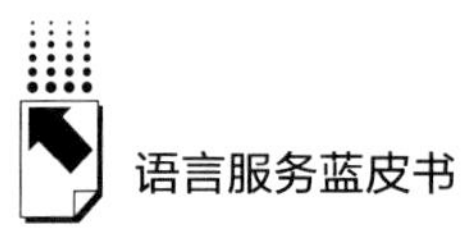

续表

产业分类	细分业态
其他增值服务	9. 专业服务：文件处理、法律合规、一般咨询、网络社交媒体、全球资讯产业、言语康疗、涉外知识产权、版权贸易、跨境社交电商等 10. 商业服务：投资、语言数据交易、服务出口、国际合作等

中国的语言服务产业在结构和分布上呈现以下特点。

语言服务产业大体上分为六类。第一类是传统的翻译，包括笔译和口译；第二类是本地化服务，使产品或服务能够符合本地文化和习俗；第三类是语言技术开发应用，如机器翻译和语音识别，这是科技在语言服务领域的应用，是语言服务产业的新发展方向；第四类是语言资源服务，为其他服务提供语言资源支撑；第五类是语言教育培训服务，提供各类语言教育培训服务；第六类是其他增值服务，如项目管理、桌面排版等，都是对语言服务的增值。

从产业发展看，翻译和语言教育培训服务是最基础且广泛的服务，几乎涵盖了所有语言服务的需求群体。本地化服务和语言资源服务主要集中在需要大量外文处理和文化交流的领域，如 IT、电商、媒体等。语言技术开发应用则主要集中在科技行业，以机器翻译、语音识别等技术为代表，这些技术应用可以极大地提高翻译效率和质量。其他增值服务则更加多元化，涵盖了许多非语言服务的领域，如项目管理、桌面排版等。由于科技的发展，机器翻译等语言技术开发应用的需求也在不断扩大。此外，随着人们对语言学习需求的增加，语言教育培训服务的市场规模也在不断扩大。总体而言，语言服务产业结构丰富多元，分布广泛，需求旺盛，展现出巨大的市场潜力。

（二）中国语言服务产业规模

截至 2023 年 12 月 31 日，中国语言服务产值为 1982.36 亿元。其中，语言服务企业贡献产值 989.09 亿元；含语言服务的企业贡献产值 510.82 亿元；外商投资企业贡献产值 482.45 亿元（见图 2）。

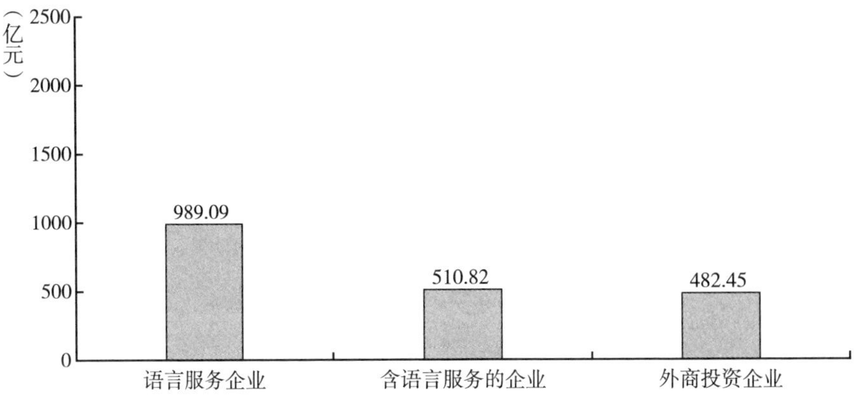

图 2　2023 年中国语言服务产业规模

资料来源：国家市场监督管理总局企业注册信息数据库。

（三）产业总体特点

1. 分布特点

从分布特点看，首先，无实缴资本的语言服务企业最多，数量达到了 41087 家，产值为 3286960 万元，说明小微企业在语言服务产业中占有较大比重。实缴资本达到 1 亿元以上的语言服务企业只有 31 家，但平均产值却高达 40833 万元，显示了大型企业虽少但产值高的特点。其次，实缴资本较多的企业中，含语言服务的企业和外商投资企业的数量较多，语言服务企业数量较少。说明语言服务企业主要为小微企业，大型企业和外商投资企业则不仅局限于翻译类核心语言服务业态，而是倾向于扩大营业范围，将语言服务包含在内，把语言技术研发与应用、语言数据处理等更多信息技术内容纳入其中。

2. 产值贡献度

从产值贡献度看，2023 年语言服务产值为 19823626 万元，语言服务企业的贡献度最高，产值达到了 9890945 万元；其次为含语言服务的企业，产值达到了 5108158 万元。外商投资企业的语言服务产值与含语言服务的企业接近，达到 4824524 万元。可以看出，语言服务产业在现代服务业中的重要性越来越突出。

3. 市场优势

从企业数量看，中国语言服务企业达到了54491家，含语言服务的企业则高达952977家，这些数据充分说明中国语言服务类企业数量多，市场庞大，具有明显的市场优势。同时，各类型企业对语言服务的需求也在增加，为中国语言服务产业的发展提供了广阔的市场空间。

4. 潜在风险

语言服务类企业主要集中在小微企业（见表2），资金规模较小，抗风险能力较弱。随着科技发展，语言服务产业面临人工智能大语言模型和机器翻译等技术转型。

表2　2023年中国语言服务产值

单位：家，万元

企业类型	实缴资本	企业数量	被调查单企业的平均产值	产值
语言服务企业	0元	41087	80	3286960
	0~10万元(含)	5040	141	710640
	10万~100万元(含)	6355	356	2262380
	100万~1000万元(含)	1774	833	1477742
	1000万至1亿元(含)	204	4350	887400
	1亿元以上	31	40833	1265823
	小计	54491		9890945
含语言服务的企业	0元	810224	80	64817920
	0~10万元(含)	46801	141	6598941
	10万~100万元(含)	60969	356	21704964
	100万~1000万元(含)	29836	833	24853521
	1000万至1亿元(含)	4465	4350	19422750
	1亿~10亿元(含)	588	40833	24009804
	10亿元以上	94	1000000*	94000000
	小计	952977		255407900
	语言服务贡献率按2%算			5108158

续表

企业类型	实缴资本	企业数量	被调查单企业的平均产值	产值
外商投资企业	0 元	93144	80	7451520
	0~10 万元(含)	6526	141	920166
	10 万~100 万元(含)	30504	356	10859424
	100 万~1000 万元(含)	51249	833	42669453
	1000 万~1 亿元(含)	39076	4350	169980600
	1 亿~10 亿元(含)	12989	40833	530380837
	10 亿元以上	1650	1000000*	1650000000
	小计	235138		2412262000
	语言服务贡献率按 0.2%算			4824524
总计		1242606		19823626

注：＊缺少调查数据，为估算值。因四舍五入存在误差。语言服务贡献率按照调查统计而来，已扣除外包给语言服务企业的产值。含语言服务的企业和外商投资企业的“被调查单企业的平均产值”采用保守估算，按照语言服务企业的被调查单企业的平均产值估算。

（四）产业影响因素

中国的语言服务产业发展受到以下多重因素影响。

1. 市场需求的影响

语言服务企业的产值持续增长，特别是实缴资本在 1 亿元以上的企业，尽管只有 31 家，但产值已经高达 1265823 万元。同时，含语言服务的企业数量达到了 952977 家，产值高达 5108158 万元。随着经济全球化和中国进入数字社会，中国对语言服务的需求逐年增长，特别是在外贸、旅游、教育、文化交流等领域。

2. 政策环境的影响

无实缴资本的语言服务企业数量达到 41087 家，与中国政府针对小微企业的扶持政策有关。政府对语言服务产业的扶持政策，如税收缓缴或免缴优惠、资金补贴、产业规划等对语言服务产业发展产生了重要影响。

3. 人才资源的影响

实缴资本在 1 亿元以上的单个语言服务企业的平均产值高达 40833 万

元，效益好的企业对优秀的语言服务人才需求非常大。如果按员工人均年产值为100万元计算，那么产值40833万元的语言服务企业需要大约408名员工。要满足一个大型语言服务企业的人才需求，需要改革和创新中国语言服务人才培养体系。目前，中国的语言服务人才培养存在培养模式单一、人才的行业能力不足、人才数量短缺、培养机制不健全等问题。

4.技术进步的影响

实缴资本在10亿元以上的含语言服务的企业虽然只有94家，但产值高达94000000万元。这充分说明了技术进步，特别是人工智能、大数据、云计算等技术的发展，对语言服务产业产生了深远影响，既提高了服务效率，也提高了服务质量。

（五）各省份语言服务产值分布

1.产值分布特点

中国各省份语言服务产业呈现地域分布、产值分布、从业人数分布不平衡的特点，具体如下。

（1）地域分布存在东强西弱的差异

表3显示，北京语言服务产值为3780395万元，占全国语言服务产值的19.07%，上海、江苏和广东分别占比15.61%、13.14%、9.79%。相比之下，西藏、青海等地的语言服务产值占比分别为0.18%和0.13%。语言服务产业主要集中在中国的经济发达地区，如北京、上海、江苏和广东。其中，北京以3780395万元的语言服务产值居首位，其次是上海和江苏。这些地区的外商投资企业数量多、外商投资活跃，需要大量的语言服务。相比之下，西藏、青海等地的语言服务产值相对较低，与这些地区的经济发展水平、人口数量、外商投资企业数量等因素有关。

（2）北上广等发达地区语言服务产值高

北京、上海、江苏和广东四省市的语言服务产值总和达到11420698万元，占全国语言服务产值总和的57.61%。从语言服务产值看，北京、上海、

表 3　2023 年全国各省份语言服务产值分布特点

序号	省份	语言服务企业			含语言服务的企业			外商投资企业			语言服务产值（万元）	从业人数（人）
		企业数（家）	产值（万元）	从业人数（人）	企业数（家）	产值（万元）	从业人数（人）	企业数（家）	产值（万元）	从业人数（人）		
1	北京	7732	2187255	115047	154158	1111334	43784	14106	481805	8753	3780395	167584
2	上海	6717	1514763	80273	93054	610019	25711	54168	969923	13125	3094706	119109
3	江苏	9483	1159845	77750	284398	746150	17162	25480	697989	19211	2603983	114123
4	广东	4135	814357	70071	72438	508519	29958	42959	618738	23241	1941614	123270
5	浙江	2290	393263	24796	28150	316167	9381	22676	370853	7056	1080284	41233
6	山东	3687	532775	28503	41702	256402	18316	16989	206257	5672	995434	52491
7	四川	2091	393116	40111	20921	117756	6019	4434	105157	3438	616029	49568
8	湖北	1606	275251	11876	16445	125910	6727	3606	100604	2628	501765	21231
9	天津	1029	203595	18751	11345	76823	4426	8393	220977	3866	501395	27043
10	河北	1825	271991	12452	17794	118364	5314	2208	78557	2138	468912	19904
11	辽宁	1081	182847	15316	12443	70717	6603	7505	176469	3702	430032	25621
12	陕西	1248	229909	17830	11490	68238	12174	2749	46271	5223	344417	35227
13	河南	1406	215811	6989	14342	48515	5024	1767	50013	1846	314339	13859
14	安徽	1178	153012	6512	9757	77940	6293	2795	76010	3371	306962	16176
15	广西	646	97683	5164	8507	140928	3858	1847	42203	1081	280814	10103
16	福建	564	68693	4202	7235	51158	2347	8526	156759	4814	276610	11363
17	重庆	739	99927	7043	9146	57333	5617	2182	84986	2079	242246	14739
18	湖南	1099	147169	9739	8148	47710	1634	1658	41133	818	236012	12191

续表

序号	省份	语言服务企业			含语言服务的企业			外商投资企业			语言服务产值（万元）	从业人数（人）
		企业数（家）	产值（万元）	从业人数(人)	企业数（家）	产值（万元）	从业人数(人)	企业数（家）	产值（万元）	从业人数(人)		
19	贵州	434	63351	1656	74695	127938	477	530	17164	229	208453	2362
20	江西	575	77201	1357	10356	70643	1457	1468	46130	1111	193973	3925
21	黑龙江	730	137898	3231	4918	22395	899	1183	32482	379	192775	4509
22	海南	480	61763	4052	8695	92367	1256	2559	33756	259	187886	5567
23	山西	495	131595	7678	6957	24795	828	573	21826	477	178216	8983
24	云南	596	96798	3826	5285	41987	1026	1920	31873	363	170658	5215
25	吉林	711	84773	3177	4431	36030	4819	1148	33346	989	154149	8985
26	新疆	375	68428	2405	5017	47314	879	521	18650	237	134392	3521
27	内蒙古	545	56319	1411	4548	33314	823	498	24635	272	114268	2506
28	甘肃	321	59823	10183	2767	17973	327	245	11803	195	89599	10705
29	宁夏	156	36754	1203	1349	5233	280	162	6525	92	48512	1575
30	西藏	150	21921	177	1208	7286	102	124	6929	32	36136	311
31	青海	113	17189	95	1178	6000	469	128	3201	53	26390	617
32	香港	129	10320	4219	90	22000	37	30	10900	16	43220	4272
33	澳门	70	21150	1372	10	2900	10	1	600	5	24650	1387
34	台湾	55	4400	—	—	—	—	—	—	—	4400	—
合计		54491	9890945	598467	952977	5108158	224037	235138	4824524	116771	19823626	939275

资料来源：国家市场监督管理总局企业注册信息数据库。

江苏和广东是语言服务产业的四大“重镇”，产值超过了全国语言服务产值的一半。

（3）从业人数与产业发达程度相关

全国语言服务产业从业人数为939275人。从从业人数看，北京拥有最多的语言服务从业人数，达到167584人，占全国的近18%。其次是广东和上海，分别为123270人和119109人，分别占全国的13.12%和12.68%；相比之下，港澳从业人数较少，与内地市场相比较小，这与港澳人口基数小等因素有关。西藏的从业人数为311人，只占全国总人数的0.03%。总体而言，中国的语言服务产业主要集中在经济发达的地区，产值和从业人数也主要集中在这些地区。此外，外商投资企业的数量也是影响语言服务产值和从业人数的重要因素。

在企业数量、语言服务产值指标上，北京、上海和江苏名列全国前三名，显示出这三个地区的语言服务产业发展较好。在含语言服务的企业数量上，江苏有突出的优势，其次是北京和上海。在外商投资企业的数量上，上海位居第一，显示出上海的国际化程度和吸引外资的强劲优势。

总体而言，北京、上海和江苏在语言服务产业的发展上表现出强大的优势，与这些地区的经济发展水平、教育资源、政策支持等多方面因素有关。而西藏、青海的语言服务产业则相对较弱，需要更多的支持和投入。

2. 语言服务产业在各地区经济中的占比

语言服务产值最高的是北京，达到378.0395亿元。其次为上海和江苏，分别为309.4706亿元和260.3983亿元。从语言服务产值占比看，北京占比最高，占0.86388%。其次为上海和天津，分别为0.65540%和0.29957%（见表4）。这些地区的语言服务产业在本地经济中占有一定份额。总体而言，语言服务产业在中国的经济中占比不高，各省份之间的差距也较大，与各地区的经济发展水平、文化背景、语言服务需求等因素有关。

表 4　2023 年全国各省份 GDP、语言服务产值及语言服务产值占比

单位：亿元，%

省份	GDP	语言服务产值	语言服务产值占比
北京	43760. 70	378. 0395	0. 86388
上海	47218. 66	309. 4706	0. 65540
江苏	128222. 20	260. 3983	0. 20308
广东	135673. 16	194. 1614	0. 14311
浙江	82553. 00	108. 0284	0. 13086
山东	92069. 00	99. 5434	0. 10812
四川	60132. 90	61. 6029	0. 10244
湖北	55803. 63	50. 1765	0. 08992
天津	16737. 30	50. 1395	0. 29957
河北	43944. 10	46. 8912	0. 10671
辽宁	30209. 40	43. 0032	0. 14235
陕西	33786. 07	34. 4417	0. 10194
河南	59132. 39	31. 4339	0. 05316
安徽	47050. 60	30. 6962	0. 06524
广西	27202. 39	28. 0814	0. 10323
福建	54355. 00	27. 6610	0. 05089
重庆	30145. 79	24. 2246	0. 08036
湖南	50012. 85	23. 6012	0. 04719
贵州	20913. 25	20. 8453	0. 09968
江西	32200. 10	19. 3973	0. 06024
黑龙江	15883. 90	19. 2775	0. 12133
海南	7551. 18	18. 7886	0. 24882
山西	25698. 18	17. 8216	0. 06935
云南	30021. 00	17. 0658	0. 05685
吉林	13531. 19	15. 4149	0. 11392
新疆	19125. 91	13. 4392	0. 07027
内蒙古	24627. 00	11. 4268	0. 04640
甘肃	11863. 80	8. 9599	0. 07552
宁夏	5315. 00	4. 8512	0. 09127
香港	26922. 40	4. 3220	0. 01605
西藏	2392. 67	3. 6136	0. 15103

续表

省份	GDP	语言服务产值	语言服务产值占比
青海	3799. 10	2. 6390	0. 06946
澳门	3316. 20	2. 4650	0. 07433
台湾	53273. 90	0. 4400	0. 00083

资料来源：《中华人民共和国 2023 年国民经济和社会发展统计公报》、国家市场监督管理总局企业注册信息数据库。

从地域看，语言服务产业的发展存在较大的地域差异，一线城市和发达的沿海地区，如北京、上海、江苏、广东等地的语言服务产值相对较高，占比也相对较高。而中西部地区，如甘肃、宁夏、青海等地的语言服务产值较低，占比也较低，语言服务产业发展水平还有待提高，这与当地的经济发展水平、开放程度、教育资源等多重因素有关。中国的语言服务产业发展不平衡，存在地域差异，具有较大的发展潜力。

中国语言服务产业发展呈现三个特点。首先，语言服务产值排名与 GDP 排名相关性较高，即语言服务产值高的地区通常 GDP 也相对较高，与这些地区经济发达、国际交流频繁对语言服务的需求量较大有关。其次，各地语言服务产值占比存在较大差异，北京、上海、广东等经济较发达的地区，语言服务产值占比相对较高，反映出这些地区语言服务产业的发展现状相对较好。而西藏、青海等地的语言服务产值不高，说明这些地区的语言服务产业还处于发展初期。最后，香港的语言服务产值占比较低，与香港通行英语的传统有关。与香港相比，澳门的语言服务产值占比较高，澳门是国际旅游城市，葡萄牙语是其官方语言之一，语言服务需求较大。

（六）中国语言服务类企业数量

中国拥有语言服务类企业 1242606 家，其中，语言服务企业 54491 家、含语言服务的企业 952977 家，外商投资企业 235138 家（见表 5）。语言服务企业以翻译、外语培训和外文桌面排版为主。民族语言翻译、手语翻译等企业数量较少，服务于特定的市场需求。

表 5　2023 年全国语言服务类企业数量分布

单位：家，%

指标	语言服务企业	含语言服务的企业	外商投资企业	总计
数量	54491	952977	235138	1242606
占比	4. 39	76. 69	18. 92	100. 00

资料来源：国家市场监督管理总局企业注册信息数据库。

在 54491 家语言服务企业中，翻译企业数量最多，共有 39815 家，产值达到 6740188 万元，翻译行业在整个语言服务产业中占主导地位，市场活跃度和资本集中度较高。外语培训企业数量为 10421 家，产值为 2234129 万元，外语培训企业仍然是重要的语言服务市场主体。外文桌面排版企业共有 3045 家，产值为 335531 万元。虽然企业数量较少，但产值和市场需求相对稳定。本地化服务企业仅有 59 家，产值为 177266 万元。外译图书出版企业有 10 家，产值为 137375 万元。企业数量不多，因为外译图书出版行业比较特殊，准入门槛较高，资本和产值都较高，需求量较大。国际多媒体企业有 694 家，产值为 103402 万元。企业实缴资本与注册资本相比差距较大，反映出企业绩效有待提高。

此外，部分语言服务企业规模较小，产业细分度高，如涉外服务企业有 83 家，产值为 66715 万元；劳务外包企业有 128 家，产值为 43344 万元；语言技术企业有 54 家，产值为 29754 万元；速记企业有 82 家，产值为 8149 万元；民族语言翻译企业有 45 家，产值为 4353 万元；手语翻译企业有 28 家，产值为 3312 万元；多语言服务企业有 18 家，产值为 1684 万元；外文搜索引擎企业有 4 家，产值为 320 万元（见表 6）。这些特殊领域服务特定群体，市场规模相对较小。

综合分析看，中国语言服务企业呈现以下特点。

一是资本集中度高，翻译企业和外语培训企业在数量上占比较大，分别占整个产业的 73. 07%和 19. 12%。这两个领域的注册资本和产值也相对较高，表明这些产业的市场容量大，竞争激烈，且有较高的市场准入壁垒。二是资本与产值之比较高，如本地化服务企业的注册资本和实缴资本与产值之比较高，说明其需要较大的初始投资，但相应的回报也较高。三是部分企业实缴资本与注册资本差异较大，翻译行业的实缴资本与注册资本绝对值相差较大，表明该行业内的新成立企业数量较多。四是中小企业居多，速记、编译、民族语言翻译、手语翻译等领域的企业数量少，注册资本和产值较低，表明中小型企业多主要服务特定的市场细分领域。五是部分企业市场成熟度高，外译图书出版企业实缴资本接近注册资本，反映市场较为成熟，企业经营稳定。六是特殊语言服务需求稳定，手语翻译和民族语言翻译等特殊服务存在刚性需求，虽然企业数量和产值不高，但特定用户群体稳定。七是技术驱动型企业得到重视，语言技术企业虽然数量不多，但平均注册资本较高，表明语言服务行业开始重视技术，研发投入和专业技术支持大。八是市场细分化趋势明显，整个行业内企业类型多样，从翻译到本地化服务，到特殊语言服务，市场呈现多元化和细分化趋势。

表 6　2023 年中国各业务类型语言服务企业情况

单位：家，万元

业务类型	企业数量	注册资本	实缴资本	产值
翻译	39815	23086153	2269685	6740188
外语培训	10421	1177168	415027	2234129
外文桌面排版	3045	99176	23564	335531
本地化服务	59	238534	139592	177266
外译图书出版	10	100841	95841	137375
国际多媒体	694	1054925	33193	103402
涉外服务	83	223966	57899	66715
劳务外包	128	26895	18926	43344
语言技术	54	69073	12916	29754
速记	82	3402	250	8149
编译	5	4190	4180	5423
民族语言翻译	45	22040	1000	4353
手语翻译	28	1685	204	3312

续表

业务类型	企业数量	注册资本	实缴资本	产值
多语言服务	18	407	40	1684
外文搜索引擎	4	108	0	320
总计	54491	26108563	3072317	9890945

资料来源：国家市场监督管理总局企业注册信息数据库。

（七）中国语言服务企业地域分布

中国语言服务企业主要分布在长三角地区（江苏、上海、浙江、安徽）、京津冀地区（北京、天津、河北）和粤港澳大湾区（广东、香港、澳门），语言服务企业规模较大，产值较低；中西部地区语言服务企业数量较少，企业规模较小，产值较低。全国的语言服务企业地域分布特点如下。54491 家语言服务企业，大部分集中在东部沿海地区和大城市，以江苏、北京和上海居多。东北、中西部和西南地区的企业数量相对较少。江苏以 9483 家的数量位列全国第一，占全国的 17.4%；其次是北京（7732 家），占 14.2%；上海（6717 家）占 12.3%。港澳台地区语言服务企业数量相对较少，香港有 129 家，澳门有 70 家。西部地区数量最多的是四川省，有 2091 家。东北地区的吉林有 711 家，黑龙江有 730 家，辽宁有 1081 家。

各大区域对比显示，华北地区的北京、天津、河北、山西的语言服务企业共 11081 家，约占全国总数的 20.34%，北京作为全国的政治和文化中心，语言服务企业数量不仅在华北地区领先，而且在全国名列第二。东北地区的辽宁、吉林和黑龙江的语言服务企业共 2522 家，占比为 4.63%，辽宁的企业数量比吉林和黑龙江多。西北地区的甘肃、内蒙古、陕西、新疆、宁夏和青海的语言服务企业共 2758 家，占比约为 5.06%，陕西的企业数量较多，其他省份较少。华东地区的上海、江苏、浙江、安徽、福建、江西、山东、台湾的语言服务企业共 24595 家，占比约为 45.05%，该地区的企业数量在

全国最多，其中江苏的企业数量居全国之首。华中地区的湖北、湖南和河南的语言服务企业共 4111 家，占比为 7.54%，三个省的企业数量相差不大，都超过 1000 家。华南地区的广东、广西、海南、香港、澳门语言服务企业共 5460 家，占比约为 10.02%，广东的企业数量远多于广西和海南。西南地区的四川、贵州、云南、重庆、西藏的语言服务企业共 4010 家，占比约为 7.36%，四川的企业数量较多，贵州和西藏相对较少（见表 7）。

表 7　2023 年中国语言服务企业地域分布特点

单位：家

省份	企业数量	省份	企业数量
江苏	9483	广西	646
北京	7732	云南	596
上海	6717	江西	575
广东	4135	福建	564
山东	3687	内蒙古	545
浙江	2290	山西	495
四川	2091	海南	480
河北	1825	贵州	434
湖北	1606	新疆	375
河南	1406	甘肃	321
陕西	1248	宁夏	156
安徽	1178	西藏	150
湖南	1099	香港	129
辽宁	1081	青海	113
天津	1029	澳门	70
重庆	739	台湾	55
黑龙江	730	共计	54491
吉林	711		

资料来源：国家市场监督管理总局企业注册信息数据库。

（八）中国语言服务企业类型

54491 家语言服务企业中，有限责任公司最多，为 39344 家，占 72.20%；

个体工商户其次，为 14015 家，占比 25.73%；港澳台投资企业为 291 家；国有企业为 115 家；外商投资企业为 160 家（见表 8）。

表 8　2023 年中国语言服务企业类型分布

单位：家，%

企业类型	数量	占比
有限责任公司	39344	72.20
个体工商户	14015	25.73
中外合资企业	359	0.66
港澳台投资企业	291	0.53
外商投资企业	160	0.29
不详	133	0.24
国有企业	115	0.22
股份制企业	51	0.09
社会团体	23	0.04
合计	54491	100.00

资料来源：国家市场监督管理总局企业注册信息数据库。

中国的语言服务企业类型呈现以下特点。有限责任公司和个体工商户占比分别为 72.20%和 25.73%，两者共占 97.93%。中外合资企业、港澳台投资企业、外商投资企业分别只占 0.66%、0.53%和 0.29%，行业吸引外资较少。国有企业、股份制企业和社会团体等加起来占比不到 1%。可见，语言服务企业以有限责任公司和个体工商户为主，投资较少，规模较小，企业经营模式较灵活。

（九）中国语言服务企业的业态分析

中国的 54491 家专门从事语言服务的企业中，提供翻译服务的最多，达到 39815 家，占总数的 73.07%。这说明翻译服务是中国语言服务企业中的主流业态。提供外语培训的语言服务企业有 10421 家，占总数的 19.12%，占据了第二大份额，显示出在语言服务产业中，外语培训需求旺盛。提供外文桌面排版的企业数量为 3045 家，占总数的 5.59%，位列第三。本地化服务、语言技术、民族语言翻译、手语翻译、多语言服务、外文搜索引擎这几类业务的企业数量相对较少，占比分别为 0.11%、0.10%、0.08%、0.05%、0.03%、0.01%。这些业务类型特殊，企业数量少，市场潜力有待进一步开发。提供本地化服务和语言技术的企业均为 50 多家，这两种业务类型的技术要求高，语言服务提供商少，主要为少数技术能力强的企业。提供外译图书出版和编译的企业数量较少，分别只有 10 家和 5 家，普通语言服务企业不具备图书出版的资质，译作编辑出版全流程管理标准高，要求严格，限制了大量语言服务企业进入该业务领域。提供国际多媒体、涉外服务、劳务外包、速记等业务的企业数量不多，占比分别为 1.27%、0.15%、0.23%、0.15%（见表 9）。总体来看，中国的语言服务企业以提供翻译和外语培训为主，提供其他业务的企业相对较少，近年来，出现提供更多业务类型的企业数量不断增长的趋势。

表 9　2023 年中国语言服务企业的业务类型分布

单位：家，%

业务类型	企业数量	占比
翻译	39815	73.07
外语培训	10421	19.12
外文桌面排版	3045	5.59
国际多媒体	694	1.27
劳务外包	128	0.23
涉外服务	83	0.15
速记	82	0.15
本地化服务	59	0.11
语言技术	54	0.10
民族语言翻译	45	0.08
手语翻译	28	0.05
多语言服务	18	0.03
外译图书出版	10	0.02
编译	5	0.01
外文搜索引擎	4	0.01

资料来源：国家市场监督管理总局企业注册信息数据库。

（十）中国语言服务从业人员分析

截至 2023 年 12 月 31 日，中国语言服务从业人数超过 93 万人，其中，语言服务企业从业人数 59.8 万人，参保人数为 13.1 万人，含语言服务的企业的从业人数为 22.4 万人，外商投资企业从业人数为 11.7 万人。

中国语言服务企业数量、参保人数和从业人数呈现以下分布特点。

从业务类型看，首先，翻译企业数量最多，达到 39815 家，从业人数和参保人数也最多。可见翻译企业是语言服务行业的主体。其次，外语培训企业共 10421 家，从业人数和参保人数也较多，反映外语学习的市场需求大。相比之下，外文搜索引擎、多语种服务、手语翻译、民族语言服务、速记等企业数量较少，从业人数也较少。

从从业人数分布看，翻译企业的从业人数最多，达到 278994 人，这反映了翻译服务对劳动力的大量需求。外语培训企业的从业人数也较高，为 229854 人，与外语教育的普及和外语技能的重要性有关。本地化服务企业的从业人数也较高，为 51307 人，这与参保人数较多的情况相吻合，表明本地化服务企业的项目和团队规模较大。其他类型的企业，如速记、编译、民族语言、手语翻译等从业人数极少，与服务需求量较小有关。

从参保人数分布看，翻译和外语培训企业的参保人数分别为 60248 人和 50651 人，占比较大，与企业数量多相吻合。本地化服务企业虽然数量较少，只有 59 家，但参保人数多，达到 11306 人（见表 10），表明本地化服务企业的人员规模较大，大型企业较多。其他类型的企业，如外文搜索引擎、编译、手语翻译等，参保人数较少，因为这些企业规模普遍较小。

表 10　2023 年中国语言服务企业数量、参保人数与从业人数分布

单位：家，人

业务类型	企业数量	参保人数	从业人数
翻译	39815	60248	278994
外语培训	10421	50651	229854
外文桌面排版	3045	1686	7651

续表

业务类型	企业数量	参保人数	从业人数
本地化服务	59	11306	51307
外译图书出版	10	2665	12094
国际多媒体	694	283	1284
涉外服务	83	1195	5423
劳务外包	128	1198	5437
语言技术	54	1258	5709
速记	82	98	445
编译	5	3	14
民族语言翻译	45	30	136
手语翻译	28	9	41
多语种服务	18	16	73
外文搜索引擎	4	1	5
总计	54491	130647	598467

资料来源：国家市场监督管理总局企业注册信息数据库。

综上所述，翻译和外语培训是语言服务行业中的两个主要领域，企业数量和从业人数较多。本地化服务企业虽然数量不多，但规模较大，拥有较多的参保人数和从业人数。其他类型的语言服务企业则数量较少，规模相对较小。这些分布规律和特点反映了语言服务市场的需求和行业特性。

（十一）中国语言服务出口现状

1. 语言服务出口规模

2023 年，中国的 GDP 为 126. 06 万亿元。服务业总产值为 63. 87 万亿元，占 GDP 的 50. 67%。服务业的进出口总额为 5. 99 万亿元，其中服务业进口为 2. 86 万亿元，服务业出口为 3. 13 万亿元（见图 3）。服务业出口超过进口，显示中国服务业在国际市场上具有较强的竞争力，服务业已经从原来的净进口向净出口转变。在服务业出口中，语言服务出口仅为 63. 765 亿元，占服务业出口和 GDP 的比重非常小，语言服务出口的贡献度还很低，与中国语言服务业的整体规模、产值以及出口能力有关。中国语言服务产业发展任重道远，需要进一步扩大语言服务出口能力。

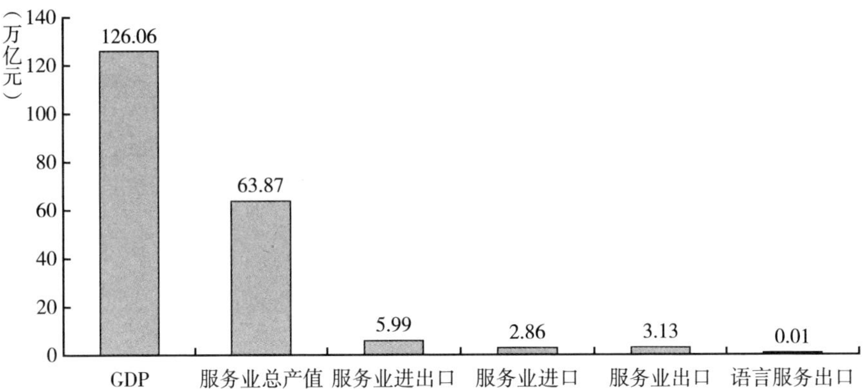

图 3　2023 年中国 GDP、服务业总产值及服务业进出口规模

资料来源：《中华人民共和国 2023 年国民经济和社会发展统计公报》。

2. 语言服务出口占比

2023 年，语言服务出口在服务业出口中占比 0.204%，占比较低，相较于其他服务业，出口规模较小。语言服务出口在服务业中占比 0.010%，占比更低。语言服务出口在 GDP 中的占比为 0.005%，对中国经济总量的贡献度很低（见图 4）。

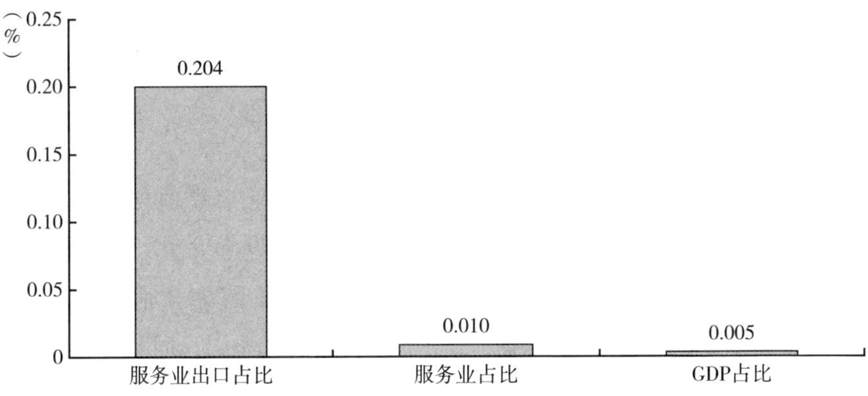

图 4　2023 年中国语言服务出口占比分析

说明：根据原始数据计算。

资料来源：国家市场监督管理总局企业注册信息数据库、《中华人民共和国 2023 年国民经济和社会发展统计公报》。

3. 中国的语言服务出口基地建设

自国家认定14家特色服务出口基地（语言服务）以来，各家基地主动把握机遇，发挥优势，深耕语言服务技术，推进数字化赋能，开发语言服务新业态，创新服务场景，依托重大活动平台，融合多语种服务，积极开展战略合作，取得了显著成效。

积极打造专业语言服务出口平台，引领带动语言服务产业和贸易发展，为中国文化、产品、服务、技术、标准“走出去”提供高效专业的语言服务支撑。2023年12月，中国外文局主办“协同发力共话语言服务未来”语言服务出口基地工作推进会。① 与会嘉宾围绕促进语言服务产业发展、提升国家语言服务能力、推进语言服务业高质量发展等进行交流探讨。中国外文局表示，首批特色服务出口基地（语言服务）的设立和建设，聚焦推动中华文化“走出去”的职责使命，着眼服务文化强国建设大局，意义重大而深远。商务部表示，将会同相关部门以基地建设为抓手，持续优化政策供给、持续加强基地建设、持续做好夯基垒台工作，推动语言服务产业向更加规范化、专业化、国际化的方向发展。

在相关部门的支持下，中国外文局牵头建设语言服务网。为推动语言服务出口基地建设，为各基地提供集中展示、对接交流的信息平台，语言服务出口基地推进会期间还举办了“一带一路”及语言服务图书展，展示了数百种讲好新时代“一带一路”故事和语言服务工作成果的多语种出版物。

国际传播科技文化园和中国（合肥）声谷作为两家园区类特色服务出口基地（语言服务），致力于聚合语言服务产业、创新语言服务场景，抓住时机，用好政策红利，努力以打造国际传播新高地为突出定位，推动国家语言服务贸易发展，打造文化生态新格局。

北京语言大学作为两家高校类特色服务出口基地（语言服务）之一，积极开展政产学研协同育人，加强语言服务学科建设和产业研究，在多方面

① 《专家学者共话语言服务业高质量发展　正式启动语言服务网》，“中国新闻网”百家号，2023年11月29日，https://baijiahao.baidu.com/s?id=1783885383260301539&wfr=spider&for=pc。

取得了显著的建设成果。2021 年，在全国率先自主增设国际语言服务二级学科，招收和培养硕士研究生、博士研究生。先后开发应用软件以及学习平台，包括冬奥会术语平台、国际中文智慧教育云平台、模拟联合国会议口译虚拟仿真实验教学系统、多译本平行语料库系统等。发布了《全球语言服务市场报告（2017—2020）》《北京冬奥会语言服务大数据报告》《“战疫”应急语言服务报告》《京津冀、长三角、粤港澳大湾区语言服务竞争力报告》《2023 中国语言服务产业报告》等一系列研究报告；出版了《语言服务产业论》《中国语言服务产业研究》《译者编程入门指南》等专著和教材；承担了多个国家级以及省部级科研项目。

华侨大学、中国（福建）自贸试验区厦门片区管委会、集美区人民政府签约共建华侨大学国家语言服务领域特色服务出口基地。这是福建省唯一入选的特色服务出口基地（语言服务）。基地获批以来，打造了中国企业“出海”陪伴式语言服务、同心国际中文·智慧语言学习公共服务平台、外国政府官员中文速成教育服务、国外主流大学中文学分课程服务、国际产业人才中文速成教育服务、中文语言教学资源研发服务等多个品牌项目。

华侨大学为厦门象屿集团“一带一路”重点项目——印度尼西亚 250 万吨不锈钢一体化冶炼项目（该项目投资超 180 亿元，招收印度尼西亚员工超 18000 人）的印度尼西亚员工提供中文语言技能提升服务。通过“线上+线下”教学模式为该项目培养中高级中文人才 300 多名，来华中文语言强化速成培训 100 多名。与“国家文化出口重点企业”厦门梦加网络科技股份有限公司、亚洲最大的卫浴五金制造商路达（厦门）工业有限公司等合作，为越南、土耳其、俄罗斯等分公司的 100 余名员工提供中文速成培训，解决“出海”企业痛点问题。

4. 语言服务出口的作用

语言服务属于知识和技术密集型的现代服务业，对中国服务出口具有显著的推动作用。一是提升服务贸易竞争力：良好的语言服务能够为中国的外贸企业提供语言支持，帮助中国的产品和服务更好地进入国际市场。二是拓展服务出口领域：语言服务涉及口译、笔译、机器翻译、本地化服务、语言智能技术等多种形式，可进一步拓展中国的服务出口领域。三是提升文化影响力：通过语言服务，中国的文化产品和服务能更好走向世界，提升中国的文化软实力。四是助推数字经济发展：在数字经济背景下，语言服务帮助企业跨越语言壁垒，获取海外市场信息，开展国际业务，推动数字经济的发展。五是帮助企业“走出去”：对于有意拓展海外市场的企业，语言服务提供有效的语言支持，帮助企业更好地开展和管理海外业务，助推企业“走出去”。六是推动人才培养和国际交流：良好的语言服务能够吸引更多的国际学生来华留学，同时能推动中国学生和教师赴海外开展学术交流和研究，提高中国教育国际化水平。七是服务于国际大型活动：语言服务能够有效地服务于各类国际大型活动，如奥运会、世博会等，通过提供高质量的口译、笔译等服务，展示中国的国家形象，提升中国在国际舞台上的影响力。八是增强科技创新能力：科技创新是中国发展的关键，而语言服务能够帮助中国科研人员获取国际最新的科研资讯，开展国际合作，提升中国的科技创新能力。九是提高服务业水平：提高语言服务业的水平和质量，对提高中国服务业总体水平、优化中国的知识密集型服务经济结构、推动经济高质量发展具有重要意义。

五　语言服务行业景气度分析

（一）语言服务行业景气度的概念

语言服务行业景气度是衡量语言服务行业整体经营状况和发展趋势的一个指标，反映了语言服务市场的需求量、语言服务供给能力、价格水平以及从业人员的就业情况等。景气度高，意味着语言服务行业需求旺盛、市场活跃、从业人员收入稳定或增长；景气度低则意味着市场需求减少、竞争加剧、价格下跌和从业人员就业困难等。语言服务行业是否景气直接影响语言服务的供需关系、价格水平、行业就业情况以及技术发展速度等，进而影响中外文化交流和对外贸易的效率与质量。通过语言服务行业景气度分析可以更好地了解行业发展趋势，帮助政府部门科学制定行业政策和调控措施，有效促进语言服务行业健康发展，帮助语言服务企业[①]和从业者合理规划业务发展方向，做出精准的市场预测和业务决策。对于投资者而言，语言服务行业景气度分析可以提供重要参考信息，有助于其评估投资风险和收益潜力，做出合理的投资选择。

（二）语言服务行业景气度评价指标选取

语言服务行业景气度通常考虑以下影响因素。

企业状况：语言服务企业经营状况直接影响语言服务行业景气度。经济增长时期，企业扩张，国际贸易增多，语言服务需求相应增加。

技术进步：技术进步对语言服务行业景气度产生重要影响，尤其是人工智能在语言服务领域的应用。技术进步能够提高语言服务效率和质量，促进高技能语言服务人才需求的增长。

政策法规：政府政策和法律法规的变化也会影响语言服务行业景气度，如对外贸易政策、知识产权保护政策调整等。

社会文化交流：国际文化交流活动如国际会议、体育赛事、文化年等增多，会增加语言服务的需求。

语言服务行业景气度通过多种指标衡量，如市场需求量，语言服务项目的数量和种类；服务价格，语言服务的平均价格和价格变动趋势；从业人员就业情况，语言服务人员的就业率和收入水平；企业经营状况，语言服务企业的盈利状况、扩张情况和市场份额；行业投资，行业内外投资情况，包括技术研发投入和市场拓展资金等。

本报告构建的语言服务行业景气度评价指标体系参考了“上市公司景气度指数指标”[②]、国家统计局发布的“服务业商业活动指数”及“宏观经济指标”三个指标体系。考虑到指标选取的科学性、数据可得性、指标区

① 本部分指语言服务类企业。

② 陈国政：《上市公司景气指数指标体系构建研究》，《上海经济研究》2017 年第 12 期。

分性等因素，最终确定语言服务行业景气度评价指标体系由 3 个二级指标和 6 个三级指标组成（见表 11）。3 个二级指标考察语言服务行业从微观到宏观的增长情况，6 个三级指标从量化层面采集语言服务行业具体数据，综合反映语言服务行业的健康状况和发展趋势。

表 11　语言服务行业景气度评价指标体系

单位：%

一级指标	二级指标	权重	三级指标	权重
语言服务行业景气度	语言服务企业景气度	40	语言服务企业业务增长率	20
			语言服务企业员工增长率	20
	语言服务产业景气度	30	语言服务企业数量增长率	10
			语言服务企业产值增长率	20
	语言服务环境景气度	30	语言服务政策支持增长率	20
			语言技术应用增长率	10

1. 语言服务企业景气度

语言服务企业景气度指标包含语言服务企业业务增长率和语言服务企业员工增长率两个指标。语言服务企业业务增长率反映语言服务市场的需求动态。语言服务企业业务增长率不仅体现了语言服务企业在市场上的竞争力，也反映了语言服务行业整体的发展态势。此外，语言服务企业业务增长率的高低直接关系语言服务质量、服务创新以及客户满意度的提升，是推动语言服务行业持续健康发展的关键因素之一。语言服务企业员工增长率是衡量语言服务行业人力资源状况的重要指标，直接反映语言服务行业的人才吸引力和保持力。一个健康发展的语言服务行业应当能够吸引并保留优秀的语言服务人才。语言服务企业员工增长率的上升表明行业具有良好的发展前景和稳定的职业环境，能够为语言服务人才提供充分的职业发展空间。此外，语言服务企业员工增长率的提高也意味着语言服务企业能够拓展服务范围和服务深度，进一步增强市场竞争力。

2. 语言服务产业景气度

语言服务产业景气度由语言服务企业数量增长率和语言服务企业产值增

长率两个指标组成。语言服务企业数量增长率是衡量语言服务行业整体规模扩张情况和市场活力的重要指标。语言服务需求的增加促使更多的语言服务企业和机构涌现。语言服务企业数量的持续增长，不仅会加剧行业的竞争，也会推动语言服务质量的提升和语言技术的进步。语言服务企业产值增长率是反映语言服务行业经济贡献和市场容量的关键指标。语言服务企业产值增长率提升表明语言服务在市场上的价值得到了认可，语言服务行业的经济效益和社会影响力逐渐增强。此外，语言服务企业产值的增长也是语言技术创新和服务模式创新成果的体现，对促进语言服务行业的可持续发展具有重要意义。

3. 语言服务环境景气度

语言服务环境景气度由语言服务政策支持增长率和语言技术应用增长率两个指标组成。语言服务政策支持增长率反映语言服务行业的政策环境支持力度。政策支持是语言服务行业发展的重要保障，包括财政资助、税收优惠、人才培养计划等。政策的支持不仅能促进语言服务行业的快速发展，而且能提高语言服务的质量和效率，加强语言服务行业的国际竞争力。语言技术应用增长率是衡量语言服务行业技术创新环境的指标。机器翻译、自动校对、翻译管理系统等技术应用的增长体现了语言服务行业的技术创新和数字化转型。

（三）语言服务企业样本筛选原则

语言服务行业景气度评价的企业样本筛选遵循以下六个原则。一是优先考虑在行业内具有较高知名度和较大影响力的企业，这些企业的经营状况能够较为准确地反映整个行业的景气度。二是综合考虑业务范围和专业性，选择涵盖多种语言服务业务的综合性语言服务企业，以及专注于垂直领域（如法律、医疗、技术等）的专业性语言服务企业，体现行业的多样性和专业分工。三是综合考虑经营规模和市场份额大的大型企业和中小企业，根据100 家企业的市场份额和业务增长情况评估行业整体的发展趋势。四是综合考虑语言服务企业的健康状况，重点关注营业收入、净利润和资产负债率等关键财务指标，评估语言服务企业的经济效益和行业稳定性。五是考虑将在人工智能、自动化工具等方面进行积极探索和应用新技术的企业作为抽样调查对象。六是考虑客户满意度和市场反馈，评估语言服务企业服务质量和市场接受度。

（四）数据采集与评价方法

1. 数据采集

数据来源包括官方统计数据、行业报告、语言服务企业提供的财报、问卷调查等。通过访问政府和行业组织网站、联系语言服务企业、设计并实施在线调查等方式收集相关的原始数据。对收集到的数据进行清洗，剔除不完整、不准确或无关的数据记录。将不同来源和格式的数据整理成统一格式，便于后续处理。例如，将所有财务数据转换为相同的货币单位、将时间序列数据对齐等。本次问卷调查从国家市场监督管理总局企业注册信息数据库的语言服务企业中选取 100 家代表性语言服务企业作为抽样对象，采集企业 2018~2022 年的相关经营数据，经过数据清洗和标准化处理后，建成语言服务行业景气度数据库。

2. 评价方法

（1）评价指标相关性检验

本次评价首先确定语言服务行业景气度的基准指标。基准指标反映整个语言服务行业的整体经营状况，指标的变动与语言服务行业增加值和产值的变动状况一致，反映语言服务市场的供求关系变化。本次评价选取语言服务企业产值作为语言服务行业的基准指标，利用 SPSS 计算出基准指标和语言服务行业景气度三级指标之间的相关性。统计结果显示，6 个三级指标中，除了语言服务企业数量增长率指标外，其他 5 个指标都显示中度和高度相关，相关系数处于 0. 63 ~ 0. 10 区间，相关系数总均值（0. 7683）接近高相关度（见表 12），表明国内语言服务行业景气度三级指标总体上呈现强正相关性，指标选择总体科学合理，可以有效评价语言服务行业景气度。

表 12　语言服务行业景气度三级指标相关性分析

三级指标	皮尔森相关系数
语言服务企业业务增长率	0.9999**
语言服务企业员工增长率	0.9993**
语言服务企业产值增长率	1.0000***
语言技术应用增长率	0.6307**
语言服务企业数量增长率	0.0467*
语言服务政策支持增长率	0.9330*
相关系数总均值	0.7683**

注：* 表示 $p<0.05$；** 表示 $p<0.01$；*** 表示 $p<0.001$。

（2）语言服务行业景气度指数赋权

语言服务行业景气度指数的二级指标，按照平均赋权的方法计算，比如，语言服务企业景气度指数有 2 个三级指标，则每个三级指标在语言服务企业景气度指数的计算中被赋权 1/2。加权平均公式如式（1）：

$$I = \sum (W_i \times P_i) \tag{1}$$

其中，I 表示景气度指数，W_i 表示第 i 个指标的权重，P_i 表示第 i 个指标的得分或增长率。语言服务行业景气度指数由三项景气度指数合成，分别是语言服务企业景气度指数、语言服务产业景气度指数、语言服务环境景气度指数，合成公式同式（1）。将以上三个景气度指数赋权合成语言服务行业景气度指数，并对语言服务行业景气度指数评级，[①] 评价 2018～2022 年国内语言服务行业发展趋势。

（3）指标数据标准化

根据所获得的数据，计算出三级指标，并验证三级指标与基准指标的相关性，最终加权得出二级指标，将二级指标加权后得到一级指标。

① 语言服务行业景气度指数评级标准：1.40 及以上为极高景气度，1.20～1.39 为超高景气度，1.00～1.19 为高景气度，0.80～0.99 为较高景气度，0.60～0.79 为中景气度，0.40～0.59 为较低景气度，0.20～0.39 为低景气度，0～0.19 为极低景气度。

标准化处理公式为：

$$Z = \frac{(X - \mu)}{\sigma} \tag{2}$$

式（2）中，X 表示原始数据、μ 表示平均值、σ 表示标准差、Z 表示标准化后的值。通过标准化消除由量纲和数量级不同带来的影响，确保数据的可比性。语言服务行业景气度增长率计算方法如下：根据 100 家语言服务企业每年订单量增长算出语言服务企业业务增长率；根据 100 家语言服务企业每年员工增加数量算出语言服务企业员工增长率；根据语言服务企业每年增加数量算出语言服务企业数量增长率；根据 100 家企业每年的产值增长情况算出语言服务企业产值增长率；根据语言服务行业每年出台的支持政策增长情况算出语言服务政策支持增长率；根据每年引入技术的语言服务企业增加数量算出语言技术应用增长率。增长率计算公式如式（3）：

$$\text{增长率} = \frac{(\text{本期数值} - \text{上期数值})}{\text{上期数值}} \times 100\% \tag{3}$$

（五）语言服务行业景气度评价结果与分析

1. 语言服务行业增长率分析

对 100 家语言服务企业的抽样调查显示，语言服务行业景气度增长率在 2018~2022 年表现出了不同程度的波动，行业发展的特点与趋势如下。从语言服务企业业务增长率来看，2020 年达到峰值，为 60.93%，与新冠疫情初期，远程翻译、在线外语教育和跨境电商兴起有关，对语言服务需求增长显著。其他年份的语言服务企业业务增长率波动较大，2018 年一度出现负增长。从语言服务企业员工增长率来看，2020 年为 38.31%，与该年度的语言服务企业业务增长率增长趋势一致。业务增长拉动对人力资源需求的增长。其他年份的语言服务企业员工增长率相对稳定，增幅较小。语言服务企业产值增长率与语言服务企业业务增长率的趋势大致相同，2020 年达到 46.08% 的高点，该年的语言服务企业产值增长显著。从语言服务企业数量增长率来看，2019 年达到最高值，为 41.51%，当年新增语言服务企业数量较多，反映出语言服务市场的活跃度和行业的吸引力。从语言服务政策支持增长率来看，2020 年达到 62.26%，多项文化交流和国际合作相关举措出台，形成了有利于语言服务行业发展的环境。从语言技术应用增长率来看，2019 年达到 7.02%（见表 13），反映出语言服务企业技术转型加快，特别是机辅翻译和机器翻译的应用，提高了语言服务效率和准确性。

表 13　2018~2022 年语言服务行业景气度增长率分析

单位：%

指标	2018 年	2019 年	2020 年	2021 年	2022 年	平均值
语言服务企业业务增长率	-4.53	0.66	60.93	-0.04	-0.04	11.40
语言服务企业员工增长率	-0.52	0.98	38.31	0.41	-0.01	7.83
语言服务企业产值增长率	0.37	0.13	46.08	0.02	0.00	9.32
语言服务企业数量增长率	31.32	41.51	27.86	21.02	13.55	27.05
语言服务政策支持增长率	27.27	26.19	62.26	11.63	28.13	31.10
语言技术应用增长率	1.79	7.02	8.20	4.55	0.00	4.31
语言服务行业景气度增长率	9.28	12.75	40.61	6.27	6.94	15.17

资料来源：根据国内 100 家代表性语言服务企业问卷调查数据计算。

以上分析显示，语言服务行业景气度受到全球化发展和技术进步的显著影响，2020 年，业务增长、员工增长、产值增长和政策支持都达到了较高的水平。然而，这个行业的发展也面临不稳定性，2018 年、2021 年和 2022 年语言服务企业业务增长率的小幅下降显示了市场需求的波动性。从长远来看，语言服务行业有望继续保持增长态势，AI 翻译工具的改进和技术进步，以及跨国交流需求增加会促进语言服务行业不断发展，但行业发展存在一定的不确定性，如市场竞争加剧、技术应用存在道德与法律风险等。

2. 语言服务行业景气度分析

国内语言服务行业景气度呈现以下特点。

语言服务企业景气度变化波动较大，数据显示，语言服务企业景气度在

2020 年达到了一个显著的高点（3.2062），这与全球疫情有关。疫情防控期间，远程工作和在线教育的需求激增，对于在线翻译、远程同声传译等语言服务的需求急剧上升。然而，这种高景气度并未持续。到了 2021 年和 2022 年，语言服务企业景气度迅速回落，显示出语言服务企业面临挑战和不稳定性。2023 年的数据表明，语言服务企业景气度开始有所回升，人工智能大语言模型出现，推动行业逐步复苏。

语言服务产业景气度整体呈上升趋势，2020 年达到最高点（0.7326），这与语言服务企业景气度的趋势相吻合，表明整个产业在疫情防控期间迎来了快速发展的机遇。从长期趋势来看，语言服务产业仍然保持着稳定的增长态势，反映出全球化和数字化背景下，跨语言交流的需求持续增长。

语言服务环境景气度呈现波动上升趋势，2019 年上升，2020 年达到高峰（0.4506），之后有所下降，2022 年又出现回升，反映了政策支持、技术进步和市场需求等外部环境因素对语言服务行业的影响。技术进步，尤其是人工智能在语言服务中的应用，为行业带来了新的发展机遇。

从发展趋势看，第一，人工智能等技术的应用将继续推动语言服务行业的发展，提高服务效率和质量。第二，全球化和数字化趋势下，跨语言交流的需求将继续增长，为语言服务行业带来更多机遇。第三，由于外部环境的影响，语言服务行业面临一定的波动和不确定性，企业需要保持灵活性和创新能力以适应变化。

跨年份对比显示，2020 年语言服务行业景气度显著高于其他年份，达到 1.4631（见表 14），属于极高景气状态。其他年份的景气度保持在 0.23~0.47，表明行业处于低景气和低景气度水平，显示了行业具有韧性和潜力。语言服务行业景气度三项指标对比显示，与语言服务企业景气度和语言服务环境景气度相比，语言服务产业景气度相对稳定，显示了语言服务产业具有韧性和可持续发展潜力。语言服务环境景气度波动较大，显示了语言服务行业受政策、经济和技术发展等外部因素影响较大。

表 14　2018~2023 年语言服务行业景气度

景气度	2018 年	2019 年	2020 年	2021 年	2022 年	2023 年	6 年均值
语言服务行业景气度	0.2580	0.2956	1.4631	0.2300	0.2360	0.4687	0.4919
语言服务企业景气度	-0.0253	0.0082	3.2062	0.0019	-0.0003	0.5810	0.6286
语言服务产业景气度	0.5064	0.5400	0.7326	0.5248	0.5000	0.5310	0.5558
语言服务环境景气度	0.2930	0.3385	0.4506	0.1633	0.2084	0.2941	0.2913

资料来源：根据国内 100 家代表性语言服务企业问卷调查数据计算。

语言服务行业景气度显示，语言服务行业在 2018~2023 年整体呈现增长和发展的趋势。2018 年语言服务行业景气度为 0.2580，2019 年语言服务行业景气度提升至 0.2956，处于“低景气度”状态。2020 年语言服务行业景气度大幅提升至 1.4631，表示该年语言服务行业呈现短期极高景气状态。2021 年语言服务行业景气度回落至“低景气度”状态。2022 年语言服务行业景气度为 0.2360，维持在“低景气度”状态。2023 年，语言服务行业景气度为 0.4687，处于“较低景气度”状态，显示景气度正在回升。6 年的语言服务行业景气度均值为 0.4919，属于“较低景气度”，显示行业景气度仍需进一步提升。随着疫情影响的减弱和经济的持续复苏，2023 年语言服务行业景气度已有所回升，预计 2024 年将继续提升。尽管面临一些波动和挑战，但技术进步和市场需求的增长为行业提供了广阔的发展空间。

六　语言服务产业发展趋势与建议

（一）智能语言服务产业发展新趋势

智能语言服务作为现代信息技术与语言学深度融合的产物，正在重新定义语言服务产业的概念和形式。人工智能技术飞速发展，机器理解、生成和翻译人类语言的能力不断增强，进而在生产力的提升和优化中发挥至关重要的作用。从文本分析到语音识别，从机器翻译到智能客服，智能语言服务不仅提高了工作效率，更催生了新的商业模式和产业形态，引领了新一轮的科技革命和产业变革。

在商业领域，企业智能语言服务通过自动化的客户服务系统实现全天候的客户应答，无论是产品咨询、售后服务，还是技术支持，智能语言服务皆能提供即时、准确的反馈。这不仅提升了用户体验，也使得企业能够更专注于核心业务的发展。企业通过应用智能语言服务，极大地减少人工成本，提升了现有生产过程的效率和质量。对跨国企业而言，跨语言沟通障碍逐渐消融使得开拓全球市场变得更加顺畅。企业通过对大量文本文档和数据的智能分析，迅速捕捉市场动向，了解用户需求，做出战略调整。智能语言服务能够从海量信息中提取有价值的信息，大大提升了决策的科学性和准确性。

在政府和公共服务领域，智能语言服务提升了政府工作效率和公共服务质量。政府机构利用语音识别和自然语言处理技术，可以程序化、无间断地分析公共服务需求数据，加速处理公民的意见和投诉，提供及时反馈和解决方案。通过对文本数据进行编码和处理，强化数据整合能力，能高效提炼出真实、有效的公共服务需求信息，进而实现不同层次公共服务需求的精准画像。智能翻译工具打破语言壁垒，帮助不同语言背景的公民更好地理解政府发布的政策和信息，促进社会和谐。同时，智能分析工具协助政府从海量公共数据中提取有用信息，优化决策制定和政策实施。智能语言服务不仅提高了行政效率，还提升了政府的透明度和公信力。

在医疗行业，智能语言服务通过电子健康记录分析、语音识别和医学文本分析等，显著提升医疗服务的精准性和效率。医生和护士借助智能语言助手快速检索病历和医学文献，更准确地诊断和治疗。语音识别技术使医生能够通过口述记录病患信息，减少书写时间，增加面对患者的时间，提高医疗服务质量。

在教育行业，智能语言学习应用程序和智能教辅工具不仅帮助学生更有效地掌握外语，还为教师提供了宝贵的教学资源和评估手段。通过数据分析，智能语言服务能够为每个学生量身定制学习方案，真正实现个性化教育。在线教育平台利用智能语言翻译和字幕生成技术打破语言障碍，使全球各地的学生能够共享优质教育资源。此外，学生可以利用智能辅导系统获

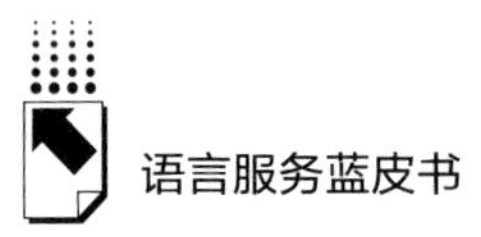

得个性化的学习体验，教师则利用自动化的评估工具更精准地了解学生的学习状况，从而制订更为科学的教学计划。

在金融行业，智能语言服务成为金融科技的重要支撑。借助自然语言处理技术，银行和金融机构可以提供更加个性化和智能化的客户服务。智能客服系统实时响应客户查询，迅速处理账户信息、交易记录，提供投资建议，极大地提升客户体验。同时，金融分析工具通过机器学习和自然语言处理，从海量市场数据和金融报告中提取有价值的信息，辅助投资者精准决策。智能语言服务不仅提升了金融机构的服务质量，还在风险管理和合规检查方面发挥了重要作用，保障金融机构的合规性和安全性。

在科研领域，智能语言服务通过学术论文的自动翻译和关键词提取，使研究人员更快速地获取全球最新的研究进展。语音助手和智能搜索工具，为科研人员提供了便捷的文献检索和数据分析服务，极大地提升了研究效率和准确性。智能语言服务不仅加速了知识的传播，还促进了跨学科的合作和创新。

在法律行业，通过利用智能语言服务分析合同、生成法律文书和检索案件等，律师和法官可以更高效地处理复杂的法律事务。智能语言服务不仅提高了法律文书的准确性，还减少了重复性劳动，使法律专业人士能够专注于更具挑战性的工作。

在新媒体行业，智能语言服务提升了新闻生产和传播效率。媒体机构利用自动摘要生成和语音识别技术，快速整理新闻素材，生成高质量稿件。智能翻译工具使国际新闻迅速被译为多语版本，扩大了新闻的传播范围。语音助手和智能推荐系统帮助用户便捷地获取个性化资讯，提升用户体验。智能语言服务加速了新闻传播，促进了全球信息流通共享。

在文化创意产业，智能写作助手和文本生成工具，为作家和编剧提供了丰富的创作素材和灵感。在文化传播方面，智能语言技术为文学作品的翻译和传播提供了强有力的支持，使优秀的文化作品跨越语言障碍，更快速地传播到全球各地，触及更广泛的受众，促进了文化交流与融合。

在文旅行业，智能语言服务显著改善了旅行体验。游客通过实时翻译

App，克服语言障碍，轻松地与当地人无障碍交流。智能导游系统依托语音识别和自然语言生成技术，为游客量身定制旅行建议和行程安排。酒店和旅游公司也借助智能客服系统，提供全天候无间断的客户服务，处理预订、咨询和投诉事宜，提高服务质量。智能语言服务不仅提升了游客满意度，还助力文旅行业优化运营流程，增强了市场竞争力。

展望未来，智能语言服务的发展前景广阔，不仅将在更多的行业和领域内得到应用，还将深度融入各类数字化平台和系统，成为无处不在的智能助手。未来，智能语言服务技术和应用创新将不断涌现，推动生产力迈向新的高度，通过多方融合与持续创新，成为不可或缺的新质生产力，为社会经济的发展注入源源不断的活力和动力。

（二）语言服务产业发展存在的问题

进入中国特色社会主义新时代，中国的语言服务产业需要在人才培养、行业规范、技术创新、国际化战略、服务模式创新以及产业布局等方面迎接智能语言服务带来的新挑战。语言服务产业发展存在以下问题。

1. 语言服务产业结构不合理

首先，产业结构和发展并不均衡。东部沿海地区和大城市的语言服务产业相对发达，企业数量多且产值高。中西部地区和较小的城市的语言服务产业则相对落后，资源配置不均。根本原因是经济发展水平、教育资源以及市场需求存在差异。发达地区和大城市由于经济条件好、教育资源丰富以及市场需求大，吸引了更多的语言服务类企业，形成了产业集群。

其次，人工翻译等传统语言服务仍占据市场主导地位，智能语言服务，尤其是以先进语言技术驱动的语言服务的市场份额较小，主要是中国语言服务类企业在语言技术研发和应用上缺乏足够的投入，智能语言服务的发展滞后。

最后，当前中国的语言服务类企业大多规模较小，专业化程度不够。语言服务产业的管理体制和政策环境也影响了企业的规模和专业化程度。目前，相应的政策支持和市场机制仍不完善，企业在发展过程中难以扩大规模，提升专业化程度。

2. 复合型高水平语言服务人才短缺

第一，在中国的语言服务产业中，高水平的专业化语言服务人才短缺是普遍存在的问题，尤其是在特定领域如法律、医学、技术等。缺乏具备专业知识背景的翻译人才，与中国的语言教育和专业教育之间脱节有关。当前，大部分语言专业的学生主要关注语言技能的学习，没有提升相关专业知识。反过来，许多非语言专业的学生虽然在自己的专业领域有深入系统的学习，但缺乏必要的外语水平，难以胜任跨语言、跨文化的专业化语言服务工作。

第二，社会对语言服务人才的需求结构发生改变。经济全球化和中国与世界日益频繁的交流对语言服务的需求日益专业化、精细化。然而，目前语言服务市场上大多数语言服务人才的能力还停留在通用性翻译服务层面，专业领域的语言服务能力仍显不足。

3. 语言服务国际竞争力较弱

中国的语言服务类企业在国际市场中的竞争力不强，主要表现在语言服务出口能力弱、出口规模较小，海外市场开拓能力弱以及国际化程度较低等方面。

首先，中国语言服务类企业的服务模式相对单一，服务产品和解决方案多样性和个性化不足。这与语言服务类企业对市场的理解和把握不足有关，也与企业自身的研发和创新能力不足有关。在全球化的语言服务市场中，不同的客户有不同的需求，需要语言服务类企业提供多样化、个性化的服务产品和解决方案，中国的语言服务类企业这方面的能力还较弱。

其次，中国语言服务类企业开拓海外市场的能力不足，开拓海外市场不仅需要有足够的外语能力，还需要对文化的深入理解和市场洞察力。目前，中国的语言服务类企业这方面的能力相对较弱，限制了企业的国际市场竞争力。

4. 语言服务技术创新不足

大数据、云计算、人工智能等技术的发展不仅提高了翻译的效率和质量，也推动了语言服务行业的标准化建设与实施。特别是人工智能的进步，正在逐步改变传统的语言服务模式。目前，中国的语言服务产业在技术创新方面还存在诸多不足，主要体现在研发投入较少、缺乏自主核心技术、缺少专业人才、过于注重短期利益以及新型服务模式应用不广泛等方面。

第一，与其他产业相比，中国的语言服务产业对技术研发的投入相对较少。研发投入不足使得中国语言服务产业的技术更新和创新速度相对较慢，直接影响了语言服务的质量和效率。

第二，中国在关键的语言服务领域，如机器翻译、语音识别等方面，缺乏自主的核心技术，语言服务类企业在核心技术上对外部依赖较重，无法实现真正的自主创新，在一定程度上限制了中国语言服务产业的发展。

第三，在新兴的语言服务技术领域，如人工智能等方面，中国的确面临缺乏有专业技术背景的高级人才的问题。中国教育体系对这类人才的培养不足，大部分高校的语言专业课程设置过于传统，重视语言学习，而忽视了技术应用的培训，导致大部分毕业生在进入语言服务行业后，无法驾驭并有效应用新兴的技术。

第四，中国的语言服务类企业常常过于注重短期利益，忽视长期的技术创新，没有长远的规划，难以形成稳定的技术优势。技术创新往往需要大量的投入，短期内不会带来明显的经济效益，与企业追求短期经济效益的目标产生了冲突，企业在投资决策中往往偏向短期的、能迅速产生经济效益的项目。

（三）行业建议

1. 优化产业结构

鼓励资源优势地区的语言服务类企业拓展业务，形成区域性语言服务中心。支持不同领域的专业语言服务类企业发展，促进产业内部协作和资源共享。通过政策引导，促进产业结构优化和资源合理配置。

2. 加强语言技术创新

加强人工智能技术的本土化应用和创新。与科研机构和高校合作，开展语言技术的联合研究项目。鼓励企业通过技术创新提高语言服务效率和准确性，降低成本。创新语言服务模式，开发多样化的语言服务产品，如本地化服务、跨文化咨询、多语种内容管理等。提供个性化解决方案，满足不同客户的特定需求。利用云计算、大数据等技术提供更加灵活和高效的服务。

3. 提升语言服务质量

制定统一的语言服务标准和行业规范，引导企业提供高质量的语言服务。建立质量控制体系，包括第三方评估和客户反馈机制，确保服务质量。推行行业认证制度，如 ISO 认证，提高服务提供者的专业水平和信誉。

4. 加大语言服务人才培养力度

高等院校要加强人才培养模式改革，加强产教融合，实施政产学研协同育人，建立翻译专业教育与产业需求对接的机制，突出翻译行业教育、翻译行业研究、翻译行业管理，培养语言服务行业急需的一专多能的复合型语言服务人才。除提供全日制学历教育外，大力提倡在职培训和继续教育课程，帮助现有语言服务人员提升专业知识和语言技术能力。设立专项奖学金和研究基金，鼓励高校学生和企业员工在法律、医学、技术等领域深造，培养“通翻译、会技术、懂专业、能服务”的新型语言服务人才。

5. 加强语言服务出口

建立国际合作伙伴关系，通过合资、并购等方式进入国际市场。参与国际行业组织，了解国际市场动态，提升国际竞争力。培养具有国际视野的语言服务类企业管理和营销人才，开拓海外业务。

通过上述措施，中国的语言服务产业在人才、技术、服务和国际竞争力等方面可以得到显著提升，更好地适应全球化的需求和挑战。

七　数据来源与研创方法

（一）数据来源

行业调查数据：采用行业调查问卷方式获取语言服务类企业的实际经营数据及从业人员对行业的看法和判断。

行业研究报告数据[①]：采集 CSA、Slator 等中外专业市场研究机构、咨询公司或行业协会发布的有关语言服务市场的研究报告。

政府统计数据：采集国家市场监督管理总局、国家统计局、海关总署、商务部、人力资源社会保障部等政府部门发布的权威统计数据，包括企业数据、贸易进出口数据、就业市场数据、语言服务人才需求数据等。

专业媒体和出版物数据：采集与语言服务行业相关的专业媒体和出版物的数据，如行业杂志、报纸等。这些数据能够反映行业动态、市场趋势和人才需求的变化。

学术论文数据：搜索 WoS 和知网等中外学术数据库中与语言服务行业相关的文献和实证分析数据。

招聘网站数据：采用大数据抓取技术和统计方法采集前程无忧、BOSS 直聘和智联招聘等主流招聘网站的招聘广告数据，这些数据提供市场语言人才需求信息。

自建语言服务数据库数据：采用北京语言大学国际语言服务研究院自建的“京津冀、长三角、粤港澳大湾区语言服务数据库”等数据库的数据。这些数据库提供这三个地区的语言服务竞争力指数数据。

（二）产业数据调查方法

本次调查获取的数据为国家市场监督管理总局在业（存续）企业数据库中截至 2023 年 12 月 31 日的数据。

语言服务企业和含语言服务的企业采集关键词为：翻译（含创译、口

---

① 中外语言服务行业研究报告如下。《语言服务行业报告》：由中国翻译协会发布的报告，提供了关于中国语言服务行业的发展现状、市场规模、趋势和挑战等方面的分析。《全球语言服务市场报告》：由 CSA 发布的报告，提供了全球语言服务市场的规模、增长趋势、主要参与者和未来展望等信息。《语言服务行业趋势与展望》：由 Slator 发布的报告，关注语言服务行业的新兴趋势、技术创新和市场动态。《语言服务行业研究报告》：由 Deloitte 发布的报告，分析了语言服务行业的市场规模、增长动力和面临的挑战。《京津冀、长三角、粤港澳大湾区语言服务竞争力报告》，分析了三大区域的语言服务行业竞争力、市场人才需求和对策建议等。

译、编译等）、本地化（含国际化等）、外语（含外文、语言、多语、涉外等）、语义（含语音、文本、语情、语用、语气、词汇、文字等）、技术写作（含技术传播、语料库）、字幕（配音等）、桌面排版、搜索引擎优化、全球内容管理、各国语言（如英语、日语、法语、德语、俄语、西班牙语、阿拉伯语、波斯语、葡萄牙语、越南语、意大利语、土耳其语、波兰语、希腊语、孟加拉语、印度尼西亚语、马来语、韩语、捷克语、泰语、乌克兰语、希伯来语、豪萨语、罗马尼亚语、匈牙利语、丹麦语、印地语、塞尔维亚语、旁遮普语与斯瓦希里语等）。每次输入上述一项关键词，搜索范围设置为“企业名称、产品服务、商标、营业范围”，将检索到的企业数据全部收集起来。共收集到 160 多万条企业数据，经过删除“公司名称”重复项，最终获得 1242606 条企业数据。

所收集的企业数据包括公司名称、经营状态、法定代表人、注册资本、实缴资本、成立日期、所属省份、所属城市、所属区县、统一社会信用代码、参保人数、公司类型、所属行业、曾用名、注册地址、网址、电话、邮箱、经营范围等信息。

（三）数据甄选方法

将采集到的 1242606 条企业数据与中国翻译协会会员单位的数据库进行精确匹配，标注出第一批纯语言服务企业；公司名称含有上述语言服务业态的，标注为第二批纯语言服务企业；对“信息技术”“信息科技”“文化传播”“文化发展”“商务服务”“学校”“培训”等关键词进行检索，营业范围前五项含上述关键词的，标注为第三批纯语言服务企业，共计 54491 家。另外，获得 952977 家含语言服务的企业。通过将企业类型设置为“外商投资企业”，搜索关键词，共得到外商投资企业 235138 家。

（四）语言服务产业贡献度测算

2023 年 2 月底至 5 月底，本报告课题组发起“中国语言服务问卷调查”，总计收到调查问卷将近 600 份。受访企业填写了成立年份、实缴资本区间等数据。另外，144 家企业为申报“2023 年语言服务推荐企业”填写了企业准确的实缴资本。课题组将调查数据与国家市场监督管理总局数据进行精准比对，剔除具有统计意义偏差的调查数据，最终获得有效调查问卷 468 份。

为了保护受访企业的商业机密与隐私，鼓励更多受访企业分享企业数据，课题组只让受访企业填写了实缴资本区间、营业收入区间，在统一实缴资本区间内的企业，按照所填写的营业收入区间的中位数推算出单企业平均营业收入（如某一企业填报的营业收入区间为 100 万～1000 万元，则按照 550 万元计算该企业的营业收入；对于单企业来说，这种按照中位数推算的营业收入会存在一定的偏差，但如果这一营业收入区间内的企业数量足够大，最终该区间内单企业平均营业收入按照统计概率分布将回归到中位数左右）。为了验证上述单企业平均营业收入推算方法的可行性，课题组在调研时设计发布“2023 年语言服务推荐企业”，邀请其中 144 家候选企业填写准确的实缴资本、营业收入数据。课题组对两类数据进行可靠性检验，两者类内相关性为 0.989（见表 15），具有统计学意义。

表 15　平均营业收入的可靠性检验

模型	类内相关性[a]	95%置信区间		使用真值 0 的 F 检验			
		下限	上限	值	df_1	df_2	Sig.
单个测量	0.978[b]	0.874	0.997	90.271	5	5	0.000
平均测量	0.989[c]	0.933	0.998	90.271	5	5	0.000

注：a. A 型类内相关系数使用绝对一致性定义。

b. 无论是否存在交互效果，估计器都相同。

c. 假设交互效果不存在，否则就不可估计。

在中国语言服务问卷调查中，课题组获得 128 家企业填报的准确的从业人数（将外聘兼职人员折算为全职从业人数）（见表 16）。课题组从国家市场监督管理总局企业注册数据库中调取这 128 家企业的参保人数与从业人数，在

SPPS 中回归分析，得到回归方程为“从业人数=4.580×参保人数-11.879”，即中国语言服务企业参保人数每增加 1 人，从业人数将增加 4.580 人（见表 17），这与中国语言服务企业大量聘用兼职人员的业态息息相关。

表 16　中国语言服务市场参保人数与从业人数系数估算

单位：家，人

企业类型	企业数量	参保人数	从业人数估算系数	从业人数
语言服务企业	54491	130647	4.580	598469
含语言服务的企业	952977	2461444	0.091	224037
外商投资企业	235138	12972086	0.009	116768
总计	1242606	15564177	0.060	939272

表 17　中国语言服务企业参保人数与从业人数的回归分析模型汇总

（a）标准估计的误差分析

模型	R	R 方	调整 R 方	标准估计的误差
1	0.777*	0.603	0.600	371.818

注：* 预测变量：（常量），参保人数。

（b）方差分析*

模型		平方和	df	均方	F	Sig.
1	回归	26497888.635	1	26497888.635	191.668	0.000**
	残差	17419366.045	126	138248.937		
	总计	43917254.680	127			

注：* 因变量：从业人数。** 预测变量：（常量），参保人数。

（c）回归系数*

模型		非标准化系数		标准系数	t	Sig.
		B	标准误差	试用版		
1	（常量）	-11.879	34.417		-0.345	0.731
	参保人数	4.580	0.328	0.777	13.844	0.000

注：* 因变量：从业人数。

含语言服务的企业、外商投资企业的语言服务参保人数估算系数首先遵从语言服务产值贡献率，分别为2%和0.2%，上述比例已经扣除了企业把部分业务外包给语言服务企业的情况，但没有考虑将部分业务外包给自由职业者的情况。因此，课题组按照语言服务企业的参保人数与从业人数之比为1∶4.580调整系数，含语言服务的企业、外商投资企业的语言服务从业人数估算系数分别为0.091与0.009。相关参保人数的数据来自国家市场监督管理总局企业注册数据库。

参考文献

《国务院学位委员会　教育部关于印发〈学位授予和人才培养学科目录设置与管理办法〉的通知》，教育部网站，2019年2月25日，http：//www.moe.gov.cn/s78/A22/xwb_left/moe_833/tnull_45419.html。

屈哨兵主编《中国语言服务发展报告（2020）》，商务印书馆，2020。

屈哨兵：《关于〈中国语言生活状况报告〉中语言服务问题的观察与思考》，《云南师范大学学报》（哲学社会科学版）2010年第5期。

王立非主编《中国企业"走出去"语言服务蓝皮书（2016）》，对外经济贸易大学出版社，2016。

王立非主编《北京冬奥会语言服务大数据报告》，对外经济贸易大学出版社，2022。

张慧玉：《"一带一路"背景下的中国语言服务行业：环境分析与对策建议》，《外语界》2018年第5期。

赵世举、黄南津主编《语言服务与"一带一路"》，社会科学文献出版社，2016。

《国民经济行业分类》（GB/T 4754—2017），https：//www.mca.gov.cn/images3/www/file/201711/1509495881341.pdf。

市场篇

B.2

中国语言服务核心市场分析报告（2024）*

金钰珏　蒙永业　王立非**

摘　要：　本报告着重分析中国语言服务产业八大核心市场，涵盖翻译与本地化市场、多媒体语言服务市场、语言培训服务市场、多语言内容服务市场、多语言大数据服务、跨境电商语言服务、语言技术服务市场以及语言服务人才供需市场。2023年，语言服务市场产值超过1982亿元，展示了“十四五”期间语言服务产业取得的突出成就和蕴含的潜力。翻译与本地化面临技术革新和市场需求增长的双重驱动。多媒体语言服务和语言培训服务加速数字化

* 本报告为2020年国家语言文字工作委员会科研重大项目“新时代中国特色语言管理理论体系建构研究”（ZDA135-16）的资助成果。

** 金钰珏，对外经济贸易大学商务英语专业博士、北京语言大学翻译与语言服务流动站博士后，研究方向为国际语言服务、商务英语；蒙永业，经济学博士，河北民族师范学院语言服务研究所所长，北京语言大学国家语言服务出口基地语言服务产业研究中心主任，研究方向为翻译、国际语言服务；王立非，博士，北京语言大学高级翻译学院教授，国家语言服务出口基地首席专家，兼任中国对外贸易经济合作企业协会国际商务与语言服务工作委员会会长，研究方向为英语教育、商务英语、国际语言服务。

转型，不断拓展服务范围和深度。多语言内容服务和多语言大数据服务成为企业开拓国际市场的新途径。跨境电商与语言技术深度融合，推动市场快速增长，为语言服务产业注入新动能。制约产业发展的主要因素为人才、技术、质量等。翻译与本地化市场人才短缺，翻译质量不稳定，对新技术应用不足。多媒体语言服务市场成本压力加大，缺乏统一的质量标准，知识产权纠纷频发。语言培训服务市场教学质量参差不齐，影响培训效果。多语言内容服务市场翻译质量不高，影响内容传播。多语言大数据服务市场小语种数据稀缺，缺乏战略规划。跨境电商语言服务市场本地化需求高，人工成本高，服务语种不全。外语人才市场供给不足，国际中文教育人才供需失衡，教师数量和质量不足，人才培养与市场需求脱节。建议完善翻译与本地化服务标准，提高服务质量。加强多媒体语言服务技术研发，制定行业标准，保护知识产权。注重外语教培教师培训和教学质量。提高多语言内容翻译质量和文化适应性。提升跨境电商智能语言技术，提升用户体验。培养多语种人才，加快建设中文国际教育质量体系，促进语言服务产业高质量和可持续发展。

关键词： 语言服务　多语言大数据　智能语言技术

随着中国扩大对外开放与信息技术的迅猛发展，中国的语言服务市场迎来了前所未有的发展。语言服务逐渐形成八大核心市场，包括翻译与本地化、多媒体语言服务、语言培训服务、多语言内容服务、多语言大数据服务、跨境电商语言服务、语言技术服务、语言服务人才供需。本报告分八个部分探讨八大核心市场的规模、特点及未来发展趋势。

从翻译与本地化市场看，翻译依然是语言服务市场的核心，翻译行业正在经历专业化、技术应用和市场需求方面的变化。本地化市场在满足企业“全球视野，本地行动”战略中的重要性日益凸显。AI 技术的应用不仅提升翻译与本地化服务的效率和质量，也为产业结构和服务模式带来了新的挑战与机遇。

从多媒体语言服务市场看，在数字化浪潮的冲击下，纸质媒体市场虽然

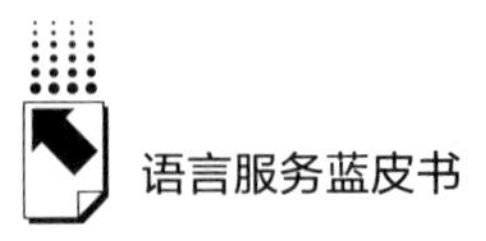

萎缩，但仍有一定的市场需求和独特的价值；数字媒体和社交媒体展现出巨大的增长潜力，在技术推动下，语言服务市场规模不断扩大。各类媒体的市场规模、地域分布、用户特征及技术影响表现出多样性与复杂性。

从语言培训市场看，语言培训市场日益成为教育产业的重要组成部分，外语教培服务在中国市场表现出强劲的增长趋势。由于对外交流频繁，民众学习外语的需求不断提升，中国的外语教培市场自20世纪80年代以来不断扩大，形成了以学校教育、社会培训机构以及在线教育平台为主的多元化市场格局。近年来，在线外语教培迅速崛起，成为市场增长的主要驱动力。然而，市场在发展过程中也面临师资不足、教学质量参差不齐、过度商业化等诸多挑战。同时，国际中文教育市场随着中文学习热的兴起而迅速增长，成为全球学习市场增长最快的语言之一。

从多语言内容服务市场看，它成为企业拓展国际市场和提升竞争力的关键。多语言内容服务不仅包括传统的翻译与本地化，还涵盖了多语言内容管理、文案内容创作和网络文学创作等多个领域。通过系统化的内容管理，企业能够确保信息在不同文化和语言背景下的准确性和一致性。文案内容创作近年来呈现强劲的增长势头，中国市场的文案内容创作服务需求不断攀升。网络文学创作逐渐走向国际化，为全球用户提供丰富多样的阅读体验。

从多语言大数据服务市场看，多语言大数据已成为推动产业数字化转型和国际化的要素之一。企业、政府和个人对多语言大数据服务的需求不断增长，特别是在跨境电商、国际贸易、旅游和教育等领域。技术驱动成为多语言大数据市场发展的核心动力。机器学习、机器翻译、语音识别和语义分析等技术使得多语言数据的处理更加高效和准确，为市场带来了更广泛的应用场景。多语言大数据市场呈现明显的数据多样性特征。隐私和安全问题涉及法律法规的完善。企业之间加强数据生态建设，推动多语言大数据的合作和共享，成为市场发展的新趋势。

从跨境电商语言服务市场看，其涵盖翻译、本地化、多语种客服等多个领域，为电商企业开拓国际市场提供了关键的支持，推动销售业绩的增长。首先，分析市场的整体规模及特点，探讨跨境电商的迅猛增长如何带动语言服务需求的增长。其次，重点关注翻译市场的规模与特点，考察翻译技术的发展如何影响服务的效率和质量。对市场现状及未来的趋势进行全面的解析，展望跨境电商语言服务的未来发展方向。

从语言技术服务市场看，语言技术服务涵盖信息检索、情感分析、文本挖掘、机器翻译、语音识别、对话系统及聊天机器人等，不仅极大地提升了人类与计算机的互动效率，也推动了跨行业的智能化发展。中国语言技术服务市场正经历前所未有的变化，为产业发展带来了新的机遇与挑战。

从语言服务人才供需市场看，“一带一路”建设推动外语人才需求增长，每年的市场需求接近百万人，但市场出现数量、区域、语种、专业岗位供需不平衡的局面。金融、法律、医疗等领域的外语人才需求尤为迫切，共建“一带一路”国家小语种人才供给不足。院校教育与行业需求脱节的现象依然突出。

综观中国语言服务核心市场，特别是在翻译与本地化、多媒体语言服务、语言培训服务、多语言内容服务、跨境电商语言服务以及语言服务人才供需等领域存在的问题尤为突出。在翻译与本地化市场中，人才匮乏和行业标准不一严重影响了服务质量；在多媒体语言服务领域，技术支持不足和服务质量的不稳定成为主要问题；而语言培训服务市场则面临教学质量不均、培训价格高昂等困境。多语言内容服务市场和跨境电商语言服务市场存在内容的文化适应性不足和服务响应速度慢等问题。在语言服务人才供需市场方面，供给的人才数量和质量无法满足不断增长的需求。本报告分析核心市场的现状、存在的主要问题，提出相应的建议，以期推动语言服务产业健康发展。

一　翻译与本地化市场分析

（一）翻译市场

1. 笔译市场

笔译服务是指将一种语言的文本翻译成另一种语言的文本的服务，包括文档、文件、书籍、报告、网站内容等的翻译。笔译服务可分为多种类型，如工程翻译、商业翻译、法律翻译、医学翻译等，中国的笔译市场已经发展成为一个成熟且规模庞大的市场。

根据中国翻译协会的统计，截至2023年，中国翻译行业的市场规模已突破600亿元，其中笔译业务占比超过80%，超过480亿元。[①] 民族语言翻译是指中国少数民族语言、方言与汉语和外语之间的互译。2023年，中国的民族语言翻译市场规模约为125亿元，占比约为20.83%。[②] 民族语言种类多，翻译难度大，民族文化内涵极为丰富，民族语言翻译需要保持语言的多样性、民族风格、民族特色，对巩固中华民族语言共同体意识、铸牢中华民族共同体意识意义重大。[③]

网文翻译主要包括网络文学、网络资讯等的翻译。近年来，中国的互联网迅速发展，越来越多的互联网用户开始阅读、创作网络文学，推动了网文翻译市场的发展。2023年，网文翻译市场规模达到50亿元，占比约为5%。网文翻译市场需求迅速增长，大量的网络原创作品需要翻译，且网文更新速度快。网文的受众通常年龄偏小，对语言风格有特殊要求。网文翻译需要深入理解网络语言，兼顾原创精神和本地化。

应急沟通翻译主要为突发事件（如自然灾害、公共卫生事件等）提供口笔译服务。2023年，中国的应急沟通翻译市场规模约占中国翻译市场规模的2.5%。应急沟通翻译强度高、压力大，工作环境艰苦。疫情防控期间，应急沟通翻译需求突然增大，疫情防控应急沟通翻译的准确性直接关系人民群众生命财产安全和社会稳定。

笔译市场的发展主要有以下几个特点。一是高度专业化，经济全球化发展使得企业对专业领域翻译的需求越来越大，特别是在医疗、法律、IT等领域。二是服务对象多元化，既有大型跨国公司和政府机构，也有中小企业

① 中国翻译协会：《2023中国翻译及语言服务行业发展报告》，2023。

② 中国翻译协会：《2023中国翻译及语言服务行业发展报告》，2023。

③ 屈哨兵：《关于中国语言生活状况报告中语言服务问题的观察与思考》，《云南师范大学学报》（哲学社会科学版）2010年第5期。

和个人。三是技术应用增强，翻译技术的发展使得很多翻译公司开始使用机器翻译和翻译记忆等工具提高工作效率。四是高端翻译人才短缺，尽管中国每年有大量的翻译专业学生毕业，但高水平的翻译人才依然短缺。五是竞争激烈。由于翻译市场准入门槛相对较低，市场竞争十分激烈。

2022 年底，美国 OpenAI 公司研发的 GPT-3.5 大语言模型问世，笔译市场发生四个重要变化。一是机器翻译质量提升。大语言模型有更强的理解和表达能力，在理解原文的基础上生成高质量的译文，大大提高了机器翻译的准确度。二是翻译效率得到极大的提升。传统的翻译工作需要人工逐字逐句翻译，时间和成本都相对较高。而大语言模型能够快速处理大量文本，翻译效率大大提高，有助于缩短项目周期并降低成本。三是机器译后编辑人才的需求增加。虽然机器翻译的质量有所提升，但无法完全替代人工翻译，需要人工审校和编辑。因此，机器译后编辑人才需求增加。四是个性化和定制化翻译服务需求增长。虽然大语言模型能够处理一般的翻译任务，但在某些专业领域，如法律、医疗、技术等，仍需要依靠人工翻译。同时，党政文献、公司保密文件、商业报告、个人隐私文件等的翻译需要高度个性化和定制化的翻译服务。大语言模型在提高翻译质量和效率的同时，也带来了新的挑战和需求。翻译行业只有调整和适应这些变化，才能更好地利用大语言模型的优势。

中国的笔译市场发展前景广阔，对外开放新格局和高质量发展、“一带一路”建设等都促进笔译市场需求的持续增长，笔译市场有望继续保持稳定的增长态势。同时，技术创新和人才培养将成为推动行业发展的重要驱动力。笔译市场的创译和网文翻译需求明显增长，在线广告、社交媒体和电商平台的需求尤为突出。机器译后编辑受到重视，机器翻译大幅度提高效率，人工编辑成为保证翻译质量的最后一道防线。此外，民族语言翻译、国家标准翻译、应急沟通翻译等需求也呈现不断增长的趋势。

2. 口译市场

口译服务是指将一种语言的口头表达转变成另一种语言的口头表达的服务，比如在会议、访谈、演讲、研讨会等场合中，口译员听取一种语言的发言，然后用另一种语言复述出来。口译可分为同声传译、交替传译、陪同口译等几种类型。

根据公开信息和行业报告研究结果推测，中国的口译市场在过去的几十年里发展迅速，在国内翻译市场中的份额逐年增长。2023 年，口译市场规模达到 160 亿元，占国内翻译市场的 20%左右。① 口译服务具有专业性和实时性强、收费高等特点，对整个翻译市场的经济贡献显著。

研究显示，无论是政府、企业，还是个人，对口译服务的需求都在增加。中国口译市场呈现如下特点。一是专业性和实时性强，口译工作需要应对实时的语言转化，对口译员的专业能力、反应速度、记忆力等有很高的要求。二是服务对象多元化，包括政府、企业、外交部门、国际会议等。三是市场需求旺盛，但高级口译人才短缺。口译特别是同声传译，对人才的需求非常大，但由于口译要求高，真正符合条件的专业人才并不多。

从供需两方的角度来看，近年来口译市场呈现以下特点和变化。在会议口译服务领域，供应方专业的口译员需要具备良好的双语能力、丰富的会议主题知识，以及良好的专注力和反应力。在大型和高级别的国际会议中，通常需要两名口译员轮换进行口译。国际会议举办方对会议口译服务十分重视，口译服务直接关系会议的效果和对外形象。因此，国际会议举办方通常愿意支付较高的费用，以保证口译服务的质量。

在现场口译服务领域，口译员具有良好的实时口译能力和处理突发情况的能力，通常需要一定的经验积累和实战训练。对于举办活动或参加交流的组织和个人来说，现场口译是直接满足其沟通需求的服务，因而其对现场口译的准确性和实时性有很高的要求。

在电话口译和视频远程口译服务领域，供应方需要提供稳定可靠的通信设备和网络，对口译员开展相关技术培训。需求方通常对口译的速度和便利性有较高的要求，有时甚至对保密性有要求。由于距离限制，比起现场口

① 根据中国翻译协会《2024 中国翻译行业发展报告》和美国 CSA Research 语言服务咨询公司《全球语言服务市场报告 2024》测算。

译，客户往往更愿意选择电话口译和视频远程口译服务。

在远程同声传译服务领域，供应方需要先进的音频设备和稳定的网络环境，需要具备较高技能的同传人员。需求方通常在大型国际会议或远程学术交流中需要实时、准确的同声传译服务。

在机器口译服务领域，供应方需要应用大数据和先进的 AI 技术，提供准确、快速的口译。需求方通常对口译的速度有较高的要求。需求方多为旅游者、学生等，其对价格敏感。

随着 GPT 等大语言模型的出现和应用，口译市场正在发生以下四点变化。一是人工智能（AI）技术驱动的口译兴起。大语言模型的高准确性和高效催生了机器口译。网络视频远程口译实时提供准确的翻译服务。在一些会议和电视采访中，机器口译正在取代部分人工口译。二是人机共生的口译服务模式出现。传统的口译服务更多依赖口译员的个人技能和经验，但大语言模型的应用提供了一种新的服务模式，即机器辅助口译。在这种模式下，口译员对大语言模型提供的翻译结果进行人工校对和优化，以保证翻译质量。三是市场需求出现人机分流模式。一些高难度、专业性强的同声传译等依然需要专业口译员来完成。对于一些日常交流、非正式会议等场合，机器口译的准确性和效率已经足够应对。口译市场需求开始出现人机分流模式，一部分是对专业性和精准性要求极高的人工口译需求，一部分是对效率和便利性要求较高的机器口译需求。四是口译培训领域的需求发生变化。大语言模型的出现和应用对口译员的要求发生了变化。除了语言翻译技能，口译员还需要掌握一定的技术知识和技术能力，如使用和优化大语言模型等，这推动了口译培训的变革。口译员需要加强语言和技术培训，做到技术和语言能力并重，以满足口译市场的需求和变化。

（二）本地化市场

本地化是指调整一种产品、服务或内容，以适应特定地区或市场的需求和文化的过程，涉及语言翻译、文化适应性、技术和法律合规性、商业策略调整等多方面。本地化服务帮助企业在全球化过程中实现本地化，达到

"全球视野，本地行动"的目标。广义的本地化服务包括市场研究、品牌定位、营销策略等一系列的本地市场策略制定和实施，帮助企业在全球市场中找到最佳的定位，以最有效的方式吸引并服务当地的客户。狭义的本地化服务包括将软件的用户界面、帮助文档、客户支持等内容翻译成目标市场的语言，同时要考虑目标市场的文化习俗，符合目标市场的技术标准和法规要求。①

中国的本地化市场可分为网站、软件、游戏、App、影音视频本地化，本地化工程，本地化测试等。本地化市场是一个庞大并且快速发展的市场。中国的本地化市场需求分为以下五类。一是语言本地化：将产品或服务的语言调整为目标市场的语言，包括翻译、拼写和语法检查等环节。二是文化本地化：调整产品或服务的图像、颜色、符号、人物等元素，以符合目标市场的要求，避免文化冲突或误解。三是技术本地化：将产品或服务的技术参数或规格进行调整，使其符合目标市场的技术标准和法规要求。四是法律本地化：确保产品或服务符合目标市场的法律和监管要求，涉及隐私政策、使用条款、合同条款等内容的调整。五是商业本地化：根据目标市场的具体情况对产品或服务的定价策略、销售渠道、营销策略等进行本地化。

近年来，中国的App市场规模已超过1万亿元，超过半数的应用需要本地化服务。中国的游戏市场规模持续扩大，对本地化服务的需求不断增长。影音视频本地化市场同样火爆。以视频网站为例，优酷、爱奇艺等需要大量的影音视频本地化服务，包括翻译、配音、字幕等，市场规模不断扩大。本地化工程和本地化测试的市场同样庞大，无论是外企进入中国市场，还是中国企业走向海外都需要本地化服务，以提供良好的用户体验。

中国的本地化市场具有以下特点。第一，市场竞争激烈。市场参与者众多，包括大型跨国公司和中小型企业。此外，随着人工智能等技术的发展，本地化服务的自动化和智能化程度不断提高，加剧了市场竞争。第二，市场的地域分布集中，以一线城市为主，特别是北京、上海、广州和深圳等经济

① 崔启亮：《全球化视域下的本地化特征研究》，《中国翻译》2015年第4期。

发达地区。大量的跨国公司和高科技企业对本地化服务的需求较大。此外，一些新兴经济区，如杭州、成都等地的本地化市场发展较快。第三，本地化服务质量参差不齐，行业标准尚不完善等。人工智能技术的应用将对提高本地化服务质量和效率发挥重要作用。

人工智能的普及对本地化市场结构和人工翻译服务模式提出新挑战。全球化趋势使得本地化服务的需求更加复杂，服务商需要不断提升服务能力和品质来满足客户的需求。随着消费者权益保护意识的增强，服务商需要提高服务水平，保障消费者权益，加强规范化管理，提升自身能力，以适应快速变化的市场环境。

二　多媒体语言服务市场分析

（一）纸质媒体语言服务市场

纸质媒体是一种以纸为物理载体的信息传播媒介，比如报纸、杂志、图书等。纸质媒体相对于电子媒体，形式相对固定，一般需要通过印刷等方式制作和传播内容。

1. 纸质媒体市场规模与特点

纸质媒体市场在数字化和移动阅读的大潮中面临巨大的压力，但仍然有独特的地位和功能。从外文图书出版市场看，《2023年图书零售市场年度报告》显示，2023年，中国的图书出版市场规模约为912亿元，同比上升4.72%，出版图书达到13.6万种，其中外文图书出版量大约占整体市场的5%，约为6800种，在内容质量、价值与影响力方面占有一定的地位。一方面，随着中国对外开放程度的加深，中国市场对外文图书的需求逐年增长；另一方面，由于翻译、引进、出版外文图书的成本相对较高，市场竞争激烈，出版社需要更多的精细化运营。

外文报刊出版市场受数字化冲击的影响较大，市场规模呈下降趋势。国家新闻出版署的统计数据显示，2023年，中国报纸发行量为373.77亿份，同比下降3.02%；期刊发行量为36.03亿册，同比下降14.2%。受中国读者英文阅读能力、内容需求、版权引进费用等因素制约，外文期刊市场规模相对较小，但这部分读者群体较为稳定，主要为学术科研人员和高端职业人士。国家市场监督管理总局的统计数据显示，2023年，全国外文出版企业共计398家，年产值达到50.3亿元，业务类型包括外文图书、外文报刊、外文电子读物、外文音像资料、外文网络出版等。

在地域分布上，纸质媒体市场以一线城市和部分二线城市为主，这与经济水平、文化水平以及读者习惯等因素有关，沿海发达地区的纸质媒体需求大于内地。在市场分布上，一是受众广泛，特定领域和人群对纸质媒体有稳定的需求。老年人、中小学生以及部分高端职业人士仍偏好纸质媒体。在某些偏远地区，纸质媒体仍然是获取信息的主要途径。二是内容丰富，尤其是图书，种类繁多，形式各异。纸质媒体对于学术研究、艺术、文学等领域具有独特的价值。

纸质媒体市场面临数字化阅读的冲击，传统印刷业务量大幅度减少；产业链条上下游优化不够，如出版流程、配送等。应对未来的挑战，一是要找到纸质媒体和数字化媒体的平衡点，充分利用数字化手段提升纸质媒体的影响力；二是要探索新的盈利模式，如知识付费、会员制等，进一步挖掘纸质媒体的价值。

2. 纸质媒体语言服务市场与特点

纸质媒体语言服务是指为纸质媒体提供的内容翻译、校对、编辑、写作等服务。例如，一本新闻杂志需要将内容翻译成多种语言，在全球范围内发行。一家出版公司需要专业编辑检查和修订即将出版的图书，确保语言质量和准确性。这些都是纸质媒体语言服务。纸质媒体语言服务市场主要表现出以下特点。一是需求差异化。纸质媒体语言服务需求具有差异化，往往需要高度定制化的服务。例如，一篇科学研究文章的翻译和一本儿童图书的翻译需要不同的技能和经验。二是具有人力密集型特征。语言服务往往需要较高水平的专业知识，市场具有人力密集型特征。三是受技术影响。人工智能技术的发展正在改变纸质媒体语言服务市场。例如，翻译记忆工具、机器翻译、大语言模型等技术可以提高服务效率和质量。四是受政策影响。纸质媒体语言服务市场受到版权法、语言政策、意识形态和核心价值观等的约束和限制。

（二）数字媒体市场

数字媒体是指那些以电子化形式存在的信息或内容，包括互联网、电视、无线网络通信、电子书、电子邮件、社交媒体、在线新闻平台、电子音乐、电子游戏、软件等。

1. 数字媒体市场规模与特点

2022 年，中国数字出版市场规模达到 13586.99 亿元，比上年增加 6.46%。其中，互联网期刊收入达 29.51 亿元，电子书收入达 69.00 亿元，数字报纸（不含手机报）收入达 6.40 亿元，博客类应用收入达 132.08 亿元，网络动漫收入达 330.94 亿元，移动出版（仅包括移动阅读）收入达 463.52 亿元，网络游戏收入达 2658.84 亿元，在线教育收入达 2620.00 亿元，互联网广告收入达 6639.20 亿元，数字音乐收入达 637.50 亿元（见图 1）。行业测算显示，中国的数字出版语言服务市场规模达到 271.74 亿元。

此外，配音、旁白、解说市场是中国数字媒体市场的重要组成部分。在过去的几年中，视频内容快速增长，消费者对高质量声音的需求增长，市场发展迅速。2023 年，中国配音行业的市场规模达到了约 10 亿元，预计未来几年内仍将保持稳定增长。图像、视频、文字市场也发展较快，例如，OTT 视频市场在过去的 5 年里增长了约 30%。同时，由于 5G 技术的推广，VR 和 AR 等新兴技术成为市场的重要驱动力。转录市场的发展主要受益于人工智能的推广和应用，目前市场规模虽然还不大，但增长势头十分强劲。

数字媒体市场呈现以下特点。从市场竞争程度来看，中国的数字媒体市场竞争十分激烈。一方面，巨头企业如腾讯、爱奇艺等在市场上占据了领先地位；另一方面，许多创新型企业不断涌现，如短视频平台抖音、快手等。从市场地域分布特点来看，中国数字媒体市场主要集中在经济发达的一线城

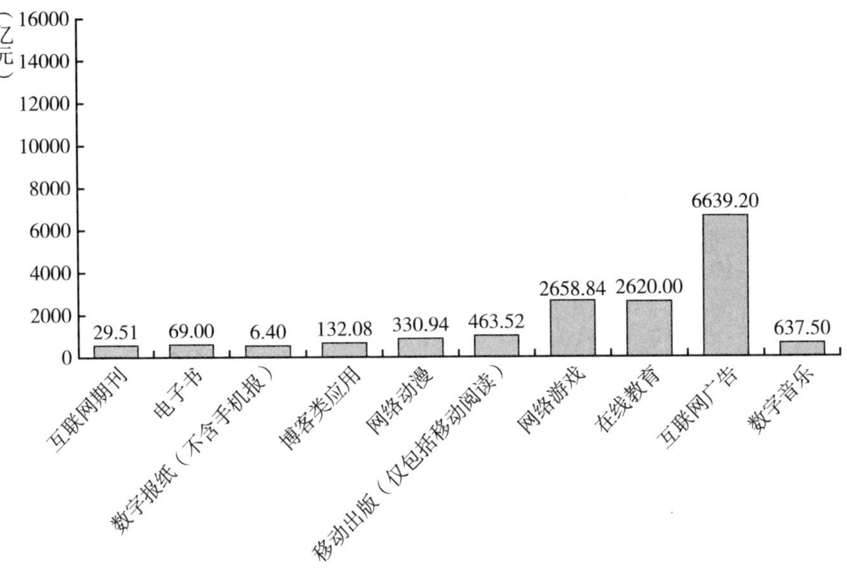

图 1　2022 年中国数字出版市场规模

资料来源：崔海教主编《2022—2023 年中国数字出版产业年度报告》，中国书籍出版社，2023。

市和二线城市。广东、浙江、江苏等地市场规模较大。

随着 5G、人工智能等新技术的发展，数字媒体市场面临的挑战包括如何实现内容创新，如何保护用户隐私，以及如何在规模化的同时保持较高的内容质量等。纸质媒体则需要面对如何转型，如何吸引年轻用户，以及如何在电子化、网络化趋势下找到新的生存空间等挑战。

2. 数字媒体语言服务市场与特点

数字媒体语言服务是指在数字媒体领域提供的各种语言服务，包括翻译、编辑、内容创作、本地化、语音转录、语言分析和咨询等。数字媒体语言服务广泛应用于众多领域，包括电子商务、广告、游戏、教育、社交媒体、在线出版等。例如，一款游戏需要将内容翻译成多种语言在全球市场销售；一家广告公司需要在各种社交媒体上发布多语种广告。数字媒体语言服务的主要目标是帮助企业和个人克服语言障碍，实现信息的有效传播。数字媒体内容具有特殊性，常常需要深入理解目标市场文化和消费者行为，提供有效的语言解决方案。近年来，很多数字媒体语言服务也开始采用新技术，如机器学习、自然语言处理（NLP）等，以提高服务质量和效率。

（三）社交媒体市场

社交媒体是让用户创造并分享内容，以及参与社会网络中的对话和活动的在线平台。这些平台通过互联网连接全球的用户，信息传播速度快、范围广。社交媒体在现代社会的影响力越来越大，已经成为人们获取信息、表达观点、建立人脉、购物、娱乐等许多方面不可或缺的工具。同时，企业也利用社交媒体做品牌宣传、产品推广、客户服务等商业活动。国外的社交媒体种类很多，包括社交网络（如 Facebook、LinkedIn、Twitter）、内容分享平台（如 YouTube、Instagram、Pinterest、TikTok）、博客和论坛（如 WordPress、Reddit）等。中国的社交媒体发展迅速，有微博、微信、抖音、小红书、快手等。

1. 社交媒体市场规模与特点

图 2 显示，中国的社交媒体市场规模巨大。2018 年，中国社交媒体市场规模为 1241.9 亿元，2022 年猛增到 2334.3 亿元，5 年几乎翻了一番。2023 年，中国的微博用户已超过 6 亿人，日活跃用户达到 2.42 亿人；微信月活跃账号数超过 12 亿人；短视频用户规模持续增长达 9.86 亿人；抖音日活跃用户数超过 6 亿人；小红书注册用户已达到 1 亿多人；快手月活跃用户已超过 3 亿人。网络直播用户规模达到 6.31 亿人。在众多社交媒体中，抖音和快手在短视频领域的竞争尤为激烈。而微信、微博、QQ 等也在积极拓展新功能，以应对来自新型社交媒体的竞争。

从市场地域分布特点看，中国社交媒体用户主要分布在一、二线城市，北京、上海、广州和深圳等一线城市的用户活跃度非常高。但随着互联网的普及，三、四线城市和农村地区的用户数量也在快速增长。社交媒体市场呈现以下特点。一是用户年轻化。大部分社交媒体用户年龄处于 18~35 岁，更善于接受新鲜事物，也更热衷于分享生活。二是内容形式丰富。内容形式包括文字、图片、音频、视频等，用户可以根据自己的喜好选择。三是社区化。

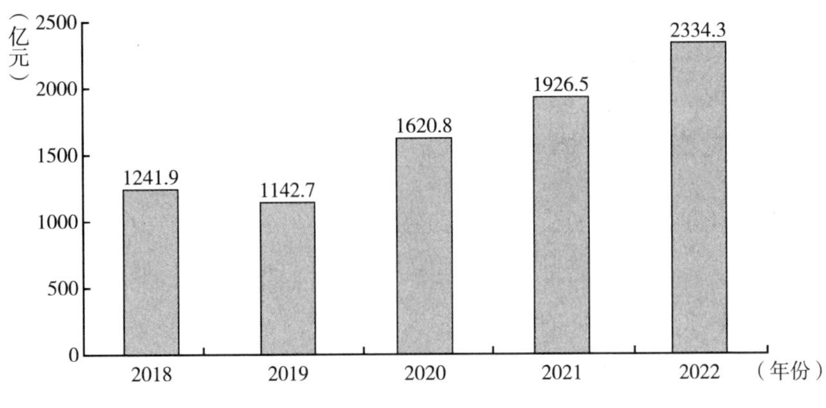

图 2　2018~2022 年中国社交媒体市场规模

资料来源：《2023 年全球社交媒体分析市场发展趋势分析报告——行业分类、应用、企业及区域分析》，倍哲斯咨询网站，2023 年 7 月 19 日，https：//www. globalmarketmonitor. com. cn/reports/2372621-social-media-analytics-market-report. html。

不同的社交媒体形成了不同的社区氛围，便于用户找到志同道合的人。

未来，社交媒体发展将出现几大趋势。一是人工智能技术将在社交媒体中得到更广泛的应用，如内容创作、个性化推荐、广告定向等。自动化技术也将提高生产效率和内容管理水平。二是 5G 网络的普及促进流媒体服务进一步发展，提供更高质量的视频和音频内容，支持更多的沉浸式体验。三是社交媒体与电子商务的融合将继续加深，用户在社交媒体平台上购买商品和服务将更方便。四是社交媒体将更加注重跨平台的兼容性和移动设备的优化。五是社交媒体内容品质和原创性将成为吸引用户的关键。用户对有价值、独特的内容的需求将不断增长。六是数据隐私法规出台使社交媒体企业更加重视用户数据保护和安全。

2. 社交媒体语言服务市场与特点

社交媒体语言服务指为社交媒体平台提供的语言转换服务，包括翻译、字幕、配音、朗读、语言优化等，帮助个人或企业跨越语言障碍，扩大在不同国家和地区的影响力。社交媒体语言服务确保社交媒体发布的文本、图片、视频等内容以多种语言正确地推送给用户，使用户理解并进行互动。同时，帮助社交媒体用户了解不同地区用户的反馈和意见，通过数据分析进一步优化发布的内容和策略。

中国的社交媒体语言服务市场具有以下特点。一是市场潜力巨大。中国拥有世界上最多的互联网用户，很大一部分用户活跃在各种社交媒体平台上，中国的社交媒体语言服务市场有很大的发展潜力。二是行业竞争激烈。社交媒体语言服务市场潜力大吸引了许多企业进入，导致行业内的竞争非常激烈。三是技术要求高。社交媒体语言服务涉及翻译、自然语言处理、大数据分析等，对服务提供商的技术能力要求较高。四是用户需求多样。不同的社交媒体用户有不同的语言服务需求，服务提供商需要满足这些多样化的需求。

三　语言培训服务市场分析

（一）外语教培市场的规模与特点

外语教培服务是为学习外语的学员提供教育服务，由学校、大学、独立的语言学校提供或通过在线课程或私人辅导教师提供。外语教培服务包括教授语法、词汇、发音、口语、写作、阅读理解等技能，也帮助学员了解与所学语言相关的文化、习俗和社交礼节。外语教培服务为各种目的外语学习提供支持，包括学术研究、工作、移民或个人兴趣，也可针对不同年龄和能力水平的学生提供个性化服务。中国外语教培随着改革开放起步、经济快速发展、对外交流不断扩大在20世纪80年代初兴起。进入21世纪后，除正规学校开展的外语教培外，受留学热、出国热的影响，新东方、新航道等一些外语培训机构快速扩张，外来培训机构相继进入中国外语教培市场。

图3显示，2013年中国外语教培市场规模仅为509亿元，到2019年市场规模已达982亿元，2020年受疫情影响降为722亿元，2021年回升至900亿元，2022年，中国外语教培市场规模达到1090亿元。外语教培市场规模整体上呈现增长趋势，从2013年的509亿元增长到2022年的1090亿元，市场规模增长了1倍多，反映出中国对外语学习需求的增加。2020年外语

教培市场规模出现了明显的下滑，从 2019 年的 982 亿元下降到 722 亿元，由于疫情的影响和“双减”政策的出台，很多线下培训机构转为线上教学或退出教培市场，这对市场规模造成了一定的影响。2021 年市场规模开始回升，2022 年达到历史新高。

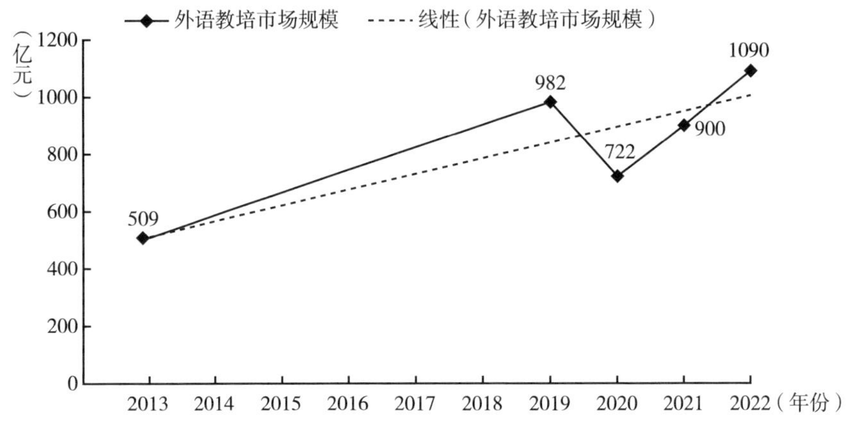

图 3　2013～2022 年中国外语教培市场规模与发展趋势

资料来源：国家市场监督管理总局企业注册信息数据库。

疫情结束，线上培训成为比较成熟的市场。未来几年，中国的外语教培市场仍将保持 10%以上的增长，主要的增长点是在线教育。2019 年，中国在线外语教培市场规模达到 57.49 亿元，2023 年突破 100 亿元。尽管线上培训趋势明显，但在二、三线城市，线下外语教培市场依然稳定，一对一培训则吸引了一部分希望获得个性化教学的学员，价格相对较高。

表 1 显示，中国 5 个重点开放区域的外语教培市场产值较高，达到 1154301 万元，约占全国外语教培市场总产值的 6.07%，长三角地区、京津冀地区、粤港澳大湾区外语教培市场产值分别达到 484879 万元、303873 万元和 316557 万元，反映出这些地区的消费能力和教育需求较强。中西部地区的外语教培市场随着经济的发展也在逐步发展，居民收入和消费水平不断提高，为当地的外语教培市场提供了更大的发展空间。

表 1　2023 年中国 5 个重点开放区域的外语教培市场企业数、企业数全国占比及产值

区域	企业数(家)	企业数全国占比(%)	产值(万元)
京津冀地区	1293	12.41	303873
长三角地区	2012	19.32	484879
粤港澳大湾区	1164	11.17	316557
广西自贸试验区	182	1.75	38660
海南自贸港	73	0.70	10332
总计	4724	45.35	1154301

资料来源：国家市场监督管理总局企业注册信息数据库。

从培训类型来看，中小学外语教培以英语为主，以应对中考、高考，市场需求稳定。学历外语教培以成人英语为主，目的是提升学历、求职等，市场规模较大。雅思、托福、GRE、GMAT 等出国考试培训的需求群体主要是打算出国留学的学生和其他人群，市场规模也相对较大。以兴趣为目的的外语教培市场规模较小但成长空间大，以日语、韩语、法语等为主，受众为外语爱好者和专业人士。职业外语教培以商务英语为主，针对职场人士，市场需求稳定。

从培训方式来看，外语教培方式主要为线上集中培训、线下集中培训和一对一培训。线上集中培训通过直播或者录播的方式进行，能够实现任何时间、任何地点的学习，极大地满足了忙碌人群的学习需求。以 VIPKID、英语流利说等为代表的在线英语培训机构占据了大部分市场份额。传统的线下集中培训的学员基数依然庞大。这种方式在师资、教材等方面有一定的优势，但是受地点、时间限制较大。一对一培训包括线上和线下的一对一培训，更注重个性化教学，满足特定学员的学习需求。

从市场地域分布来看，大城市是外语教培市场的主要集中地，如北京、上海、广州和深圳等一线城市以及部分省会（首府）城市。一线城市和部分省会（首府）城市的消费者有更高的消费能力和更大的外语培训需求。随着三、四线城市的发展，其市场需求也在逐步增长。

从培训语种来看，英语培训市场需求最大，占比超过 70%，其次是日语和韩语，分别占到 13.0%和 6.4%。其他如德语、法语、西班牙语、阿拉伯语、俄语等则占比较小。① 英语考试（如雅思、托福和四六级）和商务英语培训需求巨大。日语和韩语受到年轻人的喜欢，尤其是漫画、动画和偶像文化等领域有大量粉丝。其他语种则因学术研究、工作需要或兴趣爱好受到关注。

从市场现状来看，一是质量参差不齐。由于行业监管不足，一些低质量的培训机构层出不穷，消费者难以识别。二是缺乏标准化。各培训机构教学内容、教材和方法各不相同，缺乏统一的标准。三是过度商业化。一些培训机构过于追求利润，导致教学质量下降，甚至出现欺骗消费者的行为。

从未来趋势来看，一是在线教育兴起，传统的线下培训机构需要转型，以应对在线教育带来的挑战。二是随着人工智能技术的发展，需要开发更多创新的教学方法，提高教学质量。三是面对日益严格的行业监管，需要提升教学质量和服务，树立良好的行业形象。

（二）外语培训机构的规模与特点

2019 年，中国英语培训机构的数量高达 13922 家，教育部的“双减”政策出台后，外语培训机构的总数有所减少。② 2022 年，中国在营的外语培训机构为 10412 家，包括大型培训机构、小型培训机构，以及在线教育平台（如 VIPKID、网易有道等）。尤其是英语培训市场竞争激烈。

对全国 5 个重点开放区域的外语教培市场规模的调查显示，从企业数量来看，中国 5 个重点开放区域的外语教培企业总数为 4724 家，占全国外语教培企业总数的 45.35%。其中，长三角地区的企业数最多，为 2012 家，占全国总数的 19.32%。京津冀地区和粤港澳大湾区的企业数分别为 1293 家和

---

① 《2023—2028 年中国语言培训行业市场前瞻与未来投资战略分析报告》，中国产业研究院网站，https：//www.chinairn.com/rePort/20230607/102335211.html。

② 《2023—2029 年中国成人英语培训行业市场经营管理及发展规模预测报告》，中国产业研究院网站，https：//www.chinairn.com/rePort/20230625/113435824.html？id=1879953&name=Gu。

1164 家，分别占全国外语教培企业总数的 12.41%和 11.17%。广西自贸试验区和海南自贸港的企业数量较少，分别为 182 家和 73 家，分别占全国外语教培企业总数的 1.75%和 0.70%。外语教培企业主要集中在经济发达的长三角地区、京津冀地区和粤港澳大湾区，合计占比为 42.9%（见表 2）。

表 2　2023 年中国 5 个重点开放经济区域外语教培企业情况

指标	京津冀地区	长三角地区	粤港澳大湾区	广西自贸试验区	海南自贸港	总计
企业数(家)	1293	2012	1164	182	73	4724
全国占比(%)	12.41	19.32	11.17	1.75	0.70	45.35
参保员工数(人)	6501	15697	6280	667	392	29537
全国占比(%)	12.84	31.00	12.40	1.32	0.77	58.33

资料来源：国家市场监督管理总局企业注册信息数据库。

从企业在册员工数量来看，中国 5 个重点开放区域的外语教培企业参保员工数为 29537 人，占全国外语教培企业参保员工总数的 58.33%。其中，长三角地区的参保员工数最多，为 15697 人，占全国外语教培企业参保员工总数的 31.00%。京津冀地区和粤港澳大湾区的参保员工数分别为 6501 人和 6280 人，分别占全国外语教培企业参保员工总数的 12.84%和 12.40%。广西自贸试验区和海南自贸港的参保员工数量较少，分别为 667 人和 392 人，分别占全国总数的 1.32%和 0.77%。可以看出，长三角地区、京津冀地区、粤港澳大湾区的外语教培企业在册员工规模比广西自贸试验区和海南自贸港的外语教培企业在册员工规模要大很多。

调查发现，中国的外语教培市场存在三个方面的不足。第一，培训方式严重同质化。无论是线上还是线下培训，很多课程内容和教学方式非常类似，缺乏差异化竞争优势。第二，教师资源不足，特别是一线外教比较紧缺，外教质量参差不齐，优质的教师资源稀缺。第三，培训效果难以保障。无论是线上还是线下，培训效果不佳，外语能力提高效果不大。

近年来，中国政府对外语教培行业加强监管。2021 年 7 月，教育部出台“双减”政策，强调了校外外语培训的法治化监管。2018 年，《国务院办公厅关于规范校外培训机构发展的意见》发布，国家对校外培训机构展开专项治理；2022 年，《教育部　中央编办司法部关于加强教育行政执法深入推进校外培训综合治理的意见》出台，进一步加强校外培训监管行政执法。

（三）外语教培产品市场规模与特点

统计显示，全国的在线语言教培产品市场规模增长快，2018 年在线语言教培市场规模达到 45.69 亿元，2019 年达到 57.49 亿元，2023 年市场规模突破 120 亿元，外语教培产品市场具有很大的发展空间和潜力。①

外语教培产品市场具有以下特点。一是在线外语教培市场竞争激烈，目前，市场上外语教培产品的主要竞争企业有百词斩、沪江网校、新东方在线、英语流利说等。这些公司都有自己独特的学习方法和丰富的产品线，为用户提供多样化的选择。此外，Google、微软等科技公司推出 AI 语音助手等高科技外语教培产品，进一步加剧了市场竞争。二是在线外语教培市场地域高度集中，从市场地域分布来看，外语教培用户主要集中在北京、上海、广州、深圳等城市，主要原因是受地域经济水平、教育资源和外语需求的影响。随着数字教育和人工智能的发展，二、三线城市的外语教培产品市场正在逐渐扩大。三是 5G 和 AI 等新技术成为发展方向，外语教培产品正在从传统的线上课程、学习软件朝更为个性化和智能化的方向发展。比如，通过 AI 技术提供个性化的外语学习推荐，通过语音识别和 NLP 技术提供更真实的口语练习，通过 ChatGPT 和数字人技术使人机交互外语学习变得更加方便和高效等。四是外语教培产品同质化严重，产品功能和内容缺乏创新，教培效果不明显。尽管一些产品采用了新技术，但用户体验和产品稳定性仍有待提高。未来想在激烈的市场竞争中脱颖而出，外语教培产品需要利用新技

① 《艾媒咨询丨后疫情时代中国在线教育行业研究报告》，艾媒网，2020 年 7 月 31 日，https://www.iimedia.cn/c400/73148.html。

术提高个性化、智能化程度和用户体验，以应对不断变化的用户需求和市场环境。

（四）国际中文教育市场规模与特点

从市场规模来看，全球教育智库 HolonIQ 发布的中文学习市场报告显示，2023 年，中文培训市场规模为 74 亿美元，对外汉语培训市场规模达到 420 亿元，年均增速约为 13%。预计到 2027 年，全球中文学习市场体量将以每年 12.1%的复合增长率增长到 134 亿美元。中国的国际中文教育市场规模在未来 3~5 年内将达到 1000 亿元以上。中文已成为全球学习市场增长最快的语言之一。2023 年全球有 18 万余名考生参加了 HSK、HSKK、BCT 和 YCT 各级别考试，比上年同期增长近 50%，进一步显示了国际中文教育市场的活跃度和增长潜力。

从人数规模来看，根据教育部的统计，截至 2022 年底，全球共有 180 多个国家和地区开展中文教育，70 多个国家将中文纳入国民教育体系，4000 多所外国高校、8 万多所培训机构开设中文课，国外正在学习中文的人数已达到 3000 万人（见表 3）。①

表 3　2022 年中国国际中文教育市场规模

指标	亚洲来华留学（万人）	非洲来华留学（万人）	欧洲来华留学（万人）	美洲来华留学（万人）	大洋洲来华留学（万人）	共计（万人）	全球中文学习者（万人）
数量	31.5629	7.8607	7.3507	6.7227	1.9378	55.4348	3000
占来华留学数（%）	56.94	14.18	13.26	12.13	3.50	100.00	—

资料来源：2023 年世界中文大会报告。

2022 年，来华留学生呈现增长态势，共有来自 180 多个国家和地区的留学生来华学习汉语和攻读学位，总人数超过 55 万人。从国别区域看，来

① 2023 年 12 月 7 日世界中文大会的国际中文教育专业学位建设与人才培养专题研讨会。

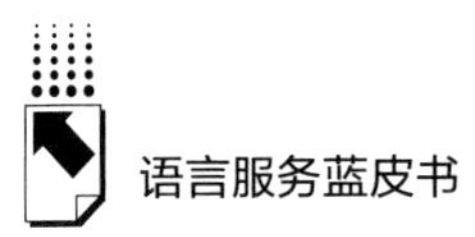

华留学人数排前 15 名的国家分别为韩国、泰国、巴基斯坦、美国、俄罗斯、印度、日本、印度尼西亚、老挝、越南、哈萨克斯坦、法国、德国、马来西亚、英国。按洲别统计，亚洲学生总数为 315629 人，占 56.94%；非洲学生总数为 78607 人，占 14.18%；欧洲学生总数为 73507 人，占 13.26%；美洲学生总数为 67227 人，占 12.13%；大洋洲学生总数为 19378 人，占 3.50%。

从培养院校数量来看，中国国际中文教育专业硕士层次培养高校已经从设立初期的 24 所增加到 198 所，博士层次试点培养高校达 27 所，累计培养硕士研究生 7.4 万人、博士研究生 652 人。①

中国国际中文教育市场的特点。一是市场规模庞大，几千万人学习中文，表明了中国国际中文教育市场的规模十分庞大。二是地区分布广泛，中文教育遍布全球 180 多个国家和地区，说明中文在全球的影响力不断扩大。三是来华留学人数增长明显，2022 年有超过 55 万人来华留学，来华留学的趋势非常明显。四是亚洲和非洲来华留学学生占比较高，是中国国际中文教育的两个重要市场。五是教育资源丰富，中国国际中文教育专业硕士层次培养高校众多。六是人才培养成绩显著，已累计培养硕士研究生 7.4 万人。

四　多语言内容服务市场分析

多语言内容服务是指为企业的信息、产品和服务提供翻译、写作和多语种版本，以满足不同语言用户的需求，包括多语言内容管理、文案内容创作、网络文学创作等形式。

（一）多语言内容管理市场

多语言内容管理是指根据不同语言和文化习惯系统化创建、编辑、翻译、发布和维护企业或产品信息的过程和方法，以保证内容的准确性和一致

① 2023 年 12 月 7 日世界中文大会的国际中文教育专业学位建设与人才培养专题研讨会。

性，满足不同地区用户的特定需求。多语言内容管理主要分为以下几类。一是网站内容管理：管理和维护多语种版本的网站内容，包括文本、图片、视频等，涉及网站本地化和搜索引擎优化（SEO）。二是文档和手册编制：制作和管理多语言版本的产品手册、用户指南、技术文档、教育和培训资料等。三是软件和应用程序本地化：对软件或应用程序界面、提示信息、帮助文件等进行翻译和管理。四是营销文案创作和翻译：制作和管理多语言版本广告、宣传册、销售信函、电子邮件营销内容等。五是客户服务和技术支持：提供多语言的客户服务和技术支持，包括电话、电子邮件、在线聊天等。六是社交媒体和博客维护：在各种社交媒体平台上发布和管理多语言的内容等。七是内部通信记录管理：对公司内部的员工通信、规章制度、会议记录等进行多语言内容管理。

（二）文案内容创作市场

内容创作的第一个主要类型是文案内容创作，包含博客博文、网站内容、网络新闻稿、网络文学、电子邮件、产品说明书、电子书等。

《2022~2028 全球文案创作服务行业调研及趋势分析报告》显示，2021年，美国的文案内容创作市场规模为 104.68 亿元，欧洲为 106.30 亿元，预计未来 6 年，这两个地区文案内容创作市场规模的复合增长率分别为 6.5%和 6.8%。中国文案内容创作市场约占全球市场的 38%，为全球最主要的文案内容创作消费市场之一，且增速高于全球。2021 年中国文案内容创作市场规模约为 519.00 亿元，2017~2021 年复合增长率约为 20%。预计到 2028年中国文案内容创作市场规模将增长至 860.00 亿元（见图 4），2022~2028年复合增长率约为 9%。[①]

中国的文案内容创作市场具有以下特点。一是市场快速增长。随着中国经济的快速发展和品牌意识的增强，越来越多的企业开始重视文案内容创作在品牌推广和市场营销中的作用。数字化转型和社交媒体的普及使企业越来

① 广州恒州诚思信息咨询有限公司：《2022~2028 全球文案创作服务行业调研及趋势分析报告》。

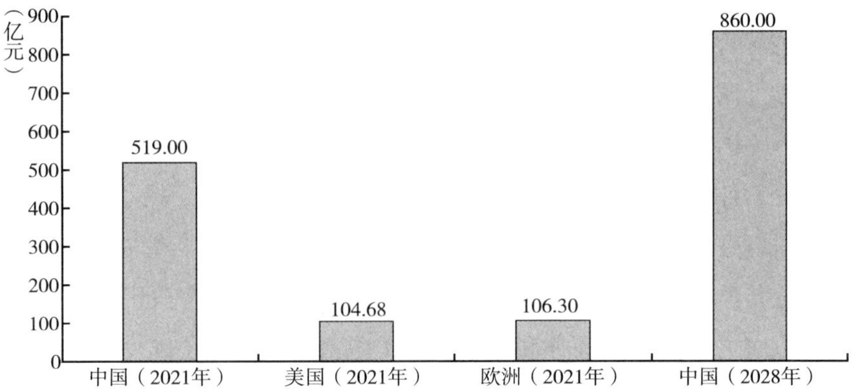

图 4 2021 年、2028 年中国及 2021 年美国、欧洲文案内容创作市场规模

资料来源：广州恒州诚思信息咨询有限公司：《2022～2028 全球文案创作服务行业调研及趋势分析报告》。

越重视内容营销和品牌故事的讲述，推动了文案内容创作服务需求的增长。文案内容创作市场呈现强劲的增长势头，一些优秀的本土企业和国际知名企业市场竞争激烈。二是中小企业需求旺盛。中小企业对文案内容创作服务的需求尤为突出，对品牌建设和市场推广的需求也日益增强。三是互联网和数字媒体快速发展为文案内容创作提供了更多应用场景，如短视频、社交媒体和内容电商等领域。文案内容创作与其他行业如设计、营销、广告等展开更多的跨界合作，提供全方位的品牌推广解决方案。四是技术和创新的驱动。人工智能和大数据技术创新进一步提升文案内容创作的效率和品质，自动化文案生成工具将成为行业主流。五是专业化和定制化服务需求增长。市场将朝更加专业化的方向发展，同时注重客户的个性化需求，提供定制化的文案内容和营销策略。六是国际化趋势加剧。文案内容创作服务的国际化趋势明显，企业需要适应不同的文化背景和市场环境，文案内容创作服务企业将积极拓展海外市场。七是文案内容创作服务将更加注重传递正能量和社会责任意识。八是文案创意人才短缺。市场扩大，技术创新要求提高，文案内容创作人才供给不足，多语种文案创意和相关技术人才培训十分迫切。

（三）网络文学创作市场

内容创作的另一个主要类型是网络文学创作。中国音像与数字出版协会的统计数据显示，2021 年，中国网络文学创作市场营收规模增长到 267.2 亿元，较 2020 年的 249.8 亿元增长 17.4 亿元，同比增长 6.97%（见图 5）。作品规模从 800 余万部增长到 3200 余万部；注册作者从 419 万人增长到 2278 万人，增长超过 4 倍。《2022 中国网络文学发展研究报告》显示，2022 年，中国网络文学创作市场营收规模达 389.3 亿元。网络文学用户规模达 4.92 亿人。网络文学作家累计超 2278 万人，来自各行各业，涵盖 57 个国民经济行业大类。[①] 2022 年，包括出版、游戏、影视、动漫、音乐、音频等在内的中国网络文学 IP 全版权运营市场整体营收规模超过 2520 亿元，预计到 2025 年将突破 3000 亿元，营收规模年增长预计超百亿元。

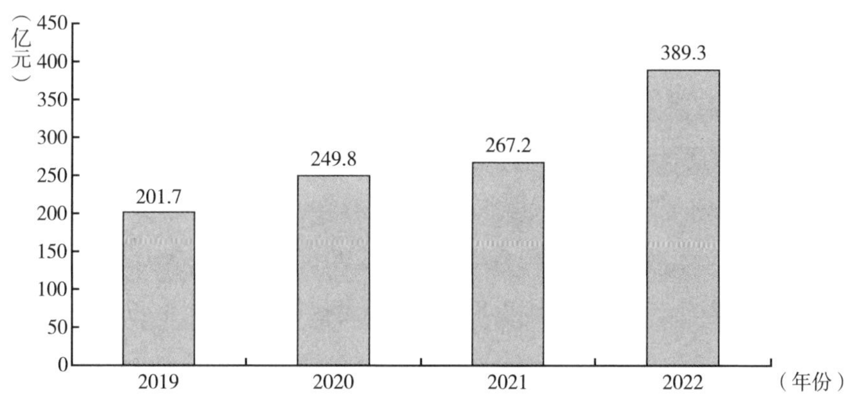

图 5　2019~2022 年中国的网络文学创作市场营收规模

资料来源：2019~2022 年《中国网络文学发展研究报告》。

据第三方机构易观数据统计，中国的网文出海遍及全球超过 200 个国家和地区，包括美国、印度、英国以及共建“一带一路”国家，海外网文访

① 中国社会科学院文学所“网络文学发展研究报告”课题组：《2022 中国网络文学发展研究报告》，2023 年 4 月。

问用户规模达到9.01亿人。截至2022年底，中国网络文学共向海外输出作品16000余部，包括实体书授权超过6400部，上线翻译作品9600余部；已形成15个大类100多个小类，都市、西方奇幻、东方奇幻、游戏竞技、科幻成为五大题材类型。2022年，网络文学海外市场规模突破30亿元，海外活跃用户超过1.5亿人，主要集中于"Z世代"。①

《2022中国网络文学发展研究报告》显示，中国网络文学市场存在以下几个突出特点。从阅读群体来看，年轻群体仍处于网络文学用户群体的核心地位，19~35岁的用户占比达到42.2%。从阅读场景和时间来看，网络文学用户的阅读地点相对分散，呈现移动化、分散化的特征。中国音像与数字出版协会的统计数据显示，休闲时间阅读网络文学的用户比例为57.98%，通勤和碎片化时段阅读网络文学的用户比例合计为42.02%。从受欢迎程度来看，青春校园等仍是用户偏好度较高的题材，合计占比接近50%。从体裁来看，相较于2020年，悬疑推理等题材异军突起，用户规模增长迅速，认可度也稳步提升。现实题材作品迎来爆发期，以脱贫攻坚、抗击疫情等为主题的现实题材网文佳作频出。从形式来看，"网络文学+音频"和"网络文学+短剧"的平台大热，内容推荐精准，形式新颖，网络文学读者分流趋势明显。从合规性来看，侵权盗版行为依然存在，读者版权意识淡薄，付费意愿不强，平台、作家，甚至读者都深受其害。2021年，网络文学盗版损失在60亿元以上，同比上升2.8%，盗版侵权网络文学占17.3%的市场份额。

中国网络文学市场的未来发展呈现以下几个趋势。读者需求多样化，网络文学的内容将更加丰富，涵盖更多题材和类型。读者对作品质量的要求将越来越高，网络文学作者和平台将更加注重提升作品的品质和文学价值。网络文学的IP价值将被进一步挖掘，通过影视、游戏、动漫等多种形式衍生开发，实现产业链的延伸。人工智能、虚拟现实新技术为网络文学带来新的体验和创作方式。中国网络文学有望在全球范围内扩大影响力，吸引更多国

① 崔海教主编《2022—2023年中国数字出版产业年度报告》，中国书籍出版社，2023。

际读者。网络文学将与其他领域如音乐、戏剧等跨界融合，创造出更多创新的文化产品。行业规范将不断完善，更好地保障作者和读者的权益。网络文学出海将创新模式，海外传播体系建设不断加强。

五　多语言大数据服务市场分析

多语言大数据是指包含多种语言或经过翻译的数据集或信息资源，涉及处理和分析不同语言的文本、语音、图像等多种类型的数据。多语言大数据具有以下特点。一是数据包含多种语言的文本、音频、视频等。二是涉及不同的语言体系、语法结构和词汇表达，需要处理和理解多种语言之间的差异。三是不同语言背后蕴含着不同的文化背景、价值观和习惯，需要考虑文化因素对数据分析和理解的影响。四是多语言大数据包含丰富的信息，可用于跨语言信息检索、机器翻译、自然语言处理、跨国数据分析等。五是处理多语言大数据面临语言差异、语义理解、数据质量等挑战，但也为跨文化交流、国际合作、开展全球化业务等提供了机遇。

（一）大数据服务市场

《数字中国发展报告（2023 年）》已经正式发布。报告指出，2023 年中国数字经济规模继续扩大，核心产业增加值预计超过 12 万亿元，占 GDP 的比重达到 10%左右。此外，数据产量和存储量也持续增长，数据市场化改革稳步推进。中国在数字基础设施、5G 网络、光纤宽带等领域的建设速度加快，2023 年的数据产量和数据要素市场的活跃度显著提升。与此同时，数字化治理体系逐步完善，网络安全和数据安全保护进一步加强。①

图 6 显示，全国大数据企业在技术创新、政策支持和市场需求的驱动下发展迅猛，从 2017 年的 1.86 万家迅速增长到 2022 年的 14.41 万家，复合

① 《〈数字中国发展报告（2023 年）〉正式发布》，数字中国建设峰会官方网站，2024 年 6 月 30 日，https://www.digitalchina.gov.cn/2024/xwzx/szkx/202406/t20240630_4851743.htm。

增长率达到 50.6%。2023 年增加到 16.94 万家，增长率为 17.6%。大数据企业在 2017~2023 年保持高增长态势，这一趋势还将继续保持。

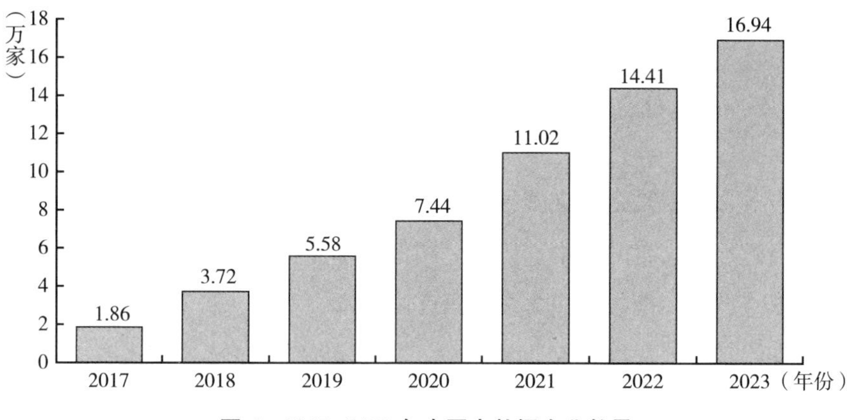

图 6　2017~2023 年中国大数据企业数量

资料来源：中商产业研究院《中国大数据行业市场前景及投资机会研究报告》，2023。

（二）多语言大数据市场

中国多语言大数据相关企业共计 5637 家，包括已从事多语言大数据相关业务的企业 2621 家，以及拥有相关专利、著作，正在转型中的多语言大数据相关企业 3016 家。① 多语言大数据相关企业大多分布在东部地区，以北京、广东、上海为多。2023 年 10 月，中国成立国家数据局，将有力地推动多语言大数据产业健康发展。

当前，多语言大数据市场呈现以下特点。一是多语言需求增长。中外经贸往来和人文交流对多语言大数据的需求不断增长。企业、政府和个人需要处理和分析多种语言的文本、语音和图像等数据。二是技术驱动创新。机器学习、机器翻译、语音识别、语义分析、大语言模型等技术的进步使得多语言数据的处理和应用更加高效和准确。三是数据多样性。多语言大数据涵盖

① 根据 2023 年国家市场监督管理总局企业注册数据库检索营业范围内含有与语言和大数据相关业务的企业得出。

各种类型的语言数据，包括文本、语音、图像等。不同语言的数据特点和语法结构各不相同，对数据处理和分析提出了更高的要求。四是应用领域广泛。多语言大数据在跨境电商、国际贸易、旅游、教育、智能客服等多个领域有广泛的应用，不同领域对多语言大数据的需求和应用场景也有所差异。五是数据质量和标注成为关键。多语言大数据的质量和标注对于数据分析和应用至关重要。多语言数据标注工作往往较为困难和耗时。六是隐私和安全问题。多语言大数据涉及大量个人身份、交易记录等隐私和敏感信息。隐私安全和保护成为多语言大数据市场发展的重点。七是数据合作与生态建设。企业之间加强数据生态建设，多语言大数据合作，数据资源、技术和经验共享，成为多语言大数据市场发展的有效路径。

多语言大数据市场未来呈现以下发展趋势。人工智能技术的进步将使机器翻译变得更加准确和自然，能够更好地处理多语言大数据。人工智能技术将在多语言大数据分析中发挥更大的作用，如自动语音识别、语义理解等。通过构建跨语言的信息检索系统和知识图谱，可以更便捷地获取和利用多语言大数据中的信息。文本、图像、音频、视频等多模态数据的融合将为多语言大数据分析提供更丰富的信息。企业寻求全球化与本地化的平衡，多语言大数据帮助企业更好地实现这一目标。多语言大数据的收集、使用和保护将面临更大的挑战，同时将推动相关技术的发展和法律法规的完善。多语言大数据将在更多领域得到应用，如医疗、金融、法律等，为这些行业提供更加精准和高效的服务。具备多语言能力和大数据分析技能的专业人才需求增长。

六　跨境电商语言服务市场分析

跨境电商语言服务为跨境电商提供翻译、本地化、多语种客服等语言服务，帮助电商企业更好地进入海外市场，提升与海外用户的交流效率，提高用户体验，从而提升销售业绩。跨境电商语言服务通常包括以下内容。一是电商网站本地化：将电商网站翻译成目标市场的语言，包括商品描述、用户界面、帮助文档等。二是电商多语种客服：提供多语种的客户服务，包括电话接听、邮件回复、在线聊天等。三是电商翻译服务：为电商企业提供商品描述、营销材料、用户反馈等的翻译服务。四是电商语言咨询：为电商企业提供进入新市场的语言策略咨询，包括如何选择合适的语种、翻译，进行有效的多语种沟通等。五是电商语言培训：为电商企业的员工提供语言培训，提升其与海外用户沟通的能力。

（一）跨境电商市场规模

根据《中国跨境电商发展报告（2023）》的数据，2023 年前三季度，中国跨境电商市场规模已达 1.7 万亿元，保持了强劲的增长势头。其中，出口依然是主导，占总市场的 74%以上。这表明，跨境电商不仅在国内消费中扮演重要角色，也为中国企业提供了更多打开海外市场的机会。此外，跨境电商综合试验区的数量已增加至 165 个，涵盖了全国 31 个省份，显示出政策对这一行业发展的强力支持。这些试验区的建设推动了跨境电商的创新发展，尤其是在技术、品牌出海、物流供应链等方面的突破。[①] 中商产业研究院的分析显示，2023 年中国跨境电商市场规模达 16.8 万亿元，2024 年将达 17.9 万亿元（见图 7）。从跨境电商进出口规模看，海关总署的统计数据显示，2022 年中国跨境电商进出口 2.11 万亿元，同比增长 9.8%。商务部的统计数据显示，2023 年，跨境电商进出口达到 2.38 万亿元，增长 15.6%,[②] 2024 年，跨境电商进出口增长率预计将达到 12.7%。

（二）跨境电商翻译市场规模与特点

跨境电商市场规模巨大，呈现高增长态势，带动跨境电商翻译市场需求增长。跨境电商主要依靠翻译软件自动翻译。2018 年中国在线翻译软件市

① 《2022—2027 年中国跨境电商市场需求预测及发展趋势前瞻报告》，中商产业研究院网站，https://www.askci.com/rePorts/20220810/0844387845924557.shtml。

② 跨境电商出口 B2B 品类主要有工具设备、轻工纺织、家居；B2C 品类主要有服饰鞋履、3C 电子、家居等。我国的跨境电商企业超过 10 万家，其中 2023 年上半年新增注册相关企业 8380 余家，与 2022 年同期相比增加 30%。跨境电商企业成本主要包括物流、广告费用、平台佣金、人员成本、选品、设计、客服、翻译等。

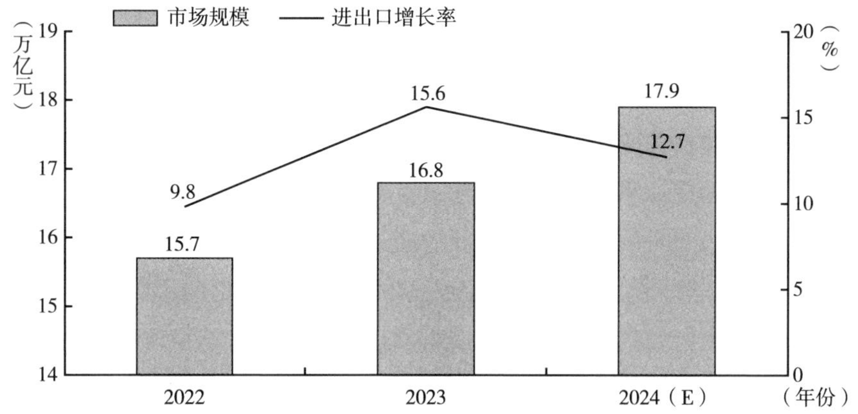

图 7　2022～2024 年中国跨境电商市场规模及进出口增长率

资料来源：中商产业研究院、海关总署、商务部。

场规模为 5.38 亿元；2019 年，中国在线翻译软件市场规模为 6.88 亿元，同比增长 27.88%；2020 年中国在线翻译软件市场规模为 8.64 亿元，同比增长 25.58%；2021 年中国在线翻译软件市场规模为 10.95 亿元，同比增长 26.74%；2022 年中国在线翻译软件市场规模为 13.36 亿元，同比增长 22.01%（见图 8）。以全球知名的跨境电商公司阿里巴巴为例，阿里巴巴国际站上的商品数量超过一亿件，每件商品的产品说明平均约 2000 字。据此估算，商品说明文字总量超过 2000 亿字，并且说明文字总量每日都在增长。中国现有 10 万家跨境电商企业，可以预测，每年需要翻译的商品说明文字总量达到海量规模。

跨境电商翻译市场具有以下特点。第一，涉及多种语言，因此语言服务需要覆盖多个语种，包括英语、西班牙语、法语、德语、日语、韩语等。第二，跨境电商的产品数量庞大，需要具备处理大规模翻译任务的能力。第三，跨境电商的运营速度很快，新产品和新信息需要实时更新，语言服务需要具有高效性，需要能够快速提供翻译服务。第四，电商产品的描述、营销文案等都需要专业的翻译，不仅要准确无误，还要符合目标市场的语言习惯和文化背景。第五，人工智能技术的发展使越来越多的语言服务公司开始利用技术提高翻译的效率和质量。第六，不同的电商平台、不同的产品类别，甚至不同的消费者群体，需要定制化的语言服务。第七，跨境电商翻译服务市场的服务质量和速度成为区分不同提供商的重要指标。

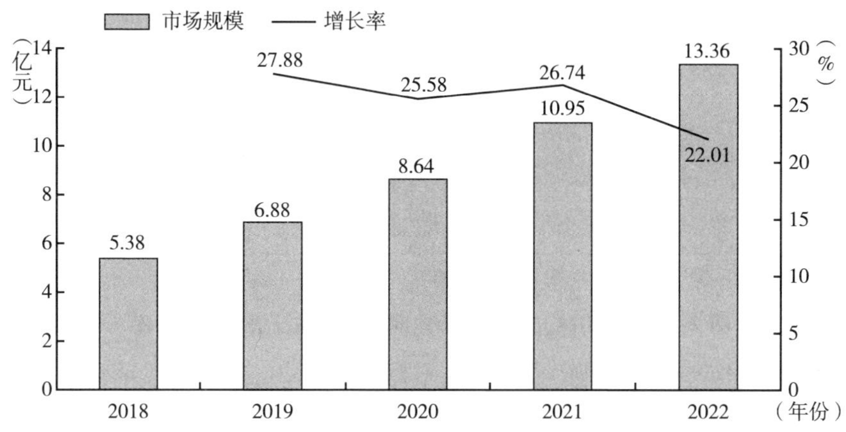

图 8　2018~2022 年中国在线翻译软件市场规模与增长率

资料来源：《2023—2029 年中国在线翻译软件行业市场现状调查及未来趋势研判报告》，file：///C：/Users/ll/Downloads/2023-2029%E5%B9%B4%E4%B8%AD%E5%9B%BD%E5%9C%A8%E7%BA%BF%E7%BF%BB%E8%AF%91%E8%BD%AF%E4%BB%B6%E8%A1%8C%E4%B8%9A%E5%B8%82%E5%9C%BA%E7%8E%B0%E7%8A%B6%E8%B0%83%E6%9F%A5%E5%8F%8A%E6%9C%AA%E6%9D%A5%E8%B6%8B%E5%8A%BF%E7%A0%94%E5%88%A4%E6%8A%A5%E5%91%8A.pdf。

中国的跨境电商翻译市场未来呈现以下发展趋势。第一，受跨境电商产业政策的驱动，中国的跨境电商市场规模持续扩大，对应的翻译服务需求也将持续增长。第二，人工智能技术的发展使未来的跨境电商翻译将更加依赖技术，包括自动化翻译、大数据分析等。第三，不同的电商平台、不同的商品种类、不同的消费者群体，需要不同的翻译服务，因此，个性化、定制化的翻译服务将成为一个重要的发展趋势。第四，跨境电商企业的竞争加剧，提供高质量翻译服务将成为吸引和留住客户的关键。不仅包括翻译的准确性，还包括对目标市场文化的理解和尊重。第五，跨境电商进入更多共建“一带一路”国家市场，对小语种的翻译服务需求将增加。第六，电商平台对实时更新的需求大，实时翻译服务的需求将增长。跨境电商翻译市场将朝着规模化、技术化、个性化和专业化的方向发展。

七　语言技术服务市场分析

语言技术是指自然语言处理技术，主要目标是让计算机能理解、生成和处理人类语言。语言技术涵盖许多不同的领域。信息检索：通过关键词或者短语在大量信息中快速找到相关信息。情感分析：通过分析文本中的语言，确定表达的情感或情绪是积极的、消极的还是中立的。文本挖掘：从大量文本数据中提取有价值的信息和知识。机器翻译：让计算机自动地把一种语言翻译成另一种语言。语音识别：让计算机能理解和转录人类的语音。对话系统和聊天机器人：构建能与人自然对话的系统，如 Siri 和 Alexa。预训练大语言模型（Pre-trained Language Models）：这些模型在大规模文本上预训练，用于机器翻译任务。中国的语言技术服务市场大体可分为文本信息检索、机器翻译、智能语音技术、对话与聊天机器人、预训练大语言模型等。

（一）语言技术服务市场规模与特点

以全国六个重点区域为例，2023 年，六个区域的语言技术服务市场产值达到 17.7936 亿元，占全国语言技术市场产值的 87.01%，企业数量达到 459 家。京津冀地区在语言技术服务市场领先，产值达到 8.9309 亿元，企业数量为 131 家，占全国产值的 43.68%，展现了该地区在语言技术领域的强劲实力和高集中度。粤港澳大湾区位居第二，产值达到 3.7276 亿元，占全国产值的 18.23%，全国产值占比与京津冀地区相比有较大差距。长三角地区的产值为 3.1361 亿元，占比 15.33%，具有较强的市场活力。成渝双城经济圈的产值为 1.1451 亿元，占比 5.60%，该地区的语言技术市场正处于发展阶段。广西自贸试验区与海南自贸港的市场规模相对较小，产值分别为 0.5567 亿元和 0.2972 亿元，占比分别为 2.72%和 1.45%（见表 4）。虽然这两个地区的语言技术服务市场起点较低，但未来发展潜力不容忽视。

表 4 2023 年全国六个重点区域语言技术服务市场产值、企业数量及全国产值占比

区域	产值(亿元)	企业数量(家)	全国产值占比(%)
京津冀地区	8.9309	131	43.68
粤港澳大湾区	3.7276	137	18.23
长三角地区	3.1361	125	15.33
成渝双城经济圈	1.1451	37	5.60
广西自贸试验区	0.5567	12	2.72
海南自贸港	0.2972	17	1.45
合计	17.7936	459	87.01
全国总计	20.4460	5070	100.00

资料来源：国家市场监督管理总局企业注册数据库。

京津冀地区、粤港澳大湾区和长三角地区语言技术服务市场产值占全国产值的77.24%，语言技术服务市场高度集中在三个经济最发达、最活跃的地区。随着国家对区域经济一体化的推进，尤其是长三角一体化、粤港澳大湾区建设等战略实施，区域内的企业和市场有望通过更加紧密的协作，实现语言技术及其他高新技术领域的跨越式发展。

（二）机器翻译市场规模与特点

机器翻译是指利用计算机程序将一种语言自动翻译成另一种语言，使用自然语言处理和计算机技术，通过学习和分析大量的文本，尝试理解源语言的含义后转换为目标语言。① 通常包括以下四个步骤。一是词汇和语法分析：对源语言的词汇和语法进行分析，以理解句子的结构和含义。二是词向量表示：将源语言中的单词转换为向量表示，以便计算机处理和比较。三是模型训练：使用大量的双语对照文本数据，训练机器翻译模型，使其学习不同语言之间的映射关系。四是翻译生成：输入源语言文本后，模型会根据学习到的知识和模式，生成相应的目标语言翻译。

中国的机器翻译研究始于 20 世纪 50 年代初，1959 年机器翻译试验首

① 冯志伟：《机器翻译与人工智能的平行发展》，《外国语》2018 年第 6 期。

次成功完成，标志着中国机器翻译研究的开端。1970 年，中国开始研制 JFY 系列英汉翻译系统，开启中国机器翻译的开创期。1990 年，国内的机器翻译列入了“六五”“七五”“863”等研究计划。这一时期机器翻译技术开始商用，基于大量数据训练，利用机器翻译来提高翻译质量。2015 年以来，机器翻译进入神经机器翻译时代，人工神经网络模型如 RNN、LSTM、Transformer 显著提高了翻译的准确性和流畅性。[①] 全国机器翻译与智能语言服务企业发展分为以下几个阶段。

1. 早期发展阶段（1951~1992年）

这一阶段，机器翻译与智能语言服务企业数量的增长相对缓慢。信息技术和人工智能技术的发展处于起步阶段，市场需求、技术基础、资金投入等多方面的因素限制了产业的快速发展。

2. 加速发展阶段（1993~2004年）

从 1993 年开始，企业数量增长加速，这一阶段延续至 2004 年，可以看作产业的加速发展阶段。特别是 20 世纪 90 年代后期到 2000 年，机器翻译与智能语言服务受到更多关注，企业数量增加到 401 家，呈现明显的增长趋势。

3. 快速增长阶段（2005~2019年）

2005 年之后，企业数量快速增长，特别是 2013 年，企业数量达到 4975 家，之后增长更为显著。这一阶段，全球化和互联网经济进一步发展，对语言服务的需求急剧增加，同时人工智能、大数据、云计算等技术的突破大幅提升了机器翻译与智能语言服务产业的吸引力，吸引了大量的资本和创业者。

4. 爆炸性增长与调整阶段（2020~2023年）

2020~2023 年，特别是 2021 年和 2022 年，企业数量达到前所未有的高度，分别达到 177567 家和 240859 家。这一现象可能与疫情防控期间数字化转型加速有关，更多传统产业依赖在线和智能化服务。2023 年，企业数量下降至 178624 家，市场逐步饱和，竞争加剧导致部分企业退出，产业迎来调整和整合期（见图 9）。

---

① 冯志伟：《机器翻译与人工智能的平行发展》，《外国语》2018 年第 6 期。

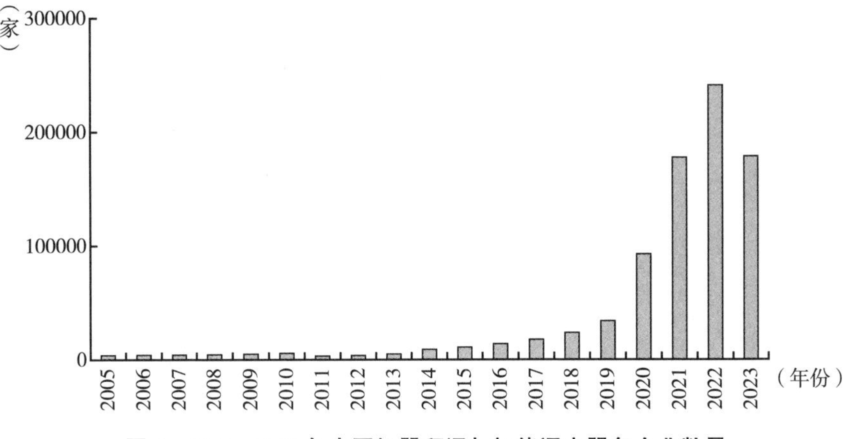

图 9　2005～2023 年中国机器翻译与智能语言服务企业数量

资料来源：国家市场监督管理总局企业注册数据库。

2022 年，中国的机器翻译市场规模达到 16.26 亿元。① 机器翻译应用于电子、汽车、电子商务、资讯科技、医疗保健、军事国防等领域。百度、腾讯、阿里巴巴等企业占据了机器翻译市场的大半，几家互联网大厂都投入巨资研发机器翻译技术。腾讯研发 AI 翻译产品，在语音识别+NMT 等技术的应用方面全国领先。此外，科大讯飞在成立之时就开始布局语言和翻译领域的项目，曾在美国国家标准技术研究院组织的机器翻译大赛中获得全球第一的成绩。未来，机器翻译的市场规模将持续扩大，精度和质量有望进一步提升，并提供医学、金融、法律等专业的定制化翻译。语音识别和机器翻译结合，为用户提供即时的语音翻译服务，与 AI、大数据、云计算等技术深度融合，为用户带来全新的翻译体验。

（三）智能语音技术市场规模与特点

智能语音技术包括语音识别技术（ASR）和语音合成技术（TTS）。语

① 《2023-2028 年全球与中国机器翻译市场容量与竞争格局分析报告》，https：//www.globalmarketmonitor.com.cn/rePorts/2567438-machine-translation--mt--market-rePort.html；《2023—2028 年中国智能语音行业市场前景预测及未来发展趋势研究报告》，中商产业研究院网站，https：//www.askci.com/reports/20230907/1613271254269407440853738182.shtml。

音识别是指将人类的语音信号转化为文本的过程。通过计算机和算法分析语音信号中的特征，与已知的语言模型匹配，从而输出相应的文本内容。语音合成技术是指将文本转化为人类可理解的语音的过程。通过计算机算法将输入的文本信息转换为自然、流畅的语音输出。智能语音技术广泛应用于人机交互、翻译、助听设备、虚拟助理等领域。

图 10 显示，2022 年中国智能语音技术市场规模达到 341 亿元。2023 年，中国智能语音技术市场规模达到 382 亿元，根据预测，2024 年将达到 469 亿元，中国智能语音技术市场规模将持续增长。

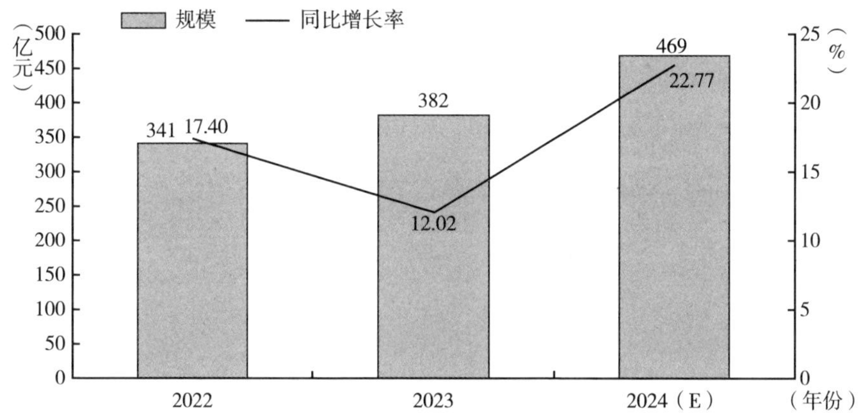

图 10　2022~2024 年中国智能语音技术市场规模与同比增长率

资料来源：《2023　2028 年中国智能语音行业市场前景预测及未来发展趋势研究报告》，中商产业研究院网站，https：//www.askci.com/reports/20230907/1613271254269407440853738182.shtml。

智能语音技术市场发展呈现两个特点。一是云计算、人工智能、大数据等技术不断优化，语音识别技术完善，识别准确率逐渐提高，使得语音交互成为可能。从早期的电话语音识别到现在的智能音箱、智能家居、车载系统、手机语音助手等，智能语音技术应用场景非常丰富。二是语音交互的便利性催生了巨大的市场需求，市场规模巨大，同时吸引了大量企业进入。大量科技公司在开发和应用智能语音技术，如百度、阿里巴巴、腾讯、科大讯飞等，市场竞争非常激烈。语音交互提高了用户的使用便利性，使用户更自然地与电子设备交互，大大提高了用户体验。

（四）聊天机器人市场

聊天机器人是指采用自然语言处理和机器学习技术理解和生成自然语言文本或语音的计算机程序，旨在通过对话的方式模拟人类的交流行为，提供信息、执行任务或完成特定的交互操作。聊天机器人广泛应用于客户服务、电子商务、娱乐、教育等多个领域。

图 11 显示，2019~2022 年中国对话机器人市场规模由 14.0 亿元增长至 64.8 亿元。预计 2025 年，中国对话机器人市场规模将达 98.5 亿元。对话式 AI 企业细分市场份额中，智能客服占比最大，为 35%，智能外呼占比 19%，智能营销占比 17%，智能质检占比 13%，虚拟助手占比 8%，服务机器人占比 8%。

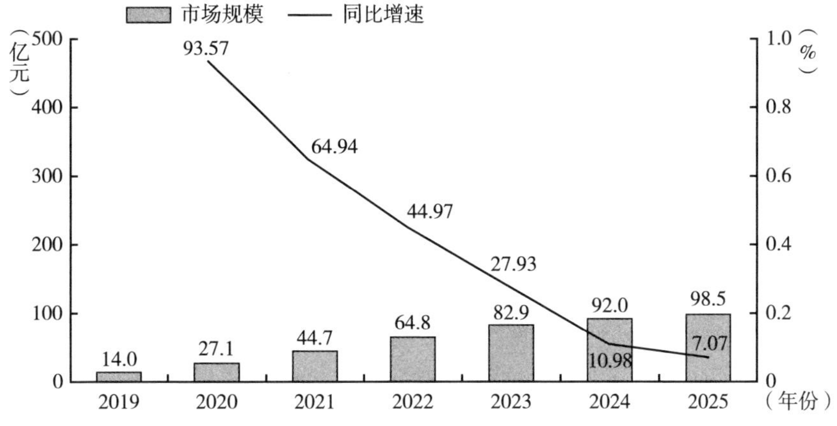

图 11　2019~2025 年中国对话机器人市场规模与同比增速

资料来源：华经产业研究院《2023 年中国对话机器人行业市场研究报告》，2023。

中国聊天机器人市场规模巨大，中国是全球最大的互联网市场，拥有数亿互联网用户，对聊天机器人的需求非常大。聊天机器人应用广泛，在客服、教育、医疗、金融等多个行业应用前景广阔。技术创新投入大，互联网企业在聊天机器人领域投入大量研发资源，技术创新活跃。中国政府在人工智能领域给予了大量政策支持，有利于聊天机器人市场的发展。聊天机器人市场竞争激烈，百度、阿里巴巴、腾讯等大型互联网公司，以及众多创新型创业公司都在争夺市场份额。

未来，聊天机器人市场需求有望持续增长，自然语言处理、机器学习、深度学习、语音识别、图像识别等技术不断进步将推动聊天机器人更好地理解和回应人类语言，提供解决方案。应用领域除了客服外，将扩大到智能家居、智能助手、医疗保健、金融等领域，根据用户的偏好和需求提供更加贴合用户需求的服务。

（五）大语言模型市场

大语言模型是指基于深度学习技术，训练大规模文本数据，能够理解、生成自然语言并与人类自然交流的人工智能模型。目前，国际主流的大语言模型有 OpenAI 开发的生成式预训练变换器模型系列（GPT-3、GPT-4、GPT-4o 等）、Google 开发的双向编码器表示 BERT 模型等。

根据赛迪研究院统计，中国已有 15 个大语言模型研发厂商的产品通过工业和信息化部备案，包括百度、阿里巴巴、字节跳动、华为、腾讯、科大讯飞、京东、小米、360、复旦大学 MOSS 等。2023 年，中国大语言模型市场规模达到 132.3 亿元，增长率达到 110%。专家预测，到 2027 年，中国的大语言模型市场规模有望突破 600 亿元。中国的生成式大语言模型与国外相比具有以下特点和优势。一是中文语料和文化理解优势明显。中国企业拥有丰富的中文语料库，对中华文化具有深刻的理解，开发中文内容的大语言模型具有天然优势。二是场景化、工程化、产品化、商业化程度高。中国在将生成式 AI 技术应用于工程化设计、产品化开发以及商业化推广方面拥有成熟的经验和技术积累，有助于加速大语言模型的落地应用和市场推广。三是研发主体多样化。与美国相比，中国的研发单位多，有更广泛的力量参与。虽然研发水平与国际先进水平存在差距，但整体上看，技术进步和创新步伐加快。四是特定领域的深度定制化。中国能够根据需求对大语言模型进行深度定制化开发，满足特定行业和领域的需求，提高模型的应用效率，增强市场竞争力。

从未来发展趋势来看，大语言模型将不断提高对自然语言的理解能力，包括语义、语法、语用等方面的理解，能够处理更加复杂的语言任务；与其他模态（如图像、音频等）融合，实现多模态交互，提供更加丰富和全面的信息；根据用户的偏好、习惯和历史数据提供更加精准和个性化的定制服务；将应用于医疗、金融、法律等更多领域，为这些领域的智能化提供支持；数据隐私、算法偏见、虚假信息等伦理和社会问题更受关注；将与人类更加紧密地协同合作，通过人机交互获取更多信息和知识，从人类的反馈中不断学习和改进。

八　语言服务人才供需分析

（一）外语人才需求规模与特点

在扩大对外开放和“一带一路”建设的大背景下，中国的外语人才呈现供需旺盛的态势。根据人力资源和社会保障部公开的数据，中国每年需要近百万名外语人才，市场需求巨大，中国高校外语类专业的毕业生每年约有30万人。中国的外语人才市场供需状况并不乐观。人力资源和社会保障部的统计数据显示，2023年，中国高校毕业生达到1158万人，中国的外语毕业生约占毕业生总数的3%。[①] 外语毕业生人数在全国毕业生中占比不大，人才总量偏少，加上外语毕业生的专业能力与市场需要的职业能力存在一定的差距，外语人才不能满足社会和企业的需求，特别是一些金融、法律、医疗、交通等专业领域的外语人才和“一带一路”建设需要的小语种人才供给明显不足，存在供需失衡的状况。

据不完全统计，全国外语人才市场需求规模较大，仅2024年6月1~30日，三大招聘网站就发布外语招聘岗位41181个。从招聘岗位需求类型看，岗位分布明显不均衡，一些特定岗位招聘数量较高。一是笔译招聘岗位达到14586个，数量遥遥领先，占外语人才招聘岗位的35%，反映出笔译在语言服

① 《国新办举行“权威部门话开局”系列主题新闻发布会　介绍“加快建设教育强国　办好人民满意的教育”有关情况（图文实录）》，国务院新闻办公室网站，2023年7月6日，http：//www.scio.gov.cn/xwfb/gwyxwbgsxwfbh/wqfbh_2284/49421/50117/wz50119/202307/t20230724_729119_m.html。

务市场中需求最大。二是海外销售员和外贸业务员需求较大，分别占 8%和 6%，企业开拓国际市场，需要大量具备跨文化能力的销售员和业务员。三是技术文档工程师、数据标注/数据分析专员、AIGC 方向工程师的需求较低，分别只占 1%、1%和 0%，这些岗位专业化程度高，中小语言服务企业需求量不大。四是其他类别占了相当大的比例，达到 32%，表明市场还有大量的细分岗位和专业领域需要多语种人才，岗位类型多元化，每个类型岗位数量较少。五是各语种教师以及文案策划/编辑的需求稳定，分别占 4%和 3%（见图 12）。

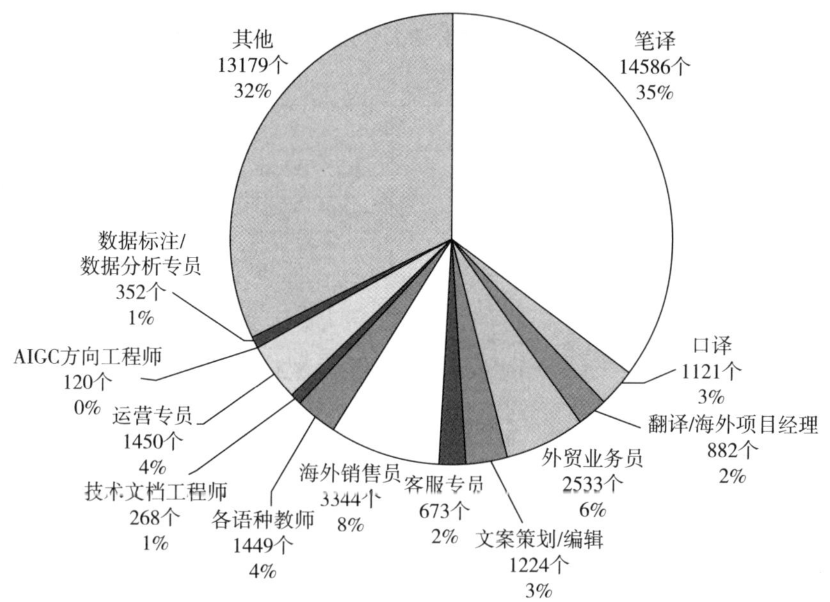

图 12　2024 年 6 月全国外语人才招聘岗位需求类型分布

资料来源：智联招聘、前程无忧和 BOSS 直聘网站。

从招聘岗位地域分布看，可以总结出以下几个主要特点。一是经济发达区域招聘需求旺盛：广东省以 12360 个岗位位居榜首，远超其他省份，体现了广东作为中国经济最发达省份之一的地位。紧随其后的是上海、江苏和浙江，这些地区经济实力强，工业化和信息化水平高。二是东部沿海与内陆地区差距大：东部沿海省份如广东、江苏、浙江、上海和福建的招聘岗位数较多，体现了中国东部沿海地区的经济发展、产业集聚、就业机会对外语人才的需求遥遥领先。三是首都区位独特性凸显：北京作为国家政治、文化、教育和国际交流中心，吸引了大量外语人才。四是中西部地区发展潜力大：四川、湖北、陕西等中西部省份的招聘岗位数可观，显示出“西部大开发”战略推动经济发展和就业市场逐步增长。五是西藏、青海和宁夏需求少：这与这些地区的人口规模较小、经济发展水平较低和产业结构单一有关（见表 5）。但这些地区随着“一带一路”建设的推进，发展潜力和空间很大。

表 5　2024 年 6 月全国外语人才招聘岗位的地域分布

单位：个

省份	招聘岗位数	省份	招聘岗位数
广　东	12360	河　北	380
上　海	5372	天　津	363
江　苏	5207	江　西	357
浙　江	3371	云　南	338
北　京	1992	吉　林	304
湖　北	1689	广　西	260
山　东	1650	黑龙江	227
四　川	1030	贵　州	157
辽　宁	1021	内蒙古	90
重　庆	966	海　南	87
安　徽	796	新　疆	84
湖　南	694	甘　肃	57
陕　西	662	宁　夏	36
福　建	619	青　海	18
河　南	574	西　藏	9
山　西	411	总　计	41181

资料来源：智联招聘、前程无忧和 BOSS 直聘网站。

图 13 显示，全国外语人才招聘需求主要集中在经济发达、开放度高的一线城市和沿海城市，中西部城市的崛起显示了市场多元化发展的趋势。全国外语人才招聘排前 20 名的城市呈现以下特点和趋势。一是经济发达的一线城市招聘需求更大，排前 4 名的是上海、深圳、广州、北京，招聘岗位数

明显多于其他城市，反映出经济发达地区对外语人才的需求更为旺盛。二是东部沿海地区需求明显，排前 20 名的城市大多位于东部沿海省份，如苏州、杭州、东莞、宁波等，与东部沿海省份对外贸易和国际交往活动频繁有关。三是中西部城市潜力大，重庆、成都、西安、长沙等中西部地区的城市进入前 20 名，显示出中西部城市对外语人才的需求有所增长，反映了中西部地区经济发展强劲。随着区域经济发展战略的推进，中西部地区城市的经济发展速度加快，吸引了更多企业和机构设立分支机构或总部，对外语人才的需求增加。四是排前 4 名的城市招聘岗位数量与其他城市存在明显差异，尤其是上海和深圳，远超其他城市，与城市的国际化程度高、外企众多及对外语人才需求高有关。岗位分布的长尾效应明显，少数城市有大量的招聘需求，而多数城市的招聘需求相对较低，反映出外语人才招聘需求集中度较高。

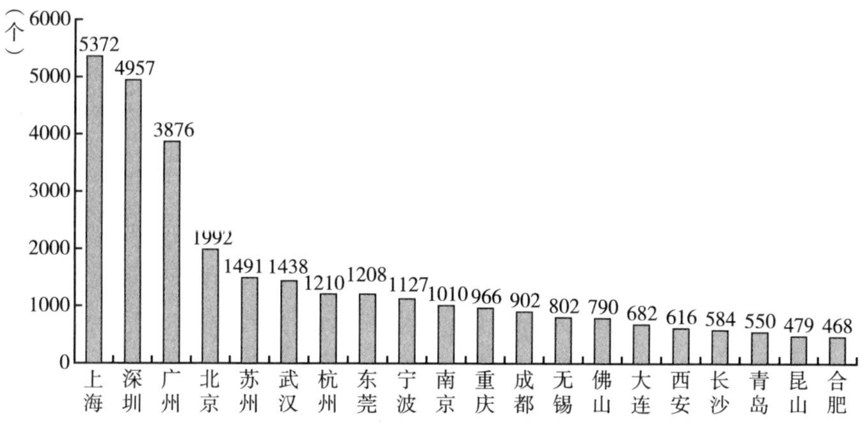

图 13　2024 年 6 月全国外语人才招聘需求排前 20 名的城市

资料来源：智联招聘、前程无忧和 BOSS 直聘网站。

从招聘企业规模来看，50~150 人的小企业招聘岗位数最多，共 13261 个，占比达到 32.20%。其次是 150~500 人的企业，招聘岗位数为 8943 个，占比 21.72%。小企业活跃度高，规模少于 50 人的小企业招聘岗位数为 6159 个，占比 14.96%，表明中小型语言服务企业的外语人才需求大。

1000~5000 人的大型语言服务企业招聘岗位数为 5742 个，占比 13.94%，而 5000~10000 人的特大型语言服务企业和 10000 人及以上企业招聘岗位数分别只有 765 个和 1973 个，占比较小，合计占比只有 6.65%，具有稳定的外语人才需求（见图 14）。

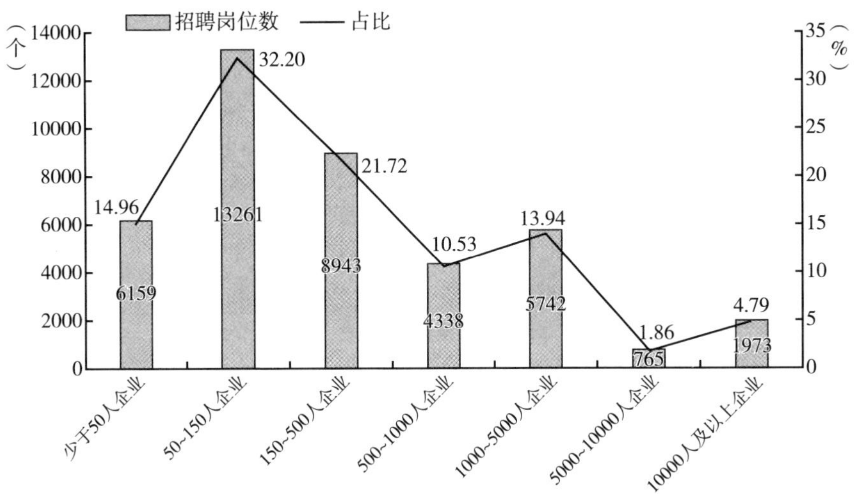

图 14　2024 年 6 月全国外语人才招聘岗位的企业规模分布

资料来源：智联招聘、前程无忧和 BOSS 直聘网站。

从招聘企业类型来看，首先，民营企业对外语人才的需求最高，招聘岗位数为 28135 个，占招聘岗位总数的 68.32%，这与语言服务企业大多是民营性质有关。其次，外资（非欧美）企业与外资（欧美）企业招聘岗位数分别占 7.78% 和 5.85%，表明外资语言服务企业的外语人才需求也较大，主要为在华跨国公司提供配套的语言服务。再次，上市公司、合资企业和国企的需求占比分别为 6.79%、5.37% 和 4.59%，这些企业的国际业务岗位对外语人才的需求比较稳定。而政府机关、事业单位、创业公司和外企代表处的需求占比加起来不到 1%（见表 6），这些部门主要是国内业务，涉外岗位较少。

表 6　2024 年 6 月全国外语人才招聘岗位企业类型分布

单位：个，%

类型	招聘岗位数	占比
民营企业	28135	68. 32
外资(非欧美)企业	3204	7. 78
上市公司	2797	6. 79
合资企业	2212	5. 37
外资(欧美)企业	2410	5. 85
国企	1889	4. 59
政府机关	153	0. 37
非营利组织	134	0. 33
事业单位	111	0. 27
创业公司	99	0. 24
外企代表处	37	0. 09
总计	41181	100. 00

资料来源：智联招聘、前程无忧和 BOSS 直聘网站。

从招聘语种来看，英语仍然占据首要地位，占比 28%，遥遥领先，英语依然是国际商务、教育、科技交流的“通用语”。俄语、日语分别占比 12%、11%，法语和韩语分别占比 10%和 9%，以上四种语言人才需求较大。西班牙语和德语需求旺盛，分别占比 8%和 7%（见图 15），欧洲和拉美地区与中国保持频繁的经贸往来和文化交流。阿拉伯语、泰语和越南语的需求增长，显示出中国与中东、东南亚地区的合作潜力和“一带一路”建设的重要性。语种的需求呈现多样化趋势，对非通用语种人才的需求不断增长，不仅为非通用语人才提供了更广阔的职业空间，也对非通用语教育和培训提出了更高的要求。

从招聘学历要求看，首先，本科占比最高，达到了 65%，即 26636 个岗位。外语人才市场最欢迎本科生，其语言水平和专业技能符合多数企业对外语人才的基本要求。其次，大专占比 24%，即 9922 个岗位。大专生专业技能和实践能力强，受到用人单位欢迎。没有限定学历的招聘岗位占比为 7%，达到了 2902 个。这类岗位更注重求职者的实际语言能力和相关工作经验。硕士研究生需求占比较低，为 2%，共 657 个岗位。博士研究生需求更低，仅 38 个岗位，反映出市场对高学历外语人才需求量较少。高中生、中

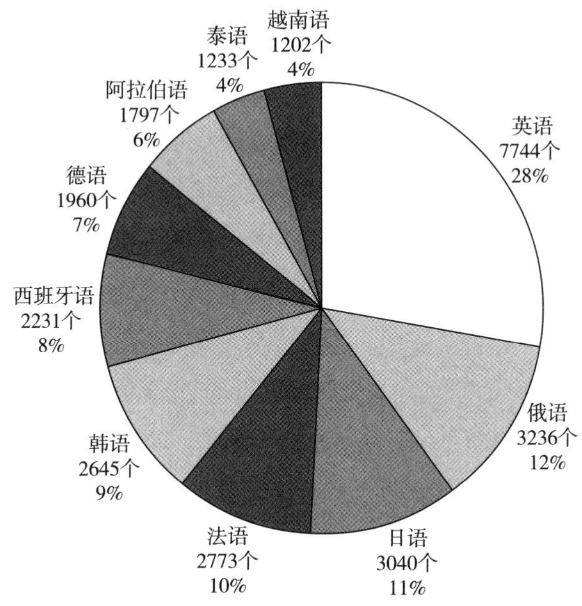

图 15　2024 年 6 月全国外语人才招聘岗位语种分布

说明：剩余岗位未注明语种需求，不统计。

资料来源：智联招聘、前程无忧和 BOSS 直聘网站。

专/中技生的需求也较少，占比均为 1%（见图 16）。可以看出，语言服务存在行业壁垒，对实际能力和相关工作经验也有一定的要求。

从岗位月薪标准看，首先，月薪在 5000 元以下的岗位占比最高，达到了 27%，即 11013 个岗位，岗位月薪标准较低，外语人才市场就业竞争激烈。其次，月薪在 5000~10000 元的岗位数量较多，占比为 31%，共 12711 个岗位，这些岗位对外语水平和专业能力有一定的要求，企业提供的薪资标准与全国的平均薪资水平大体接近。再次，月薪为 1 万~1.5 万元的岗位数为 9718 个，占比 24%，薪资水平有一定的竞争力，但岗位对外语水平和工作经验要求也较高。最后，高薪资水平岗位数量较少，月薪为 1.5 万~2.0 万元的岗位有 4226 个，占比 10%；月薪为 2 万~2.5 万元的岗位有 2202 个，占比 5%；月薪在 3 万元及以上的岗位为 1311 个，占比 3%（见图 17）。这部分岗位要求求职者精通外语、工作经验丰富、专业技能强，通常是高级管

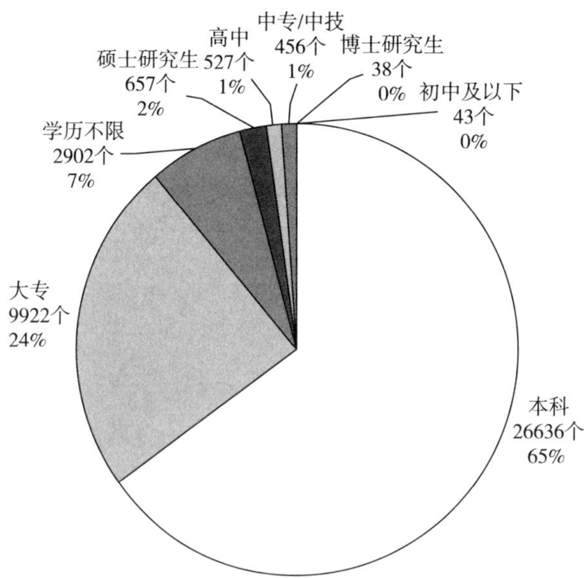

图 16　2024 年 6 月全国外语人才招聘岗位学历要求分布

资料来源：智联招聘、前程无忧和 BOSS 直聘网站。

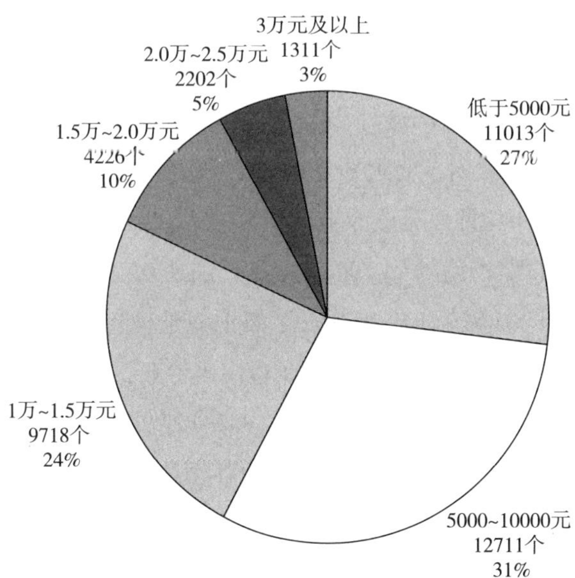

图 17　2024 年 6 月全国外语人才招聘岗位月薪标准分布

资料来源：智联招聘、前程无忧和 BOSS 直聘网站。

理职位或高级专业技术岗位。

全国的外语人才市场需求存在以下特点。第一，外语人才需求存在地域差异，北京、上海、广州和深圳等地的外语人才供应相对充足，供需比较平衡。但中西部地区，尤其是在一些二、三线城市，外语教育资源相对薄弱，外语人才供应量不足，供需失衡。一线城市和沿海省份的城市，如北京、上海、广州、深圳等，对外语人才的需求量较大。第二，外语人才需求存在行业差异，外语人才需求主要集中在外贸、教育、IT、旅游、金融等领域。其中，外贸和 IT 行业对英语等通用语种的需求最为旺盛；教育和翻译行业对小语种人才需求较大。特别是 IT 和金融行业对语言技能和专业技能要求都较高，高素质的外语人才非常短缺。第三，外语人才需求存在语种差异，从语种分布看，市场对英语人才的需求约占全部外语人才需求的 28%，对其他语种如日语、德语、法语和韩语人才的需求也相对较多。另外，“一带一路”建设对阿拉伯语、俄语、波斯语等的需求逐渐增加，阿拉伯语和土耳其语等小语种人才供应量不足，供需失衡。

（二）外语人才供给状况

从发展阶段来看，中国的外语教育大致划分为四个阶段。一是探索期（1949~1977 年）。该时期，全国开设的外语专业很少；二是发展期（1978~1998 年），1978 年中国开设英语专业的高校数量已经超过 300 所，1998 年全国开设英语专业的学校增加到 790 所；三是加速期（1999~2011 年），截至 2007 年底，全国已有 899 所高校开设了英语专业；四是新时期（2012 年至今），截至 2016 年，全国共开设 66 种非通用语专业、专业点 391 个，分布在 167 所高校。截至 2023 年，中国已有超过 954 所高校开办了英语本科专业。[①]

从专业数量来看，根据教育部发布的外国语言文学类专业目录，2023

---

① 文秋芳：《新中国外语教学理论 70 年发展历程》，《中国外语》2019 年第 5 期；戴炜栋：《高校外语专业教育 40 年：回顾与展望》，《当代外语研究》2018 年第 4 期；何其莘：《我与教学指导委员会的 20 年》，《外语界》2008 年第 6 期；常红梅主编《中国职业教育外语教育发展报告（2009—2019）》，高等教育出版社，2018。

年，全国已开设英语、翻译、商务英语、语言学等本科专业以及非通用语专业102个（见附录三），开设的专业数量在全国最多。①

从语种来看，根据外国语言文学类专业目录，全国已开设的外语语种涵盖英语、法语、俄语、阿拉伯语、西班牙语等通用语种，以及非通用语种，语种覆盖共建“一带一路”国家。②

从培养院校数量和培养人数来看，2022年，全国1275所本科院校中约900所培养外语专业学生，总人数约为84万人。③ 2019年，全国职业院校中1149所培养外语专业学生，总人数为106.9万人，占全国职业院校学生总数的4.6%。其中，高职高专院校培养94.3万人，中职学校培养12.6万人。④ 截至2023年，全国共有7085所中职学校和1547所高职专科学校，其中一些职业院校开设了外语类专业。

受国际形势、经济大环境和“双减”政策的影响，英语专业等外语类专业的就业压力加剧。2019~2022年，外语类专业的就业率下降超8个百分点，并且与全国平均就业率的差距进一步拉大。2022年，外语类专业的就业率低于全国近9成的其他专业。但外语类专业毕业生的满意度一直保持较高水平（见表7），毕业生对外语类专业的认同度较高。

表7　2019~2022年外语类毕业生就业满意度分析

单位：%

指标	2019年	2020年	2021年	2022年	均值
全国毕业生	74	75	76	78	76
外语类毕业生	77	79	79	80	79
满意度排名	4	5	9	7	6
排名百分比*	10.00	12.82	21.95	18.40	15.79

注：排名百分比=满意度排名/总排名，反映在全国总排名中所处的相对位置。

资料来源：麦可思研究院主编《2023年中国本科生就业报告》，社会科学文献出版社，2023。

① 教育部2023年4月4日发布的《普通高等学校本科专业目录》。

② 教育部2023年4月4日发布的《普通高等学校本科专业目录》。

③ 《2022年全国教育事业发展统计公报》，教育部网站，2023年7月5日，http：//www.moe.gov.cn/jyb_sjzl/sjzl_fztjgb/202307/t20230705_1067278.html。

④ 常红梅主编《中国职业教育外语教育发展报告（2009—2019）》，高等教育出版社，2018。

（三）国际中文人才教育培养状况

中国的汉语国际教育经历了四个发展阶段（见表 8）。

表 8　中国汉语国际教育的四个发展阶段

阶段	重要标志
起步阶段(1949~1977 年)	中国开始派遣汉语教师到友好国家,如朝鲜、越南等国开展汉语教学。该阶段汉语国际教育以派遣汉语教师和编写初步的对外汉语教材为主,规模较小,地域集中在社会主义国家和少数非洲国家
发展阶段(1978~1999 年)	对外汉语教育学会(现中国对外汉语教学学会)成立,成为对外汉语教育的专业组织。这个阶段中国开始改革开放,中国与世界的交往加深,汉语的需求增加,但整体规模仍然较小,教育机构以大学等高等院校为主,开始形成系统化、规范化的教学体系
繁荣阶段(2000~2019 年)	2004 年,孔子学院在全球范围内开始设立,成为汉语国际教育的重要平台。2009 年,国家汉办(孔子学院总部)设立,加大了对汉语国际教育的支持力度
成熟阶段(2020 年至今)	2020 年,教育部正式成立中外语言交流合作中心(简称"语合中心"),27 所高校和企业共同发起成立中国国际中文教育基金会,标志着中国的汉语国际教育进入国际中文教育的新阶段,以更加符合国际惯例的组织结构和成熟模式运行

资料来源：《教育部设立中外语言交流合作中心》，光明网，2020 年 7 月 6 日，https：//epaper.gmw.cn/gmrb/html/2020-07/06/nw.D110000gmrb_20200706_3-08.htm。

截至 2023 年，中国的汉语国际教育市场规模超过千亿元。据中国教育国际交流协会的介绍，全球有 180 多个国家和地区开展中文教育，国外正在学习中文的人数约为 2500 万人，累计学习和使用中文的人数近 2 亿人。[①]另外，根据全球教育智库 HolonIQ 发布的报告，预计到 2027 年，全球中文学习市场体量将翻一番。据汉考国际统计，2023 年，全球共有超过 71 万名考生参加了 HSK 考试，全球 163 个国家（地区）设立了 1374 个 HSK 考点，服务中文学习者超过 6000 万人次。根据在线语言学习平台多邻国的统计数

① 引自中国教育国际交流协会会长、全国国际中文教育专业学位研究生教育指导委员会主任委员、教育部原副部长刘利民在 2023 年世界中文大会上的发言。

据，中文在多邻国学习平台最受欢迎的课程中排名第八，30 岁以下的学习者占比高达 76%。联合国中文日的相关报道指出，全球有超过 30 万人通过多邻国学习中文。韩国教育部统计显示，韩国成为国际中文教育在海外的最大市场，全国约 5000 万人口中，有 1060 多万人在学习汉语及汉字，数量居全球首位，汉语培训市场规模超过 10 亿美元。超过 80% 的韩国在校生习惯使用付费在线汉语学习平台。英国政府启动了“中文培优”项目（MEP），旨在培养能用汉语交际的年轻人。俄罗斯首次把汉语纳入国家统一考试。南非政府计划在 500 所学校中引入中文教学。

九　行业分析与建议

（一）行业分析

1. 翻译与本地化市场

中国的翻译与本地化市场发展面临一系列挑战。第一，专业化、高素质的翻译与本地化人才短缺。尽管每年有大量的翻译专业毕业生，但是仍然难以满足市场需求，导致一些翻译公司为了降低成本，选用低价低质的翻译人员，直接影响翻译质量。第二，翻译与本地化公司水平参差不齐，服务质量不稳定，容易影响客户的信赖度。同时，行业规范和标准的缺失加重了这问题。缺乏统一的行业标准和规范，不仅导致行为不规范，而且影响翻译质量，对整个行业的发展造成不良的影响。第三，虽然机器翻译等翻译技术发展迅速，但中国的翻译与本地化行业对新技术的应用并不广泛，技术应用不足与语言技术人才短缺和对翻译技术的理解不深有关。第四，当前中国翻译与本地化市场面临激烈的竞争压力。由于市场准入门槛较低，竞争压力大，小翻译公司很难生存和发展。此外，市场价格的不透明也导致预算超支或无法获得合理的价格。第五，翻译人员不懂涉外法律法规知识，在翻译过程中出现版权和法律问题，需要确保合法使用和保护原作品的权益。与此同时，翻译公司处理涉及商业机密或个人隐私的文本时存在保密和安全方面的风险。第六，一些企业对本地化没有深入的理解，导致文化适应性和用户体验差，不能很好地适应目标市场，在国际市场中的竞争力较弱。

2. 多媒体语言服务市场

当前，中国多媒体语言服务市场存在以下问题。市场竞争激烈，一些服务商为了降低成本而牺牲质量，导致翻译或配音等语言服务的质量不稳定。多媒体语言服务需要技术支持，如语音识别、机器翻译等，但具备专业语言能力和技术背景的人才较为短缺。多媒体内容的创作和翻译涉及知识产权问题，在一些情况下会引发侵权纠纷。多媒体语言服务行业缺乏统一的标准和规范，导致服务水平和质量难以评估和比较。不同文化背景之间的沟通障碍影响多媒体内容的传播效果，需要服务商具备跨文化交流的能力和意识。一些地区的多媒体语言服务市场相对滞后，服务范围和种类有限，无法满足多样化的需求。

3. 语言培训服务市场

当前，中国的语言培训市场存在以下问题。一是教学质量参差不齐。全国的语言培训机构众多，但教学质量参差不齐，部分培训机构教师资质低下，缺乏专业的教学能力和教学经验，导致学员学习效果差。我国语言培训服务市场缺乏一套完善的教师资质认证系统，培训机构往往没有严格的教师选拔和培训体系，教师教学水平无法保证。二是培训价格高昂。很多语言培训机构的收费标准偏高，对于普通家庭来说，负担较重。这是因为当前市场上优质的语言培训资源稀缺，加之部分机构为了追求利润，将价格抬高。三是课程设置不合理。很多语言培训机构为了追求利润，课程设置不合理，学习时间过长或过短，不利于学员的学习和进步。这主要是因为部分机构缺乏对学生学习需求和规律的理解，课程设置无法满足学员的个性化需求，没有根据学员的实际需要制订个性化的教学计划。四是服务质量低下。部分培训机构在售后服务上做得不好，对服务人员的培训不足，忽视了保护消费者的权益和提高服务质量满意度，学员在学习过程中遇到问题，无法得到及时和有效的解答和帮助。五是教育产业链不健全。教师资质认证、教材选配、教学方法研究等都有待提升，缺乏行业标准和规范，培训质量无法得到保证。六是培训市场不规范。一些培训机构缺乏职业道德，通过虚假宣传，哄抬价格，骗取学员的学费，严重损害了消费者的权益，严重扰乱市场秩序。

4. 多语言内容服务市场

当前，多语言内容服务主要存在以下问题。一是多语种内容质量不高和专业人才短缺。由于涉及的语种众多，难度大，市场上的多语种翻译质量参差不齐，特别是非通用语种的翻译能力不足。同时，高水平的翻译专业人才相对缺乏，非通用语种翻译人才更是奇缺。二是多文化本地化能力差。许多内容在语言转换时，文化适应性管理不到位，导致内容失真或产生误导，许多软件和内容应用进入海外市场后的本地化程度偏低，严重影响销售。三是多语言客户服务和技术支持不够。多语言客户服务和技术支持对人员的语言能力和服务技巧要求高，但许多企业在这方面的投入不足，培训不到位，导致服务质量不高。四是多语言内容合规性差。多数企业处理多语言内容时缺乏统一的管理平台，导致效率低下，易出错。许多内容管理人员缺乏对法律法规的充分了解，知识和经验欠缺，导致内容出现合规性问题。五是多语言内容管理沟通机制不健全，语言沟通障碍大，沟通效率低下。六是多语言文案内容创作和网文出海存在文化差异和理解障碍，机器翻译质量普遍不高，人工翻译成本较高，法规和版权问题突出，市场竞争激烈，内容创作难度大。

5. 多语言大数据服务市场

我国多语言大数据服务市场存在以下几个主要问题。第一，多语言大数据服务企业主要集中在东部沿海地区，其他地区语言服务能力相对薄弱。第二，多语言大数据服务行业存在战略规划不足、行业内部无规则约束、技术滞后等问题，阻碍了行业发展。第三，多语种语言技术面临低资源语言数据稀缺的挑战，特别是一些小语种的训练数据只有几百个小时，难以支撑大语言模型的研发。第四，多语言语音识别技术或翻译技术出错率较高，面临挑战。第五，“一带一路”建设需要的多语言大数据服务提供能力不足，市场化水平不高。第六，多语言大数据服务产业需要抢抓数字化转型的机遇期，探索更加高效、智能和个性化的服务模式。第七，大语言模型在生成文本时容易出现偏见和歧视性言论，同时存在数据隐私安全和伦理风险。第八，多语言大数据服务市场竞争非常激烈，市场较为分散。我国多语言大数据服务市场在快速发展的同时面临多方面的挑战，需要行业内外共同努力，推动语言服务产业健康发展。

6. 跨境电商语言服务市场

我国的跨境电商语言服务市场存在以下问题。一是语言服务不完善：许多跨境电商企业由于缺乏专业的语言服务团队，在商品描述、客服对话等多语种翻译和服务方面存在困难，无法提供全面且准确的语言支持，影响了与外国消费者的交流和商品销售。二是对本地化的需求高：跨境电商企业只有将商品信息进行本地化处理，才能有效地打入目标市场。面对复杂的产品描述和技术参数，专业术语翻译存在困难，甚至出现误解或误译的情况。一些语言服务公司翻译效果并不理想，导致用户体验下降，影响购买决策。三是服务响应速度慢：跨境电商行业的商品上新速度非常快，对语言服务的响应速度提出了很高的要求。然而，目前很多语言服务公司的处理速度不能满足需求。四是客服支持不足：目前很多语言服务公司对线上客服支持的投入不足，难以实现实时解答国外客户的问题。五是人工成本高昂：一些规模较小的跨境电商企业无力支付高昂的翻译成本，跨境市场推广受限。六是语种覆盖不全：英语、日语、韩语等服务相对完善，其他语种服务不够完善，限制了跨境电商企业的市场拓展。

7. 外语人才供需市场

外语人才供需市场主要存在三个问题：一是供给数量不足，无法满足日益增长的需求；二是供给结构不合理，各类语种人才的供应不均衡；三是供给质量不高，即使是大学毕业的外语专业学生，往往也难以满足企业的需求。

随着经济全球化的加速和中国对外开放的不断扩大，外语人才需求日益增长。然而，目前外语人才的供给数量相对不足，无法满足市场的需求，导致一些企业在国际化进程中面临语言沟通障碍，影响业务拓展和国际竞争力。各类语种人才供需存在不均衡的情况。一些热门语种如英语、日语等的人才相对较多，而一些非热门语种的人才十分稀缺。供给结构不均衡导致某些领域或行业的外语人才需求得不到满足，限制了相关领域的发展。高校外语专业毕业生尽管掌握了语言技能，但实际工作中，往往难以满足企业的需求。学校教育与实际工作需求脱节，学生在实践能力、跨文化交际能力、专业领域知识、职业素养和团队合作精神等方面存在不足，影响就业竞争力。

8. 国际中文教育人才供需市场

国际中文教育人才供需市场存在以下问题。一是供需失衡。全球中文学习需求日益增加。然而，目前我国的国际中文教育人才供应量不能满足需求，尤其是一些小语种国家和地区的国际中文教育人才奇缺。二是国际中文教师供应不足。海外市场的国际中文教师数量缺口大，达 500 万人，而持证中文教师不足 6 万人，教师人数不足，素质参差不齐，无法支撑起千亿元的国际中文教育市场。三是人才培养与市场需求脱节。一些教育机构对市场需求了解不足，导致人才培养方向和市场需求存在一定的脱节。四是实践经验不足。许多汉语国际教育专业的毕业生缺乏实际的教学经验和跨文化交际经验，在一定程度上影响了国际中文教学效果。五是教材出版和教学方法滞后。部分教材和教学方法不能及时适应国际中文教学的最新需求和发展趋势，影响了教学效果。

来华留学生中文教育存在以下问题。一是来华留学生地区分布不均。来华留学生的地区分布不平衡，亚洲国家的留学生占一半以上，其他地区的留学生数量较少。二是教学质量不均衡。国际中文教育专业硕士培养高校已达到 198 所，但存在教学质量参差不齐的问题。三是专业发展不平衡。国际中文教育培养的博士数量少，国际中文教育的层次有待提高。四是易受外部环境影响。全球经济和国际关系对来华留学以及国际中文教育发展产生了一定的影响。

（二）行业建议

1. 翻译与本地化市场

一是制定完善翻译与本地化服务的行业规范和标准。企业应制定并执行严格的质量管理体系，提升整体服务质量。二是企业应定期对员工进行专业培训，提升其专业技能和服务素质。高校应根据市场需求，开设本地化服务专业和相关课程，培养具有高技能和专业素养的本地化服务人才。三是有关部门应给予本地化服务提供商支持，鼓励企业加强技术研发和市场开拓，对翻译与本地化服务进行技术升级。四是企业应建立在线翻译与本地化服务平台，方便客户对接，提高服务质量和效率。政府鼓励企业与海外本地化企业合作，引进先进的技术和管理经验，提升我国本地化服务的国际竞争力。

2. 多媒体语言服务市场

一是加强对多媒体语言服务技术研发的资金支持，鼓励企业技术研发和创新。二是鼓励多媒体语言服务市场有序竞争，加快市场化进程。尽快制定多媒体语言服务的行业标准，使整个市场有法可依，有序发展。完善多媒体语言服务领域的法律法规，保护消费者权益，规范市场秩序。三是高校根据市场需求，调整培养方向，为企业培养更多高水平的多媒体语言服务专业人才。四是鼓励企业在保证服务质量的基础上，尝试创新服务模式，以适应不断变化的市场需求。五是在技术、人才等方面加强国际合作，吸收并学习国外先进的理念和技术，提升我国多媒体语言服务的国际竞争力。六是加大对多媒体语言服务相关知识产权的保护力度。

3. 语言培训服务市场

一是提高教师质量，确保所有语言教师都有相应的资质和经验。加强师资培训、培训师认证考核，提升教师的教学质量和专业能力。二是各类语言培训机构要注重对实用能力和沟通能力的培养，避免过度侧重考试技巧训练，提倡和采用任务型教学，提高学生的实际语言应用能力。三是充分利用互联网、多媒体等现代技术，提供更多样化的学习材料和途径，如在线课程、移动应用和虚拟现实技术等，以满足不同的学习需求。四是加强对语言培训机构的监管，建立和完善行业标准，打击不合规的培训机构和欺诈行为，保护消费者权益。鼓励和促进公平竞争，防止市场垄断和不公平竞争行为发生，以保障培训质量和服务水平。五是鼓励语言教育的创新和研究，支持开发新的教学方法和技术，以提高教育效果。关注弱势群体的语言教育需求，提供更多资源和支持，满足农村地区、偏远地区的语言教育需求，促进教育公平。六是注重培训机构品牌建设，提供高质量的教学和服务，形成健康、积极的行业生态，加强合作与共享资源，共同提升行业水平。

4. 多语言内容服务市场

一是引入更严格的质量控制机制，提高翻译质量，如翻译人员资质认证、翻译作品的审核评估等。二是增加跨文化交流和培训，提高翻译人员和内容创作人员的文化适应能力，提升内容的本地化水平和文化适应性，提高内容的接受度。三是利用先进的语言技术，如人工智能翻译、语音识别等提升多语言内容创作和翻译的效率和质量。加大对相关技术的研发投入力度，注重人机协作，结合人工校对以确保内容的准确性和流畅性。四是提升专业领域语言服务水平，如医疗、法律、金融等。鼓励和支持专业领域语言服务发展，满足更广泛的市场需求。五是保护知识产权，建立更加完善的知识产权保护体系，加强对原创内容的保护，明确翻译作品的版权归属和使用规则。六是通过行业协会或者平台，促进多语言内容服务提供商之间的信息交流和资源共享，加强产业链各环节的合作，共同提升行业服务水平和竞争力。七是重视用户反馈，积极收集和响应用户的反馈，不断优化和调整服务内容，以更好地满足用户需求。设立用户反馈机制，定期进行满意度调查，及时调整服务策略。

5. 跨境电商语言服务市场

一是加强智能语言服务技术和工具应用，提升跨境电商消费满意度。改善用户的智能客服体验，通过智能客服机器人理解客户的问题，提供准确而迅速的回答。机器翻译技术实现即时翻译，有效地消除了不同语言之间的沟通障碍。虚拟数字人提高购物体验，结合机器翻译技术，数字人跨越语言障碍，吸引更多国际消费者。“虚拟网红”为跨境电商营销带来全新的可能，虚拟主播直播带货，在品牌日常营销中大放异彩。二是加强机器翻译和大语言模型应用，拓展海外市场。通过利用机器翻译技术，跨境电商平台能够将商品描述、用户评论等文本内容自动翻译成多种语言，扩大市场覆盖范围，为企业拓展海外市场提供便利。大数据分析助力企业精准决策，深入理解用户行为和市场趋势，通过分析用户评论、社交媒体内容等，提供市场洞察和营销策略建议，助力企业优化运营和实现市场竞争优势。

6. 语言服务人才供需市场

就外语人才供需而言，根据国家发展战略和市场需求，一是调查和预测市场对各类语种人才的需求，根据需求设置专业和调整招生计划，如改造传统的语言文学专业内容，增设国际语言服务专业。二是通过政策引导，鼓励学生学习市场需求大的语种，如在英语学习的基础上，增加俄语、阿拉伯语的学习，满足日益增长的“一带一路”建设需求。三是加强对稀缺语种和特定领域外语人才的培养，如越南语、马来语、老挝语、柬埔寨语，满足经贸往来需求。注重提高学生的职业外语能力。增加语言服务实践环节，如学校与企业合作提供实习、实训机会。提高学生的语言服务职业素养，如语言项目管理思维、语言技术素养、团队合作精神、分析和解决问题的能力等。

就国际中文教育人才供需而言，一是在全球各地举办展示中国发展成就的展会，提升中国和中文的国际形象。二是加强中文国际合作与交流，与海外高校合作设立中文学院，或者与海外学校共同开发中文课程。加强教育部门之间的交流和合作，共享国际中文教学资源，提高教学效果。三是完善国际中文教育质量监管体系，贯彻落实已颁布的国际中文教学和评估标准，对全球各地的国际中文教学质量进行监控。通过定期的国际中文教学评估和语言审计，确保各地区、各机构的教学质量达到要求。四是解决国际中文教师短缺问题，一方面，提升国际中文教师的培养层次，扩大培养规模，充分利用新设立的国际中文教育专硕和专博学位点，提升国际中文教师的学历层次、教学水平和专业素质；另一方面，通过提高待遇、改善工作环境等方式，吸引更多优秀人才加入国际中文教师队伍。加强数字化国际中文教育，开发更多的国际中文在线课程和教学软件，提供丰富的数字化中文教学资源。建立国际中文在线教学平台，方便海外学生在线学习和交流。通过与国际知名的在线教育平台合作，开发和提供更多的优质国际中文在线课程。

参考文献

屈哨兵：《关于〈中国语言生活状况报告〉中语言服务问题的观察与思考》，《云南师范大学学报》（哲学社会科学版）2010 年第 5 期。

中国翻译协会：《中国翻译及语言服务行业发展报告》，2023。

中国翻译协会：《中国翻译人才发展报告》，2022。

中国翻译协会：《中国翻译及语言服务行业发展报告》，2022。

B.3

中国机器翻译与智能语言服务市场分析报告（2024）

刘劲松　赵秋荣　韩林涛 *

摘　要：　本报告采用翔实的统计数据，分析中国机器翻译与智能语言服务市场的发展状况和发展趋势。2023 年，中国的机器翻译与智能语言服务产值超过 616 亿元，智能语言服务企业总数超过 82 万家，其中纯机器翻译企业只有 25 家。智能语言服务业态多元化发展，数据服务已成为智能语言服务的核心业态之一。机器翻译与智能语言服务产业的就业人数存在较大差异，人才需求十分旺盛。国内代表性机器翻译企业和机器翻译产品分析显示，ChatGPT 对机器翻译影响深远，技术进步不断推动产业进步、市场竞争和技术迭代，产业发展面临诸多挑战。本报告建议，加大技术研发投入力度，推动产学研合作，推动标准化和质量控制，关注产业应用创新，加强人才培养，以推动机器翻译与智能语言服务市场持续健康发展，提升中国在全球语言技术市场中的地位。

关键词：　机器翻译　智能语言服务　语言技术

随着人工智能技术的快速发展和大数据应用的深入，我国的机器翻译与智能语言服务市场迎来了空前的增长和发展机遇。我国扩大对外开放和跨语

* 刘劲松，博士，新译研究院副院长，研究方向为国际语言服务、翻译；赵秋荣，博士，北京科技大学外国语学院教授、博士生导师，研究方向翻译学、语料库翻译学；韩林涛，博士，北京语言大学高级翻译学院副教授、硕士生导师，国家语言服务出口基地语言技术研究中心主任，国际语言服务专业硕士点负责人，研究方向为国际语言服务、智能技术翻译。

言的沟通需求日益增加，推动了机器翻译与智能语言服务的进步和创新。当前，我国的机器翻译与智能语言服务在市场规模、企业数量、核心业态等方面呈现出一些特点和趋势。

本报告全面分析我国机器翻译与智能语言服务市场的发展状况，探讨市场规模的扩大、企业生态的构成、从业人员的状况及人才需求情况。数据服务成为智能语言服务的核心业态，机器翻译技术和应用领域不断拓展，智能语言服务企业数量增加，共同推动了产业的快速发展。ChatGPT等新技术的问世给机器翻译带来深远的影响，关系企业在技术创新、市场拓展等方面的表现。基于对产业发展状况和发展趋势的深入分析，本报告将提出有针对性的行业分析和发展建议。机器翻译与智能语言服务产业的健康发展不仅能满足日益增长的多语种信息处理需求，而且能推动人类语言交流的进步和创新。

一　机器翻译与智能语言服务市场规模分析

（一）中国机器翻译与智能语言服务增长较快

从发展规模看，从1951年出现第一家和机器翻译相关的企业开始至2023年，机器翻译与智能语言服务市场已经走过73个年头。1951～2023年，全国的机器翻译与智能语言服务企业数量不断增长，总数达到826263家。2021年，机器翻译与智能语言服务企业数量出现“井喷式”增长，新增240841家。2023年新增178613家（见图1），新增数量虽不及2021年，增速有所放缓，但依然保持高增长态势，预计这一趋势将继续保持一段时间。

从发展阶段看，初期起步阶段（1951～1989年），机器翻译与智能语言服务企业的增长非常缓慢。1951～1989年，每年新增的企业数量较少，很多年份只有个位数的增长，反映出早期的机器翻译技术处于起步阶段，市场需求较少，技术基础相对薄弱，资本投入相对不足。

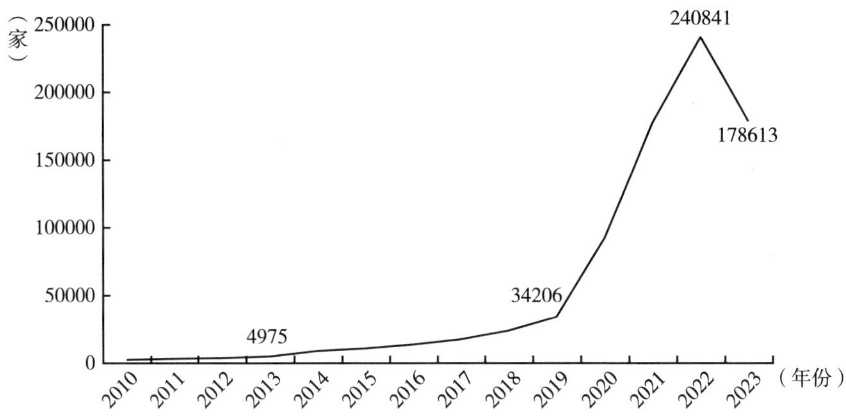

图 1　2010~2023 年中国机器翻译与智能语言服务企业新增数量

资料来源：国家市场监督管理总局企业注册信息数据库。

稳步增长阶段（1990~2004 年），从 1990 年开始，每年新注册的企业数量明显增加，尤其是 20 世纪 90 年代后半期，增长速度加快。这一时期，信息技术迅速发展，互联网的普及和计算机处理能力的提升，为机器翻译技术的发展提供了强大动力。

快速发展阶段（2005~2014 年），机器翻译与智能语言服务产业快速发展，特别是 2010 年以后，每年的新增企业数量增加得更快，2013 年达到 4975 家，反映了全球化进程的加快和跨语言沟通需求的激增，以及人工智能技术的突破，为机器翻译行业带来了巨大的发展机遇。

爆炸式增长阶段（2015~2023 年），机器翻译与智能语言服务企业爆炸式增长，特别是 2020 年、2021 年和 2022 年，反映出近年来人工智能技术的飞速发展，尤其是深度学习在自然语言处理和机器翻译领域的广泛应用，极大地提高了翻译质量，扩大了市场需求。此外，经济全球化的进一步发展也激发了跨语言沟通的需求。随着人工智能技术的不断进步和全球化需求的不断扩大，预计机器翻译与智能语言服务产业将继续保持快速发展的趋势。未来该领域的竞争将更加激烈，技术创新和市场拓展将是企业取得成功的关键。

（二）机器翻译与智能语言服务市场规模较大

1. 全国机器翻译与智能语言服务市场产值

按机器翻译市场、含智能语言服务市场和外资智能语言服务市场三类分别统计发现，截至2023年12月底，中国机器翻译与智能语言服务市场产值为616.9649亿元，其中机器翻译市场产值为1.7958亿元，市场占比为0.29%；含智能语言服务市场产值为612.6543亿元，市场占比为99.30%；外商投资智能语言服务市场产值达到2.5148亿元，市场占比为0.41%（见图2）。

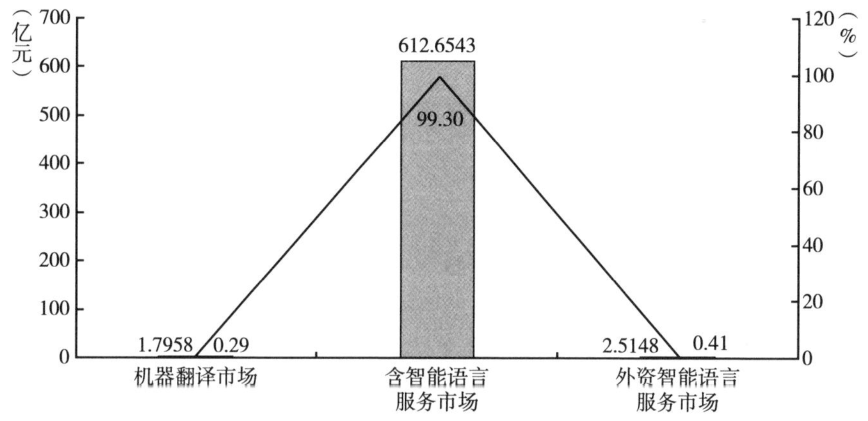

图2　2023年中国机器翻译与智能语言服务市场产值分布

资料来源：国家市场监督管理总局企业注册信息数据库。

2023年，中国机器翻译与智能语言服务市场处于爆炸式增长阶段，资本规模较大的企业和外商投资企业在市场上占有较大的优势。随着技术发展和市场需求增长，预计机器翻译与智能语言服务产业将保持快速增长趋势。

从产值分布特点来看，中国机器翻译与智能语言服务市场有以下三个特点。一是市场主体多样化，涵盖了从小规模企业到大规模外商投资企业的不同类型。二是资本规模与产值呈正相关，即资本投入越高的企业产值越大。

三是尽管涉及机器翻译的企业数量庞大，但真正将机器翻译作为主营业务的企业并不多。机器翻译市场快速发展的原因是机器翻译技术的不断进步和普及，吸引了更多的企业进入。资本密集型的技术投入使得高资本企业能够更快速地占领市场。机器翻译作为一项辅助工具，被许多语言服务企业采用，推动了产业的横向拓展。外商投资企业凭借资金和技术优势，在中国的翻译技术市场中占有一席之地。

2. 全国机器翻译与智能语言服务企业产值分布特点

中国的机器翻译与智能语言服务企业具有显著的规模效应。从产值贡献看，大企业在产值贡献上占据主导地位，是特别实缴资本在“10 亿元以上”的企业（见表 1），说明大型智能语言服务企业的产值贡献率显著，智能语言服务占据十分重要的地位。

表 1　2023 年中国机器翻译与智能语言服务企业类型产值分布特点

单位：家，万元

企业类型	实缴资本	企业数量	被调查单企业的平均产值	产值
机器翻译企业	0 元	15	80	1200
	0~10 万元(含)	1	141	141
	10 万~100 万元(含)	3	356	1068
	100 万~1000 万元(含)	3	833	2499
	1000 万至 1 亿元(含)	3	4350	13050
	小计	25	—	17958
含智能语言服务企业	0 元	710289	80	56823120
	0~10 万元(含)	23123	141	3260343
	10 万~100 万元(含)	43916	356	15634096
	100 万~1000 万元(含)	34608	833	28828464
	1000 万至 1 亿元(含)	9376	4350	40785600
	1 亿~10 亿元(含)	955	40833	38995515
	10 亿元以上	122	1000000	122000000
	小计	822389	—	306327138
	智能语言服务贡献率按 2%算			6126543

续表

企业类型	实缴资本	企业数量	被调查单企业的平均产值	产值
外商投资企业	0元	2653	80	212240
	0~10万元(含)	106	141	14946
	10万~100万(含)	351	356	124956
	100万~1000万元(含)	464	833	386512
	1000万至1亿元(含)	220	4350	957000
	1亿~10亿元(含)	46	40833	1878318
	10亿元以上	9	1000000	9000000
	小计	3849	—	12573972
	智能语言服务贡献率按0.2%算			25148
合计	—	826263	—	6169649

资料来源：国家市场监督管理总局企业注册信息数据库。

从机器翻译企业看，企业的平均产值较高，尤其是实缴资本在1000万至1亿元（含）的企业有3家，平均产值达到4350万元，说明市场中存在一批资本实力较强、产值高的龙头企业。2023年，机器翻译企业产值达到17958万元。实缴资本为0元和1000万至1亿元（含）的两类企业产值较高，分别为1200万元和13050万元。

从含智能语言服务企业看，资本在10亿元以上的企业平均产值最大。贡献率按2%计算，含智能语言服务企业产值达到6126543万元。这类企业的主要收入来源还包括其他类型的智能语言服务，如数据挖掘、语音识别、机器学习等。

从外商投资企业看，资本规模在1亿以上的企业产值贡献显著。实缴资本在10亿元以上的企业平均产值最高。贡献率按0.2%计算，外商投资企业产值达到25148万元。说明外商投资企业在高资本投入领域占据了一定的市场优势，因为外商投资企业拥有更成熟的智能语言服务技术、更多的资金以及全球化的市场视野。

3. 各省份机器翻译与智能语言服务市场产值

表2显示，广东、江苏和山东分别以752343万元、621996万元和

597068万元位列前三。北京和上海也是产值较高的地区。反映出我国东部沿海经济发达地区与西部内陆地区，以及经济欠发达地区之间差异很大。各省份机器翻译企业产值和智能语言服务企业产值差异巨大，智能语言服务产业发展水平与地区经济发展水平呈正相关关系。此外，外商投资企业在上海和福建等省份具有显著影响，而在大多数其他省份的影响力则相对较小。

总体看，含智能语言服务企业产值远超机器翻译企业产值和外商投资企业产值。广东的含智能语言服务企业产值为743506万元，而机器翻译企业产值和外商投资企业产值分别为5644万元和3193万元。

在机器翻译领域，广东以5644万元的产值领先，其次是北京和天津。有些省份的机器翻译产业尚未起步。在智能语言服务领域，广东省、江苏和山东的产值较高，广东尤其突出，产值几乎是第二名江苏的1.2倍。在外商投资领域，上海以7894万元位居榜首，其次是福建。多数省份的外商投资企业产值较小，某些省份没有任何外商投资。

表2　2023年全国各省份机器翻译与智能语言服务市场产值分布

单位：万元

省份	机器翻译企业产值	含智能语言服务企业产值	外商投资企业产值	产值
广东	5644	743506	3193	752343
江苏	833	620491	672	621996
山东	712	594062	2294	597068
北京	5183	495386	753	501322
上海	0	402775	7894	410669
浙江	0	298182	539	298721
重庆	0	275425	198	275623
湖北	0	254431	343	254774
福建	0	231662	6226	237888
天津	4910	228069	544	233523
安徽	516	222830	44	223390
湖南	0	218623	25	218648

续表

省份	机器翻译企业产值	含智能语言服务企业产值	外商投资企业产值	产值
陕西	0	181715	46	181761
辽宁	0	174774	38	174812
河北	0	155432	6	155438
河南	80	154627	170	154877
海南	0	105090	16	105106
江西	0	88693	2086	90779
吉林	80	88588	2	88670
云南	0	87419	13	87432
山西	0	83226	3	83229
四川	0	66820	29	66849
新疆	0	66142	3	66145
广西	0	55936	6	55942
黑龙江	0	53068	3	53071
甘肃	0	45946	0	45946
贵州	0	37171	0	37171
香港	0	22450	0	22450
澳门	0	21155	0	21155
内蒙古	0	19361	0	19361
宁夏	0	18489	1	18490
青海	0	8977	0	8977
西藏	0	6009	0	6009
台湾	0	13	0	13

注：因四舍五入，存在误差。

资料来源：国家市场监督管理总局企业注册信息数据库。

4. 各省份机器翻译与智能语言服务产值在 GDP 中的占比

表 3 显示，2023 年，中国的 GDP（含港澳台在内）为 1334443.92 亿元，机器翻译与智能语言服务产值占比为 0.04623%。

表 3　2023 年全国各省份机器翻译与智能语言服务市场产值占比

单位：亿元，%

省份	GDP	机器翻译与智能语言服务产值	机器翻译与智能语言服务产值占比
广东	135673. 16	75. 2343	0. 05545
江苏	128222. 20	62. 1996	0. 04851
山东	92069. 00	59. 7068	0. 06485
北京	43760. 70	50. 1322	0. 11456
上海	47218. 66	41. 0669	0. 08697
浙江	82553. 00	29. 8721	0. 03619
重庆	30145. 79	27. 5623	0. 09143
湖北	55803. 63	25. 4774	0. 04566
福建	54355. 00	23. 7888	0. 04377
天津	16737. 30	23. 3523	0. 13952
安徽	47050. 60	22. 3390	0. 04748
湖南	50012. 85	21. 8648	0. 04372
陕西	33786. 07	18. 1761	0. 05380
辽宁	30209. 40	17. 4812	0. 05787
河北	43944. 10	15. 5438	0. 03537
河南	59132. 39	15. 4877	0. 02619
海南	7551. 18	10. 5106	0. 13919
江西	32200. 10	9. 0779	0. 02819
吉林	13531. 19	8. 8670	0. 06553
云南	30021. 00	8. 7432	0. 02912
山西	25698. 18	8. 3229	0. 03239
四川	60132. 90	6. 6849	0. 01112
新疆	19125. 91	6. 6145	0. 03458
广西	27202. 39	5. 5942	0. 02057
黑龙江	15883. 90	5. 3071	0. 03341
甘肃	11863. 80	4. 5946	0. 03873
贵州	20913. 25	3. 7171	0. 01777
香港	26922. 40	2. 2450	0. 00834
澳门	3316. 20	2. 1155	0. 06379

续表

省份	2023 年 GDP	机器翻译与智能语言服务产值	机器翻译与智能语言服务产值占比
内蒙古	24627.00	1.9361	0.00786
宁夏	5315.00	1.8490	0.03479
青海	3799.10	0.8977	0.02363
西藏	2392.67	0.6009	0.02511
台湾	53273.90	0.0013	0.00000

资料来源：《中华人民共和国2023年国民经济和社会发展统计公报》、国家市场监督管理总局企业注册信息数据库。

从机器翻译与智能语言服务产值占比看，除了北京之外，天津、重庆、海南的占比也较高，均超过0.09%，天津、海南、北京的占比均超过0.1%，其中天津最高，达到0.13952%，与当地政策支持、智能语言科技企业集聚和投入大有关。

GDP和机器翻译与智能语言服务产值占比并不成正比。虽然广东GDP最高，但机器翻译与智能语言服务产值占比并不是最高的；相对而言，天津的GDP不属于前列，但机器翻译与智能语言服务产值占比是最高的。经济发达地区的机器翻译与智能语言服务产值占比普遍较高，如北京、上海和天津等，地区差异明显。沿海省份，如广东、江苏、山东等，GDP较高；而部分中西部地区的省份，如西藏、甘肃、青海等，GDP相对较低。

从区域分布特点看，华东地区的经济总量较大，机器翻译与智能语言服务产值占比分布相对均匀，与该地区的经济发展水平和科技投入密切相关。北京、上海等直辖市集中了大量的高科技企业和研发机构，机器翻译与智能语言服务产值占比相对较高。西部地区由于经济相对落后，GDP和机器翻译与智能语言服务产值占比均较低，但具有一定的增长潜力。

综合而言，中国的机器翻译与智能语言服务产业分布呈现明显的区域性特征，与各地经济发展水平和产业布局密切相关。部分经济发达的省份机器翻译与智能语言服务产值占比较高，反映出科技发展和产业转型方面的优势。中西部及部分经济欠发达地区机器翻译与智能语言服务产值占比较低，需要进一步加强政策支持和产业引导。尽管中国机器翻译与智能语言服务产值占比仅为0.04623%，但该产业具有重要战略意义，增长潜力较大。

二　机器翻译与智能语言服务企业分析

（一）全国机器翻译与智能语言服务企业数量分布

本报告按机器翻译企业、含智能语言服务企业、外商投资企业三类统计。表4显示，2023年，中国智能语言服务企业总数达到826263家，[①] 三类企业呈现严重不平衡的特点。专门从事机器翻译的企业较少，含智能语言服务企业在智能语言服务企业中占据了相当大的比重。三类企业占全国语言服务类企业总数（1242606家）的66.494%。占比高表明机器翻译与智能语言服务已经成为语言服务产业的发展趋势。

表4　2023年中国机器翻译与智能语言服务企业数量分布

单位：家，%

类别	企业数量	占全国语言服务类企业总数的比重
机器翻译企业	25	0.002
含智能语言服务企业	822389	66.183
外商投资企业	3849	0.310
合计	826263	66.494

资料来源：国家市场监督管理总局企业注册信息数据库。

中国的机器翻译企业只有25家，在全国语言服务类企业中的占比只有0.002%，表明专门从事机器翻译研发的企业数量较少，因为机器翻译技术研发需要较大的资金投入，并且市场竞争激烈，只有少数企业能够脱颖而

① 研究方法：本次调查获取数据为国家市场监督管理总局在业（存续）企业数据库中截至2023年12月底的数据。智能语言服务企业采集关键词为：机器翻译，关键词搜索范围设置为“企业名称、营业范围”，经删除“公司名称”重复项，最终获得826263条企业数据。

出。含智能语言服务企业有 822389 家，占 66.183%。目前，很多企业采用智能语言技术完成语言服务相关业务，如自然语言处理、语音识别，智能语言服务因效率高和成本低受到市场欢迎。外商投资企业数量为 3849 家，占比 0.310%，与本土企业相比，市场份额较小。外资进入中国智能语言服务市场比较谨慎。总体而言，中国的语言服务产业正在经历一场智能语言技术革命。市场对于高效、成本效益高的智能语言服务需求日益增长，推动了包括自动翻译、语音识别等智能语言服务在内的技术解决方案的发展。然而，机器翻译企业的稀缺表明仍然存在发展潜力。

（二）中国各省份机器翻译与智能语言服务企业分布

表 5 显示，从数量分布看，中国机器翻译与智能语言服务企业主要集中在广东、江苏、山东、北京和上海。其中，广东的机器翻译与智能语言服务企业数量最多，达到了 94329 家，江苏紧随其后，有 86379 家，山东为 81317 家，北京和上海分别为 58277 家和 54122 家。

表 5　2023 年全国各省份机器翻译与智能语言服务企业分布

单位：家

省份	机器翻译企业	含智能语言服务企业	外商投资企业	合计
广东	7	93753	569	94329
江苏	1	85832	546	86379
山东	2	81047	268	81317
北京	2	58018	257	58277
上海	0	53157	965	54122
浙江	0	34031	296	34327
重庆	0	26895	71	26966
湖北	0	31892	97	31989
福建	0	37360	168	37528
天津	8	21433	136	21577
安徽	3	34047	54	34104
湖南	0	24837	28	24865
陕西	0	33739	62	33801

续表

省份	机器翻译企业	含智能语言服务企业	外商投资企业	合计
辽宁	0	20389	92	20481
河北	0	8373	15	8388
河南	1	30769	24	30794
海南	0	25333	61	25394
江西	0	17197	15	17212
吉林	1	8475	10	8486
云南	0	13146	15	13161
山西	0	17047	7	17054
四川	0	10491	12	10503
新疆	0	8541	8	8549
广西	0	14546	18	14564
黑龙江	0	7274	6	7280
甘肃	0	7323	2	7325
贵州	0	4684	2	4686
香港	0	96	32	128
澳门	0	75	4	79
内蒙古	0	5665	3	5668
宁夏	0	4254	4	4258
青海	0	1838	1	1839
西藏	0	824	1	825
台湾	0	8	0	8

资料来源：国家市场监督管理总局企业注册信息数据库。

广东机器翻译与智能语言服务企业数量名列第一。作为中国的经济大省，广东拥有优越的地理位置和经济环境，深圳作为全国信息科技和人工智能产业集聚区域，吸引了大量科技企业入驻，创新活力强、人才资源丰富，为企业提供了良好的发展环境，为机器翻译与智能语言服务企业的快速发展奠定了坚实基础。

江苏机器翻译与智能语言服务企业数量紧随其后。苏州和南京等城市经济发达，创新氛围浓厚，成为机器翻译与智能语言服务企业的重要集聚地。江苏省政府在产业结构调整和科技创新方面的努力，为机器翻译与智能语言服务企业的发展提供了有力支持。

山东机器翻译与智能语言服务企业数量位列第三，青岛和济南等城市发展迅速，为机器翻译与智能语言服务企业提供了广阔的市场和发展机遇。山东沿海城市“借船出海”的跨国并购日趋成熟，境外经贸合作区数量实现新增长，外贸行业对机器翻译技术的需求日益增加，进一步推动了机器翻译与智能语言服务企业的增长。

北京和上海机器翻译与智能语言服务企业数量进入全国前五名，北京作为中国的政治、经济和文化中心，上海作为中国的金融中心，集聚了大批高新科技企业、科研机构和高等院校，技术创新能力强，外商投资企业和跨国公司云集，对高质量机器翻译服务的需求高，促进了机器翻译与智能语言服务企业的发展。

三　机器翻译与智能语言服务业态与产品分析

（一）数据服务成为智能语言服务核心业态

1. 全国智能语言服务市场核心业态分布

当前，机器翻译与智能语言服务市场主要分布在 IT 与电信、媒体与娱乐、政府与公共部门、制造业和健康医疗领域，其中 IT 与电信占据最大份额。机器翻译与智能语言服务市场核心业态分为七类，包括机器翻译与多语自动翻译，机器学习，数据挖掘、标注、预处理，语音识别与合成，知识图谱生成，机器视觉，自然语言处理技术（见表 6）。中国的机器翻译与智能语言服务市场形成以数据处理为核心，多种技术并存的格局，呈现明显的集中化发展趋势。

表 6　2023 年中国机器翻译与智能语言服务市场核心业态分布

单位：家，万元

类别	企业数量	注册资本	实缴资本	产值
机器翻译与多语自动翻译	50	48860	33589	35916
机器学习	96	110805	21801	45344
数据挖掘、标注、预处理	1934	5220899	1806894	2337554
语音识别与合成	26	12381	3028	8662

续表

类别	企业数量	注册资本	实缴资本	产值
知识图谱生成	23	34368	3399	6157
机器视觉	976	612600	192104	420106
自然语言处理技术	14	3692	936	4067
总计	3119	6043605	2061751	2857806

资料来源：国家市场监督管理总局企业注册信息数据库。

从企业数量看，最多的是数据挖掘、标注、预处理企业，达到 1934 家，占机器翻译与智能语言服务市场核心业态的 62.0%。其次是机器视觉企业，有 976 家企业，表明数据挖掘、标注、预处理和机器视觉是当前人工智能领域最为活跃的两个子领域。自然语言处理技术、语音识别与合成、知识图谱生成企业数量相对较少。机器翻译与多语自动翻译企业为 50 家，只占机器翻译与智能语言服务市场核心业态的 1.6%。机器翻译与多语自动翻译是相对较小的细分市场。

从产值看，2023 年，机器翻译与智能语言服务市场核心业态产值为 2857806 万元，数据挖掘、标注、预处理产值最高，为 2337554 万元，占 81.80%，说明高效和高质量的机器翻译的核心要素是数据质量。机器翻译与多语自动翻译产值为 35916 万元，占 1.26%。该核心业态虽然在机器翻译与智能语言服务市场中的占比较小，但产出效率并不低。

从细分市场定位看，机器翻译与多语自动翻译在人工智能产业中属于细分市场，企业数量相对较少，但具有一定的资本集中度。从资本与产出效率看，尽管企业数量和产值占比不高，但相对较高的实缴资本占比表明其投入的资金较为集中。从市场集中度看，数据挖掘、标注、预处理和机器视觉两个领域的企业数量和资本量远超其他领域，表明人工智能产业在这两个领域的市场集中度较高，说明市场需求大。从市场潜力看，机器翻译与多语自动翻译市场有巨大的发展潜力，随着技术的进步和应用场景的拓展，这一领域有望实现快速增长。

2. 全国机器翻译核心产品种类

2023 年，中国翻译笔、翻译机、翻译耳机市场规模增速较快，尤其是新兴的翻译耳机产品的市场规模呈现倍增的趋势。2023 年全国翻译笔市场规模占比 60.40%，翻译机市场规模占比 35.82%，翻译耳机市场规模占比 2.04%，翻译软件及其他产品市场规模占比 1.74%（见图 3）。翻译软件及其他产品的市场规模增速稳定在 13%左右。预计未来中国机器翻译需求量仍将继续增长，各个细分产品市场规模都将保持上行趋势。其中，随着技术进步和营销推广，翻译耳机的市场规模增速将更快。

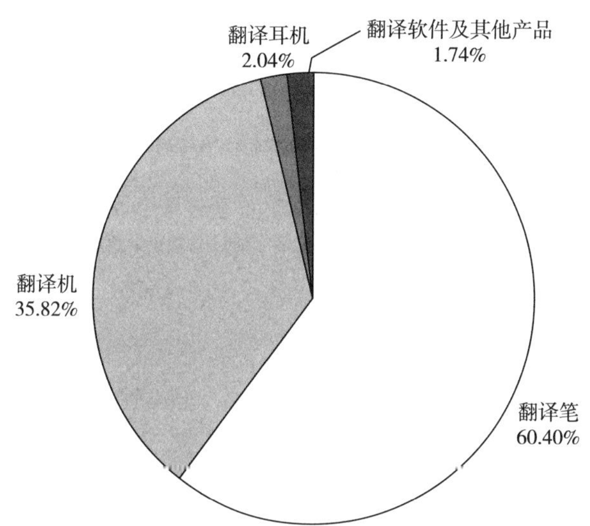

图 3　2023 年中国机器翻译核心产品市场分布

资料来源：智研咨询《2023—2029 年中国机器翻译行业市场运营态势及投资战略规划报告》，2023。

（二）全国机器翻译重点企业分析

在全球范围内，Google 和 Microsoft 两家公司在机器翻译市场中领先。在国内，北京语言大学国家语言服务出口基地参考机器翻译质量评估相关 ISO 标准和国家标准，对国内主流的机器翻译平台采取了多项测评指标进行严格对比分析和测试评分，指标包括多篇译文输出质量、输出译文格式、互译语种数量、平台响应时间、平台访问难易度、产品服务功能等，发布《2023 年机器翻译平台推荐名录》①，百度、腾讯、北京外国语大学等 16 家重点机器翻译平台入选，基本反映出中国机器翻译领域所取得的成绩。中国部分翻译平台简介见表 7。

表 7　2023 年部分中国机器翻译平台

序号	名称	简介
1	百度翻译 (Baidu Translate)	百度翻译基于深度学习的神经机器翻译(NMT)技术处于全球领先地位,支持多种语言的互译,涵盖了全球主要语言,并不断扩展语种数量。依托百度强大的数据处理和计算能力,可以提供高效、准确的翻译服务
2	腾讯翻译君 (Tencent Translator)	腾讯翻译君支持多种语言的翻译,包括中英、中日、中韩等常见语对。系统集成了实时翻译功能,用户可以通过微信等平台直接实时翻译对话。具备强大的语音识别和翻译能力,支持语音输入和输出。通过摄像头拍摄文字,腾讯翻译君可以识别并翻译图像中的文字。平台优势是与微信等社交平台无缝集成,方便用户在聊天和社交互动中使用翻译功能。例如,可以在微信中长按消息翻译,提高了跨语言交流的便利性。通过大数据分析,腾讯翻译君能够智能推荐常用短语和翻译选项,提升用户体验。依托腾讯的强大计算能力和 AI 技术,腾讯翻译君在多语言翻译中保持高准确率
3	科大讯飞翻译 (iFlytek Translator)	科大讯飞在语音识别领域具有领先地位,机器翻译系统能够高效处理语音输入,提供实时语音翻译。支持多种语言的高精度文本翻译,涵盖日常用语和专业术语。在没有网络的情况下,也能提供可靠的翻译服务,适用于旅行和户外场景。支持手机、翻译机、智能音箱等多种设备的翻译需求。平台的突出优势是在语音识别、翻译的准确性和流畅性方面表现优异。例如,科大讯飞翻译机在国际会议和旅游场景中的使用,体现了语音翻译的高效性。广泛应用于教育领域,帮助学生学习语言和跨语言交流,如在课堂教学和在线学习中使用。科大讯飞智能交互技术优势突出,为用户提供更人性化的翻译服务,如通过语音助手翻译语音指令
4	有道翻译 (Youdao Translator)	有道翻译具有以下特点。一是具有多语言翻译功能,支持中英、中日、中韩等多种语言对的翻译服务,覆盖日常交流和专业领域。二是具有词典功能,内置丰富的词典和翻译数据库,提供详细的词汇解释和用法。三是具有学习功能,针对学生和语言学习者,有道翻译提供丰富的学习资源和工具,如单词本、例句和发音。四是具有实时翻译功能,支持文本、语音和图像的实时翻译,方便用户在各种场景下使用

① 北京语言大学国家语言服务出口基地:《2023 机器翻译平台推荐名录》,2023。

续表

序号	名称	简介
5	阿里翻译 (Ali Translate)	阿里翻译具有以下特点。阿里翻译专为电商场景设计,支持多语言的商品描述和客户沟通翻译。支持跨语言的实时聊天翻译,方便卖家和买家无障碍交流。支持大规模文本和数据的批量翻译,适用于电商平台上的商品批量上传和管理。提供强大的API接口,方便企业和开发者集成到他们的应用中。 阿里翻译的优势如下。一是电商平台集成,阿里翻译在淘宝、天猫等阿里巴巴旗下电商平台中广泛使用,帮助跨境卖家与全球买家无障碍沟通。二是定制化翻译,阿里翻译根据电商行业的需求,优化了专业术语和常用短语的翻译,提供更精准的翻译服务。三是快速响应,依托阿里云的强大计算能力,阿里翻译能够快速处理大规模数据,满足电商平台的高并发翻译需求
6	华为翻译 (Huawei Translate)	华为翻译机是华为公司开发的一款翻译设备,具备以下特点和优势。华为翻译机基于先进的Transformer架构对算法模型深度优化,实现了快速准确的翻译效果,翻译速度在业界领先。基于企业级客户实践,经受了复杂场景的考验,并在多个场景中成功应用,显示出稳定可靠的性能,采用了混合网络结构、受限解码、实时神经翻译等技术,这些技术的应用大幅提升了翻译质量。提供RESTful规范的中英翻译API接口,用户调用API发送待翻译文本内容,即可实时得到机器翻译结果,支持中英互译,并计划提供更多语种间的翻译,满足不同用户的需求。 华为翻译机在语音到语音翻译任务中采用了端到端技术方案,直接从源语音音频到目标音频的生成,提高了翻译的自然度和效率。在ASR(自动语音识别)、MT(机器翻译)、TTS(文本到语音)等环节采用独立训练模型,并通过特定的技术策略提升翻译质量。华为多语言翻译能力已广泛应用在华为的HarmonyOS、HMS Core和华为云上,服务于不同用户和开发者

资料来源：根据六家企业官方网站整理。

四　机器翻译与智能语言服务从业现状分析

（一）全国机器翻译与智能语言服务企业从业人数分布

机器翻译与智能语言服务行业是一个高度专业化的领域，涉及多种技术、语言学、数据处理等方面的知识。从业人员大致包括计算机专家和软件工程师、语言专家和翻译专家、数据专家和数据工程师、质量保证工程师和测试人员、产品经理和市场营销专家、用户体验设计师（UX/UI 设计师）、项目经理和团队领导。

图 4 显示，2023 年，全国机器翻译与智能语言服务企业从业总人数为 288735 人，其中，机器翻译企业从业人数为 966 人，占从业总人数的 0.33%。含智能语言服务企业从业人数为 286484 人，占 99.22%。外商投资企业从业人数为 1285 人，占 0.45%。含智能语言服务企业数量多，规模较大，员工人数也较多，主要从事人工智能语言设备、软件、数据等开发和应用相关业务。机器翻译企业从业人数少但专业化程度高。外商投资企业目前从业人数不多，但随着我国的技术市场准入限制放宽，市场需求增长，预计会吸引更多的外资和人才。

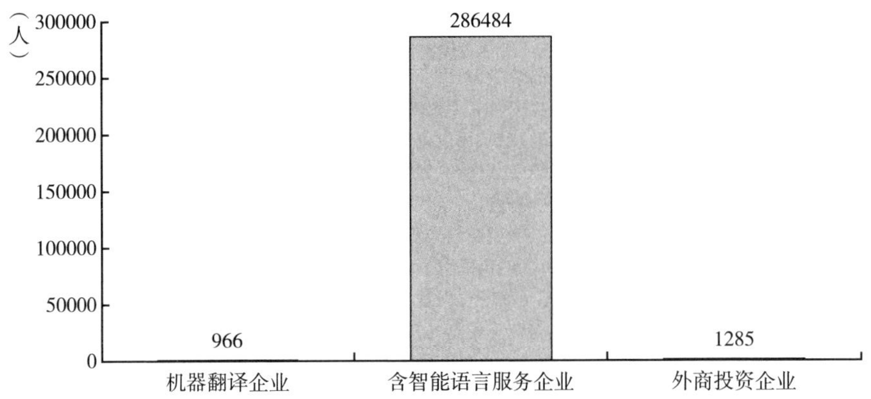

图 4　2023 年全国机器翻译与智能语言服务企业从业人数分布

资料来源：国家市场监督管理总局企业注册信息数据库。

（二）各省份机器翻译与智能语言服务从业人数分布特点

全国经济和科技发达中心地区成为机器翻译行业发展的重镇，智能语言服务成为市场的主要需求，外商投资企业的参与加速了产业的国际化进程，从业人员分布呈现以下特点。

第一，集中化趋势明显，机器翻译与智能语言服务企业从业人员主要集中在经济发达地区和科技创新中心，体现了该产业对经济实力、科技水平和高端人才资源的高度依赖。上海以41435名从业人员居首位，显示出其作为中国经济中心的显著优势。其次为陕西和江苏，分别有33466人和30019人（见表8）。广东在机器翻译领域表现突出，拥有528名从业人员，明显高于其他地区。此外，北京在机器翻译与智能语言服务领域具备较强的行业发展潜力，虽然其总从业人数较少，但机器翻译企业从业人数排名靠前，达180人，居全国第二位。

上述数据反映出机器翻译与智能语言服务的发展高度依赖区域经济与产业基础。发达地区由于具备完善的产业链和科研力量，吸引了大量专业人才和外商投资企业，呈现集聚效应。例如，广东的外商投资企业从业人数达到610人，居全国之首，进一步凸显了该地区在国际化合作中的领先地位。相比之下，经济欠发达地区如西藏、青海、宁夏等地，尚未形成成熟的机器翻译与智能语言服务产业生态，反映出该行业在中国地区间发展的不平衡性。

表8　2023年全国机器翻译与智能语言服务从业人数分布

单位：人

省份	机器翻译企业从业人数	含智能语言服务企业从业人数	外商投资企业从业人数	总从业人数
广东	528	27343	610	28481
江苏	0	29958	61	30019
山东	0	27245	35	27280
北京	180	14744	81	15005
上海	0	41295	140	41435
浙江	0	9752	60	9812
重庆	0	8028	4	8032
湖北	0	27133	63	27196
福建	0	10395	57	10452
天津	109	4289	20	4418
安徽	81	7974	33	8088
湖南	0	5486	2	5488
陕西	0	33456	10	33466
辽宁	0	5365	27	5392

续表

省份	机器翻译企业从业人数	含智能语言服务企业从业人数	外商投资企业从业人数	总从业人数
河北	0	1666	0	1666
河南	18	4002	1	4021
海南	0	718	0	718
江西	0	1668	8	1676
吉林	50	1184	0	1234
云南	0	2634	0	2634
山西	0	2834	0	2834
四川	0	2034	0	2034
新疆	0	10945	0	10945
广西	0	2151	30	2181
黑龙江	0	973	0	973
甘肃	0	1209	0	1209
贵州	0	537	0	537
香港	3	37	26	63
澳门	0	10	17	27
内蒙古	0	670	0	670
宁夏	0	565	0	565
青海	0	115	0	115
西藏	0	66	0	66
台湾	0	3	0	3
总计	966	286484	1285	288735

资料来源：国家市场监督管理总局企业注册信息数据库。

第二，智能语言服务占主导地位，含智能语言服务企业从业人数远远超过机器翻译企业和外商投资企业，占比达到99.22%，显示出智能语言服务是目前市场的主要需求方向和发展趋势。

第三，外商投资企业占比较低，但国际资本对中国的智能语言服务市场关注度高，投入较多，国际化程度较高。

第四，市场成长性高。机器翻译与智能语言服务企业的从业人数在某些地区呈现爆炸式增长，尤其在上海、江苏和广东等省份，表明科技驱动的跨语言沟通需求大幅增长，市场前景广阔。

五　机器翻译与智能语言服务人才供需分析

表 9 显示，智能语言服务企业发布的招聘岗位数为 29506 个。从招聘企业类型看，民营企业招聘岗位数为 14393 个，占比最大，为 48. 78%。港澳台公司招聘岗位数为 2691 个，占比 9. 12%。合资企业招聘岗位数为 2147 个，占比 7. 28%。国有企业招聘岗位数为 1937 个，占比 6. 56%。上市公司招聘岗位数为 1863 个，占比 6. 31%。股份制企业招聘岗位数为 1623 个，占比 5. 50%。外商独资企业招聘岗位数为 420 个，占比 1. 42%。外商独资企业招聘岗位较少，说明机器翻译与智能语言服务领域的外国直接投资较少。值得一提的是，社会团体、公司代表处等非企业招聘需求较大，岗位十分多样，统统包含在其他类型中，岗位数达到 4432 个，占比 15. 02%。可以看出，民营企业招聘需求占据了近一半，企业类型多样化，国际化合作与竞争明显，外商独资企业虽然招聘岗位数占比不高，但技术引进和资本输入对产业的影响不容小觑。

表 9　2024 年 6 月机器翻译与智能语言服务人才招聘企业类型分布

单位：个，%

企业类型	招聘岗位数	占比
民营企业	14393	48. 78
其他	4432	15. 02
港澳台公司	2691	9. 12
合资企业	2147	7. 28
国有企业	1937	6. 56
上市公司	1863	6. 31
股份制企业	1623	5. 50
外商独资企业	420	1. 42
总计	29506	100. 00

资料来源：前程无忧、BOSS 直聘和智联招聘网站。

图 5 显示，企业招聘出现多种新兴岗位，占比最高的是多语言翻译，达到 10.88%，人才需求量大。其次是 AI 数据标注员/AI 训练师，占比 4.14%，机器学习模型训练需要大量数据标注。数据分析师位列第三，占比 3.55%，数据分析能力对机器翻译与智能语言服务至关重要。NLP 算法工程师占比 2.84%，数据挖掘与数据处理工程师占比 2.10%，机器学习算法工程师占比 1.95%，人工智能算法工程师占比 1.73%，语音识别与语音合成算法工程师占比 1.30%，此外，还有大模型工程师、深度学习算法工程师、多模态算法工程师等岗位。出乎意料的是，机器翻译译后编辑（MTPE）和机器翻译算法工程师占比较低，并没有出现预测的高增长和高需求现象。

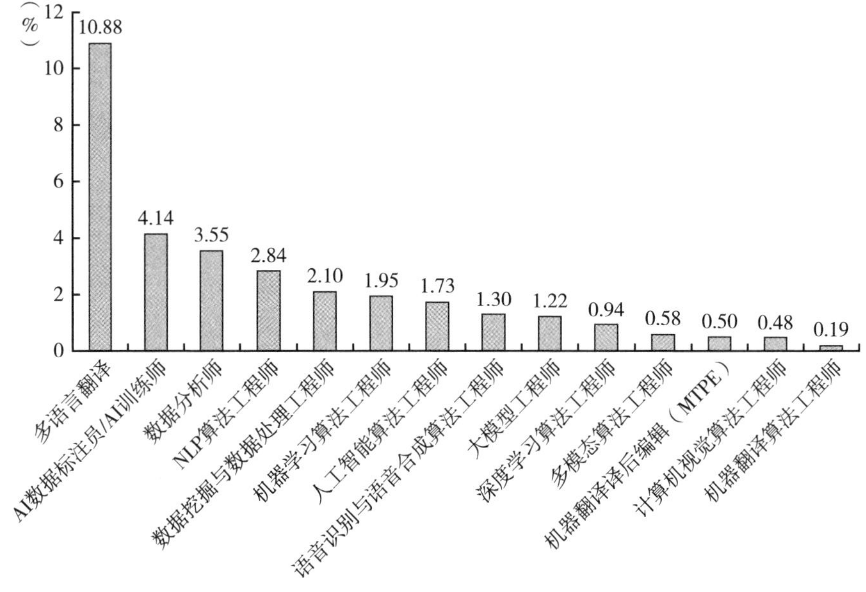

图 5　2024 年 6 月机器翻译与智能语言服务新兴职位分布分析

资料来源：前程无忧、BOSS 直聘网和智联招聘网站。

可见，新兴岗位范围广，从 AI 数据标注员/AI 训练师、NLP 算法工程师、机器学习算法工程师到深度学习算法工程师和大模型工程师等，体现了机器翻译与智能语言服务行业的技术发展。该行业对数据处理高度重视，AI 数据标注员/AI 训练师、数据分析师、数据挖掘与数据处理工程师等岗位的需求都反映了高质量数据在智能语言服务中的重要作用。多模态算法工程师、大模型工程师等岗位说明了 AI 技术在不断融合发展，出现了对跨学科技术人才的新需求。语音识别与语音合成算法工程师的需求增长，标志着语音交互成为智能语言服务的重要发展方向之一。

从招聘岗位工作经验要求看，经验不限的公司为 11120 家；要求 1～3 年工作经验的企业为 7197 家；要求 1 年以内工作经验的公司有 599 家；要求有 3～5 年工作经验的公司有 6867 家；要求有 5～10 年工作经验的企业有 3115 家；招聘应届毕业生的公司有 260 家；要求具备 10 年及以上从业经验的公司有 348 家公司，占比 1.18%（见图 6）。

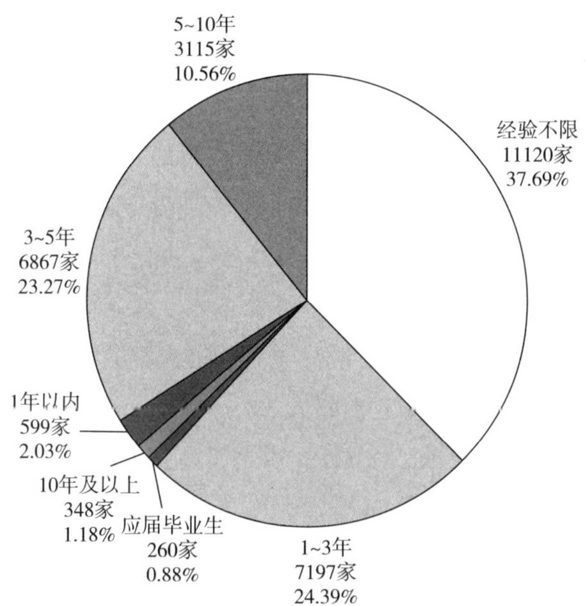

图 6　2024 年 6 月机器翻译与智能语言服务人才招聘岗位工作经验要求分析

资料来源：前程无忧、BOSS 直聘网和智联招聘网站。

机器翻译与智能语言服务人才市场需求呈现以下几个特点。第一，“经验不限”类的岗位占比最高，达到了 37.69%。机器翻译与智能语言服务市场对初入行业的新人持开放态度。产业快速发展，技术更新换代速度快，企业愿意培养有潜力的新人。第二，初中级人才需求稳定，有“1~3年”和“3~5年”经验的人才需求合计占47.66%，市场对于具有一定基础和能够较快适应岗位要求的人才比较看重。综合来看，市场对新入行以及具有一定经验的人才有较大需求，这部分人才成为行业发展的主力军。第三，应届毕业生和经验多的人才招聘量少，对于“应届毕业生”和有“10年及以上”经验人才的需求分别占0.88%和1.18%。企业不太欢迎没有任何工作经验的应届生。高层次和经验丰富的高端人才一将难求，招聘成本较高。

从招聘岗位学历要求看，本科岗位数为11326个，占比最高，为38.39%，市场主要需求本科层次人才。机器翻译与智能语言服务行业需要工作人员具备扎实的基础专业知识和理论，本科学历才能满足岗位的基本要求。本科及以上学历（包括统招本科、硕士研究生和博士研究生）的需求总占比达65.67%，专业技术和学历门槛要求普遍较高。大专岗位数为4826个，占比16.36%；硕士研究生岗位数为4385个，占比14.86%。学历不限岗位数为3599个，占比15.19%，市场仍然欢迎没有高学历但拥有相关技能与经验的求职者。中专/中技岗位数为475个，占比1.61%，市场需要具备语言处理、语料库构建等技能的职业技术人才。博士研究生岗位数为344个，占比1.17%（见图7），机器翻译与智能语言服务行业需要少量专业性和研究性较强的软件开发和编程高级人才。

从招聘岗位月薪标准看，月薪水平普遍不高，超过七成的企业提供的月薪低于5000元，岗位数达到21123个，占比最大，达72%。大多数岗位提供的月薪标准不高。我们推测，大量岗位是入门级的、实习或兼职等形式的工作。中高薪岗位较少，月薪在1万~2.5万元的岗位占比不到15%，月薪在1万~1.5万元的岗位数为2398个，占比8%。月薪在1.5万~2万元的岗位数为1244个，占比4%。以上岗位要求专业技能高、行业经验丰富或项目管理能力强。高薪岗位较少，月薪在3万元及以上的岗位仅占4%，属于高薪岗位。月薪在2万~2.5万元的岗位数为803个，占比3%（见图8），主要针对高端技术专家或管理层。从行业薪酬发展趋势看，机器翻译与智能语言服务技术应用场景不断扩大，会推动薪资上涨，提供更多的中高薪职位，特

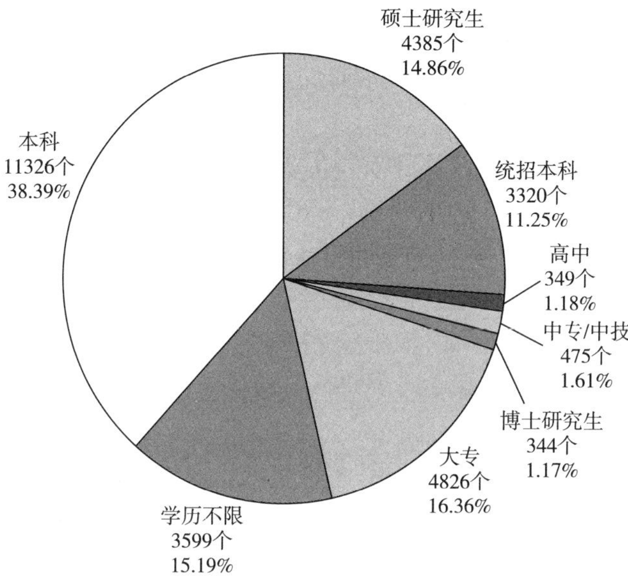

图7　2024年6月机器翻译与智能语言服务人才招聘岗位学历要求分析

说明：本科包括统招本科、自考本科、成人高考本科等。

资料来源：前程无忧、BOSS直聘网和智联招聘网站。

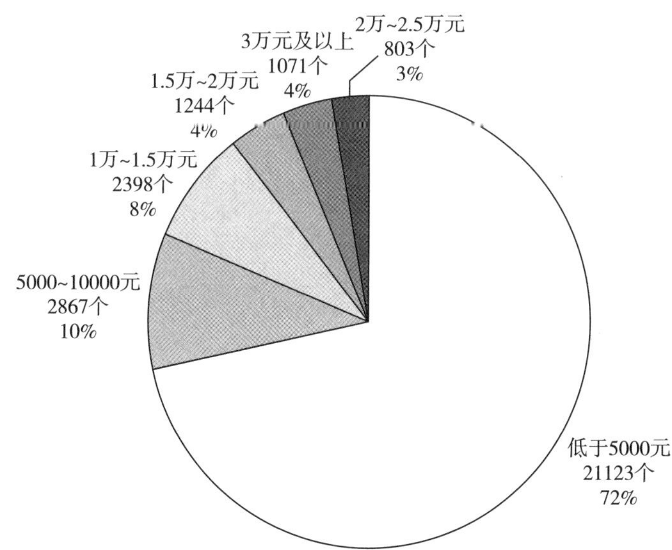

图8　2024年6月机器翻译与智能语言服务招聘岗位月薪标准分布

资料来源：前程无忧、BOSS直聘网和智联招聘网站。

别是在数据处理、算法开发、系统设计等高端技术领域。市场欢迎那些具备高级技术能力和丰富行业经验的专业人才。

六　ChatGPT 对机器翻译的影响分析

OpenAI 的 ChatGPT 是一种新的自然语言处理技术，对机器翻译产生重大影响。①

（一）提升翻译质量

ChatGPT 采用先进的自然语言处理技术，能够理解上下文，提供更准确、流畅的翻译。传统的机器翻译系统，如基于规则的翻译或统计机器翻译，通常难以处理语义复杂的句子，容易产生误译或不自然的表达。相较之下，ChatGPT 利用深度学习和大量语料库训练，具备强大的上下文理解能力。例如，处理多义词时，ChatGPT 根据上下文选择最合适的词义，从而避免歧义。此外，ChatGPT 还能够处理不同语言之间的细微差别。例如，中文的简洁表达与英语的冗长表达有时难以直接对应，但 ChatGPT 通过调整上下文，确保翻译的自然性和准确性。这种能力在专业领域尤为重要，如法律和医学，这些领域的翻译不仅要求准确无误，还需要遵循特定的术语和表达规范。ChatGPT 使翻译质量得到显著提升，使机器翻译在高度专业化的领域更加可行和可靠。

（二）提供实时翻译

ChatGPT 通过集成到即时通信工具和会议软件中提供实时翻译服务，打破语言障碍，促进国际交流与合作。在全球化背景下，跨语言交流的需求不断增加，特别是在国际会议、跨国企业合作和跨境电子商务等场景中。实时翻译技术能够让使用不同语言的参与者无缝沟通，提升沟通效率，减少误解

① 冯志伟：《机器翻译与人工智能的平行发展》，《外国语》2018 年第 6 期。

和沟通障碍。例如，国际会议上，来自不同的国家和地区的参会者使用不同的语言，ChatGPT 的实时翻译功能可提供实时翻译，会议代表不仅听得懂发言，还能参与讨论，提出问题和建议。这种实时翻译服务提升了会议的互动性和参与度，增强了与会者的体验和满意度。此外，在跨国企业的日常运营中，实时翻译也发挥了重要作用。例如，实时翻译服务应用于客户服务，通过实时翻译客户咨询和反馈，提升客户满意度和服务质量。

（三）定制化翻译服务

ChatGPT 能够根据用户的需求和偏好提供定制化的翻译服务。这一特性使得机器翻译不仅能够满足普通翻译需求，还能根据具体场景和用户要求调整和优化。例如，在商业合作中，用户选择正式、专业的翻译风格，确保翻译内容符合商务沟通的标准；而在社交媒体互动中，用户则选择更加活泼、口语化的翻译风格，增强互动效果。ChatGPT 可根据用户需求，选择不同的翻译风格，满足各种场景的需求。此外，ChatGPT 根据特定领域的术语和表达习惯，开展专业化翻译。例如，在医学领域，医生和研究人员使用 ChatGPT 翻译专业术语，确保翻译结果准确、专业，避免由术语误译导致的误解。这种定制化服务不仅提升了翻译的质量和精确度，还提升了用户的使用体验和满意度。

（四）获取跨语言信息

ChatGPT 帮助用户获取多语言信息。在信息爆炸的时代，获取和理解不同语言的信息成为一项重要技能。通过 ChatGPT，用户快速获取外文文献、新闻报道和技术资料的翻译，能节省时间并提升工作效率。例如，研究人员从事国际前沿科技研究，需要查阅大量的外文文献。ChatGPT 快速将这些文献翻译成母语，使研究人员迅速了解研究内容和进展，避免因语言障碍耽误研究进程。这种跨语言信息获取的能力，不仅提升了研究效率，还促进了国际学术交流与合作。此外，企业运用 ChatGPT 快速获取和翻译目标市场的新闻报道和行业分析，掌握市场趋势和竞争态势，制定更加精准的市场策略。这种跨语言信息获取能力为企业的国际化发展提供了重要保障。

（五）助力语言学习

ChatGPT 作为语言学习的辅助工具，通过对话式互动，帮助学习者提高翻译能力和语言水平。传统的语言学习方式通常依赖教材和课堂教学，而 ChatGPT 提供了一种更加灵活和互动的学习方式。例如，学生与 ChatGPT 练习翻译获取即时反馈，提升翻译技巧和语言能力。ChatGPT 根据学生的翻译结果，提供修改建议和解释，帮助学生理解错误并改正。这种互动式学习方式，不仅提升了学习效果，还提升了学习的趣味性和参与度。此外，ChatGPT 还用于外语课程的辅助教学。教师利用 ChatGPT 开展课堂互动，学生通过与 AI 对话，练习口语和听力，提升实际应用能力。

（六）降低成本

机器翻译技术的发展大幅度降低了翻译服务的成本。传统的人工翻译费用较高，尤其是专业领域翻译，采用人工翻译不仅需要花费大量时间，还需要支付高昂的费用。ChatGPT 使企业和个人大幅降低翻译成本，提高经济效益。例如，企业在日常业务中需要处理大量的文件翻译，使用 ChatGPT 可以快速完成翻译任务，节省时间和人力成本。同时，ChatGPT 24 小时不间断地工作，满足企业的即时翻译需求，提高了工作效率。此外，中小企业和个人用户通过 ChatGPT 享受低成本的翻译服务，提升业务和个人竞争力。

（七）拓展市场

ChatGPT 帮助企业进入非母语市场，提供准确的本地化翻译，提升品牌在全球市场中的竞争力。企业的市场不再局限于本国，而是面向全球。ChatGPT 帮助企业将网站、产品说明和市场推广内容翻译成多种语言，吸引更多的国际客户，拓展市场份额。例如，电商企业使用 ChatGPT 将网站内容翻译成多种语言，使全球用户都能方便地浏览和购买产品。通过准确的本地化翻译，企业不仅能提升用户体验，还能提升品牌的国际形象和竞争力。此外，ChatGPT 还帮助企业跨文化营销，通过理解不同文化背景下的消费者需求和偏好，制定更加精准的市场策略。例如，企业利用 ChatGPT 分析不同市场的消费者反馈和评论，了解消费者需求和期望，优化产品和调整营销策略，提升市场响应速度和效果。

（八）智能翻译技术的机遇与挑战

随着 ChatGPT 等自然语言处理技术的快速发展，机器翻译在多个领域的应用逐步扩大，不仅提升了翻译的质量与效率，也为全球化背景下的企业开拓市场和跨文化交流提供了新机遇。然而未来智能翻译依然面临多重挑战。

1. 翻译质量与准确性问题

尽管机器翻译的性能在不断提升，但在处理复杂领域和特定语境时，翻译结果依然存在机械化、生硬的问题，影响整体的准确性和流畅性。这种问题在专业领域尤为明显，限制了机器翻译的进一步普及。

2. 专业化与定制化需求增加

随着用户需求的多样化，尤其在高度专业化的领域，对高质量、专业的翻译服务提出需求。利用定制化和专业化的系统，满足各行业的特殊需求，将是未来技术发展的关键。

3. 技术与市场创新压力

智能翻译技术的不断发展要求技术创新与市场反馈密切结合，不仅需要持续迭代优化算法，还需不断拓展应用场景，推动语音翻译、图像翻译等多模态技术的发展，以应对未来市场对高质量翻译服务的需求。

4. 人机协同翻译是大势所趋

尽管机器翻译技术取得了显著进步，但人工翻译在复杂文本和文化差异理解中的作用仍不可替代。因此，未来人机协同翻译模式将成为主流，“机器翻译+人工编辑”的模式将更好地满足复杂翻译场景的需求，提高翻译的精度与可靠性。

七　机器翻译与智能语言服务行业分析与建议

（一）行业分析

全球机器翻译市场近年来发展较快，深度学习和神经网络技术的应用极大地提升了机器翻译的质量，神经机器翻译（Neural Machine Translation，NMT）成为当前的主流技术，提供更为流畅和准确的翻译结果。[①] 企业、政府机构和个人对机器翻译服务的需求不断增加，推动了市场扩大。机器翻译不仅广泛应用于文本翻译，还扩展到了语音识别、视频字幕、即时通信等领域，成为多种应用场景中不可或缺的工具。全球机器翻译市场竞争激烈，不仅有谷歌、微软这样的科技巨头，还有 DeepL 等新兴企业，它们通过不断优化算法和提升服务质量来争夺市场份额。技术创新是推动机器翻译市场发展的关键因素。企业通过不断研发更先进的翻译模型和算法，提高翻译质量和效率。不同用户对机器翻译的需求各不相同，有的注重翻译的速度和效率，有的更看重准确性和流畅度。市场上的服务提供商也在努力满足这些多样化的需求。机器翻译越来越多地被集成到其他软件和服务中，如社交媒体、电子商务平台和企业解决方案等。提高不同系统和平台之间的互操作性，以便于用户能够无缝地使用机器翻译服务，成为一个发展趋势。机器翻译技术的普及也使得数据隐私和信息安全问题日益凸显，数据隐私和信息安全问题成为服务提供商面临的一个重要挑战。

中国的机器翻译与智能语言服务市场规模不断增长，2023 年超过 616 亿元。机器学习和深度学习技术发展迅速，机器翻译的精度和效率不断提高。中国的机器翻译产业链日趋成熟，包括硬件设施、平台服务、技术提供、应用开发、咨询服务、应用服务等各个层面。国家及相关部门出台了一系列支持政策，推动机器翻译行业的发展，出台了一批行业标准，行业标准化建设和规范化管理得到加强。机器翻译市场需求稳步增加。随着数字经

① 孙瑾：《机器翻译的未来发展趋势》，《中国科技翻译》2016 年第 2 期。

济、数字贸易、跨境电商和数字服务发展，越来越多的公司需要跨语言沟通和翻译服务，推动了机器翻译软硬件产品需求的增长和多样化，包括机器翻译平台、翻译机、蓝牙翻译耳机以及翻译手机等。市场竞争进一步加剧。科技巨头如谷歌、微软、IBM 等在机器翻译领域占据主导地位。国内的百度、阿里巴巴、腾讯、科大讯飞等互联网企业也加强机器翻译研发，不断推动技术发展。机器翻译技术在旅游、教育、医疗、金融等领域的应用越来越广泛，市场需求不断增加，技术不断迭代更新。由于技术进步和竞争加剧，机器翻译产品市场均价整体呈现缓慢下行的趋势。中国的机器翻译行业展现出快速增长的势头。

（二）行业建议

本报告建议加强技术创新与研发，一方面，政府和企业应大幅增加对机器翻译技术的研发投入，支持基础研究和前沿技术的突破。具体来说，政府设立专项基金，用于支持机器翻译技术的研发。企业则通过内部资源配置、外部融资等方式，投入更多研发资金。例如，百度和腾讯等科技巨头设立专门的机器翻译研发部门，投入大量资金开展技术创新。通过加大研发投入力度，推动深度学习、神经网络和自然语言处理等技术的发展，提高机器翻译的准确性和效率。另一方面，鼓励建立机器翻译技术创新实验室，企业与科研机构联合攻关，推动技术进步和应用落地。例如，阿里巴巴与中国科学院合作，建立机器翻译技术联合实验室，开展前沿技术研究。通过设立创新实验室，集中优势资源，推动技术突破，加速机器翻译技术的商业化应用。

另外，加强数据资源与基础设施建设。一是建设高质量的多语种语料库，确保机器翻译系统的训练数据丰富且准确。[①] 政府和企业共同投入，建设开放的语料库平台。例如，由国家数据局或国家语委牵头，联合多家企业和科研机构，建设一个覆盖多语言、多领域的开放语料库，为机器翻译技术

① 闫欣、王华树、刘世界：《语言服务行业的生态系统构建与机器翻译技术的应用》，《外语电化教学》2019 年第 4 期。

的发展提供基础数据支持。二是搭建数据共享平台，促进企业和研究机构之间的数据交换和合作，共享数据资源以提升技术水平。比如，参考欧洲的 ELRC-SHARE 平台，建立一个中国版的机器翻译数据共享平台，让不同机构便捷地共享和获取数据资源，推动机器翻译技术的进步。三是加大算力支持力度，利用云计算和大数据技术，提升机器翻译系统的计算能力和数据处理能力，为企业提供高效的计算资源支持。比如，阿里云提供专门的机器翻译计算服务，帮助中小企业降低计算成本，提高翻译系统的性能。通过加强计算资源支持，提升机器翻译系统的处理能力和效率。四是拓展应用场景，推动机器翻译技术在商务、教育、旅游、医疗、法律等多个领域的应用。根据不同领域的需求，开发定制化的机器翻译解决方案，提升翻译质量和用户满意度。比如，为医疗领域开发专门的医学术语翻译系统；为法律领域开发法律文件翻译系统；针对东南亚市场，开发适合东盟多种语言的机器翻译产品。五是制定行业标准，制定并推广机器翻译技术的行业标准，确保产品质量和一致性，提升市场信任度和企业竞争力。比如，参考 ISO 和 DIN 等国际标准，制定适合中国国情的机器翻译技术行业标准。六是加强知识产权保护，防止技术泄露和侵权行为。政府加强相关法律法规的制定和实施，为机器翻译技术的知识产权保护提供专业支持和服务。七是培养机器翻译人才，通过提供奖学金、研究基金和实习机会，吸引更多优秀人才加入机器翻译行业。有条件的高校开设相关专业课程，培养专业人才。同时，企业与高校合作，让学生在实践中提升技能，为机器翻译技术的发展提供强有力的人才支持。

区域篇

B.4 京津冀地区语言服务市场分析报告（2024）*

李 昭 孙疆卫 王立非**

摘 要： 本报告分析了2023年京津冀地区语言服务市场状况，涵盖市场总产值、企业数量、从业人数、语言技术市场以及语言人才需求等。研究发现，京津冀地区语言服务市场总产值达到475.07亿元，语言服务类企业达218590家，从业人员达到214531人。北京语言服务市场产值为378.04亿元，企业有175996家，从业人数达167584人。京津冀地区语言服务产业在一体化发展的同时面临多重挑战，如市场竞争的加剧、人才需求不平衡、技术创新能力不足、行业规范不完善、跨区域协同困难、信息安全风险大。本

* 本报告为2020年北京市社会科学基金重点项目"'一带一路'语言服务便利度测量模型构建与应用"（20YYA002）的资助成果。

** 李昭，河北师范大学外国语学院讲师，北京语言大学国际语言服务专业博士生，主要研究方向为国际语言服务、商务英语；孙疆卫，博士，华北科技学院外国语学院讲师；王立非，博士，北京语言大学高级翻译学院教授、国家语言服务出口基地首席专家，兼任中国对外贸易经济合作企业协会国际商务与语言服务工作委员会会长，研究方向为语言教育、商务英语、国际语言服务。

报告建议建立京津冀一体化信息共享平台，提升行业效率和质量，加强京津冀企业之间以及与其他服务行业和机构的合作，推动行业标准完善，优化企业内外部的信息流通和协同工作，加强人才培训和知识共享。提升行业整体竞争力，实现京津冀地区语言服务产业的协同发展。

关键词： 区域语言服务　京津冀　语言人才

京津冀地区又称为京津冀都市圈或京津冀经济区，包括北京市、天津市以及河北省的保定、唐山、廊坊、石家庄、邯郸、秦皇岛、张家口、承德、沧州、邢台、衡水等 11 个地级市。其中北京、天津、保定、廊坊为中部核心功能区。京津冀是中国重化工业、装备制造业和高新技术产业基地，已发展成为全国规模较大、较为发达和成熟的现代物流中心和消费市场区。2023 年，京津冀 GDP 达到 10.4 万亿元。①

2014 年，中共中央首次提出“推动京津冀协同发展”的战略构想。2015 年，中共中央、国务院正式印发《京津冀协同发展规划纲要》，标志着京津冀协同发展战略正式启动。京津冀协同发展战略的重点包括以下几个方面。优化区域发展布局：强化北京的功能定位，加快疏解非首都功能，推动北京的人口、资源、环保压力得到有效缓解。同时，优化京津冀地区的产业布局和空间布局，形成高效、紧凑的都市区。加强基础设施互联互通：提升区域内交通、能源、水利等基础设施的互联互通程度，打破行政区划限制，进一步提升区域一体化水平。深化环保合作：加强京津冀地区的环保合作，共同治理大气、水和土壤污染，保护区域的生态环境，提升区域的宜居水平。协同发展：鼓励京津冀三地在产业、科技、人才等方面深度合作，通过资源共享和协同创新，提升整个区域的竞争力。公共服务一体化：推动京津冀在教育、医疗、社保等公共服务

① 《亮眼成绩单！京津冀经济总量 10 年连跨 5 个万亿元台阶》，河北省人民政府网站，2024 年 2 月 20 日，http://www.hebei.gov.cn/columns/f624d283-f6c4-4100-9846-83aadb654156/202402/20/b10fac48-488a-45d8-88b1-c246b8a3894f.html。

领域的一体化，促进区域内的公共资源均衡配置。制度创新：推动制度创新，为京津冀一体化提供有力的保障。在土地、财税、金融等领域推动京津冀一体化的进程。扩大开放：利用京津冀一体化的区域优势，大力推动对外开放，吸引更多外资，增强区域经济活力。目前，京津冀协同发展战略正在按照“一体化、创新驱动、绿色低碳、人民为本、开放协作”的总体要求稳步推进。发挥北京的辐射带动作用，打造以首都为核心的世界级城市群。

随着京津冀一体化进程的加快，该地区经济社会的快速发展为语言服务市场带来了前所未有的机遇与挑战。京津冀地区语言服务市场的发展状态不仅能够反映当前的市场需求，也提供了深入理解区域一体化对语言服务产业影响的窗口。本报告通过分析京津冀地区的语言服务市场总产值、企业数量、从业人数以及语言人才需求状况，深入探讨该地区语言服务产业的现状和未来发展趋势，揭示存在的问题，提出相关建议，为产业的健康发展提供参考，促进京津冀地区经济的进一步融合和发展。

一　京津冀地区语言服务市场总产值

表 1 显示，2023 年，京津冀地区语言服务市场的总产值达到了 4750701 万元，表明这一地区的语言服务业非常繁荣。其中，语言服务企业产值占比最大，占总产值的 56%，达到了 2662841 万元，含语言服务的企业产值为 1306521 万元，占比 28%，外商投资企业产值为 781339 万元，占比 16%，语言服务企业在京津冀地区经济发展中起着重要作用。

表 1　2023 年京津冀地区语言服务市场产值分布

单位：万元

省市	语言服务企业产值	含语言服务的企业产值	外商投资企业产值	总产值
北京	2187255	1111334	481805	3780394
天津	203595	76823	220977	501395
河北	271991	118364	78557	468912
总计	2662841	1306521	781339	4750701

资料来源：国家市场监督管理总局企业注册信息数据库。

从地域分布看，北京的语言服务市场产值远远高于天津和河北，语言服务企业产值为 2187255 万元，含语言服务的企业产值为 1111334 万元，外商投资企业产值为 481805 万元，语言服务市场产值为 3780394 万元，占京津冀地区语言服务市场总产值的 80%左右，表明北京是京津冀地区语言服务业的重要中心，具有明显的优势。区域内的语言服务企业主要集中在北京，其次是河北和天津。含语言服务的企业和外商投资企业也主要分布在北京，反映出北京在语言服务业占有领先地位，对外资具有较大吸引力。

从企业类型分布特点看，北京的语言服务企业产值为 2187255 万元，占京津冀地区语言服务企业产值的 82%；含语言服务的企业产值为 1111334 万元，占京津冀地区含语言服务的企业产值的 85%，外商投资企业产值为 481805 万元，占京津冀地区外商投资企业产值的 62%。

天津的语言服务企业产值为 203595 万元，只占京津冀地区语言服务企业产值的 8%；含语言服务的企业产值为 76823 万元，只占京津冀地区含语言服务的企业产值的 6%，外商投资企业产值为 220977 万元，占京津冀地区外商投资企业产值的 28%。

河北的语言服务企业产值为 271991 万元，占京津冀地区语言服务企业产值的 10%；含语言服务的企业产值为 118364 万元，占京津冀地区含语言服务的企业产值的 9%，外商投资企业产值为 78557 万元，占京津冀地区外商投资企业产值的 10%。

综上所述，北京的语言服务业发展较快，产值远高于天津和河北，北京的语言服务业具有明显的优势和潜力；天津和河北的语言服务业虽然产值较小，但发展势头良好。京津冀地区语言服务业发展前景良好，发展潜力很大。

二　京津冀地区语言服务类企业数量

表 2 显示，就总体特点而言，京津冀地区内的语言服务企业总数为 10586 家，含语言服务的企业总数为 183297 家，外商投资企业总数为 24707

家，企业总数为218590家。其中，语言服务企业在区域企业总数中的占比相对较低，而含语言服务的企业和外商投资企业占比较高。就地域分布特点而言，三个省市中，北京的语言服务企业最多，达到7732家，明显高于天津的1029家和河北的1825家。含语言服务的企业中，北京最多，达到154158家，远高于天津的11345家和河北的17794家。在三个省市中，北京的外商投资企业最多，达到14106家，明显多于天津的8393家和河北的2208家，说明北京开放程度高，对外商投资吸引力最强。

表2　2023年京津冀地区语言服务类企业数量分布

单位：家

省市	语言服务企业	含语言服务的企业	外商投资企业	区域企业总数
北京	7732	154158	14106	175996
天津	1029	11345	8393	20767
河北	1825	17794	2208	21827
总计	10586	183297	24707	218590

资料来源：国家市场监督管理总局企业注册信息数据库。

京津冀地区的语言服务类企业竞争力较强的原因如下。一是地理位置优势：京津冀地区是中国政治、文化和经济中心之一，与国内外市场联系紧密，为语言服务类企业提供了广阔的发展空间。二是产业基础扎实：该地区拥有众多跨国公司和国内知名企业，对语言服务的需求较大，为语言服务类企业提供了稳定的市场需求。三是人才资源丰富：该地区拥有众多高等院校和研究机构，为语言服务类企业提供了强大的人力支持，能够提供高质量的语言服务。四是政策支持：京津冀政府部门对语言服务产业发展给予一系列政策支持，如税收优惠、财政扶持等，有助于降低企业成本，提高企业竞争力。五是创新能力较强：京津冀地区的语言服务类企业在技术创新、服务模式创新等方面具有领先优势。然而，京津冀地区的语言服务类企业也面临挑战，如行业竞争激烈、市场需求变化快速等。为了保持和提高竞争力，企业需要不断创新、提高服务质量，积极拓展市场，以适应产业发展的需求。

三　京津冀地区语言服务从业人数

从总体特点看，京津冀地区语言服务企业、含语言服务的企业和外商投资企业共有从业人数 214531 人。其中，语言服务企业从业人数最多，为 146250 人，占总数的 68%，与语言服务企业的笔译、口译、翻译项目管理等需要大量译员有关。含语言服务的企业从业人数为 53524 人，占比 25%，外商投资企业的从业人数为 14757 人，占比 7%（见表 3），反映出京津冀地区在吸引和利用外商投资方面还面临一定的挑战。

表 3　2023 年京津冀地区语言服务从业人数分布

单位：人

省市	语言服务企业从业人数	含语言服务的企业从业人数	外商投资企业从业人数	语言服务从业人数
北京	115047	43784	8753	167584
天津	18751	4426	3866	27043
河北	12452	5314	2138	19904
总计	146250	53524	14757	214531

资料来源：国家市场监督管理总局企业注册信息数据库。

从地域分布看，北京的从业人数量最多，为 167584 人，占整个京津冀地区从业人数的 78%，远高于天津和河北。天津为 27043 人，占比 13%，河北为 19904 人，占比 9%。与北京作为国家的政治、文化、科技和教育中心，对语言服务的需求较大有关，北京吸引和集聚了较多从业人员。

从企业类型分布特点看，外商投资企业从业人数少，与外商投资企业的数量较少有关。京津冀地区语言服务业的发展势头较为强劲，但对外商投资企业的吸引力仍有待提高，在推动经济发展等方面仍存在提升空间。

四　京津冀地区语言技术市场

表 4 显示，2023 年，北京语言技术市场产值达到 81311 万元，占京津冀语言技术市场产值的 91%，北京在语言技术领域的优势明显，预计北京将继续保持在京津冀地区乃至全国的领跑地位，语言技术市场会因新技术（如人工智能）的发展和应用进一步扩大，引领产业创新和发展趋势。相比北京，天津和河北语言技术市场产值和占比较小。天津语言技术市场产值为 1393 万元，占比 2%；河北语言技术市场产值为 6605 万元，占比 7%。京津冀地区内部的语言技术市场发展存在明显的不均衡。随着京津冀一体化战略的深入实施，政策支持、产业转移和技术渗透等因素将促进天津和河北语言技术市场的增长。北京的技术优势、天津的产业基础和河北的市场潜力有望实现互补。促进京津冀语言技术市场均衡发展的关键是加强产业链条建设，通过优化产业结构，引导资源向语言技术等高新技术产业集中，形成差异化、互补的发展模式，推动京津冀语言技术市场均衡和协同发展。

表 4　2023 年京津冀地区语言技术市场规模

指标	北京	天津	河北	总计
产值（万元）	81311	1393	6605	89309
占比（%）	91	2	7	100
企业数量（家）	65	8	58	131
占比（%）	50	6	44	100

资料来源：国家市场监督管理总局企业注册信息数据库。

五　京津冀地区语言人才需求状况

图 1 显示，京津冀地区语言人才的需求分布和占比反映了不同省市在经济发展、国际化水平和行业需求上的差异，同时反映了语言人才在区域

发展中的重要作用和所面临的机遇与挑战。河北招聘岗位数最多，达到41276个，占比达55.35%。河北作为面积较大、人口众多的省份，在经济发展、文化交流、国际贸易和对外开放中十分活跃。北京位居第二，招聘岗位数为20251个，占比27.16%。天津招聘岗位数为13044个，占比17.49%，京津冀一省两市的语言人才需求分布与各省市的经济发展水平和国际化程度密切相关。京津冀地区经济一体化推进带来机遇和挑战，区域内部的经济一体化为语言人才创造了更多跨地区的就业和发展机会，同时要求语言人才具备更为多元化和高水平的语言能力以及对不同行业和领域的适应能力。

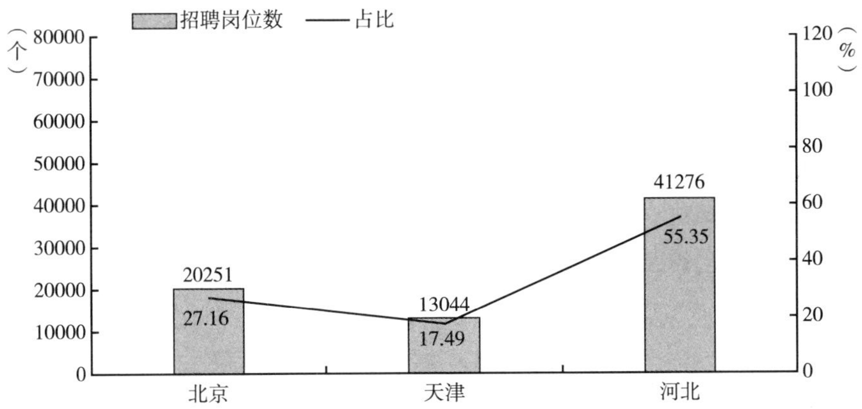

图1　2024年6月京津冀地区语言人才招聘岗位数及占比

资料来源：智联招聘、前程无忧和BOSS直聘网站。

从招聘企业地点看，京津冀地区的语言人才需求体现了中国北方经济和社会发展状况。北京和天津的国际化程度高，北京的跨国公司、外国使馆、国际组织云集，高端服务业集聚，对高端语言人才的需求集中在高端服务业、教育和科研等领域。天津作为重要的港口城市，对语言人才的需求集中在贸易、物流、制造等行业。河北内的需求则反映了省内各城市经济发展的多样性和开放度差异。河北各市之间的语言人才需求不均衡。省会石家庄需求量最大，招聘岗位数达到8726个，占比11.7%。其次是保定、廊坊、秦皇岛和唐山，占比介于4.7%~6.4%（见表5），与河北各地在工业、教育、旅游和文化领域的发展重点不同有关。京津冀一体化战略不断推动语言人才需求的增长。

表 5　2024 年 6 月京津冀地区语言人才招聘岗位地域分布情况

单位：个，%

指标	北京	天津	石家庄	保定	廊坊	秦皇岛	唐山
招聘岗位数	20251	13044	8726	4760	3611	3567	3479
占比	27.2	17.5	11.7	6.4	4.8	4.8	4.7
指标	邢台	沧州	邯郸	衡水	张家口	承德	总计
招聘岗位数	3468	3449	2956	2562	2452	2246	74571
占比	4.7	4.6	4.0	3.4	3.3	3.0	100

资料来源：智联招聘、前程无忧和 BOSS 直聘网站。

从招聘企业规模看，京津冀地区语言人才市场活跃且多元化，中小型企业扮演了极其重要的角色，各类规模的企业都对优秀语言人才有需求。具体而言，20~99 人的小企业招聘岗位数为 26667 个，占比最大，为 35.76%，反映出小企业的语言人才需求量大。100~499 人的中等规模企业招聘岗位数为 18009 个，占比 24.15%，位居第二。中小型企业积极开拓国际市场业务。0~19 人的小微企业招聘岗位数为 16412 个，占比为 22.01%，与中等规模企业招聘数接近。1000~9999 人的大企业招聘岗位数为 6882 个，占比 9.23%。500~999 人的中大型企业招聘岗位数为 4274 个，占比 5.73%。10000 人及以上的特大型企业招聘岗位数为 2327 个，占比较小，为 3.12%（见图 2），说明大企业对语言人才有稳定的需求，数量不多，但要求较高。高需求量表明京津冀地区对语言人才的高度需求，反映出京津冀地区经济活跃、国际交往频繁的特点。

从招聘企业类型看，民营企业占主导地位，是京津冀地区最活跃的市场主体，招聘岗位数为 46822 个，占比达到 62.79%，远远超过其他任何一种类型的企业，说明民营企业是语言人才需求最旺盛的部门。股份制企业紧随其后，招聘岗位数为 7024 个，占比 9.42%。虽然与民营企业的需求相差甚

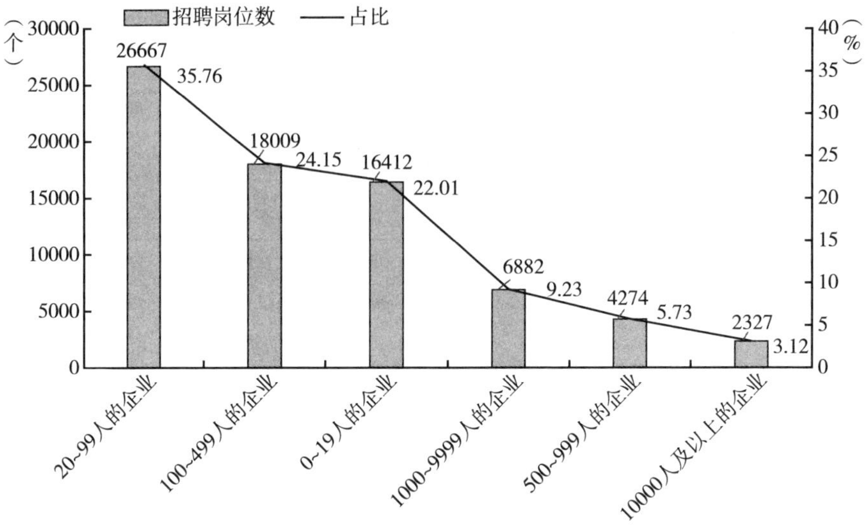

图 2　2024 年 6 月京津冀地区语言人才招聘岗位企业规模分布情况

资料来源：智联招聘、前程无忧和 BOSS 直聘网站。

远，但在语言人才招聘市场中仍占据了不小的比重，语言人才依然受到市场重视。国有企业需求稳定，招聘岗位数为 5474 个，占比 7.34%，体现了国有企业大力推进国际化。合资企业和外商独资企业的招聘岗位数分别为 3971 个（5.33%）和 3129 个（4.20%）（见表 6）。这两类公司对语言人才有更直接的需求。上市企业、事业单位、社会团体、院校等虽然在招聘岗位数上不及前几种类型的企业，但仍然对语言人才有特殊需求，语言人才在教育和社会服务领域同样重要。京津冀语言人才市场需求跨领域和多样化特征明显，人才市场供需活跃，竞争激烈，充满机遇。

表 6　2024 年 6 月京津冀地区语言人才招聘岗位企业类型分布情况

单位：个，%

类型	招聘岗位数	占比
民营企业	46822	62.79
股份制企业	7024	9.42
国有企业	5474	7.34
合资企业	3971	5.33

续表

类型	招聘岗位数	占比
其他	3244	4. 35
上市企业	3218	4. 32
外商独资企业	3129	4. 20
事业单位	629	0. 84
院校	386	0. 52
社会团体	346	0. 46
代表处	189	0. 25
律师事务所	81	0. 11
港澳台公司	58	0. 08
总计	74571	100. 00

资料来源：智联招聘、前程无忧和 BOSS 直聘网站。

从招聘岗位类型看，京津冀地区的语言人才市场需求旺盛，岗位类型多样。招聘的主要是翻译类岗位，笔译岗位招聘数量为 17258 个，占比达到 23. 14%，京津冀地区笔译需求量大；其次是各语种教师岗位，为 8127 个，占比 10. 90%，反映了语言教育依然是京津冀地区的一个重要产业。另外，京津冀地区的技术和管理岗位也有一定的需求，翻译/海外项目经理、外贸业务员招聘岗位数分别为 4376 个和 4627 个，分别占比 5. 87%和 6. 20%，表明语言服务行业对管理和商务技能需求较大。此外，跨境电商运营专员招聘岗位数占 2. 60%，显示京津冀地区电子商务企业因为海外业务需要，对跨境电商的语言人才有较大需求。其他招聘岗位数占比 41. 41%（见表 7），说明在语言人才市场中存在大量细分岗位和特殊需求，包括语言技术开发、国际合作项目等。

从岗位需求分布看，语言人才需求非常多样化。一是不仅限于传统的翻译和教学岗位，还扩展到了项目管理、外贸、电商、技术等领域。二是语言与技术呈现融合趋势，出现 AI 工程师、算法工程师、技术文档工程师、数据标注/数据开发专员岗位需求。三是外语教培仍有需求，各语种教师和英语助教招聘岗位数占比超过 11%，外语教培市场需求依然旺盛。

从未来发展趋势看，首先，随着 AI 和机器学习技术的发展，语言服务行业技术岗位需求会逐渐增加，特别是在自然语言处理、机器翻译和语音识别等领域。其次，市场需求的细分化和专业化特点逐步凸显，出现很多新岗位或新职业，带来更多新领域的语言服务岗位。最后，跨界融合的语言人才需求增加。京津冀地区一体化高质量发展使得复合型语言人才需求增加，语言人才需要具备跨文化交流、国际商务、跨学科知识和计算机技术，以适应不断变化的市场需求。

表 7　2024 年 6 月京津冀地区语言人才招聘岗位类型需求分布情况

单位：个，%

类型	招聘岗位数	占比
笔译	17258	23.14
各语种教师	8127	10.90
外贸业务员	4627	6.20
翻译/海外项目经理	4376	5.87
海外销售	2055	2.76
跨境电商运营专员	1940	2.60
文案策划/编辑	1925	2.58
客服	825	1.11
英语助教	750	1.01
留学顾问/文书	633	0.85
数据标注/数据开发专员	316	0.42
口译	266	0.36
算法工程师	251	0.34
AI 工程师	193	0.26
技术文档工程师	146	0.20
其他	30883	41.41
总计	74571	100.00

资料来源：智联招聘、前程无忧和 BOSS 直聘网站。

从招聘岗位语种需求看，英语依然是最主要的语种，京津冀地区对其他语种人才，尤其是对俄语、日语、西班牙语和韩语人才需求较高，语种需求呈现多元化。英语招聘岗位数为14155，占比高达47.03%。无论是在国际贸易、教育，还是其他领域，英语都是最重要的外语技能之一。英语的高需求量也反映了全球“通用语”的核心地位。俄语和日语需求上升，俄语招聘岗位数为4141个，占比13.76%；日语招聘岗位数为3154个，占比10.48%，与京津冀地区的外贸和经济合作有关。西班牙语和韩语的招聘岗位数分别为1960个和1719个，占比分别为6.51%和5.71%（见表8）。法语、德语、葡萄牙语、阿拉伯语等在一些特定领域有稳定的需求，如国际组织、外交、贸易等。土耳其语、越南语等需求相对较低，其他非通用语种几乎没有招聘需求。因此，外语专业毕业生和求职者要根据市场信息，做好职业规划和专业发展定位。

表8　2024年6月京津冀地区语言人才招聘岗位语种需求分布

单位：个，%

语种	招聘岗位数	占比
英语	14155	47.03
俄语	4141	13.76
日语	3154	10.48
西班牙语	1960	6.51
韩语	1719	5.71
法语	1502	4.99
德语	1070	3.56
葡萄牙语	678	2.25
阿拉伯语	612	2.03
意大利语	417	1.39
泰语	225	0.75
商务英语	195	0.65
土耳其语	173	0.57
越南语	96	0.32
总计	30097	100.00

资料来源：智联招聘、前程无忧和BOSS直聘网站。

从招聘岗位学历要求看，京津冀地区对语言人才的学历要求主要为本科，同时为不同学历的人才提供了广阔的空间，岗位覆盖了从高端研究、专业服务到基础教育和初级服务的多个层面。本科学历要求占比达 50.91%，37961 个岗位要求应聘者具有本科学历。大专学历也有较大市场，占比 31.34%，有 23374 个岗位要求大专学历。8274 个岗位对学历没有具体要求，占比为 11.10%，更加强调实际语言应用和相关工作技能等。要求硕士研究生与博士研究生学历的岗位合计为 2644 个，占比为 3.55%（见表 9），京津冀市场对研究生学历的语言人才需求主要集中在北京和天津的高等教育科研机构等。中专/中技、高中、初中及以下学历的岗位需求占比较低，主要在一些服务行业等。由此可见，京津冀地区对语言人才学历的要求具有多样性与包容性。

表 9　2024 年 6 月京津冀地区语言人才招聘岗位学历要求分布

单位：个，%

指标	本科	大专	学历不限	硕士研究生	中专/中技	高中	初中及以下	博士研究生	总计
招聘岗位数	37961	23374	8274	2497	1147	1016	155	147	74571
占比	50.91	31.34	11.10	3.35	1.54	1.36	0.21	0.20	100.00

资料来源：智联招聘、前程无忧和 BOSS 直聘网站。

从招聘岗位薪资标准看，月薪低于 5000 元的岗位占比高达 65.95%，京津冀地区绝大部分外语岗位的薪资待遇不高。5000~10000 元的中等薪资岗位占 21.60%；月薪在 1 万~1.5 万元的岗位占比为 10.54%。高薪资岗位稀少，月薪在 1.5 万~2 万元的岗位占比仅为 1.29%，而月薪在 2 万~2.5 万元和 3 万元及以上的岗位的占比仅分别为 0.37%和 0.25%（见图 3），意味着需要较高语言能力和专业技能的岗位数量有限，或者这类岗位的供给与需求之间存在不平衡。高薪资岗位稀缺导致竞争异常激烈。这类岗位可能要求外语水平极高，同时需要具备相应的行业经验和专业知识。薪资两极分化趋势加剧，京津冀市场外语人才需求不断细分，高端外语人才和具备特殊技能的外语专业人才享受高薪资待遇，外语能力要求较低的岗位薪资水平将逐步降低。外语学习者和从业者需要不断提升自己的语言能力和专业技能，以适应市场的需求，提高自身的薪资水平。

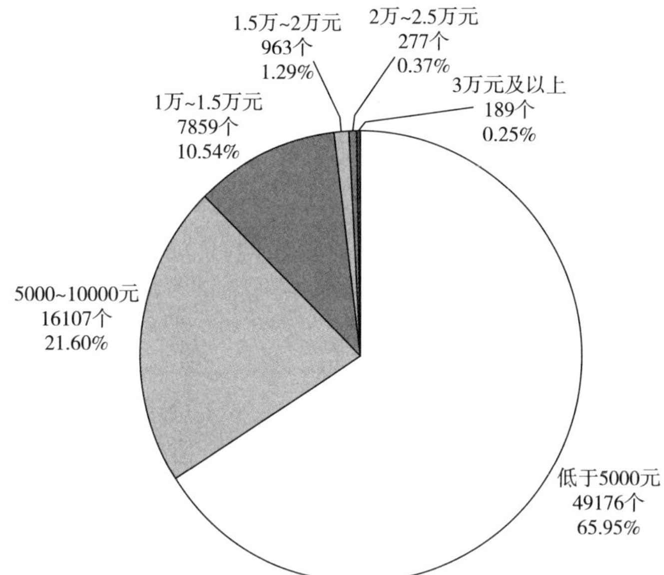

图 3　2024 年 6 月京津冀地区语言人才招聘岗位月薪标准分布

资料来源：智联招聘、前程无忧和 BOSS 直聘网站。

六　京津冀地区语言服务行业分析与建议

（一）行业分析

京津冀地区语言服务行业具有以下特点。一是语言服务产业高度集聚，京津冀地区作为国家的政治、经济、文化中心，语言服务需求旺盛，形成了大量语言服务类企业高度聚集的现象。二是语言服务业态复杂多样，涵盖了翻译、本地化、语言技术支持、多语信息处理等多种形式，服务内容丰富。三是语言人才素质高，京津冀地区教育资源丰富，语言服务行业的人才素质高，外语语种较全、翻译水平高。四是语言技术应用较为成熟，普遍运用语言服务管理平台、翻译记忆系统、术语管理系统等技术手段，提高服务效率和质量。①

京津冀一体化为语言服务产业提供了政策支持、市场开放、资源共享、产业协同等多方面的机遇。政策支持方面，政府出台相关政策，鼓励语言服务类企业发展，包括财政支持、税收优惠、补贴等，以降低企业的运营成本，提高企业竞争力。资源共享方面，京津冀一体化促进区域内资源的共享，包括人才、信息、技术等方面。语言服务类企业利用共享资源，提高服务质量和效率，降低成本。市场开放方面，京津冀一体化打破地域限制，促进市场的开放和统一，为语言服务类企业提供更广阔的市场空间，有利于企业拓展业务范围，吸引更多的客户。产业协同方面，京津冀一体化鼓励产业协同发展，语言服务产业与其他产业深度合作，共同开展项目，为制造业、旅游业、医疗产业、文化产业等提供多语言服务。人才引进与培养方面，京津冀一体化吸引更多的高素质人才加入语言服务行业。同时，政府和企业联合开展人才培养计划，提高行业从业人员的整体素质。行业标准制定方面，京津冀推动语言服务行业标准一体化，加强监管，提高行业整体水平。国际交流合作方面，语言服务类企业借助京津冀一体化契机拓展国际业务，提高国际竞争力。语言服务类企业应积极把握机遇，提高服务质量，为京津冀地区的经济和文化发展做出贡献。②

京津冀地区语言服务行业面临如下挑战。一是市场竞争加剧。京津冀一体化促使更多的语言服务类企业进入京津冀地区，导致市场竞争加剧。企业需要不断提升服务质量和竞争力，以在激烈的市场竞争中脱颖而出。二是人才需求不均衡。产业的快速发展导致对高素质语言人才的需求增加。京津冀地区的语言服务类企业需要制定有效的人才吸引政策，防止出现大城市虹吸现象。三是技术创新能力弱。语言服务中小企业居多，技术创新能力相对较弱，人工智能等新技术发展迅速。企业应投入资金和资源，加快数字化转型。

---

① 崔启亮：《京津冀协同发展语言服务调查报告》，对外经济贸易大学出版社，2021。

② 王立非主编《京津冀、长三角、粤港澳大湾区语言服务竞争力报告》，对外经济贸易大学出版社，2023。

四是行业发展不够规范。语言服务行业具有多样性和复杂性，缺乏统一的行业规范和服务标准，服务质量参差不齐，需要京津冀相关部门和行业协会协同努力，制定并推广统一的规范和标准。五是跨区域协同难度大。京津冀地区涉及三个省市，语言服务类企业跨区域合作面临沟通、协调等方面的挑战。企业需要建立有效的合作机制，加强信息共享和协同工作。六是市场需求变化快。随着京津冀经济社会发展加快，语言服务的需求不断变化。企业需要密切关注市场动态，及时调整业务模式和服务内容，以满足客户的需求。七是信息安全风险大。语言服务涉及客户的敏感信息，如商业机密、个人隐私等。确保信息安全、防止信息泄露是京津冀地区语言服务类企业面临的重要挑战。

（二）行业建议

本报告对京津冀地区语言服务行业发展提出以下建议。一是建立信息共享平台。语言服务类企业建立信息共享平台，使京津冀地区的企业能够在平台上分享经验、知识和最佳实践，提高整个行业的效率和质量。二是加强合作与联盟。语言服务类企业与数字服务、知识产权服务、人力资源服务等企业、行业协会或相关机构建立合作关系或联盟，共同开展研究、开发项目或举办培训活动。语言服务类企业通过合作共享资源、降低成本，共同应对京津冀地区服务行业面临的挑战。三是推动行业标准制定。语言服务类企业积极参与语言服务标准的制定工作，确保京津冀地区的语言服务行业在质量、安全和环保等方面保持一致，促进信息共享和协同工作。四是举办研讨会和活动。语言服务类企业组织或参与行业研讨会、论坛和活动，为京津冀地区的语言服务类企业提供交流的平台，促进企业之间的联系和合作。五是利用信息技术。企业利用信息技术，如互联网、云计算和大数据等，加强企业内部和企业之间的信息流通和协同工作。这将有助于提高工作效率、降低沟通成本。六是培养人才，建立共享知识库。语言服务类企业加大员工培训投入力度，提高员工的专业素养和协同工作能力。此外，企业建立共享知识库，将企业内部的知识和经验进行整理和共享。通过采取这些措施，提高产业整体竞争力，实现京津冀地区服务产业协同发展。

B.5

长三角地区语言服务市场分析报告（2024）*

艾 斌　林 旭　王立非**

摘　要： 2023年，长三角地区语言服务市场规模为708.6亿元，上海的产值领先，占43.67%。江苏语言服务企业最多，占长三角地区总数的48%，企业集聚，市场活跃度高。长三角地区语言服务相关从业者达29.06万人。上海市外商投资企业数量居长三角地区之首，国际化优势明显。长三角地区语言技术市场呈现集中与分散并存的特点，主要集中在江苏和上海，安徽和浙江的市场较为分散。长三角地区经济发展带动语言服务需求持续增长，高端多语种人才和技术融合型人才受到市场欢迎。人工智能技术创新和区域合作的不断深化进一步推动长三角地区语言服务市场和语言技术市场持续增长。

关键词： 语言服务　语言技术　长三角地区

长江三角洲地区包括上海、江苏、浙江以及安徽的部分地区。该地区是中国经济最发达、人口最密集、城镇化程度最高的地区之一，也是对外开放

---

* 本报告为2020年北京市社会科学基金重点项目"'一带一路'语言服务便利度测量模型构建与应用"（20YYA002）的资助成果。

** 艾斌，博士、对外经济贸易大学经济学博士后，上海财经大学外国语学院教授、系主任，研究方向为外语教育、跨文化商务沟通、语言服务；林旭，博士，北京邮电大学人文学院讲师，研究方向为国际语言服务、翻译；王立非，博士，北京语言大学高级翻译学院教授、国家语言服务出口基地首席专家，兼任中国对外贸易经济合作企业协会国际商务与语言服务工作委员会会长，研究方向为语言教育、国际语言服务、商务英语。

程度最高的地区之一，被誉为中国的“经济引擎”。上海 GDP 在全国 31 个省份中位居前列，是全国最重要的经济增长极之一①。

2018 年，中共中央提出“支持长江三角洲区域一体化发展并上升为国家战略”的重大决策。2019 年，中共中央、国务院印发了《长江三角洲区域一体化发展规划纲要》。该纲要明确了长三角一体化发展的总体要求、主要任务和保障措施。主要任务包括：构建高质量一体化市场体系，推动基础设施互联互通；构建科技创新共同体，推进全球资源要素配置；打造生态环保共同体，实施统筹空间用途管理等。

长三角地区拥有世界级的都市群，包括上海、南京、杭州、苏州、无锡等城市，不仅经济发达，科技实力强大，而且文化底蕴深厚，具有较强的国际影响力。长三角地区的工业门类齐全，包括汽车、电子、石化、钢铁、船舶、装备制造等诸多领域，形成了完整的产业链条。同时，服务业也高度发达，尤其是金融业和信息服务业，在全国乃至全球都有重要影响力。长三角地区交通发达，拥有大量的高速公路、铁路，以及大型的航空、海港，形成了高效的物流网络。这里的教育资源非常丰富，拥有一批世界一流的大学和研究机构，为科技创新和人才培养提供了重要支持。

长三角区域一体化发展取得了显著成效，包括加快区域基础设施互联互通，打通京杭大运河两岸区域铁路，完成沪苏通铁路等；推动金融服务一体化，实施长三角银行业监管协同；实施京沪科创大走廊工程，建设“长三角科创共同体”。上海、江苏、浙江和安徽这四个省市按照长三角地区一体化发展战略，加强协调，进一步促进区域内经济、社会、人才、科技等多领域的一体化发展，实现优势互补、共享共赢。随着区域一体化战略的不断深化，长三角地区语言服务市场也迎来了新的发展机遇。

本报告探讨长三角地区语言服务市场总产值、企业数量、从业人数以及语言人才需求状况等多个维度，为读者提供全面而详细的市场数据和趋势分

---

① 王立非：《京津冀、长三角、粤港澳大湾区语言服务竞争力报告（3）——长三角区域评价》，对外经济贸易大学出版社，2023。

析。语言服务是促进国际交流、推动区域经济发展的重要工具，其健康发展对于长三角地区提升国际竞争力和文化软实力具有深远的影响。长三角地区语言服务产业面临挑战与机遇。本报告提出切实可行的发展建议。长三角区域一体化战略持续推动语言服务市场的快速发展，为区域经济社会发展提供更加强有力的支持，从而在新时代背景下推动长三角地区实现更高质量的跨越式发展。

一　长三角地区语言服务市场总产值

长三角地区的语言服务市场产值的分布特点主要表现为上海市和江苏省的产值占据主导地位。上海的语言服务企业产值最高，为 1514763 万元，其次是江苏，语言服务企业产值为 1159845 万元。江苏含语言服务的企业产值最高，为 746150 万元，其次是上海，上海含语言服务的企业产值为 610019 万元。浙江和安徽的语言服务企业产值和含语言服务的企业产值相对较低，分别为 393263 万元、316167 万元和 153012 万元、77940 万元。外商投资企业产值方面，上海仍然居首位，达到了 969923 万元，其次是江苏省，达到了 697989 万元，浙江和安徽的外商投资企业产值分别为 370853 万元和 76010 万元（见表 1）。

从产值上看，长三角地区的语言服务市场总产值为 7085934 万元，其中上海、江苏、浙江、安徽分别占 43. 67%、36. 75%、15. 25% 和 4. 33%，说明上海和江苏的语言服务市场产值占据主导地位，而浙江和安徽占比则相对较低。从地域分布上看，语言服务市场产值主要集中在上海和江苏，与这两个地区的经济发展水平、企业数量、外商投资企业数量和投资额等因素有关。从发展趋势上看，全国语言服务的需求会持续增长，长三角地区的语言服务市场产值有望保持增长态势，同时为其他省份提供发展语言服务产业的契机。从企业类型上看，语言服务企业产值占 45. 5%，含语言服务的企业产值占 24. 7%，外商投资企业产值占 29. 8%，说明在长三角地区，语言服务企业产值贡献度较高。不同类型的企业在语言服务市场产值中的占比和贡献也呈现出一些特点。语言服务企业通常专注于提供专业的翻译服务。含语言服务的企业则涵盖更多行业和领域，比如教育、文化、媒体、旅游、劳务派遣等，主营业务发展离不开语言服务支持。外商投资企业产值较高，一方面，长三角地区作为中国的经济中心区，吸引了大量的外商投资，外商投资企业需要大量的语言服务，拉动了语言服务产值。另一方面，外商投资企业本身也提供语言服务，比如设有翻译部门或者提供企业内部的语言培训等，这部分服务计入产值。

表 1　2023 年长三角地区语言服务市场产值分布

单位：万元

省份	语言服务企业产值	含语言服务的企业产值	外商投资企业产值	总产值
上海	1514763	610019	969923	3094705
江苏	1159845	746150	697989	2603984
浙江	393263	316167	370853	1080283
安徽*	153012	77940	76010	306962
总计	3220883	1750276	2114775	7085934

注：基于数据可获得性，采用全省数据。
资料来源：国家市场监督管理总局企业注册信息数据库。

二　长三角地区语言服务类企业数量

江苏的语言服务类企业不仅数量多，而且集聚程度高。在长三角地区，上海市的外商投资企业数量最多。浙江省和安徽省的语言服务企业数量相对较少。这与各省市的经济发展状况、产业发展环境以及外商投资吸引力等因素有关。

表 2 显示，长三角地区语言服务企业总计 19668 家。上海、江苏、浙江和安徽的语言服务企业数量分别为 6717 家、9483 家、2290 家和 1178 家。江苏的语言服务企业数量最多，占语言服务类企业总数量的 48%左右，表

明江苏在语言服务领域的活跃度和产业集聚程度较高。上海占比约为34%，位列第二。浙江和安徽的语言服务企业数量较少，占比分别约为12%和6%。

表 2　2023 年长三角地区语言服务类企业数量

单位：家

省份	语言服务企业	含语言服务的企业	外商投资企业	总数
上海	6717	93054	54168	153939
江苏	9483	284398	25480	319361
浙江	2290	28150	22676	53116
安徽	1178	9757	2795	13730
总计	19668	415359	105119	540146

资料来源：国家市场监督管理总局企业注册信息数据库。

含语言服务的企业主要分布在江苏和上海，其中，江苏的数量最多，为284398家，占含语言服务的企业总数的约68%，说明江苏各类涵盖语言服务的产业规模较大，如出版、教育、咨询服务等。其次是上海，企业数量为93054家，占比约22%。浙江和安徽的含语言服务的企业数量较少。

外商投资企业主要集中在上海和江苏。上海的外商投资企业数量最多，为54168家，约占外商投资企业总数量的52%，表明上海作为国际化大都市，吸引了大量外商投资。江苏外商投资企业数量为25480家，占比约为24%。浙江和安徽的外商投资企业数量相对较少。

三　长三角地区语言服务从业人数

表3显示，长三角地区共有290641人从事语言服务相关工作，其中语言服务企业从业人数最多，共有189331人，占比为65.14%，说明语言服务企业是该区域语言服务产业的主力军。含语言服务的企业和外商投资企业从

业人数较少，分别为 58547 人和 42763 人，占比分别为 20. 14%和 14. 71%，但他们在推动语言服务产业发展和引领行业趋势上发挥着重要作用。

表 3　2023 年长三角地区语言服务从业人数分布

单位：人

省份	语言服务企业从业人数	含语言服务的企业从业人数	外商投资企业从业人数	从业人数
上海	80273	25711	13125	119109
江苏	77750	17162	19211	114123
浙江	24796	9381	7056	41233
安徽	6512	6293	3371	16176
总计	189331	58547	42763	290641

资料来源：国家市场监督管理总局企业注册信息数据库。

从地域分布看，上海的语言服务企业从业人数最多，为 80273 人，占比为 42. 4%，反映出上海作为国际大都市，语言服务需求大，语言服务企业及从业人数多。江苏紧随其后，从业人数为 77750 人，占比为 41. 1%，表明江苏的语言服务产业发展态势良好。浙江和安徽的语言服务企业从业人数较少，分别为 24796 人和 6512 人，占比分别为 13. 1%和 3. 4%。

从企业类型上看，江苏的外商投资企业从业人数较多，达到 19211 人，与该地区吸引外商投资的政策环境和市场环境有关。而浙江和安徽的含语言服务的企业从业人数相对较少。

四　长三角地区语言技术市场

图 1 显示，长三角地区的语言技术市场产值为 31361 万元，企业数量为 125 家。江苏有企业 58 家，产值为 19064 万元，占长三角地区的 61%，明显高于其他省市，显示出其在语言技术市场的领导地位。上海有企业 18 家，产值为 6323 万元，占整体市场的 20%，在语言技术领域也具有强大的市场影响力。浙江有 16 家企业，产值为 1556 万元，占比 5%，浙江的产值和企

业数量都较少。安徽有 33 家企业，产值为 4418 万元，占整体市场的 14%，从企业数量来看，市场潜力不容忽视。长三角地区差异显著，江苏和上海比浙江和安徽市场规模大。浙江和安徽经济发展迅速，但语言技术市场占有率较低。长三角语言技术市场呈现集中与分散并存的特点。整体看，长三角地区的语言技术市场既有集中的趋势，也有分散的特点，主要集中在江苏和上海，安徽和浙江的市场较为分散。预计未来，随着技术创新、产业集群的形成和跨区域合作的加深，长三角地区的语言技术市场将继续增长。

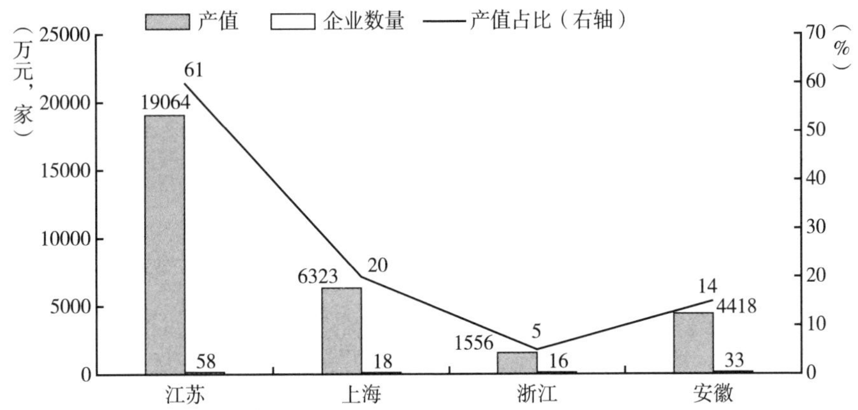

图 1　2023 年长三角地区语言技术市场产值、企业数量、产值占比

资料来源：国家市场监督管理总局企业注册信息数据库。

五　长三角地区语言人才需求状况

长三角地区的语言人才市场呈现需求增长、多样化以及对高端语言人才需求加大的特点和趋势。2024 年 6 月，长三角地区语言人才招聘岗位数量为 124057 个，其中江苏以 30.37%的占比位居第一，显示出江苏在长三角地区对语言人才需求最大。浙江紧随其后，占比 27.84%，浙江对语言人才需求也很大。上海作为长三角地区的经济中心，语言人才招聘数量占比 26.59%，位居第三。安徽的语言人才招聘数量占长三角地区的 15.20%（见图 2），反映出该省的语言人才需求也较为旺盛。

长三角地区语言人才需求旺盛的原因如下。一是区域经济发展驱动需求增长。长三角强劲的经济活力和频繁的国际交往是推动语言人才需求增长的主要因素。二是上海的国际化优势领先，上海在金融、贸易、文化等方面国际影响力强，对各类语言人才的需求广泛。三是江苏和浙江产业布局广泛，包括制造业、信息技术、外贸等行业，对语言人才的需求较大。安徽虽然在语言人才需求上相对较少，但该省经济近年来快速发展，产业结构不断优化升级，语言人才需求潜力巨大。

从未来发展趋势看，长三角地区语言服务需求会持续增长。随着长三角一体化战略的深入推进，区域内的经济交流和国际合作将进一步加强，将带动对语言人才需求的持续增长。此外，语言服务出现多样化需求，除英语等通用语言人才需求增加外，俄语、西班牙语、阿拉伯语等语种需求会不断增加。特别值得关注的是，随着人工智能、大数据等技术在语言服务领域的深度应用，具备技术背景的语言人才的需求将会大量增加。具备跨文化交流、国际项目管理、计算机技术应用等能力的综合型高端语言服务人才将深受各地区和各行业的欢迎。

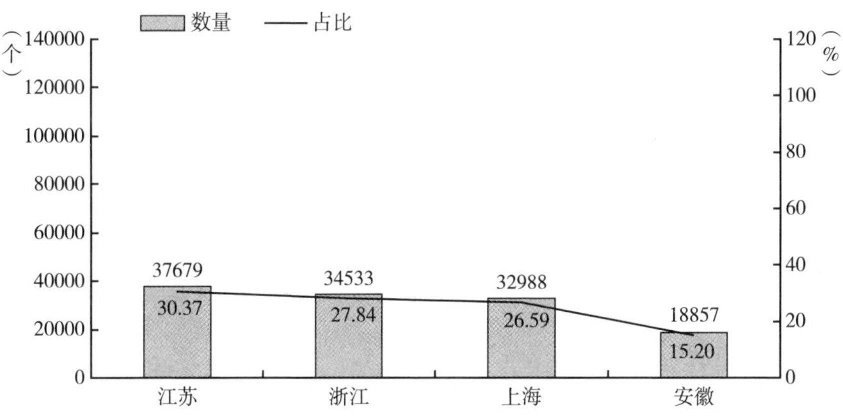

图 2　2024 年 6 月长三角地区语言人才招聘岗位数量分布

资料来源：智联招聘、前程无忧和 BOSS 直聘网站。

从招聘城市分布看，核心城市和经济发展较好的沿海城市对语言人才的需求较为集中。上海以 26.59%的占比居首位，远超其他城市。杭州和合肥分别以6.99%和5.97%的占比紧随其后（见表4）。南京、苏州和无锡等城市的占比分别为5.62%、5.45%和4.73%。这些经济发达、产业集聚的城市对语言人才的需求较为旺盛。沿海城市宁波和温州的占比分别为4.30%和3.34%，表现出明显的区域优势。金华（3.82%）、常州（3.23%）、嘉兴（2.58%）等城市的招聘占比也较高。南通（2.35%）、扬州（2.47%）等城市的招聘需求稍低。相较之下，徐州、连云港和淮安等地的招聘需求占比均低于0.5%。随着长三角一体化和区域协调发展战略的深入推进，预计这些中小城市的语言人才需求将在未来有所提升。

表4　2024年6月长三角地区语言人才招聘岗位地域分布

单位：个，%

城市	招聘岗位数	占比	城市	招聘岗位数	占比
上　海	32988	26.59	滁　州	1533	1.24
杭　州	8674	6.99	舟　山	1525	1.23
合　肥	7412	5.97	马鞍山	1481	1.19
南　京	6968	5.62	安　庆	1324	1.07
苏　州	6761	5.45	铜　陵	1047	0.84
无　锡	5869	4.73	池　州	987	0.80
宁　波	5334	4.30	徐　州	599	0.48
金　华	4738	3.82	连云港	209	0.17
温　州	4146	3.34	淮　安	154	0.12
常　州	4003	3.23	蚌　埠	151	0.12
嘉　兴	3202	2.58	阜　阳	150	0.12
扬　州	3065	2.47	六　安	139	0.11
南　通	2911	2.35	淮　北	105	0.08
芜　湖	2765	2.23	宿　州	96	0.08
绍　兴	2575	2.08	衢　州	92	0.07
台　州	2561	2.06	亳　州	88	0.07
镇　江	2467	1.99	宿　迁	68	0.05
盐　城	2435	1.96	淮　南	59	0.05
泰　州	2074	1.67	丽　水	58	0.05
湖　州	1628	1.31	黄　山	57	0.05
宣　城	1559	1.26	总　计	124057	100.0

资料来源：智联招聘、前程无忧和BOSS直聘网站。

从招聘企业类型看，长三角地区民营企业成为主要需求方，占比 62.86%，遥遥领先。企业类型多样化，股份制企业、合资企业、上市公司和外商独资企业的需求占比也较高，分别为 8.19%、8.01%、7.95% 和 7.35%，显示了长三角地区对语言人才的需求不仅广泛，而且多样化。国有企业和事业单位需求稳定，占比分别为 4.25% 和 0.50%。院校、港澳台企业和社会团体对语言人才的需求占比较小（见表 5）。

民营企业活跃，成为语言人才最主要的用人单位。长三角地区语言人才国际化需求特征明显，股份制企业、合资企业、上市公司和外商独资企业的需求占比集中体现了长三角地区经济的国际化特征。从未来发展趋势看，民营企业对语言人才的需求将继续增长，企业国际化的需求呈现多元化特征。细分领域的专业语言人才需求增加，各类企业和组织将更加注重语言人才的专业性，对具备行业背景知识和掌握信息技术能力的语言人才的需求会增加。

表 5　2024 年 6 月长三角地区语言人才招聘企业类型分布

单位：个，%

指标	民营企业	股份制企业	合资企业	上市公司	外商独资企业	国有企业	事业单位	院校	港澳台企业	社会团体	总计
招聘岗位数	77983	10163	9938	9868	9118	5267	618	483	420	199	124057
占比	62.86	8.19	8.01	7.95	7.35	4.25	0.50	0.39	0.34	0.16	100.00

资料来源：智联招聘、前程无忧和 BOSS 直聘网站。

从招聘企业规模看，小型企业（0~19 人）需求最高：小型企业对语言人才的需求占比达到 30%，居首位。中大型企业（500~999 人）紧随其后，需求占比为 24%。中小型企业（20~99 人）需求占比为 20%。大型企业（1000~9999 人）需求占比为 12%，而超大型企业（10000 人及以上）的占比为 8%。中型企业（100~499 人）的需求占比最低，仅为 6%（见图 3）。以上数据分布反映出的特点是小企业的招聘需求旺盛，规模较大的企业的语言人才需求较为稳定，需求数量可观。同时，规模与需求并非呈线性关系。企业对语言人才的需求与企业规模之间不存在简单的线性关系。不同规模的企业在招聘语言人才时有不同的需求和动机。

从未来发展趋势看，小企业的增长潜力巨大，随着更多小型企业认识到国际化的重要性，其对语言人才的需求将持续增长，特别是那些创新型和科技型初创企业。中大型企业的国际化需求增长，随着进一步国际化，其对语言能力和文化适应能力强的人才的需求将持续增加。大型跨国企业对多语种、跨文化沟通能力强的人才的需求将进一步增加，特别是那些在新兴市场拓展业务的企业。企业越来越倾向于招聘那些不仅语言能力强，而且具备相关行业知识或技能的复合型语言人才。长三角地区特别需要能够助力企业开拓国际市场和增强跨文化沟通能力的高素质语言人才。

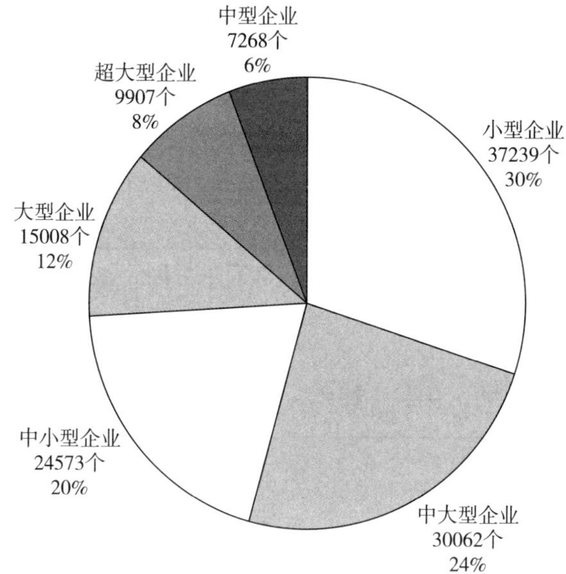

图 3　2024 年 6 月长三角地区语言人才招聘岗位需求的企业规模分布

资料来源：智联招聘、前程无忧和 BOSS 直聘网站。

从招聘岗位类型看，第一，传统语言服务岗位占比较高，各语种笔译和各语种教师岗位数量分别为 24575 个和 15270 个，分别占 19.81% 和 12.31%，显示出传统语言服务仍是长三角地区需求量较大的领域。第二，外贸相关岗位需求稳定，外贸业务员、海外销售、外贸跟单/单证员等岗位需求依然旺盛，这与长三角地区外贸企业众多和外贸进出口业务量大直接相关。第三，技术相关的新兴岗位需求正在扩大，AI 训练师/工程师和 AI/NLP 算法工程师虽然占比相对较小（分别为 0.61%和 0.26%），但反映了长三角地区对新兴技术岗位的需求正在逐步增加。这些岗位凸显了人工智能等技术在语言服务行业中的应用正在扩大。数据标注/数据开发专员招聘岗位数量为 316 个，占 0.25%（见表 6），说明了在 AI 项目中，为算法训练提供高质量数据的新兴技术岗位开始出现和受到重视。

从未来发展趋势看，首先，语言服务领域的新兴技术岗位增长潜力很大，虽然当前 AI 和 NLP 相关岗位在语言人才市场中所占比重不大，但随着人工智能技术的不断发展和应用场景的不断拓展，预计这些领域的专业人才需求将会快速增长。其次，语言服务与科技融合是必然趋势，传统的语言服务岗位（如各语种笔译、各语种教师）正在逐渐与新兴技术（如 AI、NLP）融合，出现了翻译/海外项目经理、跨境电商运营等交叉领域的岗位。这些岗位不仅需要良好的语言能力，也需要较强的技术背景或对新兴技术的理解和应用能力。长三角地区语言人才市场会随着技术的发展和行业需求的变化，出现更多的新兴技术岗位，预计语言和技术双重背景的人才需求将非常旺盛。

表 6　2024 年 6 月长三角地区语言人才招聘岗位需求类型分布

单位：个，%

类型	招聘岗位数量	占比
各语种笔译	24575	19.81
各语种教师	15270	12.31
外贸业务员	9806	7.90
翻译/海外项目经理	7139	5.75
海外销售	5152	4.15
跨境电商运营	4041	3.26
客服	3037	2.45
文案策划/编辑	2737	2.21
外贸跟单/单证员	1925	1.55

续表

类型	招聘岗位数量	占比
留学顾问/文书	1048	0.84
AI 训练师/工程师	756	0.61
各语种口译	385	0.31
AI/NLP 算法工程师	323	0.26
数据标注/数据开发专员	316	0.25
技术文档工程师	216	0.17
其他	47331	38.15
总计	124057	100.00

资料来源：智联招聘、前程无忧和 BOSS 直聘网站。

从招聘语种类型看，长三角地区对语言人才的需求集中在英语和亚洲及欧洲核心语种，同时对一些非通用语种也有稳定但相对较小的需求，展现了区域经济和文化交流的多样化需求。长三角地区语言人才招聘语种呈现三个特征。一是英语岗位最多，达到 30258 个，占比高达 53.87%，无疑反映了英语仍然是最受欢迎的语种，体现其作为国际通用语的地位，在国际商务、教育和科技交流中占据核心地位。二是亚洲语言重要性凸显，日语、韩语招聘岗位数量分别占 13.98%、8.15%，显示出长三角地区与亚洲国家的经贸往来和文化交流活跃。三是欧洲语言的需求相对稳定，西班牙语、法语和德语招聘岗位数量分别占 4.33%、3.30%和 2.90%（见表 7）。

值得注意的是，非通用语种的需求虽然占比相对较小，如葡萄牙语（1.42%）、泰语（1.27%）、阿拉伯语（1.25%）、意大利语（0.80%）、越南语（0.45%）、印度尼西亚语（0.36%）和土耳其语（0.11%），但这些语种在长三角地区的需求广泛，反映了长三角地区与多个国家和地区的多层次交流合作需求。市场小众化带来发展机遇，非通用语种的需求体量不大，但对于擅长这些语种的人才来说，竞争相对较小，市场定位更为特殊，机会相对较多。未来长三角地区的外贸发展与国际合作扩大将推动语言人才的需求不断增长，特别是对非通用语种人才的需求与拉丁美洲、东南亚和中东地区等新兴市场有关，预示着长三角地区的企业越来越重视开拓这些地区的市场。此外，对外传播和教育国际交流的增长会促使非通用语种人才需求保持增长的趋势。

表 7　2024 年 6 月长三角地区语言人才招聘岗位热门语种分布

单位：个，%

语种	招聘岗位数量	占比	语种	招聘岗位数量	占比
英语	30258	53.87	泰语	712	1.27
日语	7850	13.98	阿拉伯语	702	1.25
韩语	4577	8.15	意大利语	450	0.80
俄语	4136	7.36	越南语	253	0.45
西班牙语	2431	4.33	商务英语	251	0.45
法语	1855	3.30	印度尼西亚语	205	0.36
德语	1629	2.90	土耳其语	61	0.11
葡萄牙语	799	1.42	总计	56169	100.00

资料来源：智联招聘、前程无忧和 BOSS 直聘网站。

从招聘学历要求看，第一，长三角地区招聘以本科为主，要求本科学历的岗位数量为 66118 个，占总招聘岗位的 53.30%。大专学历其次，招聘岗位数量为 40095 个，占 32.32%（见表 8）。市场普遍认可本科和大专学历。本科学历人才专业能力和理论知识较全面，适合多种类型的工作，包括需要较高水平专业知识和技能的语言服务工作。大专教育注重实际操作和技能应用，因此大专毕业生在一些实务操作性强的岗位上，如翻译、教学助理等，也非常受欢迎。第二，许多企业对学历没有要求限制，学历不限的岗位有 11310 个，占 9.12%，显示出部分企业更重视能力。第三，高学历需求较低，要求博士研究生学历的岗位仅为 191 个，占 0.15%。高学历人才需求往往集中于研究和高端咨询等领域，这些岗位相对较少。

未来，一是本科学历需求将继续占主导地位，鉴于本科教育的综合性和不断改革，预计本科学历人才会继续受到市场欢迎。二是市场对于实践能力和职业技能会持续重视，大专以及具备丰富实践经验的人才需求会进一步增长。三是学历要求更灵活，评价标准更多元化。企业在招聘时对学历的要求会更加灵活，转向更加注重综合能力、实际经验和个人综合素质的评价。四是高学历人才，尤其是博士研究生会在特定细分领域和高端岗位上发挥更大的作用，随着产业的发展，对这些人才的需求会逐步增长，但相对集中。

表 8　2024 年 6 月长三角地区语言人才招聘岗位学历要求分布

单位：个，%

指标	本科	大专	学历不限	硕士研究生	高中	中专/中技	初中及以下	博士研究生	总计
招聘岗位数量	66118	40095	11310	2186	2009	1879	269	191	124057
占比	53.30	32.32	9.12	1.76	1.62	1.51	0.22	0.15	100.00

资料来源：智联招聘、前程无忧和 BOSS 直聘网站。

从招聘岗位月薪标准看，长三角地区语言人才的薪资水平呈现明显的层级差异，低端薪资岗位占主导地位。月薪低于 5000 元的招聘岗位数量为 75908 个，占 61.19%，表明大多数语言人才招聘岗位提供的薪资较低。提供 5000～10000 元月薪的岗位有 26835 个，占 21.63%；月薪范围在 1 万～1.5 万元的岗位有 17927 个，占 14.45%。月薪为 5000～15000 元的中等薪资岗位招聘数量较多，长三角地区企业的经济效益普遍较好，提供的薪资待遇在全国范围内有一定的竞争力。月薪在 1.5 万元及以上的岗位数量少。月薪为 1.5 万～2 万元的招聘岗位数量为 2264 个，占 1.82%；月薪为 2 万～2.5 万元的招聘岗位数量为 748 个，只占 0.60%；月薪在 3 万元及以上的招聘岗位仅有 375 个，占 0.30%（见表 9）。高薪招聘岗位数量占比少。

以上岗位薪资体现市场供需关系，首先，低薪岗位占比较高，与语言人才市场的英语等常见语种人才供应相对充足有关。其次，岗位性质与技术含量直接相关，提供较高薪资的岗位往往要求更专业的技能或更高的技术含量，如高级翻译或特定行业（如法律、医疗）翻译，以及人工智能语言技术相关岗位等。最后，与经验和学历要求有关，高薪岗位通常对求职者的经验和学历有更高的要求。新入行或学历较低的求职者可能难以满足这些岗位的要求。

长三角地区未来对语言人才的需求将呈现以下趋势。一是中等薪资岗位需求将增长，随着经济的发展和市场对语言服务质量要求的提高，对于有一定经验和技能水平的语言人才的需求将逐渐增加，中等薪资岗位的比例会有所上升。二是高薪岗位将更加专业化，行业的细分和专业化程度的提高需要具备特定技能和深厚专业知识的语言人才，这类岗位的薪资水平会保持增长。三是低薪岗位的竞争加剧，大量的低薪岗位面临更激烈的市场竞争。

表 9　2024 年 6 月长三角地区语言人才招聘岗位月薪标准分布

单位：个，%

指标	低于5000元	5000~10000元	1万~1.5万元	1.5万~2万元	2万~2.5万元	3万元及以上	总计
招聘岗位数量	75908	26835	17927	2264	748	375	124057
占比	61.19	21.63	14.45	1.82	0.60	0.30	100.00

资料来源：智联招聘、前程无忧和 BOSS 直聘网站。

六　长三角语言服务行业分析与建议

（一）行业分析

长三角地区的语言服务市场需求大，第一，长三角地区是我国对外开放的前沿，外商投资企业众多，对语言服务的需求较大，尤其是在笔译、口译、国际会议和展览等方面。长三角地区高校和科研机构密集，学术交流频繁，对高质量的学术翻译和论文润色服务有巨大的需求。第二，语言服务类企业集中，上海作为国际金融和贸易中心，集聚了大量专业的语言服务类企业。苏州、杭州等城市也有较多语言服务类企业，尤其是一些新兴的互联网语言服务公司。第三，多语种服务需求大，除了传统的英语翻译需求外，日语、韩语、德语、法语、西班牙语等多语种服务需求也在增长，尤其是在制造业、科技和金融等领域。第四，技术应用广泛，该地区的语言服务类企业在翻译技术的应用方面处于全国领先地位，机器翻译、翻译记忆库、术语管理系统等技术的应用较为普遍。第五，人才资源丰富，高校众多，语言类专业毕业生数量较多，为语言服务行业提供了丰富的人才资源，但是高端翻译人才和专业领域翻译人才相对稀缺。

（二）行业建议

一是提升技术应用水平。加强与科技公司的合作，利用大数据、人工智能等技术提高翻译质量和效率。开发和推广智能翻译工具，降低翻译成本，提高服务质量。二是培养高端翻译人才。与高校合作，定向培养符合市场需求的翻译人才，尤其是法律、金融、医疗等专业领域的翻译人才。开展翻译人才培训项目，提高从业人员的专业水平和技能。三是拓展多语种服务。根据市场需求，加强日语、韩语、德语、法语、西班牙语等多语种翻译服务。加强共建“一带一路”国家和地区语言服务研究和服务能力建设。四是加强品牌建设和国际化发展。鼓励语言服务类企业“走出去”，参与国际竞争，提升品牌影响力。通过与国际语言服务机构的合作，吸收先进经验，提升服务水平。五是加强政策支持，完善行业规范。加大对语言服务行业的政策支持力度，提供资金、税收等方面的优惠政策。制定和完善行业标准和规范，确保服务质量，提升行业整体水平。

B.6 粤港澳大湾区语言服务市场分析报告（2024）

邵珊珊　张　娣　王立非*

摘　要： 本报告调查粤港澳大湾区语言服务市场状况。2023年，粤港澳大湾区语言服务市场产值达207.77亿元，广东省达194.16亿元，占比最大，香港为13.61亿元，澳门为2.47亿元。粤港澳大湾区语言服务类企业达119781家，从业人数达128926人，语言技术市场总产值为3.73亿元。广东省拥有语言服务类企业119532家，占比99.8%。广东省在语言服务和语言技术领域优势明显。2024年6月，粤港澳大湾区语言人才招聘岗位数为47512个，其中广东省占94%，广州和深圳等城市人才需求大。港澳两地的语言人才需求较为稳定，主要集中在金融、法律、旅游等领域。随着粤港澳大湾区建设的深入推进，粤港澳大湾区国际贸易、科技创新等领域的语言人才需求将持续增长，人才自由流动将进一步畅通。

关键词： 语言服务　语言人才　粤港澳大湾区

粤港澳大湾区包括广州、深圳、珠海、佛山、东莞、中山、江门、惠州、肇庆9个广东省内的城市，以及香港和澳门两个特别行政区。粤港澳大

* 邵珊珊，博士、经济学博士后，中央财经大学外国语学院副教授，研究方向为国际语言服务；张娣，讲师，北京语言大学国际语言服务专业博士生，研究方向为国际语言服务；王立非，博士，北京语言大学高级翻译学院教授，国家语言服务出口基地首席专家，兼任中国对外贸易经济合作企业协会国际商务与语言服务工作委员会会长，研究方向为语言教育、国际语言服务、商务英语。

湾区的建设重点是建设国际科技创新中心，加快基础设施互联互通，构建具有国际竞争力的现代产业体系，推进生态文明建设，建设宜居宜业宜游的优质生活圈，紧密合作共同参与“一带一路”建设，共建粤港澳合作发展平台。

广东在 CEPA 框架下基本实现与港澳服务贸易自由化，建成横琴粤澳深度合作区，注册澳资企业 4700 多家；建成前海深港现代服务业合作区，注册港资企业 1.19 万家。①

粤港澳大湾区具有诸多发展优势。一是城市群优势。粤港澳大湾区由香港、澳门和广东省 9 个城市组成，城市之间联系紧密，产业互补性强，城市群优势明显。二是区位优势。粤港澳大湾区地理位置优越，拥有广阔的海域和丰富的港口资源，是中国内地与香港、澳门的重要连接点，也是中国与东盟等地区的重要贸易通道。三是经济优势。粤港澳大湾区是中国最发达的地区之一，拥有丰富的自然资源、先进的制造业和服务业。2023 年，粤港澳大湾区 GDP 超 14 万亿元，人均 GDP 超过 20 万元。四是创新优势。粤港澳大湾区拥有众多高等院校、科研机构和创新型企业，具有较强的研发实力和创新能力，是中国科技创新的重要基地。五是文化优势。粤港澳大湾区拥有丰富的历史文化遗产和独特的岭南文化。同时，香港和澳门作为中西文化交汇的中心，也为粤港澳大湾区带来了独特的文化元素。六是开放优势。粤港澳大湾区拥有良好的开放政策和营商环境，吸引了大量外资和跨国企业入驻，是中国内地与香港、澳门合作发展的重要平台。

粤港澳大湾区作为中国最具活力的经济区之一，不仅因独特的地理位置和经济实力备受瞩目，更因在国际贸易、科技创新以及文化交流方面展现出的巨大潜力成为全球关注的焦点。该区域通过深化合作，推动区域一体化发展，进一步强化在全球经济体系中的重要地位。在这一过程中，语言服务市场是沟通不同文化和经济体的桥梁，其发展现状及未来发展趋势分析具有重要意义。

---

① 《概要》，粤港澳大湾区网站，https://www.bayarea.gov.hk/sc/about/overview.html。

本报告对粤港澳大湾区语言服务市场的发展进行全面分析，从市场产值、企业数量、从业人数、语言技术市场、语言人才需求状况等方面提供全景式的市场洞察。随着粤港澳大湾区一体化进程的深入推进，语言服务市场面临前所未有的机遇与挑战，特别是在促进区域内外的文化交流、满足不同行业的语言服务需求方面扮演着越来越重要的角色。

通过深入分析粤港澳大湾区的语言服务产业发展态势，发现存在的问题，提出针对性建议，不仅对推动粤港澳大湾区内部的经济文化一体化发展具有指导意义，也为其他国家和地区在促进语言服务市场健康发展方面提供可借鉴的经验。粤港澳大湾区语言服务市场的繁荣发展将为区域乃至全球的经济社会发展注入新的活力。

一　粤港澳大湾区语言服务市场产值

表 1 显示，2023 年粤港澳大湾区的语言服务市场产值为 2077714 万元，其中广东的产值最高，达到了 1941614 万元，香港和澳门的产值分别为 136100 万元和 24650 万元。

表 1　2023 年粤港澳大湾区语言服务市场产值分布

单位：万元

指标	广东*	香港	澳门	总计
语言服务企业产值	814357	103200	21150	917557
含语言服务的企业产值	508519	22000	2900	530519
外商投资企业产值	618738	10900	600	629638
语言服务市场产值	1941614	136100	24650	2077714

注：基于数据可获得性，采用广东全省数据。

资料来源：国家市场监督管理总局企业注册信息数据库。

从企业类型看，就语言服务企业而言，广东的语言服务企业产值最高，高达 814357 万元，远超香港的 103200 万元和澳门的 21150 万元，说明广东在语言服务企业数量和规模上具有明显优势。广东和香港含语言服务的企业产值分别为508519万元和22000万元，澳门含语言服务的企业产值为2900万元，说明广东和香港对语言服务的需求较大。广东的外商投资企业产值为618738万元，远超香港的10900万元和澳门的600万元，说明广东的语言服务市场在吸引外资方面具有优势。

从区域分布看，粤港澳大湾区的语言服务市场主要集中在广东，其次是香港。这与三地的经济发展水平、市场规模、语言服务需求量等因素密切相关。广东语言服务企业产值及含语言服务的企业产值都远超香港、澳门，显示出强大的语言服务市场和企业竞争力。广东语言服务产值高与经济总量大和语言服务需求量大等有关。香港和澳门的语言服务产值较低，与市场规模较小，英语水平高，语言服务需求只局限于英语之外的其他语种有关。

广东和香港的外商投资企业产值较高，说明两地对外开放度高，吸引外资能力强，为语言服务提供广阔的市场空间。澳门由于人口和面积等因素限制，语言服务市场规模较小。随着粤港澳大湾区一体化进程的推进，地区间的交流增加会带动语言服务需求增长，有望带动语言服务市场进一步扩大。粤港澳大湾区语言服务产业具有良好的发展前景，吸引外资的潜力大，区域语言服务产值会进一步增长，促进服务业产值和服务进出口规模增长。当前，人工智能技术快速发展，语言服务行业竞争越来越激烈，如果粤港澳大湾区的语言服务类企业不能提升技术创新能力，提供高质量的服务，就会失去市场份额，甚至面临被淘汰的风险。

二　粤港澳大湾区语言服务类企业数量

广东的语言服务企业共4135家，数量占领先地位，香港和澳门的语言服务企业分别为129家和70家。广东的语言服务市场更为成熟，语言服务企业数量多。广东含语言服务的企业有72438家，企业发展势头强劲。外商投资企业为42959家（见表2），开放程度高，吸引外资能力较强。

从地域分布看，广东的语言服务类企业数量最多，达到119532家。香港、澳门的语言服务类企业较少，共 330 家。广东的语言服务市场规模大，开放程度高，吸引了大量的语言服务类企业。随着粤港澳大湾区一体化进程的推进，整个地区的语言服务需求将会进一步增加，语言服务类企业数量增长潜力较大。

表 2　2023 年粤港澳大湾区语言服务类企业数量分布

单位：家

指标	广东	香港	澳门	总计
语言服务企业	4135	129	70	4264
含语言服务的企业	72438	90	10	72528
外商投资企业	42959	30	1	42989
合计	119532	249	81	119781

资料来源：国家市场监督管理总局企业注册信息数据库。

粤港澳大湾区的语言服务类企业存在明显优势：一是数量庞大，语言服务类企业达到 119781 家，充分显示了粤港澳大湾区语言服务产业竞争力强。二是外资吸引力强，广东的外商投资企业达到 42959 家，能够提供更多的资金和资源支持，有利于语言服务产业的发展。三是语言服务需求大，广东的企业多，语言服务需求量大，为语言服务类企业提供了广阔的市场。

粤港澳大湾区语言服务产业地域发展不均衡，与广东相比，香港、澳门的语言服务市场产值较低，企业较少，规模较小，发展空间环境受限，对外资依赖度高，一旦面临外部经济环境变动，风险也会随之增加。粤港澳大湾区的语言服务类企业应把握机会，一体化推进粤港澳大湾区语言服务，加强粤港澳三地的语言服务类企业合作，部分港澳企业可以考虑迁移到深圳和珠海发展。随着粤港澳大湾区对外开放度进一步提升，会有更多的外商投资企业进入，为语言服务类企业提供更多的发展机会。企业数量的增长，意味着竞争更加激烈，语言服务类企业需要不断创新和提高服务质量，加强数字化转型，保持竞争优势。

三 粤港澳大湾区从业人数

表3显示，粤港澳大湾区语言服务从业人数达到128926人。广东的语言服务从业人数最多，为123270人，占总人数的95.6%；香港和澳门的语言服务从业人数较少，分别为4272人和1384人，分别占总人数的3.3%和1.1%。

表3 2023年粤港澳大湾区语言服务从业人数分布

单位：人

指标	广东	香港	澳门	总计
语言服务企业从业人数	70071	4219	1372	75662
含语言服务企业从业人数	29958	37	10	30005
外商投资企业从业人数	23241	16	2	23259
合计	123270	4272	1384	128926

资料来源：国家市场监督管理总局企业注册信息数据库。

表3显示，粤港澳三地语言服务企业从业人数为75662人，其中，广东的语言服务企业从业人数最多，为70071人，占比92.6%；香港和澳门的语言服务企业从业人数相对较少，分别为4219人和1372人，分别占比5.6%和1.8%。粤港澳三地中，广东含语言服务的企业从业人数领先，为29958人，占总人数的99.8%；香港和澳门的从业人数非常少，分别只有37人和10人。可以推断出港澳两地的含语言服务的企业聘用的专职语言服务人员较少，一是其核心业务与语言服务不相关；二是其语言服务业务多采取外包形式。粤港澳三地中，广东外商投资企业从业人数最多，为23241人，占总人数的99.9%；香港和澳门的外商投资企业从业人数非常少。总体而言，粤港澳大湾区的语言服务从业人数主要集中在广东，与广东语言服务企业较多、语言服务市场需求大、对外贸易活跃程度等因素有关。

四　粤港澳大湾区语言技术市场

表4显示，粤港澳大湾区的语言技术市场产值为37276万元，其中广东占绝大多数，达36375万元，占比98%；香港和澳门语言技术市场产值较低，分别为543万元和358万元，占比分别为1%。粤港澳大湾区共有语言技术企业137家，广东117家，香港12家，澳门8家。广东的企业数量远超港澳，得益于广东强大的制造业基础、良好的科技创新环境和丰富的人才资源。香港和澳门虽然语言技术市场产值和企业数量占比较小，但作为国际金融中心和旅游购物天堂，在中文、英语、葡萄牙语通信及多语种服务方面具有独特优势和多种需求，为语言技术的应用和发展提供了多种场景。随着粤港澳大湾区一体化推进，香港和澳门的国际资源和平台优势将进一步促进语言技术的跨境合作与创新。粤港澳大湾区内部经济发展不均衡，具有文化多样性，市场对语言技术的需求将更加细分，针对不同行业、不同语种的定制化语言技术服务需求将增加。预计粤港澳大湾区的语言技术市场将进一步扩大和深化。

表4　2023年粤港澳大湾区语言技术市场分布

指标	广东	香港	澳门
产值(万元)	36375	543	358
企业数量(家)	117	12	8
产值占比(%)	98	1	1

资料来源：国家市场监督管理总局企业注册信息数据库。

五　粤港澳大湾区语言人才需求状况

统计显示，2024年6月，粤港澳大湾区在三大招聘网站发布的语言人才招聘岗位数量达到47512个，其中广东招聘岗位44469个，占招聘总量的94%，成为粤港澳大湾区语言人才需求最大的地区。特别是广州和深圳等城市的经济发展和对外开放动力强劲，人才需求量大。广东省经济规模庞大，产业结构多元化，尤其是在制造业、服务业以及高新技术产业方面，需要大量具备多语种能力的人才，以支持其出口导向型经济和国际合作。

香港位居第二，招聘岗位2421个，占总量的5%，显示香港的多语言环境对语言人才具有稳定的需求。澳门招聘岗位622个，占1%（见图1），反映了澳门在旅游、酒店和博彩业等特定行业中对语言人才的需求。香港和澳门作为“一国两制”下的特别行政区，与国际社会有着密切的联系和交流，对英语、葡萄牙语（澳门）及其他语言的需求较高，以满足金融、法律、旅游等领域的国际化需求。粤港澳大湾区建设推动了区域内的经济一体化和人才流动，增强了对语言人才的需求。特别是国家支持开放政策和“一带一路”倡议，进一步加强了粤港澳大湾区与全球的经贸联系。随着粤港澳大湾区建设的深入推进和广东省经济的进一步发展，预计广东对语言人才的

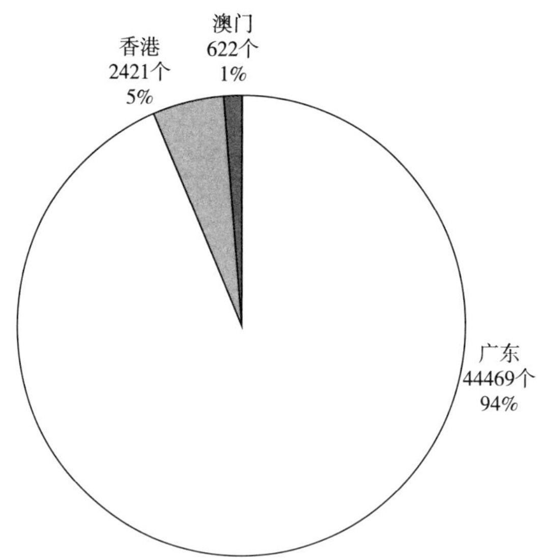

图1　2024年6月粤港澳大湾区语言人才招聘岗位数量分布

资料来源：智联招聘、前程无忧和BOSS直聘网站。

需求将持续增长，特别是在国际贸易、科技创新等领域。考虑到香港和澳门在国际金融、旅游和博彩业方面的特殊地位，这两个地区对语言人才的需求将保持稳定，并随着国际交流的增加而不断增长。粤港澳大湾区一体化将促进人才的自由流动，包括语言人才，导致岗位需求在区域内部重新分布，促使人才更多地向高需求、高薪资的岗位流动。

招聘地域分布显示，广东省内不同城市在招聘需求上存在明显差异，深圳和广州作为广东的两大经济中心，招聘岗位数分别占比 21.30% 和 19.56%，居前两位（见表 5）。深圳和广州等城市的经济总量、产业结构和对外开放水平决定了其对语言人才的高需求，高新技术产业、金融服务业以及进出口贸易等领域对语言能力有更高的要求。

东莞、佛山、惠州、江门、中山和珠海等城市也显示出较大的招聘需求，表明珠三角作为制造业和现代服务业的中心，对语言人才有较大需求。相比之下，肇庆、湛江、清远、韶关等城市的招聘需求相对较低，反映了广东省内部在经济发展和对外开放程度上的不均衡。珠三角以外的城市，如肇庆、湛江等，经济以传统制造业、农业或资源型产业为主，这些领域对语言人才的需求相对较少。随着国家推进区域协调发展和提升产业结构，省内城市间的差异会逐渐缩小。

表 5　2024 年 6 月粤港澳大湾区语言人才需求地域分布

单位：个，%

地区	招聘岗位数	占比
深圳	10121	21.30
广州	9293	19.56
东莞	4435	9.33
佛山	4232	8.91
惠州	3599	7.57
江门	3310	6.97
中山	3244	6.83
珠海	3002	6.32
肇庆	91	0.19

续表

地区	招聘岗位数	占比
香港	2421	5.10
澳门	622	1.31
其他城市	3142	6.61
合计	47512	100.00

资料来源：智联招聘、前程无忧和 BOSS 直聘网站。

从招聘企业类型看，一是粤港澳大湾区的语言人才招聘以民营企业为主，招聘岗位 30142 个，占招聘总量的 63.44%。经济全球化和市场开放、政策支持与区域一体化等为民营企业提供了良好的发展环境，增加了企业对外开放和国际合作的需求。二是招聘企业类型多元化，包括上市公司、股份制企业、外商独资企业和合资企业，其招聘岗位数分别占 7.56%、7.45%、7.44%和 5.53%。三是国有企业和港澳台企业的招聘岗位数分别占 2.88%和 0.99%（见表 6）。事业单位、代表处、院校和社会团体等单位对语言人才的需求均不足 1%，与其主营业务、市场定位及国际化程度有关。从粤港澳大湾区发展趋势预测，民营企业需求持续增长，特别是在服务业、高新技术行业和外贸领域。企业国际化加速，粤港澳大湾区上市公司、股份制企业以及外商独资企业和合资企业将适应国际市场和跨文化交流的需求。区域一体化进程中多元化和细化的语言服务需求增长，多语言人才以及特定行业（如旅游、法律、金融、技术等）语言专业人才需求将保持增长的趋势。

表 6　2024 年 6 月粤港澳大湾区语言人才招聘企业类型分布

单位：个，%

类型	招聘岗位数	占比
民营企业	30142	63.44
上市公司	3590	7.56
股份制企业	3540	7.45
外商独资企业	3536	7.44
合资企业	2628	5.53

续表

类型	招聘岗位数	占比
国有企业	1370	2.88
港澳台企业	472	0.99
事业单位	178	0.37
代表处	162	0.34
院校	135	0.28
社会团体	61	0.13
国家机关	34	0.07
律师事务所	24	0.05
其他	1640	3.45
总计	47512	100.00

资料来源：智联招聘、前程无忧和 BOSS 直聘网站。

从招聘企业规模看，中小型企业（SMEs）是市场招聘的主力军，20~99 人的企业和 100~499 人的企业分别招聘岗位数分别为 14849 个和 11638 个，两者共占招聘岗位数的 55%。创业型和小微企业的语言人才需求显著，0~19 人的企业招聘岗位数占总招聘量的 20%。大型企业具有比较稳定的人才需求，1000~9999 人的企业和 10000 人及以上的大企业招聘岗位数共占 16%（见图 2）。企业规模与语言人才招聘需求之间具有明显的非线性关系，企业规模越大，招聘岗位数越少；中型及以下规模的企业则更倾向聘用更多的语言人才以促进业务的多元化和国际化。

粤港澳大湾区各类企业的招聘需求和目标不同，特别是在广东，中小企业更重视对外扩展和探索新市场，创业和初创企业对国际化有更加强烈的意愿和追求；而大型企业通常已经在国际市场上有一定的布局，主要目标是巩固已有的国际业务，进一步提高国际竞争力。可以预测，粤港澳大湾区中小企业的语言人才需求将继续增长，各规模企业的国际化趋势将继续深化，对语言人才的需求将更加广泛和多元化，企业对人才的专业技能和语言能力的要求也会相应提升，特别是能够熟练进行跨文化交流，从事涉外法律、国际贸易等专业领域的高级语言人才。

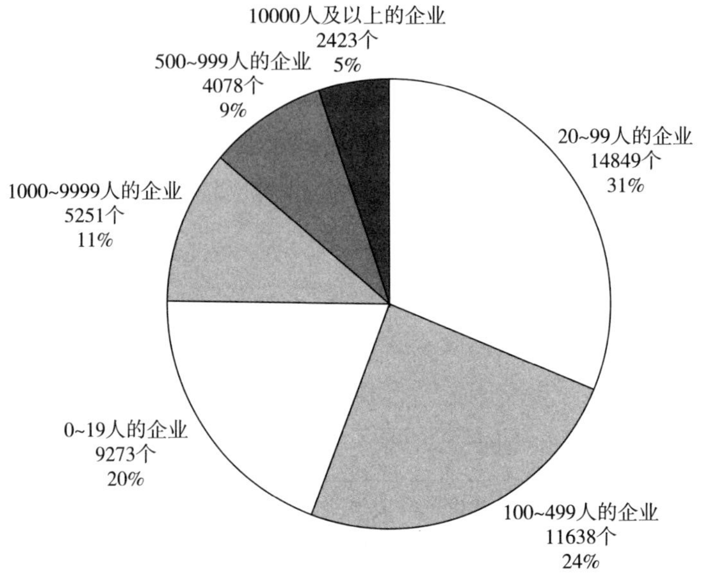

图 2　2024 年 6 月粤港澳大湾区语言人才招聘岗位企业规模分布

资料来源：智联招聘、前程无忧和 BOSS 直聘网站。

从招聘岗位类型看，各语种笔译的需求占比 26. 16%（见表 7），居首位，需求仍然十分旺盛。外贸和跨境电商岗位的需求显著，外贸业务员和跨境电商运营专员的招聘岗位数分别占 6. 31%和 4. 74%，显示了粤港澳大湾区外贸和跨境电商领域对语言人才的需求。外语教培人才的市场需求依然稳定，各语种教师的招聘占比为 5. 20%，语言学习热度依然不减，外语教培行业发展潜力可期。特别值得一提的是，粤港澳大湾区的新媒体与技术岗位涌现，新媒体/视频编辑和 AI 算法工程师的需求增长，在数字经济和信息技术迅速发展的背景下，这些融合了语言能力和技术能力的岗位日益增多。41. 04%的招聘岗位被归类为“其他”，原因是一些细分领域的岗位或新兴职业比较多元和分散，需求量还较少，反映了多样化和市场的不断变化。

可以预见，粤港澳大湾区外贸和跨境电商领域对语言人才的需求将继续增长。具备技术与语言双重能力的复合型人才，如 AI 算法工程师、技术文档工程师等岗位的需求将日益增加，尤其是在技术与语言融合的人才领域。

这类人才在AI、软件开发、国际项目管理等跨学科领域将发挥重要作用。市场对自然语言处理技术的应用越来越重视，尤其是在产品国际化、用户界面本地化、内容翻译和全球市场分析等方面。科技公司对精通多语言的技术文档工程师的需求也将不断增长，特别是在软件、互联网服务和消费电子产品领域。随着国际化趋势和终身学习理念的普及，语言教育和专业培训市场将进一步扩展。各语种教师和相关的培训岗位将持续受到欢迎。新兴职业岗位将不断涌现，对于求职者而言，提升跨领域技能，尤其是结合语言能力与技术知识，将成为增加就业机会和促进职业发展的关键。

表7　2024年6月粤港澳大湾区语言人才招聘岗位类型分布

单位：个，%

类型	招聘岗位数	占比
各语种笔译	12431	26.16
外贸业务员	2998	6.31
各语种教师	2469	5.20
跨境电商运营专员	2251	4.74
海外销售	1902	4.00
文案策划/编辑	1481	3.12
客服	1218	2.56
翻译/海外项目经理	1124	2.37
新媒体/视频编辑	1093	2.30
AI算法工程师	523	1.10
技术文档工程师	259	0.55
数据标注/数据分析专员	148	0.31
各语种口译	114	0.24
其他	19501	41.04
总计	47512	100.00

资料来源：智联招聘、前程无忧和BOSS直聘网站。

从招聘语种类型看，粤港澳大湾区的企业招聘岗位以英语为主，占招聘岗位数的40.08%（见表8），凸显英语在粤港澳大湾区开放经济中的重要性。日语、韩语、泰语和越南语等亚洲语种的需求明显，粤港澳大湾区与东亚和东南亚的经贸关系紧密，与日韩两国的文化和经济交流频繁。对于欧洲部分语言如俄语、西班牙语、法语和德语的需求较大主要源于粤港澳大湾区企业与欧洲广泛的业务联系，尤其是在贸易、投资和文化交流领域。此外，葡萄牙语和阿拉伯语的需求反映出粤港澳大湾区企业正在积极开拓巴西、葡萄牙和中东等新兴市场。粤语作为地方方言在特定行业和地区中的需求仍然不可忽视，特别是在服务本地市场和跨境交流中具有重要作用。

分析显示，第一，粤港澳大湾区企业招聘需求呈现全球化与本地化并重的特点。一方面，英语和其他主要国际语种的高需求量显示了全球化的影响；另一方面，对粤语和特定地区语种的需求则表明了文化和市场本地化的重要性。第二，粤港澳大湾区正在开拓新兴市场。对葡萄牙语、阿拉伯语等语种的需求增长反映了粤港澳大湾区企业正在积极探索和开拓新兴市场。

表 8　2024 年 6 月粤港澳大湾区语言人才招聘语种需求类型分布

单位：个，%

语种	招聘岗位数	占比
英语	7572	40.08
日语	2999	15.87
俄语	1789	9.47
西班牙语	1513	8.01
韩语	1491	7.89
法语	773	4.09
德语	630	3.33
泰语	470	2.49
葡萄牙语	330	1.75
越南语	326	1.73
阿拉伯语	274	1.45
印度尼西亚语	187	0.99
粤语	139	0.74
意大利语	103	0.55
马来语	101	0.53
土耳其语	71	0.38
商务英语	55	0.29

续表

语种	招聘岗位数	占比(%)
波斯语	31	0.16
缅甸语	26	0.14
希腊语	14	0.07
总计	18894	100.00

资料来源：智联招聘、前程无忧和 BOSS 直聘网站。

从招聘学历要求看，粤港澳大湾区企业对中高等教育水平的人才需求大，同时非常重视技能和经验。招聘主要集中在本科和大专学历岗位，其中本科学历占比 42.46%，大专学历占比 37.57%。这两个学历层次的岗位共占 80%以上。学历不限的岗位占比达 12.15%，这类岗位更关注求职者的实际能力和工作经验，而非学历背景。中专/中技、高中、初中及以下的招聘岗位需求较少，总占比为 6.24%。硕士研究生和博士研究生岗位分别占比 1.41%和 0.17%（见图 3），企业对高学历人才的需求相对较少，通常集中在特殊和有限的领域。

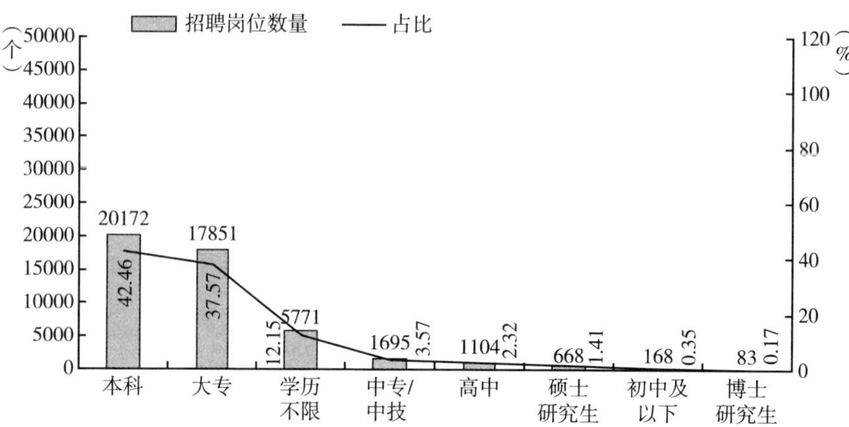

图 3　2024 年 6 月粤港澳大湾区语言人才招聘岗位学历要求分布

资料来源：智联招聘、前程无忧和 BOSS 直聘网站。

从招聘月薪标准看，粤港澳大湾区低薪岗位在就业市场中占据主导地位，中等薪资岗位相对较少，高薪岗位非常稀缺。这反映了劳动市场的供需关系、就业结构及经济发展的不平衡性。月薪低于5000元的岗位需求量最多，占比高达72.41%，主要集中在初级、入门级职位，尤其是在服务业和制造业等劳动密集型行业常见。月薪在5000~10000元的岗位占比为16.23%，而月薪在1万~1.5万元的岗位占比为9.64%，这两个月薪区间岗位占比加起来不足27%。月薪在1.5万元及以上岗位占比不到2%，特别是月薪在3万元及以上的高薪岗位仅占0.32%（见图4）。总体来看，对语言人才高薪岗位较少。

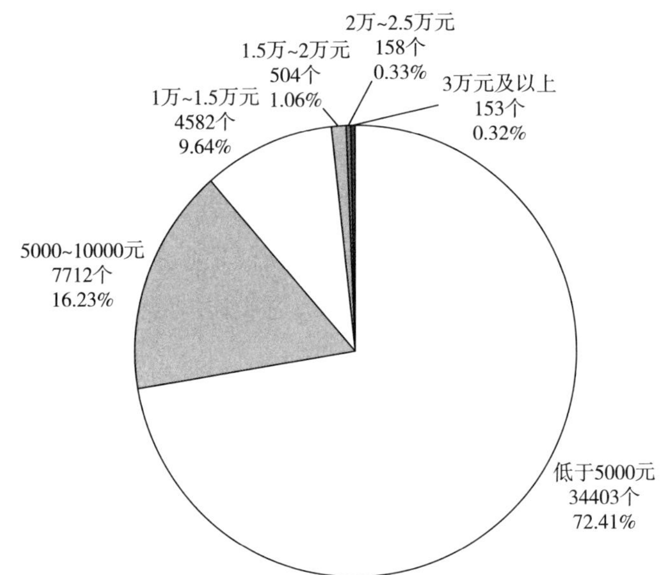

图4　2024年6月粤港澳大湾区语言人才招聘岗位月薪标准分布

资料来源：智联招聘、前程无忧和BOSS直聘网站。

低薪岗位占比高反映了劳动力市场供大于求。另外，薪资结构也反映粤港澳大湾区就业市场的结构特点。高薪岗位数量少与地区内的产业结构、企业类型及其对高端人才的需求有关。薪资水平不平衡说明区内的经济发展不均衡。在粤港澳大湾区，语言服务相关工作主要为翻译，报价不高。这也反映出语言人才需要提升高级技能、专业知识、人工智能素养和管理经验，以适应人工智能时代知识和技术密集型岗位和行业的新要求。

六　粤港澳大湾区语言服务行业分析与建议

（一）行业分析

2023年，粤港澳大湾区的语言服务产值为2077714万元。其中，广东的语言服务产值最高，占比93.4%。广东的语言服务类企业数量和从业人数均占据绝对领先地位，分别占比99.8%和95.6%。广东的语言服务产业发展成熟，企业数量多，市场规模大，具备较强的市场竞争力。广东的其他行业对语言服务需求大，为语言服务产业提供了稳定的市场需求。广东具有较高的外商投资吸引力，有利于引入更多的外资和先进的管理经验，提升语言服务产业的竞争力。相比之下，香港和澳门的语言服务产业规模较小，企业数量和从业人数较少，市场发展潜力有待挖掘。

粤港澳大湾区语言服务产业特点鲜明。一是文化背景多元，粤港澳大湾区是一个多元文化交汇的区域，官方语言包括普通话、粤语和英语等，尤其是香港和澳门，英语的使用频率较高。多元文化背景导致对多语言服务的需求旺盛，特别是在商业、法律、金融、医疗等领域。二是国际化程度高，作为中国对外开放的窗口，粤港澳大湾区国际化程度高，吸引了大量外商投资企业和外籍人士，对高质量的语言服务需求巨大。港澳地区的国际化背景要求语言服务行业具备国际水准，尤其是法律、金融和贸易翻译服务。三是语言服务类企业多，广州、深圳等城市语言服务类企业众多，涵盖翻译、外语教培、语言技术等多个领域。香港拥有丰富的国际语言服务经验和资源，澳门则因独特的历史和地理位置，形成了多语言、多文化的服务环境。四是技术创新活跃，深圳作为科技创新中心，语言服务产业积极应用人工智能、大数据等先进技术，提高服务质量和效率。语言技术公司推动智能翻译工具、翻译记忆库、术语管理系统等技术的普及。五是人才资源丰富但分布不均，粤港澳大湾区高校林立，语言类专业毕业生数量庞大，但高端专业翻译人才和具备国际化视野的复合型人才仍然不

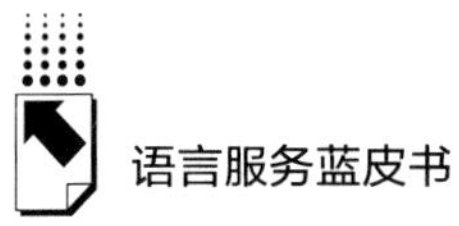

足。香港、澳门有较多的双语或多语人才，但粤港澳大湾区其他城市的高端翻译人才培养和储备不足。

（二）行业建议

根据分析结果，本报告提出以下建议。一是鼓励港澳地区发展语言服务产业。通过提供财政补贴、税收优惠等政策支持，增加语言服务类企业的数量和从业人数。二是提升语言服务的质量。通过提供专业培训和引进先进的管理经验和技术，鼓励企业聘用专职语言服务人员，提高整体服务水平。三是推动技术与服务融合。加强人工智能和大数据技术在语言服务中的应用，研发和推广智能翻译工具和平台，提高翻译效率和准确性，降低成本，提高服务质量。四是培养高端复合型翻译人才。粤港澳大湾区内的高校和科研机构应加强合作，开展定向人才培养项目，重点培养法律、金融、医疗等专业领域的高端翻译人才。鼓励从业人员参加国际认证和培训，提升专业能力和国际竞争力。五是加强粤港澳大湾区的语言服务产业合作。通过设立专门的合作平台，促进资源共享，利用各自的优势，共同发展语言服务产业。六是加强对外商投资的引导和服务。通过提供一站式服务、优化营商环境，吸引更多外商投资企业进入语言服务产业，提升该产业的国际化水平。七是拓展国际市场。鼓励粤港澳大湾区语言服务类企业开拓国际市场，提升品牌影响力和国际竞争力，积极参与国际语言服务项目和交流，吸收先进经验，提升服务质量。

B.7

海南自由贸易港语言服务市场分析报告（2024）

王立非　栗洁歆　颜文瑾*

摘　要：　本报告调查海南自由贸易港语言服务市场状况，调研显示，海南自由贸易港语言服务市场呈现良好的发展势头。2023年，海南自由贸易港实现语言服务市场产值18.79亿元，其中，语言服务企业市场产值占比32.9%。海南省拥有11734家语言服务企业，主要集中在海口市和三亚市，以小微企业为主，占比超过40%。海南的语言服务产业以翻译、信息技术和外语教培为主，翻译企业数量和产值分别达到233家和27880万元。海南省语言服务从业人数为5568人。语言技术市场规模小，但在国际旅游、跨境电商等领域发展潜力巨大。海口市和三亚市对多语言翻译和外语教师需求旺盛。整体而言，海南自由贸易港语言服务市场呈现小微企业占主导、市场竞争激烈、语言技术应用薄弱等特点，未来亟须通过政策引导和金融支持提升产业发展质量。

关键词：　语言服务　语言技术　海南自由贸易港

中国在海南省设立自由贸易试验区，并逐步探索和推进建设自由贸易

* 王立非，博士，北京语言大学高级翻译学院教授，国家语言服务出口基地首席专家，兼任中国对外贸易经济合作企业协会国际商务与语言服务工作委员会会长，研究方向为语言教育、国际语言服务、商务英语；栗洁歆，博士，北京大学医学人文学院流动站博士后，研究方向为翻译、国际语言服务；颜文瑾，北京语言大学国际语言服务专业硕士研究生，研究方向为国际语言服务。

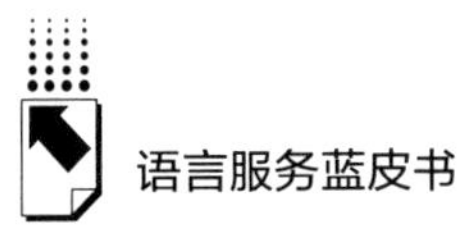

港。2020 年 6 月 1 日，中共中央、国务院印发了《海南自由贸易港建设总体方案》，标志着海南自由贸易港的建设正式启动。海南自由贸易港的建设目标是到 2025 年，基本建成自由贸易港政策和制度体系，并取得重大进展。到 2035 年，全面建成高水平自由贸易港，实施更加开放的贸易投资政策，包括零关税、自由贸易、自由投资、自由流动等。这意味着，海南自由贸易港将成为中国对外开放的新高地。2021 年 6 月，《中华人民共和国海南自由贸易港法》正式颁布实施，确保自由贸易港的政策和制度能够得到法律的保障。此外，海南自由贸易港还将加强环保和生态保护，推进绿色发展，以实现经济发展和环境保护的双重目标。

海南自由贸易港的成立旨在打造对外开放的新高地，促进贸易自由化和便利化，这一战略布局为海南岛带来了前所未有的发展机遇，其中语言服务市场也迎来了新的挑战与机遇。海南自由贸易港的特殊地位不仅为海南省带来了独特的文化交流机会，也为语言服务市场的发展提供了丰富的资源和广阔的视野。随着海南自由贸易港的深入发展，国内外企业纷纷入驻，对于多语种、高质量的语言服务的需求日益增长。

本报告对海南自由贸易港语言服务市场的发展进行深入分析，涉及市场产值、企业数量、市场业态分布、从业人数、语言技术市场、人才需求状况等。在海南自由贸易港迈向国际化的大背景下，分析和探讨海南自由贸易港语言服务产业发展状况和未来的发展趋势具有重要意义。本报告建议通过政策支持、人才培养和技术创新等手段，进一步促进海南自由贸易港语言服务市场的繁荣发展，为海南自由贸易港的国际化进程提供坚实的语言服务支持，助力海南自由贸易港成为真正意义上的国际交流与合作的新平台。

一　海南自由贸易港语言服务市场产值

图 1 显示，2023 年，海南自由贸易港语言服务市场产值为 187886.246 万元。其中，含语言服务的企业产值最高，为 92367.340 万元，占海南省语言服

务市场产值的 49. 2%；其次是语言服务企业的产值，为 61763. 000 万元，占比 32. 9%；外商投资企业语言服务产值为 33755. 906 万元，占比 18. 0%。

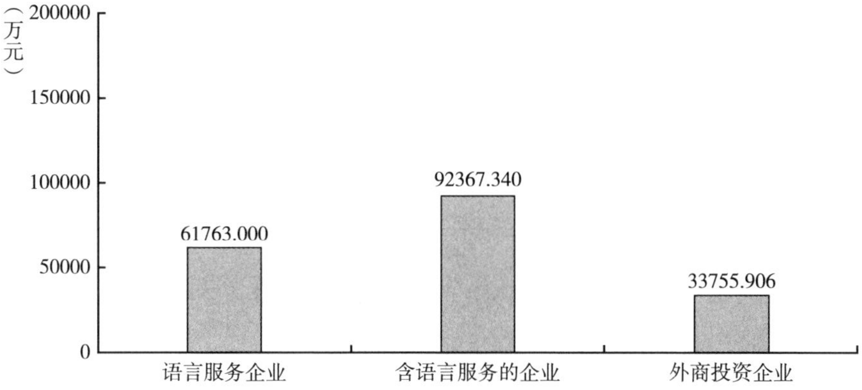

图 1　2023 年海南自由贸易港语言服务市场产值分布

资料来源：国家市场监督管理总局企业注册信息数据库。

二　海南自由贸易港语言服务类企业数量

（一）语言服务类企业数量分布特点

图 2 显示，海南自由贸易港语言服务类企业总数达到 11734 家。其中，含语言服务的企业数量最多，为 8695 家，占企业总数的 74. 1%；其次是外商投资企业，为 2559 家，占企业总数的 21. 8%；语言服务企业最少，只有 480 家，占企业总数的 4. 1%。

三类企业数量分布反映出以下三个特点。第一，含语言服务的企业数量虽然最多，但语言服务从业人数却不是最多的，说明这类企业中，语言服务在企业业务中占比较小，语言服务是非核心业务，只是辅助支持性业务。第二，语言服务企业虽然数量最少，但产值较高，语言服务从业人数最多，说明语言服务企业是人力密集型企业，翻译等语言服务是主营核心业务，主要依靠人工完成。第三，外商投资企业的数量、产值和语言服务

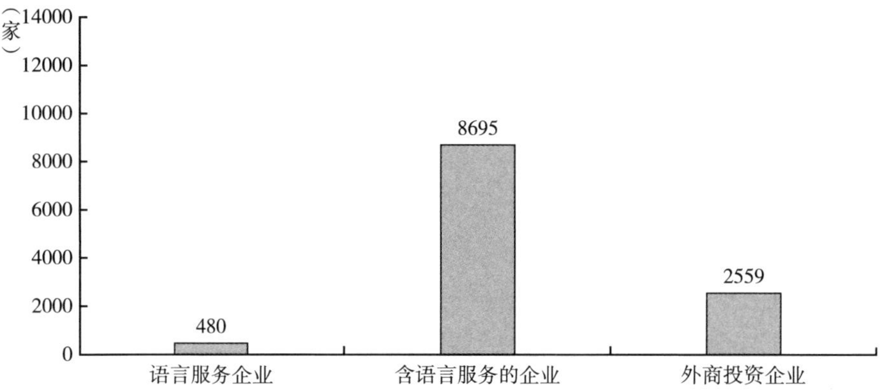

图 2　2023 年海南自由贸易港语言服务类企业分布

资料来源：国家市场监督管理总局企业注册信息数据库。

从业人数都较少，对海南语言服务产业投资较小，因此语言服务人力资源需求也较少。

（二）语言服务企业地域分布特点

海南自由贸易港语言服务企业的地域分布呈现以下几个特点。一是企业数量分布不均。海南自由贸易港语言服务企业总体偏少，只有 480 家。大部分企业集中在海口和三亚，其中，海口的企业数量最多，达到 300 家，占总数的 62.5%（见表 1）。这两个城市作为海南对外开放的中心城市，金融、旅游、会展经济较为发达，对语言服务需求大，吸引了更多语言服务企业入驻。乐东、陵水和保亭等偏远地区的基础设施、人力资源和市场规模等因素限制了企业的发展。二是企业数量与各地经济发展水平有关。语言服务企业数量反映了一个地区的外向型经济发展水平。海口语言服务企业数量多，说明该地区的经济发展水平较高；而保亭、昌江和临高等地的企业数量少，经济发展水平较低。三是企业数量与地区产业特色有关。不同地区的语言服务企业数量存在差异，反映了各地区产业特色和优势产业存在差异。例如，三亚地区的旅游业发达，语言服务需求较大；海口作为港口城市，国际物流和国际会展业比较发达，吸引了语言服务企业集聚。

表 1　2023 年海南自由贸易港语言服务企业地域分布

单位：家，万元

地区	企业数量	语言服务市场产值
海口	300	40762
三亚	78	9725
澄迈	30	4304
儋州	18	1501
乐东	5	1153
文昌	13	1040
琼海	7	897
东方	10	861
陵水	9	720
万宁	5	400
五指山	2	160
保亭	1	80
昌江	1	80
临高	1	80
总计	480	61763

注：部分县市语言服务需求较低，暂时没有语言服务企业分布。
资料来源：国家市场监督管理总局企业注册信息数据库。

（三）企业增长趋势特点

图 3 显示，海南省语言服务企业数量增长呈现以下趋势。

第一，1990 年、1998 年和 2004 年成立的语言服务企业只有 1 家，当时海南省的经济发展水平相对较低，语言服务市场需求较小。那个时期，互联网技术未得到广泛应用，语言服务主要依赖人工翻译，效率低且成本高，限制了语言服务企业的发展。语言服务产业处于发展初期，产业规模较小，企业数量较少。翻译人才相对短缺，特别是掌握多种语言的高级翻译人才。

第二，1990~2022 年，语言服务企业的数量整体呈现增加趋势，显示出语言服务产业强劲的发展势头。成立企业数量最多的年份是 2022 年，为 108 家，占总企业数量的 22. 5%。

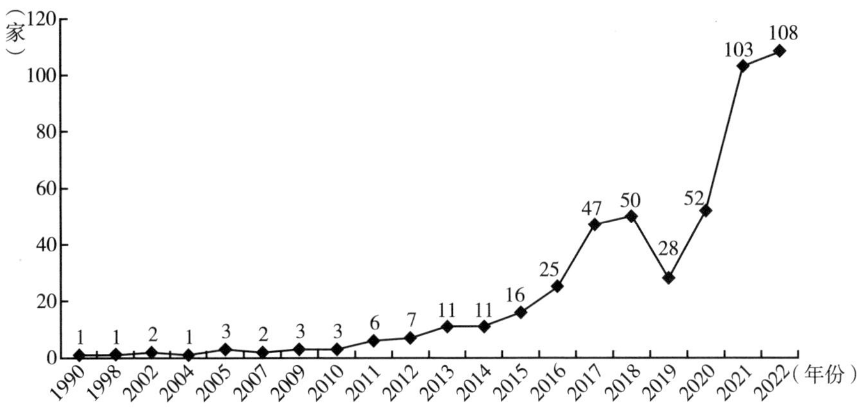

图 3　1990~2022 年海南自由贸易港语言服务新增企业变化趋势

说明：吊销撤销注销的企业未纳入统计。

资料来源：国家市场监督管理总局企业注册信息数据库。

第三，企业数量变化呈现波动趋势。语言服务新增企业数量 2005 年开始逐渐增加，2015 年之后增长明显。2017~2018 年，新增企业数量从 47 家增加到 50 家。2018~2019 年，新增企业数量从 50 家下降到 28 家，出现较大波动，2018 年，海南设立自由贸易试验区，吸引企业入驻海南，2019 年，企业新增数量趋于稳定和回落。2019~2020 年，新增企业数量从 28 家增加到 52 家，增幅较大。

第四，近年来企业数量集中增长。大部分的语言服务企业是近几年成立的，尤其是在 2015 年之后新增企业数量增长显著。2018 年，海南设立自由贸易试验区，吸引了大批企业入驻，也包括语言服务企业在内。自由贸易试验区的设立使得海南在税收、贸易、投资等方面的优势明显提升。国家批准海南省为国际旅游岛，每年吸引大量的国内外游客。近年来，互联网技术发展，大大扩大了语言服务的线上和线下市场需求，推动了语言服务企业发展。国家和海南省政府出台了一系列支持小微企业、鼓励创新创业的政策，为语言服务企业的发展营造了良好的环境，2021 年和 2022 年，即使疫情较为严重，每年海南依然有超过 100 家的语言服务企业成立。

（四）企业规模分布特点

图4显示，海南自由贸易港语言服务企业规模分布具有以下特点。一是小微语言服务企业占主体地位。海南自由贸易港语言服务企业以小企业居多，注册资本规模在0~20万元的小微企业最多，占比超过40%。二是中小语言服务企业较多。注册资本在51万~100万元和101万~500万元的中小企业较多，分别占比28.33%和16.88%，占比合计超过45%。三是大型语言服务企业较少。注册资本在501万~1000万元和1000万元以上的企业较少，占比分别为7.92%和3.13%，海南至今还没有出现头部企业。总体而言，海南自由贸易港的语言服务企业以中小型企业为主，大型企业少。

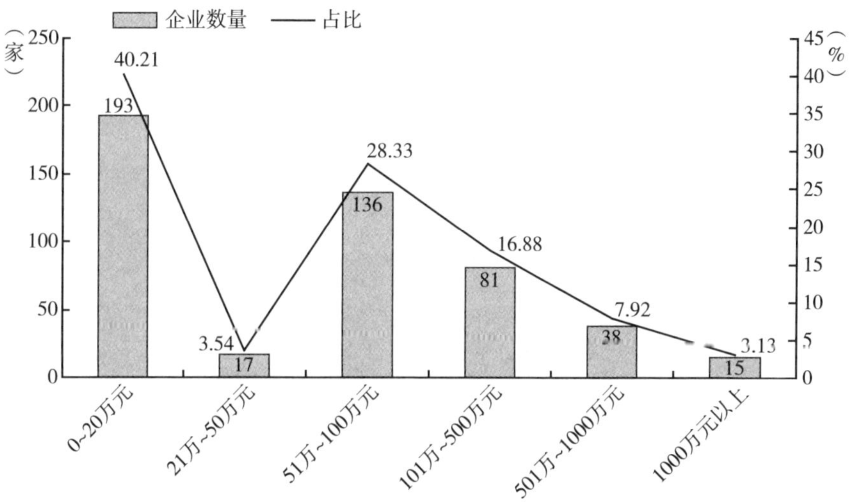

图4 2023年海南自由贸易港语言服务企业规模分布

资料来源：国家市场监督管理总局企业注册信息数据库。

一方面，中小企业能够增强海南经济活力。中小企业数量多为海南自由贸易港提供大量的就业机会，缓解就业压力，促进社会稳定。另一方面，中小企业规模小，资金、技术、人才等存在不足。市场竞争激烈，抗风险能力弱，存在长期发展难题。海南自由贸易港语言服务产业对外开放新格局和高质量发展受到影响，应通过政策引导、金融支持等方式，帮助中小企业解决发展中存在的问题，发挥语言服务产业在海南自由贸易港建设中的积极作用。

（五）企业类型分布特点

从数据来看，海南自由贸易港480家语言服务企业以中小型企业为主，企业类型以有限责任公司和个体工商户为主，分别占比67.92%和27.50%，两者相加占总数的95.42%（见图5）。有限责任公司作为一种成熟的公司形式，具有明确的权责关系和稳定的经营环境，是大多数企业的首选。而个体工商户则更加灵活，适合小规模、个体化的经营。

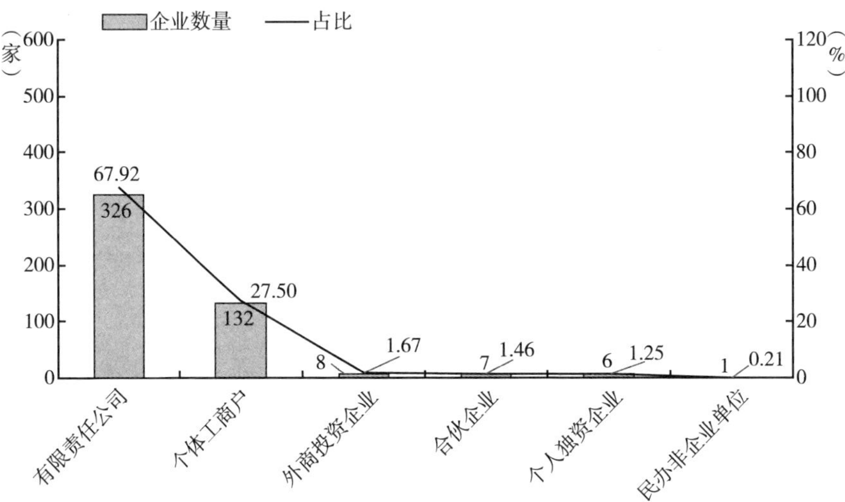

图5　2023年海南自由贸易港语言服务企业类型分布

资料来源：国家市场监督管理总局企业注册信息数据库。

外商投资企业、合伙企业、个人独资企业和民办非企业单位在海南自由贸易港语言服务企业中的占比较低，分别为1.67%、1.46%、1.25%和0.21%，显示出这些类型的企业在海南自由贸易港语言服务市场中的影响力相对较小。

海南语言服务企业类型以有限责任公司和个体工商户为主体，使得语言服务产业具有多样性和灵活性的特点。有限责任公司的运营模式通常比较专业化和规范化，有利于提升海南自由贸易港的语言服务质量。但同时有限责任公司和个体工商户企业数量多，也加剧了市场竞争，导致价格战等恶性竞争，影响产业的健康发展。个体工商户的语言服务质量参差不齐，影响整体服务水平。海南作为开放的自由贸易港，吸引的语言服务外商投资企业较少，对引入国际先进的语言服务企业管理模式和语言技术创新不利。

三　海南自由贸易港市场业态分布

海南语言服务业以翻译、信息技术和外语教培为核心业态，其他业态发展较慢。翻译服务是海南省语言服务业的主体，提供翻译服务的语言服务企业数量和产值均占据主体地位。企业数量达到 233 家，产值达到 27880 万元，占总产值的 45%（见表 2），显示出翻译是海南省语言服务企业的核心业务和语言服务产业的主流业态。

表 2　2023 年海南自由贸易港语言服务市场业态分布

单位：家，万元

类型	企业数量	产值
手语翻译	1	80
涉外服务	5	400
本地化	2	913
语言人员外包	3	993
多媒体	13	1854
桌面排版	66	6768
外语教培	73	10332
信息技术	84	12543
翻译	233	27880
总计	480	61763

资料来源：国家市场监督管理总局企业注册信息数据库。

信息技术和外语教培是海南省语言服务业的重要组成部分。信息技术服务企业数量为 84 家，产值为 12543 万元，占总产值的 20%；外语教培企业数量为 73 家，产值为 10332 万元，占总产值的 17%。

多媒体、语言人力外包、本地化、涉外服务和手语翻译等业态在海南省语言服务业中的占比较小，企业较少，产值较低。提供手语翻译服务的企业仅有 1 家，2023 年的产值为 80 万元。

四　海南自由贸易港语言服务从业人数

图 6 显示，海南自由贸易港语言服务企业的从业人数最多，为 4053 人，占总从业人数的 72.8%；含语言服务的企业的从业人数为 1256 人，占总从业人数的 22.6%。虽然含语言服务的企业较多，但从业人数较少，这些企业的语言服务业务只占很少一部分，需要的专职语言服务员工较少。外商投资企业的从业人数为 259 人，从业人数最少，占总从业人数的 4.7%。外商投资企业的主要业务并非语言服务，因而语言服务员工也少。海南省的语言服务从业总人数为 5568 人，从业人数规模不大。

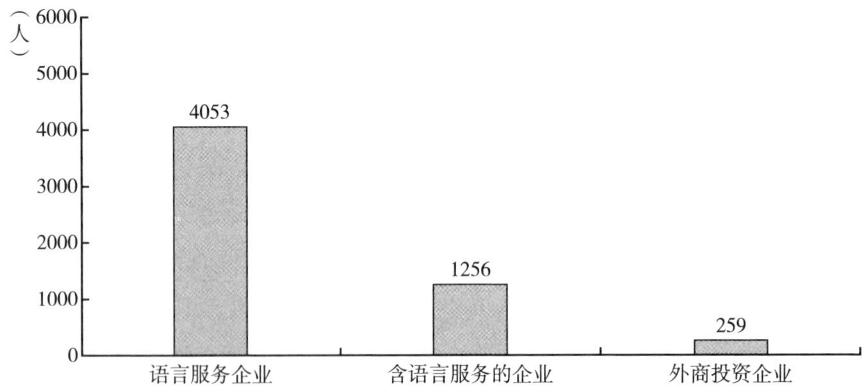

图 6　2023 年海南自由贸易港语言服务从业人数统计

资料来源：国家市场监督管理总局企业注册信息数据库。

五　海南自由贸易港语言技术市场

表 3 显示，2023 年，海南自由贸易港的语言技术市场产值为 0.2972 亿元，只占全国语言技术市场产值的 1.45%，与其他自由贸易区相比，市场规模较小。海南自由贸易港共有 17 家语言技术企业，产值和企业数量表明，海南自由贸易港的语言技术市场发展处于初级阶段，发展潜力很大。海南自由贸易港具有特殊的经济地位和政策优势，语言技术企业发展拥有难得的市场机遇。在推进国际旅游岛建设和加强国际交流合作方面，语言技术应用大有用武之地。例如，机器翻译和智能语音服务可以在旅游、国际会议、跨境电商等领域发挥重要作用。海南自由贸易港是对外开放的重要窗口，其语言技术企业有望与世界各地的企业开展交流合作，市场和发展空间广阔。海南自由贸易港享有国家级的政策支持，包括税收优惠、产业扶持等，有助于吸引更多语言技术企业落户海南，促进当地语言技术市场的发展和成熟。预计未来几年内，海南自由贸易港的语言技术市场将迎来快速增长和发展。

表 3　2023 年海南自由贸易港语言技术市场分布

地区	产值（亿元）	企业数量（家）	全国产值占比（%）
海南自由贸易港	0.2972	17	1.45
全国	20.446	5070	100.00

资料来源：国家市场监督管理总局企业注册信息数据库。

六　海南自由贸易港人才需求状况

（一）语言服务岗位需求

表 4 显示，海南自由贸易港的语言人才招聘岗位呈现以下特点和趋势。从招聘岗位类型看，高需求岗位是多语言翻译（笔译），居首位，占比达到

22.60%，海南自由贸易港对多语言翻译专业人才需求旺盛。外语教师需求大，各语种教师招聘岗位占10.61%，位列第二，显示海南自由贸易港的外语教培市场活跃。各类外贸和海外业务岗位需求旺盛，外贸业务员、海外内容运营、新媒体/短视频文案编辑策划、海外销售专员/经理等招聘岗位占比较高，达到20.23%，海南自由贸易港开拓国际市场力度大。语言技术岗位受到关注，虽然数据开发工程师和AIGC工程师的占比相对较小（1.56%），但标志着语言服务行业正逐步融入更多的科技元素，如人工智能和大数据，在提升服务质量、效率以及创新产品方面发挥越来越重要的作用。岗位需求多元化和细分化趋势明显，其他岗位占比达到31.81%，显示出岗位需求的多样化和复杂化，涵盖涉外法务、内容创作、技术开发等多个领域。

表4　2024年6月海南自由贸易港语言服务招聘岗位类型分布

单位：个，%

类型	数量	占比
多语言翻译(笔译)	1570	22.60
各语种教师	737	10.61
外贸业务员	514	7.40
海外内容运营	348	5.01
新媒体/短视频文案编辑策划	324	4.66
海外销售专员/经理	206	2.96
设计工程师	182	2.62
商务接待助理/外籍专家助理	173	2.49
翻译项目经理	137	1.97
口译(含同声传译)	121	1.74
国际策展经理	107	1.54
主播(游戏、电商、娱乐)	73	1.05
数据开发工程师	61	0.88
AIGC工程师	47	0.68
海外客服(游戏、电商)	138	1.99
其他岗位	2210	31.81
总计	6948	100.00

资料来源：智联招聘、前程无忧和BOSS直聘网站。

从岗位需求的地域分布来看，海口和三亚是海南自由贸易港语言人才需求的集中地，分别占 49. 38%和 31. 78%。两市总占比超过 80%，与两地在海南经济、文化及旅游业的核心地位吻合。儋州位列第三，占比为 14. 54%，反映出儋州经济和文化发展对人才的需求在增长。其他城市占比较小，不超过 1%。洋浦经济开发区虽然招聘岗位数占比只有 0. 04%（见表 5），但说明其对语言及国际交流能力开始出现需求。海南自由贸易港需要通过进一步的政策支持和经济激励促进对外交流和经济发展，吸引更多的语言人才。

表 5　2024 年 6 月海南自由贸易港语言服务招聘岗位地域分布

单位：个，%

地区	招聘岗位数	占比
海口	3431	49. 38
三亚	2208	31. 78
儋州	1010	14. 54
琼海	51	0. 73
澄迈	30	0. 43
陵水	25	0. 36
临高	24	0. 35
万宁	23	0. 33
文昌	20	0. 29
三沙	73	1. 05
东方	13	0. 19
昌江	10	0. 14
定安	9	0. 13
保亭	6	0. 09
乐东	3	0. 04
屯昌	3	0. 04
洋浦经济开发区	3	0. 04
白沙	2	0. 03
琼中	2	0. 03
五指山	2	0. 03
总计	6948	100. 00

资料来源：智联招聘、前程无忧和 BOSS 直聘网站。

从招聘企业规模看，小企业占据主体地位，0~19 人的企业和 20~99 人的企业招聘岗位数分别占 32.50%和 31.69%，合计达到 64.19%，反映了中小企业在当地经济活动中的活跃度以及对语言人才的高需求。中等规模（100~499 人）企业招聘岗位数占比达到 20.19%。500~999 人和 1000~9999 人的大企业招聘岗位数占比接近，分别为 6.64%和 6.65%，而 10000 人及以上的超大企业的招聘岗位数量占比最低，仅为 2.33%（见图 7）。说明海南自由贸易港的大企业和超大企业相对于中小企业而言，对语言类人才需求量较小。语言人才高需求集中在中小企业。中小企业作为市场主体充满活力。面向国际市场的中小企业为语言人才提供了职业发展机遇。随着海南自由贸易港的不断发展和国际化战略的深入推进，其对具备高级语言能力和跨文化沟通技能的人才需求将会持续增长。

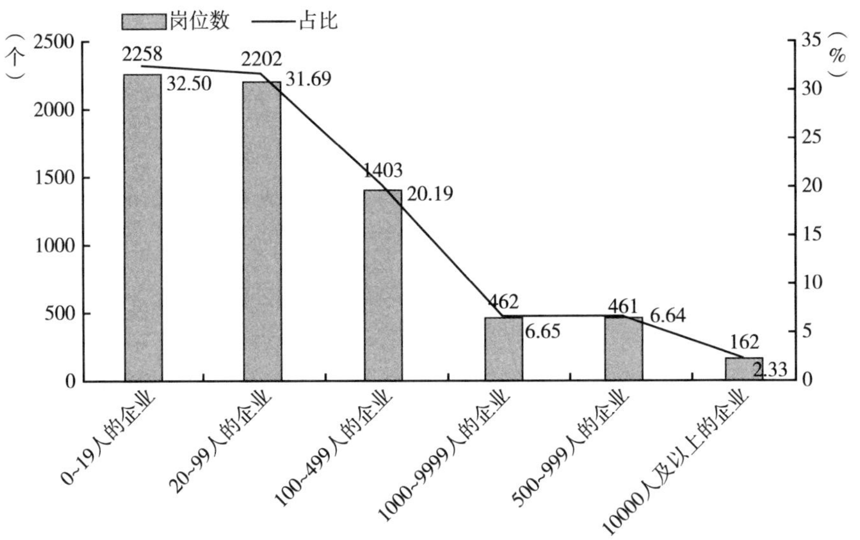

图 7　2024 年 6 月海南自由贸易港语言服务招聘企业规模分布

资料来源：智联招聘、前程无忧和 BOSS 直聘网站。

从招聘岗位月薪标准看，低薪岗位占比高，月薪低于 5000 元的岗位占 78.80%，低门槛的语言服务岗位薪资水平普遍不高。中等薪资岗位较少，月薪在 5000～10000 元的岗位占比为 15.33%。月薪在 1 万元及以上的岗位占比仅为 5.87%（见图 8），海南自由贸易港高薪岗位稀少。薪资结构会对语言人才的吸引力产生影响，特别是高技能、高学历的语言专业人才。这对海南自由贸易港的国际化发展和对外交流能力的提升构成潜在挑战。提升薪资水平、优化薪酬结构，吸引和保留高端语言人才，成为推动海南自由贸易港可持续发展的关键因素之一。

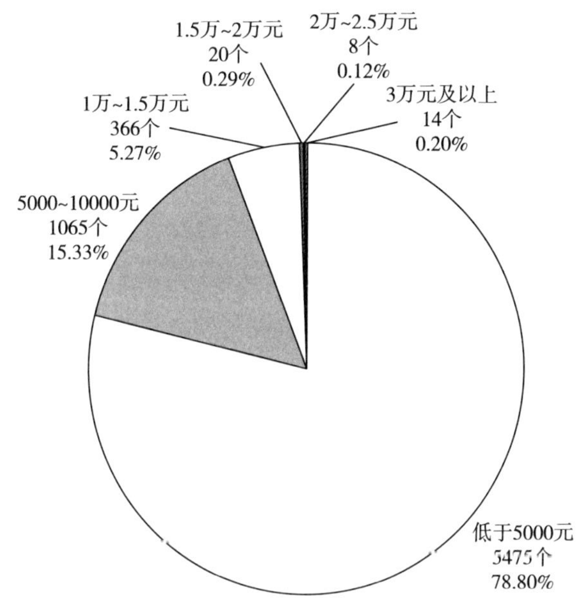

图 8　2024 年 6 月海南自由贸易港语言服务招聘岗位月薪标准分布

资料来源：智联招聘、前程无忧和 BOSS 直聘网站。

从招聘学历要求看，本科学历占主体地位，占比最大，达到 43.71%。本科学历受到用人单位的认可和欢迎。要求大专学历的岗位也占据了相当的比例，为 30.53%。可以看出，高等教育对语言人才市场十分关键，共占了 74.24%，招聘岗位达到 5158 个，说明海南自由贸易港对语言人才的专业教育程度有一定的要求。有 17.21%的招聘岗位对学历没有具体要求，注重应聘者的语言能力、实际经验或其他软技能。要求硕士研究生和博士研究生学历的占比相对较低，分别为 2.01%和 0.29%，市场需求量相对较小（见

图 9）。要求中专/中技和高中学历的岗位有一定的占比，主要是一些技能型或操作型岗位。整体来看，海南自由贸易港的语言人才市场需求呈现学历多样化特点，市场包容性较大，具备实际语言应用能力和工作经验的人才同样存在就业机会，多样化需求为各类学历的语言人才提供了发展空间。

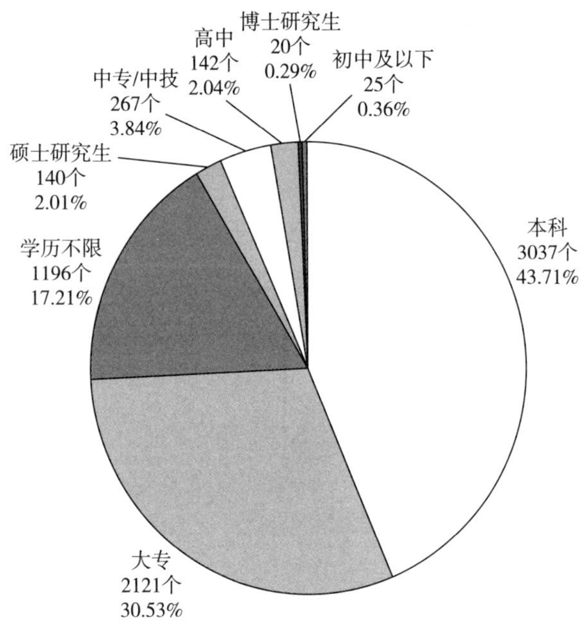

图 9　2024 年 6 月海南自由贸易港语言服务招聘学历要求分布

资料来源：智联招聘、前程无忧和 BOSS 直聘网站。

（二）语言服务人才需求分析

海南自由贸易港将建成全球有影响力的高水平自由贸易港，涉及的领域包括贸易、金融、航运、旅游、科技、教育、医疗、体育、文化等。海南语言服务人才需求具有以下特点。

一是需求量大：海南自由贸易港建设吸引大量国内外企业和个人前来投资、创业、旅游等，无论是企业间的商务谈判，还是向游客提供旅游服务，都需要大量掌握多种语言的人才提供服务。

二是需求层次高：海南自由贸易港的定位是全球有影响力的高水平自由贸易港，对语言服务人才的水平提出了较高要求。不仅包括普通语言人才，还包括金融、医疗、航运等专业领域的专业语言服务人才。

三是需求多样化：海南自由贸易港的建设涉及各领域，要求语言服务人才不仅要懂得语言，还要了解多领域的知识。同时，由于涉及的国家和地区很多，语言服务人才也需要掌握多种语言。

四是服务型需求大：语言服务人才在海南自由贸易港中的角色主要是提供笔译、口译、商务谈判、国际会展、旅游导游，以及广告媒体、海外营销、国际贸易、国际物流等服务。因此，不仅需要外语娴熟，服务态度和沟通技巧好，还需要掌握相关专业知识。

七　海南语言服务行业分析与建议

（一）行业分析

海南自由贸易港语言服务行业具有以下三个总体特点。第一，产业规模不大，语言服务类企业数量达到 11734 家，从业人数达到 5568 人。第二，含语言服务的企业和外商投资企业产值占比较大，分别占据了总产值的 49.2% 和 18.0%，两者相加已占 67.2%。第三，语言服务企业从业人数较多，占比达到 72.8%。语言服务企业数量少，在语言服务类企业中的占比只有 4.1%，但海南语言服务产业对当地就业率贡献较大，提供的就业岗位较多，语言服务企业积极为社会排忧解难，另外，反映出语言服务企业的劳动密集型特点明显。

海南自由贸易港建设给语言服务行业带来了巨大的发展机遇。首先，海南自由贸易港建设将吸引大量外商投资，从而带来大量的语言服务需求。其次，海南自由贸易港建设极大地推动海南的国际旅游、国际文化贸易、国际教育等行业的发展，将带来大量的语言服务需求。

海南自由贸易港语言服务行业也面临挑战。首先，面临来自全国企业的激烈竞争，海南本地企业要不断提升服务质量和技术水平，保持竞争优势。其次，面临语言服务需求的多样性和复杂性挑战，企业需要提供多语种、多领域的语言服务。最后，面临人工智能等技术的挑战，海南语言服务类企业要主动从传统语言服务转向智能语言服务。

（二）行业建议

针对海南自由贸易港语言服务行业发展，本报告提出五点建议。第一，建议围绕海南自由贸易港跨境贸易、跨境旅游、跨境金融、国际会展等核心行业，大力发展语言服务产业。根据国家出台的《鼓励外商投资产业目录（2022 年版）》，扩大语言服务业开放，鼓励外资进入翻译、本地化服务、语言技术研发应用、语言资源服务等领域。第二，建议建立一批海南自由贸易港语言服务基地，遴选优秀高校和企业合作建设语言服务基地，促进产教融合和人才培养，推动建立海南自由贸易港语言服务教育联盟。第三，建议海南高校和科研机构加大投入力度，开展语言服务产业研究，建立海南的语言服务行业基础数据库，不定期发布海南语言服务行业研究报告，为海南自由贸易港建设决策出谋划策。第四，建议加强海南自由贸易港机器翻译平台建设，把优质的企业引进来，大力提升海南自由贸易港机器翻译技术水平和服务能力。第五，建议加强国际语言服务人才培养模式改革和课程体系建设，产学研协同培养更多的多语种服务人才。海南自由贸易港应不断提升多语种翻译能力、机器翻译技术能力、国际传播能力、公共语言服务能力、信息化服务能力、应急语言服务能力等，为建成世界一流的自由贸易港而努力。

B.8

广西自由贸易试验区语言服务市场分析报告（2024）

蒙永业　李 昭　彭 哲*

摘　要： 本报告调查广西自由贸易试验区语言服务市场状况。2023 年，广西自由贸易试验区语言服务市场产值超过 28.08 亿元，语言服务企业产值占 34.8%。南宁市作为语言服务和培训的中心，外语教培产值达到 2.054 亿元，占全区的 53.07%。广西拥有 646 家语言服务企业，主要集中在南宁市、柳州市和桂林市，企业规模较小，大型企业较少，市场集中度不高。市场业态分布以翻译为主，占比达 30.3%，其次是语言技术和外语培训，分别占比 29.7%和 28.0%。广西作为东盟跨境合作的重要桥梁，2023 年，语言技术市场产值为 0.5567 亿元，未来发展潜力较大。广西语言服务产业面临区域发展不均衡和企业规模小等问题。随着广西与东盟国家的跨境合作不断加深，其对越南语、泰语、马来语等东盟语言人才需求显著增加，广西有望在全球语言服务市场中发挥更大作用，尤其是在贸易、旅游、外交等领域。尽管广西在东盟语言服务供给方面有所不足，但随着“一带一路”倡议的推进和政策支持的加强，广西区域语言服务市场的发展前景广阔。

关键词： 语言服务　东盟语言　广西自由贸易试验区

---

* 蒙永业，经济学博士，河北民族师范学院语言服务研究所所长、北京语言大学国家语言服务出口基地语言服务产业研究中心主任，研究方向为国际语言服务；李昭，河北师范大学外国语学院讲师，北京语言大学国际语言服务专业博士研究生，研究方向为国际语言服务；彭哲，北京语言大学国际语言服务专业博士研究生，研究方向为国际语言服务。

中国—东盟自由贸易区（China-ASEAN Free Trade Area，CAFTA）是中国与东盟十国组建的自由贸易区。2002 年 11 月 4 日，中国与东盟签署了《中国—东盟全面经济合作框架协议》，启动了中国—东盟自由贸易区的建设。中国—东盟自由贸易区涵盖了货物贸易、服务贸易、投资等多个领域。中国—东盟自由贸易区自 2010 年正式建成以来，发展迅速，成为全球最大的自由贸易区之一。2022 年，中国与东盟的双边贸易额达到 9700 多亿美元，东盟已连续多年成为中国的第一大贸易伙伴。商务部的统计数据显示，截至 2023 年 7 月，中国与东盟累计双向投资额超过 3800 亿美元，中国在东盟设立直接投资企业超过 6500 家。中国与东盟 10 个国家签署了双边投资协定，与柬埔寨、老挝、越南等国签署了产能合作文件，共同建设了柬埔寨西哈努克港经济特区、中马“两国双园”、中印尼“两国双园”等产业园区，双方产业链供应链连接更加紧密。中国—东盟自由贸易区的合作扩展到农业、科技创新、电子商务、教育、文化等领域。双方在贸易自由化、投资便利化、知识产权保护等方面的合作不断深化。

广西与东盟国家接壤，地理位置优越。中国政府出台了一系列政策，设立广西自由贸易试验区（简称“广西自贸试验区”），提供税收优惠等。广西与东盟交流和合作日益密切。南宁海关 2023 年 12 月的统计数据显示，2023 年前 11 个月，广西对东盟国家进出口 2930.6 亿元，增长 21.8%，占同期广西外贸总值的 47.9%。其中，广西对越南进出口 2229.7 亿元，增长 31%；对泰国、新加坡、柬埔寨、老挝分别进出口 314.3 亿元、64.6 亿元、35.7 亿元、10.9 亿元，分别增长 19.7%、10.8%、121.2%、117.7%。以上 5 个国家合计占同期广西对东盟贸易总额的 90.6%。2018~2023 年，广西对外投资协议投资总额累计 63.3 亿美元，其中对东盟国家投资额为 37.4 亿美元，占比 59%。①

随着中国—东盟自由贸易区的不断深化和广西自贸试验区的设立，广西作为中国与东盟国家交流合作的前沿阵地，在推动地区经济发展和对外开放

① 《广西与东盟双向投资加快升温》，中国新闻网，2023 年 9 月 7 日，https://www.chinanews.com.cn/cj/2023/09-07/10073960.shtml。

中发挥着越来越重要的作用。广西自贸试验区促进了中国与东盟国家之间的贸易往来和人文交流，为语言服务市场的发展带来了新机遇。本报告分析广西自贸试验区语言服务市场产值、企业数量、市场业态分布、从业人数、人才需求状况等，对深入了解广西自贸试验区语言服务市场具有重要价值。广西自贸试验区的独特地理位置为语言服务市场的发展提供了天然优势。随着“一带一路”倡议的不断推进和中国与东盟经济技术合作的加深，广西自贸试验区的语言服务需求呈现快速增长趋势，尤其是东盟语种的翻译与本地化服务需求。本报告就如何进一步挖掘广西自贸试验区的语言服务市场潜力，促进语言服务产业发展，针对存在的挑战和问题，提出切实有效的建议。广西自贸试验区的语言服务对于提升广西自贸试验区以及整个中国西南地区的国际化水平具有重要意义。

一　广西自贸试验区[①]语言服务市场产值

广西的语言服务业在全国属于中等规模，2023 年，广西语言服务市场产值为 280814 万元，其中，语言服务企业产值为 97683 万元，占比 34. 8%；含有语言服务的企业产值为 140928 万元，占比 50. 2%；外商投资企业产值为 42203 万元，占比 15. 0%（见表 1）。语言服务产业对外商投资具有一定的吸引力。

表 1　2023 年广西语言服务市场产值分布特点

指标	语言服务企业	含语言服务的企业	外商投资企业	总计
企业数量(家)	646	8507	1847	11000
产值(万元)	97683	140928	42203	280814
从业人数(人)	5164	3858	1080	10102

资料来源：国家市场监督管理总局企业注册信息数据库。

表 2 显示，2023 年，广西各市的外语教培产值达到 38660 万元。南宁市以 20540 万元的产值居于首位，占广西外语教培产值的 53. 13%。南宁市

① 基于数据可得性，本报告采用广西全域数据。

是广西外语教培企业的重要集聚地。其次是柳州市和桂林市，产值分别为5177万元和3285万元，分别占广西外语教培产值的13.39%和8.50%，说明这两个城市也是广西外语教培业的主要发展区域。其他城市的外语教培企业产值均未突破3000万元。

表2　2023年广西外语教培企业产值、注册资本、实缴资本的地域分布

单位：万元

城市	企业产值	注册资本	实缴资本
南宁市	20540	4310	1472
柳州市	5177	2053	422
桂林市	3285	553	239
玉林市	2641	581	186
北海市	1118	166	33
崇左市	1019	310	51
百色市	1725	203	128
防城港市	80	5	0
钦州市	577	270	25
河池市	792	40	40
梧州市	853	90	75
贵港市	356	50	50
来宾市	497	48	17
贺州市	0	0	0
总计	38660	8679	2738

资料来源：国家市场监督管理总局企业注册信息数据库。

表2显示，首先，广西外语教培产值分布呈现明显的地域性特征，南宁市、柳州市、桂林市等地的产值较高，而其他城市的产值较低。其次，广西外语教培产值集中度较高，大部分产值集中在几个主要城市，其他城市的外语教培产值占比较小，说明广西其他城市外语教培企业数量较少、规模较小，有进一步发展的空间。最后，有些城市如贺州市的外语教培业处于较为初级的发展阶段，发展潜力较大。

从实缴资本看，南宁市最高，达到1472万元，柳州市和桂林市分别为

422万元和239万元。实缴资本与企业数量和产值具有一定的相关性，南宁市、柳州市、桂林市等企业数量多、产值高，实缴资本也较高。部分城市的实缴资本偏低，外语教培企业规模较小，发展较为滞后。广西外语教培企业的实缴资本总体偏低，与该地区的经济状况有关。

二　广西自贸试验区语言服务企业数量

（一）企业数量分布特点

2023年，广西共有646家语言服务企业，主要集中在南宁市、柳州市和桂林市，其他地市分布较少。反映出广西的语言服务业发展存在地域不均衡性，一方面与广西各地市的经济发展水平和教育资源等因素有关，另一方面反映出各地政府对语言服务业的重视程度和支持政策不够。

从地域分布看，广西语言服务企业呈以下特点。广西646家语言服务企业中，省会南宁市的企业数量最多，在广西遥遥领先，达到329家，占比50.9%，企业集聚现象明显。柳州市和桂林市的语言服务企业相对较多，分别有78家和70家，占比为12.1%和10.8%，分别位列全省第二和第三（见表3）。玉林市、北海市、崇左市、百色市、防城港市、钦州市、河池市、梧州市、贵港市、来宾市和贺州市的语言服务企业较少，占比26.2%，这些地市语言服务业的发展相对较为滞后。

表3　2023年广西语言服务企业数量与地域分布特点

单位：家，%

指标	南宁市	柳州市	桂林市	玉林市	北海市	崇左市	百色市	防城港市
企业数量	329	78	70	33	29	20	19	13
占比	50.9	12.1	10.8	5.1	4.5	3.1	2.9	2.0

指标	钦州市	河池市	梧州市	贵港市	来宾市	贺州市	总计
企业数量	12	11	9	9	8	6	646
占比	1.9	1.7	1.4	1.4	1.2	0.9	100.0

资料来源：国家市场监督管理总局企业注册信息数据库。

（二）企业规模分布特点

图 1 显示，广西 646 家语言服务企业中，注册资本为 0～20 万元和 101 万～500 万元的企业分别有 312 家和 142 家，分别占总数的 48%和 22%，表明广西的大部分语言服务企业的规模相对较小。

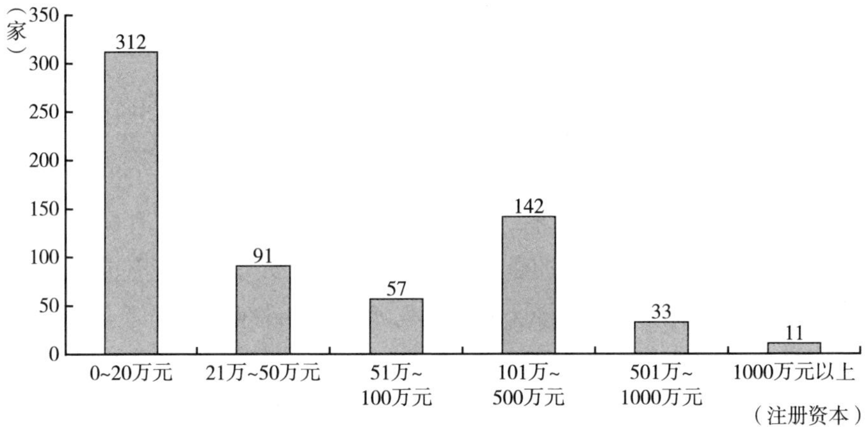

图 1　2023 年广西语言服务企业规模分布

资料来源：国家市场监督管理总局企业注册信息数据库。

广西注册资本在 21 万～50 万元、51 万～100 万元和 501 万～1000 万元区间的语言服务企业分别有 91 家、57 家和 33 家，占比约为 28%，部分企业有一定的规模。但注册资本在 1000 万元以上的企业较少，仅 11 家，占比 2%，广西大型语言服务企业仍然偏少。广西语言服务企业规模分布与当地的经济发展水平、语言服务市场需求以及企业竞争等因素有关。一方面，小微企业居多，具有市场活力；另一方面，大型企业较少，市场的集中度不高，市场较为分散，竞争较为激烈。

（三）企业类型分布特点

从企业类型来看，2023 年，广西语言服务企业最多的是有限责任公司，共有 511 家，占总数的 79.1%，其次是个体工商户，共有 101 家，占总数的 15.6%。国有企业共有 18 家，个人独资企业有 9 家，民办非企业单位、外资企业和社会团体数量都很少，每种类型都不超过 3 家，占比均不到 1%，在广西语言服务企业中几乎可以忽略不计（见图 2）。

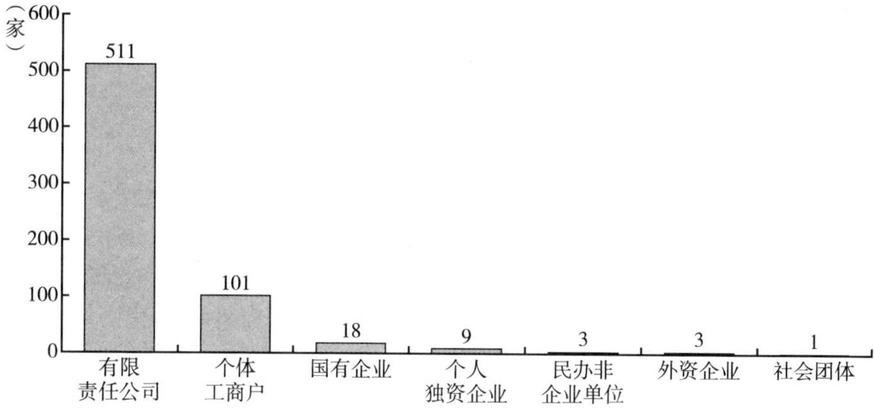

图 2　2023 年广西语言服务企业类型分布特点

资料来源：国家市场监督管理总局企业注册信息数据库。

广西的外语教培企业共有 181 家，南宁市有 84 家，占总数的 46.4%，外语教培企业主要集聚在南宁。其次是柳州市和桂林市，企业数量分别为 26 家和 20 家，分别占总数的 14.4%和 11.0%。其他城市的外语教培企业数量均在 15 家及以下，占比都较小（见图 3）。首先，外语教培企业数量多，

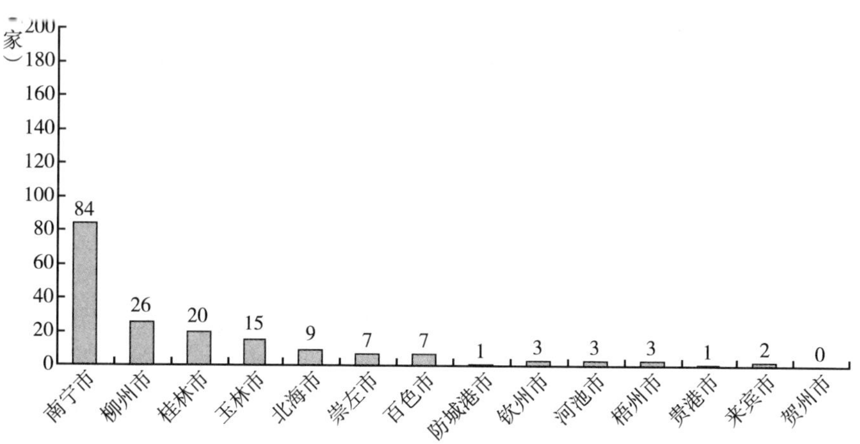

图 3　2023 年广西外语教培企业数量分布

资料来源：国家市场监督管理总局企业注册信息数据库。

分布具有明显的地域性特征，南宁市、柳州市、桂林市3个城市的企业数量较其他城市的企业数量偏少。其次，企业数量集中度较高，大部分企业集中在几个城市，企业分布不均衡。最后，一些城市如贺州市、贵港市、防城港市的外语教培具有较大的发展潜力。

三　广西自贸试验区市场业态分布

翻译是广西语言服务业的主力军，以30.3%的比例居首位，显示广西地区对翻译需求大，与广西位于中国南部边境，与许多海外地区有密切交流有关。语言技术服务和外语教培业态紧随其后，分别占比29.7%和28.0%（见图4）。表明广西语言技术服务和外语教培市场需求较大。桌面排版居第4位，占比7.1%，广西出版业和设计在全国领先，对数字化出版需求较大。民族语言服务企业有14家企业，与广西地处少数民族聚居和多民族语言聚集有关，民族语言服务是广西的一大特色。广西是多民族聚居的自治区，有壮族、汉族、瑶族、苗族、侗族、仫佬族、毛南族、回族、京族、彝族、水族、仡佬族等12个世居民族和满族、蒙古族、朝鲜族、白族、藏族等44个其他民族。第七次全国人口普查分析显示，广西壮族人口为1572.20万，占31.36%；各少数民族人口为1880.80万，占37.52%。广西有12个自治县、3个享受自治县待遇县和59个民族乡。[①] 多媒体服务、涉外服务、速记服务、本地化服务和人力外包服务等业态处于0%~2%。需要说明的是，本地化服务不是没有市场需求，而是对公司的资金投入、技术要求和员工素质要求较高，广西地处西部欠发达地区，制约了本地化业务的发展。

四　广西自贸试验区从业人数

表4显示，广西语言服务从业人数为10102人。在11000家企业中，语

① 广西壮族自治区地方志编纂委员会办公室网站。

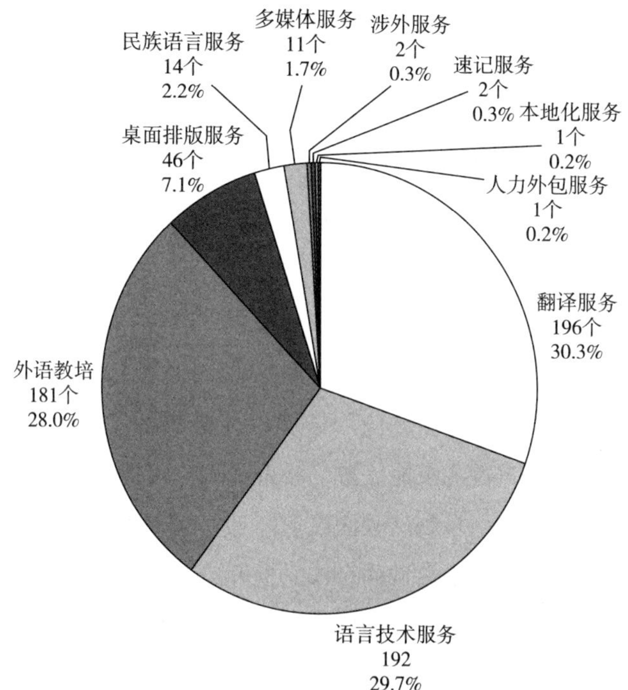

图 4　2023 年广西语言服务类型分布

资料来源：国家市场监督管理总局企业注册信息数据库。

言服务企业有 646 家，占比 5. 9%；从业人数为 5164 人，占比 51. 1%。含语言服务的企业有 8507 家，占比 77. 3%；从业人数为 3858 人，占比 38. 2%。外商投资企业有 1847 家，占比 16. 8%；从业人数为 1080 人，占比 10. 7%。广西的语言服务人力资源较为丰富和充足，含语言服务的企业和外商投资企业的从业人员较多，说明市场对语言服务业务的需求较大。

表 4　2023 年广西语言服务类企业数量及从业人数分布

单位：家，人

指标	语言服务企业	含语言服务的企业	外商投资企业	总计
企业数量	646	8507	1847	11000
从业人数	5164	3858	1080	10102

资料来源：国家市场监督管理总局企业注册信息数据库。

五　广西自贸试验区语言技术市场

表5显示，2023年广西自贸试验区的语言技术市场产值为0.5567亿元，全区共有12家语言技术企业。近年来，广西在推动开放创新和东盟跨境合作方面持续努力，可以预计，语言技术等高新技术领域发展潜力较大。广西作为中国与东盟国家交流合作的重要桥梁，东盟各语种的语言技术应用会因跨境通信、电子商务等市场需求迅速发展。广西自贸试验区的语言技术市场将迎来新一轮的技术创新和应用拓展，特别是在东盟多语种机器翻译、智能语音识别等。语言技术赋能旅游、教育、文化传播产业为广西自贸试验区带来新的增长点。广西自贸试验区在"一带一路"建设中具有重要地位。加强与东盟各国在语言技术领域的合作，提升广西在全球语言技术市场中的竞争力，充分利用广西自贸试验区独特的地理优势和政策支持是推动广西自贸试验区语言技术市场增长的关键因素。

表5　2023年广西自贸试验区及全国语言技术市场情况

指标	广西自贸试验区	全国
产值(亿元)	0.5567	20.446
企业数量(家)	12	5070
占全国产值比重(%)	2.72	100.00

资料来源：国家市场监督管理总局企业注册信息数据库。

六　广西自贸试验区人才需求状况

（一）东盟语言人才市场需求

分析显示，东盟语言服务市场需求呈现以下特点。2023年5月至2023年7月，除泰米尔语外，其他语种的岗位均有所增加，其中越南语的岗位数量最多，达到 1616 个（见表 6）。各语种的岗位关闭率为 15%～38%，其中老挝语的岗位关闭率最低，仅为 24%；越南语的岗位关闭率最高，为 120%。两个月有效岗位数量中，越南语、泰语、马来语和印度尼西亚语的岗位数量占比较高，分别为 28%、17%、15%和 15%；泰米尔语的岗位数量最少，仅有 6 个，两个月期间无新增或关闭的岗位。总体而言，各语种的岗位数量和变动情况与该语种使用人数和需求量有关，使用人多和需求量大的语种，岗位数量也相对较多。[①]

表 6　2023 年 5～7 月广西的东盟语言服务需求情况

单位：个

指标	越南语	泰语	马来语	印度尼西亚语	菲律宾语	缅甸语	柬埔寨语	老挝语	泰米尔语	总计
2023 年 5 月有效岗位	1371	718	599	663	332	189	170	122	6	4170
2023 年 7 月新增岗位	245	248	268	187	190	163	137	134	0	1572
2023 年 7 月关闭岗位	293	234	209	75	76	119	56	32	0	1094
两个月有效岗位数量	1616	966	867	850	522	352	307	256	6	5742

资料来源：前程无忧网、拉勾网、毕业生求职网。

在所有语种中，越南语、泰语、马来语和印度尼西亚语有效岗位数量明显多于其他语种，居前 4 位。根据《广西壮族自治区 2022 年度高校毕业生就业质量年度报告》，2022 届广西高校毕业生中，越南语专业本科就业率为 90. 20%，专科就业率为 93. 33%；泰语专业本科就业率为 87. 88%，专科就业率为 90. 91%。这进一步验证了越南语和泰语的需求旺，毕业生就业率

① 招聘网站：前程无忧网、拉勾网、毕业生求职网。搜索关键词分别为“泰语/泰国语”“越语/越南语”“马来语/马来西亚语”“印尼语/印度尼西亚语”“柬埔寨语/高棉语”“老挝语”“缅语/缅甸语”“菲律宾语”“泰米尔语”。计算方法如下：1. 计算各语种在 2023 年 5 月和 2023 年 7 月的岗位增长率，公式为（2023 年 7 月有效岗位-2023 年 5 月有效岗位）/2023 年 5 月有效岗位；2. 计算各语种的岗位关闭率，公式为 2023 年 7 月关闭岗位/2023 年 7 月新增岗位；3. 比较各语种两月有效岗位总数的排名和变动情况。

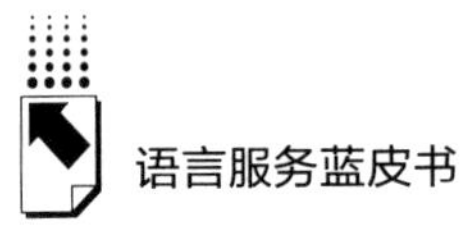

高。马来语新增岗位数量最多，其次是泰语和越南语，说明这三种语种的岗位需求正在快速增长。越南语的两个月有效岗位数量最多，其次是泰语、马来语和印度尼西亚语，说明这四种东盟语言的岗位需求持续保持在较高水平。

英语人才在广西自贸试验区的市场需求以翻译和网络直播岗位为主，以部分主流网站的招聘要求和待遇举例如下。

外语人才网招聘：TikTok（英语带货主播），5000~10000 元/月，南宁市良庆区，经验不限，学历要求为大专。该岗位的工作职责包括负责 TikTok 的直播（全英文直播）、讲解直播产品功能、提炼产品卖点、与粉丝互动、活跃直播间气氛、完成直播场次及直播时长等。要求五官端正、懂英语口语、有留学或者外国生活经历优先。

BOSS 直聘网招聘：英语翻译，5000~10000 元/月，南宁市青秀区东盟商务区，经验不限，学历要求为本科。该岗位的工作职责为负责 BOSS 的私人翻译以及公司对外商务谈判的翻译工作。要求本科以上学历，外语相关专业（英语国留学者优先），英语听说能力强，笔译功底深厚，精通中英互译。

分析显示，广西的语言服务人才需求呈现以下几个特点。一是语言服务需求不断增长。广西与东盟的经济和文化交流日益频繁，对语言服务的需求增加，尤其是在贸易、旅游、外交、教育等领域。二是多语种需求增加。除了常见的英语、汉语等语言外，对越南语、泰语、马来语和印度尼西亚语的语言服务人才需求明显增加。三是行业竞争不断加剧。广西语言服务行业竞争加剧，特别是东盟小语种人才需求增加，给广西语言服务类企业带来机遇和挑战。四是跨领域语言服务增长。除了传统的翻译工作，语言服务在跨国企业、政府机构、媒体等领域增长较快，本地化、文案编辑、外语教培等工作需求较大。五是地区发展不平衡。广西的一些经济发达地区或国际化程度较高的城市比其他地区的语言服务岗位和发展机会明显多。广西外语人才招聘的实际需求和要求证明了这一点。

（二）广西自贸试验区东盟语言服务供给

图 5 显示，东盟 9 种语言服务呈现不平衡的特点。首先，广西提供泰语服务的语言服务企业最多，达到 37 家，占东盟语言服务企业的 50%。其次，提供越南语和马来语服务的企业也较多，分别有 11 家和 9 家，分别占比 15%和 12%。最后，提供菲律宾语、缅甸语和老挝语服务的企业较少，分别只占 8%、7%和 4%，提供柬埔寨语、泰米尔语和印度尼西亚语服务的企业最少，分别只占 1%。广西的 6 种东盟语言服务能力较弱，难以满足我国与东盟不断增长的双边贸易和人文交流需求。2023 年，中国东盟双边贸易规模达 6.41 万亿元，[①] 东盟已取代美国、欧盟，成为中国第一大贸易伙伴。中国与东盟的双边贸易流量持续增长，促进语言服务需求增长。

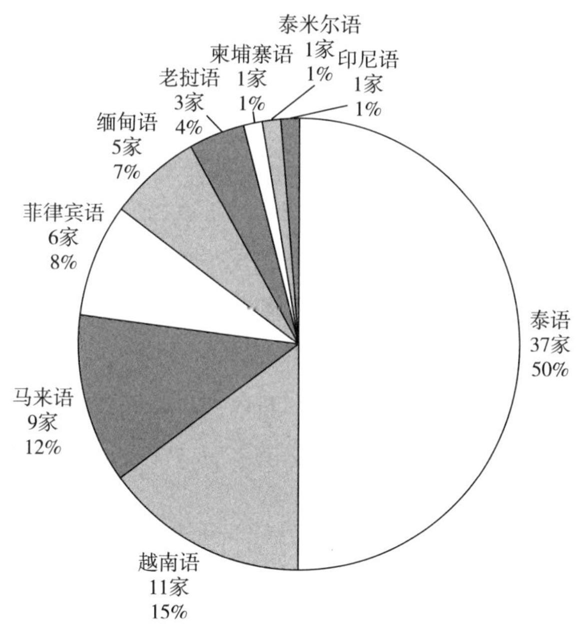

图 5　2023 年 5~7 月广西提供东盟 9 个语种语言服务的企业数量和占比

资料来源：前程无忧网、拉勾网、毕业生求职网。

① 海关总署。

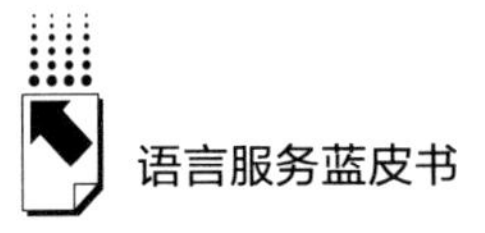

七　广西自贸试验区语言服务产业分析与建议

（一）分析

广西独特的地理位置使得其在与东盟经贸往来和文化交流方面具有独特优势。而语言服务产业作为经贸活动和文化交流的重要支撑，广西的语言服务产业发展将呈现以下趋势。第一，区位优势明显，广西与多个东盟国家接壤，与东盟国家的经贸合作和文化交流密切，广西的东盟语言服务产业有望得到快速发展。第二，外商投资力度有待加大，广西处于中国—东盟自贸区核心地区，对外商投资具有一定的吸引力，但外商投资语言服务企业产值占比目前还很小，仅为15%，广西的语言服务产业对外商投资的吸引力仍需不断增强。第三，语言服务企业规模有待扩大。目前，广西语言服务企业产值占比为34.8%，未来，随着广西与东盟国家合作加深，语言服务企业数量和产值仍有很大的增长空间。第四，含语言服务的企业成为主力，产值占比为50.2%，表明广西很多企业重视语言服务业务，将语言服务纳入企业的经营范围，为广西语言服务产业发展提供了更加广阔的市场前景。

广西的语言服务产业未来发展趋势良好。随着RCEP生效和中国—东盟自贸区建设的不断推进，广西的语言服务产业的发展规模将扩大，质量将得到提升，特别是东盟多语种语言服务需求将进一步增长，对外商投资的吸引力也有望增强。广西语言服务产业需不断提升科技创新能力和专业化服务水平，以满足更为复杂和多元化东盟市场语言服务需求。

（二）建议

建议将广西的东盟语言服务产业园区纳入广西南宁高新技术园区，提供配套设施和优惠扶持政策，吸引广西乃至全国的语言服务类企业入驻园区，形成语言服务产业集聚效应。举办广西语言服务贸易展会，邀请东盟语言服务和贸易相关的企业参展，展示广西的东盟语言服务成果和优势，促进企业间的交流与合作。为广西的东盟语言服务类企业的市场开拓提供支持，帮助企业拓展国内外市场。打造广西东盟语言服务公共平台，整合资源，提供在线东盟语言翻译、语音识别、东盟多语种信息服务等功能，便利企业和个人获取语言服务。开展东盟语言人才联合培养项目，联合广西和全国的高校和培训机构，开展东盟语言人才培养项目，包括设立东盟语言服务学历教育、建立东盟语言服务实训基地、提供奖学金等，培养满足市场需求的高素质语言人才。同时，加强东盟各国的国际中文教育，广西高校通过线上线下等多种方式，招收更多来华留学生，在东南亚各国开办形式多样的中文学习班。制定广西东盟语言服务行业标准，制定东盟语言翻译质量标准和行业规范、价格标准、服务流程等，提高行业整体水平和竞争力。结合广西的优势产业，如制造业、旅游业等，推动东盟语言服务与这些产业深度融合，提供东盟语种的专业翻译、本地化服务等。开展东盟语言服务研究，利用广西地域优势和语种优势，开展东盟语言服务产业政策研究，建立东盟语言服务产业的统计监测体系，及时掌握产业发展动态，为政策制定提供科学依据。加强与东盟国家在语言服务领域的合作与交流，鼓励企业、学校、研究机构等开展跨国合作项目。建立东盟语言服务企业数据库，收集东盟语言服务产业数据和企业信息，为政府决策、企业合作等提供数据支持。加强广西东盟知识产权保护合作，加强东盟语言服务领域的知识产权保护，打击侵权行为，维护企业合法权益。举办东盟语言服务创新创业大赛，激发广西高校和企业的创新活力，发现和培育优秀东盟语言服务项目和团队。通过以上具体项目的实施，推动语言服务产业的发展，提升区域竞争力，促进经济增长，为企业和社会提供更优质、更高效的语言服务。

B.9

成渝地区双城经济圈语言服务市场分析报告（2024）

周芷伊　王立非　董曼霞*

摘　要：　本报告调查成渝地区双城经济圈的语言服务市场。2023年，成渝地区语言服务市场呈现显著的区域差异和发展不平衡特点。成都语言服务市场产值领先，达到465426万元，重庆语言服务市场产值为242246万元。成都的语言服务企业数量和效益均居领先地位，企业数量为1734家，占比70.1%。重庆地区外商投资企业产值较高，重庆吸引外资优势明显。成都的语言服务企业主要集中在高新区和武侯区等中心城区；重庆的语言服务企业则分布在渝北区和江北区等地。成渝民族地区的语言服务发展相对滞后，企业数量和产值均较低，需加强民族语言服务，支持和推动区域经济发展。成渝地区双城经济圈建设为成渝语言服务产业发展带来很大的动力，重庆应通过双城联动合作，借鉴成功经验，大力推动语言服务产业发展，加强双城地区的资源和经验共享，共同推动区域语言服务市场繁荣。

关键词：　语言服务　语言技术　成渝地区双城经济圈

---

* 周芷伊，广东外语外贸大学商务英语专业博士，北京语言大学翻译与语言服务流动站博士后，研究方向为国际语言服务；王立非，博士，北京语言大学高级翻译学院教授、国家语言服务出口基地首席专家，兼任中国对外贸易经济合作企业协会国际商务与语言服务工作委员会会长，研究方向为语言教育、国际语言服务、商务英语；董曼霞，博士，四川外国语大学商务英语学院教授、副院长、博士生导师，研究方向为商务英语、国际语言服务。

成渝地区双城经济圈建设是中国西部发展中的又一重大战略决策部署。成渝地区双城经济圈覆盖重庆市的中心城区及万州、涪陵、綦江、大足、璧山、铜梁、潼南、荣昌27个区（县）和开州、云阳的部分地区，以及四川省的成都、自贡、泸州、德阳、绵阳（除北川县、平武县）、遂宁、内江、乐山、南充、眉山、宜宾、广安、达州（除万源市）、雅安（除天全县宝兴县）、资阳15个市。

2021年10月，中共中央、国务院印发《成渝地区双城经济圈建设规划纲要》，要求加强顶层设计和统筹协调，牢固树立一体化发展理念，唱好“双城记”，共建经济圈，合力打造区域协作的高水平样板，在推进新时代西部大开发中发挥支撑作用，在“一带一路”建设中发挥带动作用，在推进长江经济带绿色发展中发挥示范作用。到2025年，成渝地区双城经济圈经济实力、发展活力、国际影响力大幅提升，一体化发展水平明显提高，区域特色优势进一步彰显，区域协同发展体制机制更加完善，基础设施互联互通基本实现，现代化经济体系初步建成，支撑全国高质量发展的作用显著增强。

成渝地区双城经济圈对外开放的重点任务主要包括以下内容。打造内陆开放高地：加强与共建“一带一路”国家和地区的合作，推动成渝地区成为内陆地区对外开放的重要窗口和枢纽。加强与国内外市场的联系：积极参与全球产业链分工，推动成渝地区产业朝高端化、智能化、绿色化方向发展，提高产业竞争力。推进贸易和投资自由化便利化：简化行政审批手续，优化营商环境，吸引更多国内外企业到成渝地区投资兴业。提升开放平台建设水平：加强自由贸易试验区、综合保税区等开放平台的建设，提高开放平台的辐射带动能力。成渝地区的语言服务产业发展将促进这些重点任务的实施，有助于成渝地区进一步扩大对外开放，提高经济发展水平和国际竞争力。

成渝地区双城经济圈建设在经济快速发展、人员流动加速的背景下，对高质量的语言服务的需求日益增长。本报告全面分析成渝地区双城经济圈内语言服务市场产值、企业数量、市场业态分布、从业人数、人才需求状况等，提出针对性的对策建议，助力成渝地区双城经济圈在新时代背景下实现语言服务市场更加健康和快速的发展，促进区域经济的进一步繁荣，为中国西南地区乃至全国的语言服务产业发展注入新的活力。

一　成渝地区双城经济圈①语言服务市场产值

表1显示，成都语言服务市场产值领先，为305351万元，明显高于重庆的99927万元，成都的语言服务企业规模较大，效益较好。成都含语言服务的企业产值为83762万元，重庆为57333万元，两者相差不大。两市含语言服务的企业产值都相对较低，语言服务在这类企业的核心业务中占比较小。

表1　2023年成渝双城语言服务市场产值

单位：万元

城市	语言服务企业产值	含语言服务的企业产值	外商投资企业产值	语言服务市场产值
成都	305351	83762	76313	465426
重庆	99927	57333	84986	242246
总计	405278	141095	161299	707672

资料来源：国家市场监督管理总局企业注册信息数据库。

虽然重庆的语言服务企业产值较低，但外商投资企业产值为84986万元，高于成都的76313万元。重庆在吸引外商投资和发展外资语言服务方面具有一定的优势。成渝语言服务市场产值为707672万元，成都占比超过一半，达到465426万元；而重庆为242246万元。两个城市在语言服务产业的总体规模和发展水平上存在较大差距。

表2显示，成都的语言服务产业在四川省的语言服务市场产值中的占比

① 基于数据可获得性，本报告部分内容仅统计成渝双城数据，以此反映成渝地区双城经济圈的情况。

为77.67%，表明成都是四川省的语言服务重镇。其在整个西部语言服务市场产值中也占有重要地位，占比达到13.62%，远超过重庆的4.32%。在整个中国西部地区，成都的语言服务产业影响力更大。虽然重庆语言服务市场产值较低，但语言服务在该市产业结构中的重要性明显，特别是在吸引和利用语言服务外资方面具有一定的优势。

表2　2023年成渝双城语言服务市场产值占比

单位：亿元，%

地区	语言服务企业产值	占该省份语言服务市场产值比重	占西部语言服务市场产值比重
成都	30.5351	77.67	13.62
重庆	9.9927	100.00	4.32
总计	40.5278	0.00	18.08

资料来源：国家市场监督管理总局企业注册信息数据库。

二　成渝地区双城经济圈语言服务类企业数量

（一）企业数量分布特点

表3显示，成都和重庆的语言服务类企业数量分布特点如下。成都和重庆的语言服务企业数量分别为1734家和739家，总计2473家。在两市中，成都的语言服务企业数量明显多于重庆，占比达到70.1%。成都含语言服务的企业为17898家，重庆为9146家，总计27044家。成都在含语言服务的企业中也占据主体地位，占比达到66.2%。成都的外商投资企业为3619家，重庆为2182家，总计5801家，成都占比达到62.4%。成都语言服务类企业数量为23251家，重庆市为12067家，总计35318家。成都的企业总数也明显多于重庆市，占比达到65.8%。可见，无论是三类企业的数量，还是企业总数量，成都都明显多于重庆，占比均在60%以上。

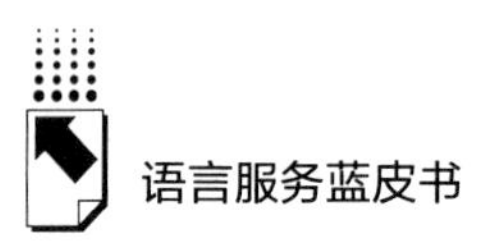

表 3　2023 年成渝双城语言服务类企业数量分布

单位：家

地区	语言服务企业	含语言服务的企业	外商投资企业	企业总数
成都	1734	17898	3619	23251
重庆	739	9146	2182	12067
总计	2473	27044	5801	35318

资料来源：国家市场监督管理总局企业注册信息数据库。

从数据结果看，成都的语言服务产业发展优势和潜力较大。成渝地区双城经济圈建设将不断促进成都的语言服务企业保持良好的发展势头，进一步吸引更多的外资进入语言服务产业。重庆应加大投入力度，追赶成都。在成渝地区双城经济圈的建设中，重庆的地理位置、交通便利性等优势会吸引更多的语言服务企业落户。同时，重庆要加强双城联动，加强与成都的合作，借鉴成都的成功经验，推动自身的语言服务产业发展。

应加强成渝地区双城经济圈建设，优化区域内的资源配置，提升整体的经济发展水平，创造更多的语言服务市场需求。对语言服务企业给予更多的税收优惠、资金支持等政策支持，鼓励语言服务产业快速而健康地发展。加强成都和重庆语言服务产业的资源共享和经验互鉴，推动双城语言服务产业共同发展。

（二）企业地域分布特点

1. 成都企业地域分布

表 4 显示，成都语言服务企业主要集中在高新区、武侯区、锦江区、成华区、青羊区和金牛区，这些地区的语言服务企业数量较多，产值较高。其中，高新区的企业数量最多，语言服务产值最高，分别达到 407 家和 74626 万元，占成都语言服务企业总数的 23.47%，占产值的 24.44%。其次是武侯区，语言服务企业数量为 336 家，产值为 66170 万元，占企业总数的 19.38%、产值的 21.67%。

相比之下，龙泉驿区、双流区、都江堰市、崇州市、温江区、新都区、郫都区、简阳市、金堂县、彭州市、青白江区、新津区、大邑县、邛崃市和蒲江县的语言服务企业数量和产值都相对较低。可以看出，成都的语言服务企业主要集中在市中心城区，在郊区和周边城市的分布较少，与市中心城区语言服务的需求较大有关。同时，中心城区的企业多，人才资源较为丰富，有利于语言服务企业的发展。

从分析结果看，成都应充分利用成渝地区双城经济圈建设的契机发展语言服务产业。一是加大对成都市郊区和周边城市的投入力度。随着成都经济圈的城镇化不断推进，成都的语言服务企业可考虑在以上区域设立分支机构，提前布局，争取先机。二是企业可考虑与当地的高校合作，设立实习基地，招聘和培养优秀的语言服务人才。三是企业应加强人工智能、大数据等技术应用，提供更加便捷、高效、优质的语言服务，吸引和留住客户。成都市的语言服务产业在成渝地区双城经济圈建设中有巨大的发展潜力。

表 4　2023 年成都语言服务企业地域分布

单位：家，万元

地区	企业数量	语言服务企业产值
高新区	407	74626
武侯区	336	66170
锦江区	201	34471
成华区	191	30209
青羊区	155	29706
金牛区	145	21722
龙泉驿区	48	10389
双流区	77	10129
都江堰市	34	7165
崇州市	23	5213
温江区	35	4639
新都区	24	3207

续表

地区	企业数量	语言服务企业产值
郫都区	20	2489
简阳市	12	1512
金堂县	4	933
彭州市	4	657
青白江区	7	621
新津区	3	577
大邑县	2	436
邛崃市	4	320
蒲江县	2	160
总计	1734	305351

资料来源：国家市场监督管理总局企业注册信息数据库。

2. 重庆企业地域分布

表 5 显示，重庆语言服务企业主要集中在渝北区、江北区、沙坪坝区、渝中区、南岸区和九龙坡区，这几个区域的语言服务企业数量和产值均居于前列。其中，渝北区企业数量为 145 家，语言服务产值达到 18681 万元，均居首位；江北区的语言服务企业数量和产值分别为 65 家和 12091 万元，均位居第二；沙坪坝区和渝中区的语言服务企业数量和产值，分别是 82 家、10070 万元和 72 家、9994 万元。南岸区和九龙坡区的企业数量和产值也在重庆位列前茅。

表 5　2023 年重庆语言服务企业地域分布

单位：家，万元

地区	企业数量	语言服务企业产值
渝北区	145	18681
江北区	65	12091
沙坪坝区	82	10070
渝中区	72	9994

续表

地区	企业数量	语言服务企业产值
南岸区	73	9411
九龙坡区	79	8894
永川区	18	7689
北碚区	50	5624
璧山区	8	1314
黔江区	7	1313
巴南区	12	1236
丰都县	14	1181
合川区	13	1040
万州区	12	1021
綦江区	5	952
长寿区	5	952
武隆区	4	933
忠县	11	880
两江新区	9	842
潼南区	9	720
涪陵区	7	621
大渡口区	6	602
云阳县	3	577
梁平区	3	516
南川区	3	516
江津区	5	400
奉节县	1	356
大足区	4	320
秀山土家族苗族自治县	2	221
垫江县	2	160
开州区	2	160
荣昌区	2	160
铜梁区	2	160
彭水苗族土家族自治县	1	80
石柱土家族自治县	1	80
巫溪县	1	80
酉阳土家族苗族自治县	1	80
总计	739	99927

资料来源：国家市场监督管理总局企业注册信息数据库。

成都和重庆的民族地区的语言服务企业数量较少，只有1~2家，产值也只有几百万元。如重庆的秀山土家族苗族自治县、彭水苗族土家族自治县、石柱土家族自治县和酉阳土家族苗族自治县等地。成都少数民族比较集中的地域是西部和北部的山区。彝族主要分布在成都的大邑县、邛崃市、崇州市等地；藏族主要分布在理县、茂县、松潘县等地；羌族主要分布在阿坝藏族羌族自治州等地。上述地区的语言服务企业少，语言服务普遍缺少或不足，需要在乡村振兴战略中开展语言帮扶，引导和扶持更多的语言服务企业进入这些民族地区，提供更优质的语言服务，满足民族地区的民族语言服务需求，推动区域经济的发展。

（三）企业增长趋势特点

表6显示，成渝双城的语言服务企业总数为2473家，成都企业数量为1734家，占总数的70.12%；重庆企业数量为739家，占总数的29.88%。从各阶段的发展来看，成都语言服务企业发展较为迅速，无论是在数量上还是在增长速度上，都明显超过重庆。从发展历程来看，成渝地区的语言服务企业发展大致可以概括为初创起步、稳步发展、快速发展、繁荣发展四个阶段。

表6　1993~2022年成渝双城语言服务企业增长数量

单位：家

成立年份	成都企业数量	重庆企业数量	成立年份	成都企业数量	重庆企业数量
1993	0	2	2008	5	3
1995	0	1	2009	11	12
1998	0	1	2010	9	12
2000	1	1	2011	26	14
2001	0	2	2012	47	13
2002	2	3	2013	69	18
2003	5	5	2014	127	24
2004	9	5	2015	194	40
2005	7	5	2016	248	59
2006	6	5	2017	131	55
2007	9	6	2018	102	67

续表

成立年份	成都企业数量	重庆企业数量	成立年份	成都企业数量	重庆企业数量
2019	182	88	2022	177	136
2020	204	60	总计	1734	739
2021	163	102			

资料来源：国家市场监督管理总局企业注册信息数据库。

1. 初创起步阶段（1993~2002年）

成渝地区的语言服务企业始创于 1993 年，但数量较少，总共只有 13 家。1993 年以前，没有任何语言服务企业出现。在这个阶段，重庆比成都创办的语言服务企业数量稍多，占此阶段总数的 76.9%（重庆市新增 10 家，成都市新增 3 家）。改革开放后，外国企业开始进入中国市场，对语言服务的需求也随之产生，需求不大，语言服务企业数量较少。

2. 稳步发展阶段（2003~2009年）

这一阶段，成渝地区的语言服务企业数量开始逐步增加，共新增 93 家。其中，成都的企业数量增长较快，占此阶段总数的 55.9%（成都新增 52 家，重庆新增 41 家）。这一阶段，成渝地区的经济社会发展较快，与国际交流频繁，对语言服务的需求增加。同时，国家对小微企业的扶持政策和对外贸易的促进政策也带动了语言服务企业的发展。

3. 快速发展阶段（2010~2016年）

这一阶段，成渝地区的语言服务企业数量出现了显著增长，共新增 900 家，是前两个阶段总和的 8.5 倍。其中，成都的企业数量增长尤为突出，占此阶段总数的 80.0%（成都新增 720 家，重庆市新增 180 家）。这一阶段，全球化进程加速，企业对外交流越来越频繁，对语言服务的需求大增，尤其是成都作为中国西部的重要经济中心，外商投资活跃，与国外经济技术交流频繁，对语言服务的需求大大增加。

4. 繁荣发展阶段（2017~2022年）

这一阶段，成渝地区的语言服务企业继续保持快速增长态势，共新增

1467家，其中成都的企业数量仍然占主导地位，占此阶段总数的65.4%（成都新增959家，重庆新增508家）。这一阶段，在西部大开发战略和成渝地区双城经济圈建设推动下，成渝地区的经济社会发展较快，市场需求不断增长。随着AI科技的发展，一些智能语言服务技术出现，降低了语言服务对人力的依赖度。新冠疫情对全球经济产生影响，语言服务产业面临挑战，但整体增长势头依然强劲。

（四）企业规模分布特点

表7显示，成都和重庆两地的语言服务企业规模分布具有以下特点。企业数量上，两市的语言服务企业总数为2473家，成都的语言服务企业数量明显多于重庆，共1734家，而重庆共739家，大约仅为成都的42.6%。成都作为西南地区的经济中心，经济发展水平相对较高，对语言服务企业更有吸引力。此外，成都的国际化程度较高，对语言服务的需求更大。企业规模上，两地的语言服务企业主要为注册资本为0~100万元的小微企业。其中，成都语言服务企业中小微企业占比79.7%，重庆语言服务企业占比达到83.9%。这与语言服务产业的特点有关，语言服务企业的核心业务是翻译或培训，通常规模较小。注册资本在101万~1000万元的企业中，成都企业数量也明显多于重庆。注册资本在1000万元以上的中大型企业中，成都和重庆的差距不大，成都稍多（见表7）。总体看，成都在经济发展水平、市场需求、教育水平、创业环境等方面更有利于语言服务中小企业发展。

表7　2023年成渝双城语言服务企业规模分布

单位：家

指标	0~20万元	21~50万元	51~100万元	101~500万元	501~1000万元	1000万元以上
成都企业数量	532	465	385	249	75	28
重庆企业数量	380	105	135	88	22	9

资料来源：国家市场监督管理总局企业注册信息数据库。

（五）企业类型分布特点

表 8 显示，成都和重庆两地的语言服务企业类型分布呈现以下特点。一是两地的语言服务企业中，有限责任公司占据主体地位，成都有限责任公司占比为 90.4%，重庆有限责任公司占比为 70.1%，有限责任公司是语言服务企业最主要的类型。二是个体工商户和个人独资企业数量较多。成都这两种类型的企业占比为 8.9%，重庆这两类企业占比为 26.7%。符合初创小型语言服务企业的特点。三是成都和重庆的外商投资企业和股份有限公司的数量较少，成都均只有 3 家。重庆的外商投资企业只有 3 家，股份有限公司只有 1 家。说明语言服务企业吸引外资能力不足，企业通常规模较小，实力较弱，上市公司极少。四是两市语言服务企业中，没有大型国有语言服务企业，与全国语言服务行业情况比较一致，我国国有的翻译公司仅有中译出版社等少数机构，数量很少。

表 8　2023 年成渝双城语言服务企业类型分布

单位：家

指标	有限责任公司	个体工商户	个人独资企业	合伙企业	股份有限公司	外商投资企业
成都企业数量	1567	134	21	6	3	3
重庆企业数量	526	126	71	12	1	3

资料来源：国家市场监督管理总局企业注册信息数据库。

三　成渝地区双城经济圈市场业态分布

（一）成都语言服务类型

表 9 显示，成都语言服务企业类型分布呈现以下特点。一是在各种业务类型中，外语培训企业数量最多，达到 904 家，产值也最高，达到

179501 万元，反映出成都的外语培训市场需求量较大。二是翻译企业位列第二，成都的翻译企业数量为 779 家，产值为 112280 万元。翻译依然是语言服务的核心业务，随着成都和西南地区对外开放力度加大，翻译服务需求仍将呈不断增长趋势。三是成都的本地化、语言人力外包、桌面排版、多媒体等企业数量和产值都相对较少，说明目前，市场规模和需求不如外语培训和翻译。语言技术、速记、涉外服务等业务类型需求较少，产值也相对较低。

表 9　2023 年成都市语言服务企业业务类型分布

单位：家，万元

类型	企业数量	语言服务企业产值
外语培训	904	179501
翻译	779	112280
本地化	6	5302
语言人力外包	5	4670
桌面排版	20	1937
多媒体	14	1181
语言技术	3	240
速记	2	160
涉外	1	80
总计	1734	305351

资料来源：国家市场监督管理总局企业注册信息数据库。

（二）重庆语言服务类型

表 10 显示，重庆语言服务企业类型呈现以下特点。一是翻译企业最多，包括笔译和口译，达到 515 家，产值也最高，达到 60496 万元。翻译仍然是重庆语言服务的核心业务，市场需求大。二是外语培训企业数量和产值均位居第二，企业数量为 104 家，产值为 27873 万元。随着经济全球

化和教育国际化，外语培训需求不断增长。三是桌面排版的企业数量为100家，产值为9836万元。桌面排版作为一种辅助语言服务，有一定的市场需求。四是提供多媒体、速记、本地化、人力外包、涉外服务等业务类型的企业数量和产值都相对较少。这些业务需要更专业的技术和人才，大部分语言服务小企业难以满足要求。五是重庆语言服务企业提供机器翻译等语言技术服务的能力不足。

表10　2023年重庆语言服务企业业务类型分布

单位：家，万元

类型	企业数量	语言服务企业产值
翻译	515	60496
外语培训	104	27873
桌面排版	100	9836
多媒体	10	800
速记	6	602
本地化	2	160
人力外包	1	80
涉外服务	1	80
语言技术	0	0
总计	739	99927

资料来源：国家市场监督管理总局企业注册信息数据库。

四　成渝地区双城经济圈从业人数

表11显示，成都和重庆两地的语言服务从业人数分布呈现以下特点。从总人数看，两地语言服务从业人数为62811人。成都的语言服务企业明显比重庆多，成都的语言服务从业人数达到48073人，重庆的语言服务从业人数为14738人。

表 11　2023 年成渝双城语言服务从业人数分布

单位：人

地区	语言服务企业从业人数	含语言服务的企业从业人数	外商投资企业从业人数	语言服务从业人数
成都	40111	5267	2695	48073
重庆	7043	5617	2079	14738
总计	47154	10884	4774	62811

资料来源：国家市场监督管理总局企业注册信息数据库。

从语言服务企业看，成都有 40111 人，重庆有 7043 人，成都是重庆的 5.7 倍。成都的语言服务企业从业人数更多，与成都市语言服务企业数量、企业规模和市场需求相一致。从含语言服务的企业看，两市的从业人数差距不大，成都有 5267 人，重庆有 5617 人。从外商投资企业从业人数看，成都为 2695 人，重庆为 2079 人。成都的外商投资企业数量较多，规模较大。

五　成渝地区双城经济圈语言技术市场

表 12 显示，成都和重庆作为西南地区的两大中心城市，在语言技术市场上呈现各自的特点和发展趋势。从 2023 年的产值看，成都的语言技术市场产值为 6723 万元，占比达到 59%，重庆为 4728 万元，占比为 41%，两市的语言技术产值达到 11451 万元，成都占比较大，在语言技术市场投资、技术研发、市场应用等方面的综合实力更强。从企业数量对比看，成都有语言技术企业 23 家，重庆有 14 家，总共 37 家。成都的企业数量多于重庆，成都不仅在语言技术市场规模上较优，产业集聚度也相对较高。

表 12　2023 年成渝双城语言技术市场分布

地区	产值(万元)	企业数量(家)	产值占比(%)
成都	6723	23	59
重庆	4728	14	41

资料来源：国家市场监督管理总局企业注册信息数据库。

市场特点分析显示，成都的语言技术市场具有明显的集聚效应，企业数量和产值均占据领先地位。成都在高新技术、人才资源和政策扶持等方面的优势，为语言技术行业提供了良好的发展环境。重庆的语言技术市场表现落后于成都，但作为西南地区的另一个重要经济中心，其市场潜力不容忽视。特别是重庆持续推进智能制造和智慧城市建设，语言技术需求有望进一步增长。

从发展趋势看，随着人工智能、大数据等技术不断进步，成渝双城经济圈内的语言技术市场预计将继续保持快速发展的态势。语言技术在教育、医疗、旅游、电子商务等领域的应用将为成渝双城经济圈语言技术企业提供更广阔的市场空间。国家和地方政府持续支持高新技术产业发展，采取财政资助、税收优惠等政策，促动成渝双城经济圈语言技术企业进一步发展，为区域经济发展贡献新的动能。

六　成渝地区双城经济圈语言人才需求状况

（一）企业岗位需求分析

成渝地区双城经济圈的语言人才招聘岗位数量较多。从招聘岗位数量看，2024 年 6 月，成渝地区语言人才招聘岗位数量达到 33864 个，其中，成都招聘岗位数量为 11360 个，占成渝地区的 33.55%；重庆为 8587 个，占比达 25.36%（见表 13）。

从地域分布看，招聘企业主要集中在成都和重庆两大核心城市，凸显了两市作为西部地区经济和文化中心的核心地位。两大城市对语言人才的高需求与两市的经济总量大、国际化程度高，以及文化教育资源丰富密切相关。绵阳、遂宁、德阳、内江、南充等城市的招聘岗位数量均超过 1000 个，同样对语言人才有需求。攀枝花、凉山、广元、巴中、阿坝、甘孜等地区的招聘岗位数量极少，与这些地区的经济发展水平、产业结构以及国际化程度有关。总体来看，成渝地区由成都和重庆两大城市引领，形成多个支点共同发展的格局，为语言人才提供了广阔的天地。

表 13　2024 年 6 月成渝地区双城经济圈语言服务招聘岗位需求地域分布

单位：个

地区	招聘岗位数	地区	招聘岗位数
成　都	11360	达　州	823
重　庆	8587	宜　宾	765
绵　阳	1575	资　阳	672
遂　宁	1212	广　安	636
德　阳	1143	攀枝花	35
内　江	1107	凉　山	23
南　充	1069	广　元	18
眉　山	992	巴　中	11
泸　州	986	阿　坝	10
自　贡	954	甘　孜	5
乐　山	949	总　计	33864
雅　安	932		

资料来源：智联招聘、前程无忧和 BOSS 直聘网站。

从招聘企业类型看，民营企业居多，招聘岗位数为 21557 个，占比高达 63.66%。民营企业是成渝地区双城经济圈语言人才需求的主力军，体现了民营经济的活力和对专业人才的大量需求。上市公司和股份制企业的招聘岗位数分别为 2550 个（7.53%）和 2519 个（7.44%），两类企业的需求相对稳定。外商独资公司和合资企业的招聘岗位数分别为 2267 个（6.69%）和 1486 个（4.39%）。成渝地区的外资企业对语言人才有显著的需求，与公司和业务的国际化水平有关。国有企业的招聘岗位数为 1693 个，占比 5.00%（见图 1）。事业单位、社会团体对语言人才的需求相对较少。

从招聘企业规模看，成渝地区双城经济圈中小型企业对语言人才的需求占比最高，中型、大型企业也表现出对语言人才稳定的需求。20~99 人的小型企业的招聘岗位数为 10607 个，占比最高，为 31.32%。其次是 0~19 人的小微企业，招聘岗位数为 6033 个，占比为 17.82%，体现了小企业在地区经济发展中扮演着重要角色。中型企业需求明显，100~499 人的企业招聘岗位数为 7698 个，占比 22.73%，位列第二，成渝地区的中型企业的人才需求旺盛。1000~9999 人和 10000 人及以上的大型或超大型企业的岗位需求分

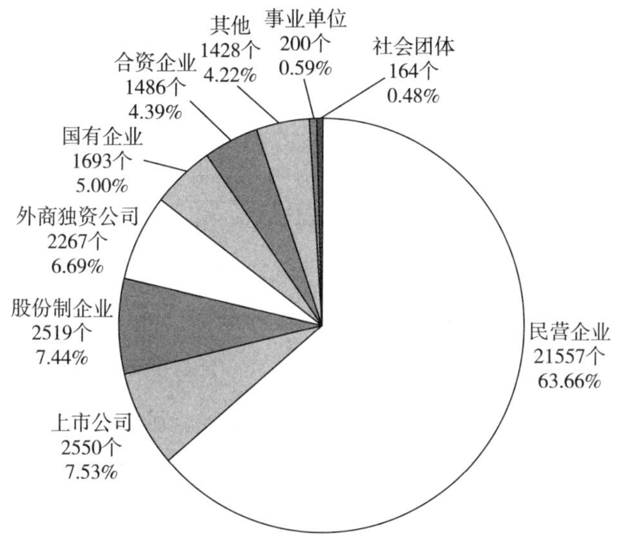

图1　2024年6月成渝地区双城经济圈语言服务招聘岗位企业类型分布

资料来源：智联招聘、前程无忧和BOSS直聘网站。

别为4712个（13.91%）和2393个（7.07%）（见图2），大型或超大型企业为拓展国际市场和提升企业国际化水平也积极招聘语言人才。

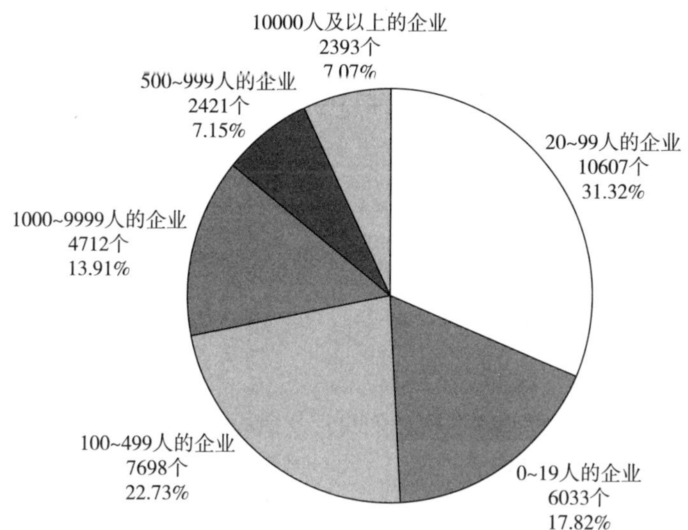

图2　2024年6月成渝地区双城经济圈语言服务招聘岗位企业规模分布

资料来源：智联招聘、前程无忧和BOSS直聘网站。

从招聘岗位需求类型看，成渝地区双城经济圈的外语教培、翻译、外贸和海外销售、跨境电商等行业对语言人才的需求强烈。外语教培和翻译仍然是最传统也是需求最强劲的领域，外贸业务和海外销售的需求稳定，跨境电商则是崛起的新兴领域。各语种教师招聘岗位数达到7357个，占总招聘岗位数的21.73%。多语言翻译招聘岗位数达到6803个，占比20.09%。翻译项目经理和文案策划/编辑/翻译岗位需求较大，凸显了成渝地区是西部语言服务的重镇。外贸与海外销售人才需求稳定，外贸业务员（3004个，8.87%）和海外销售（2218个，6.55%）岗位需求均较高。重庆是中欧班列的起点，成都是“一带一路”建设的重要节点城市，进出口贸易和国际业务量大，必然会导致语言人才需求增长。成渝地区的跨境电商兴起，跨境电商运营专员（1652个，4.88%）和主播（跨境电商/游戏）（483个，1.43%）岗位需求增长，多语言能力和跨文化交流能力强的人才供不应求。标为“其他岗位”的招聘岗位数高达6878个，占比20.31%（见表14），显示了市场对语言人才的多元化需求。

表14　2024年6月成渝地区双城经济圈语言服务招聘岗位需求类型分布

单位：个，%

类型	招聘岗位数	占比
各语种教师	7357	21.73
其他岗位	6878	20.31
多语言翻译	6803	20.09
外贸业务员	3004	8.87
海外销售	2218	6.55
跨境电商运营专员	1652	4.88
多语客服	1606	4.74
文案策划/编辑/翻译	1139	3.36
翻译项目经理	798	2.36
国际交流处处事专员	775	2.29
数据标注专员	524	1.55
主播（跨境电商/游戏）	483	1.43
技术文档工程师	246	0.73

续表

类型	招聘岗位数	占比
留学文书撰稿/翻译	203	0.60
多语视频内容标注	178	0.53
总计	33864	100.00

资料来源：智联招聘、前程无忧和 BOSS 直聘网站。

从招聘学历要求看，要求本科学历的招聘岗位数为 14790 个，占比最高，达到 43.67%。在成渝地区双城经济圈语言人才招聘中，本科学历最受青睐，企业对语言人才的专业知识和技能有较高的要求。要求大专学历的招聘岗位数为 10501 个，占比 31.01%。大专及以上学历的语言人才是成渝地区双城经济圈的主要需求对象。学历不限的招聘岗位数为 5539 个，占比 16.36%，表明某些语言服务岗位更加重视应聘者的语言能力、实务经验等，不一味强调学历背景。硕士研究生学历需求较少，招聘岗位数为 892 个，占比 2.63%，博士研究生学历需求更少，招聘岗位数为 78 个，占仅 0.23%（见表 15），企业对高学历语言人才需求不多，通常希望语言人才具备中专/中技以上的教育水平。总体而言，成渝地区双城经济圈的语言人才市场对具有高等教育背景的人才需求量大，同时欢迎有实践能力和经验的应聘者。

表 15　2024 年 6 月成渝地区双城经济圈语言服务招聘岗位学历要求分布

单位：个，%

学历	招聘岗位数	占比
本科	14790	43.67
大专	10501	31.01
学历不限	5539	16.36
高中	970	2.86
中专/中技	897	2.65
硕士研究生	892	2.63
初中及以下	197	0.58
博士研究生	78	0.23

资料来源：智联招聘、前程无忧和 BOSS 直聘网站。

从招聘岗位月薪标准看，成渝地区双城经济圈语言人才招聘岗位的薪酬结构分布偏低，大多数岗位提供的月薪水平不高，企业主要招聘入门级和基础服务岗位。低薪岗位占主体，月薪低于 5000 元的岗位数为 20281 个，占总招聘岗位数的 59.89%，表明成渝地区双城经济圈语言人才的薪酬待遇总体不高。月薪在 5000~10000 元的招聘岗位数为 9108 个，占比 26.90%；而月薪在 1 万~1.5 万元的招聘岗位数为 3808 个，占比 11.24%，表明对专业能力和经验要求更高的语言服务岗位薪资也相应较高。月薪在 1.5 万元及以上的岗位相对较少，其中月薪在 1.5 万~2 万元的招聘岗位有 457 个，占比仅为 1.35%；月薪在 2 万~2.5 万元的招聘岗位有 107 个，占比为 0.32%；而月薪在 3 万元及以上的招聘岗位仅有 103 个，占比仅为 0.30%（见图 3）。高薪岗位主要招聘高度专业化或管理层的高端语言服务人才。成渝地区双城经济圈语言服务求职者需要调整预期，只有努力提高专业能力，才有获得高薪的机会。

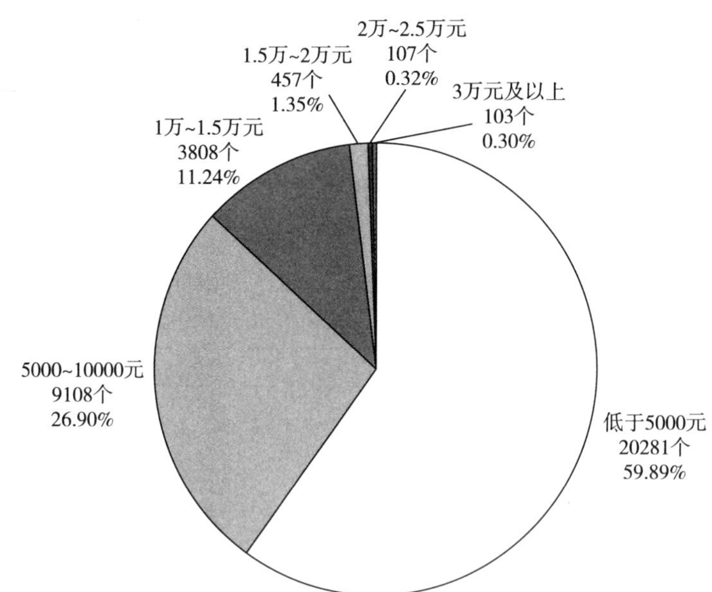

图 3　2024 年 6 月成渝地区双城经济圈语言服务招聘岗位月薪标准分布

资料来源：智联招聘、前程无忧和 BOSS 直聘网站。

（二）语言服务人才需求分析

成渝地区双城经济圈是中国西部地区的重要经济增长极，近年来在区域发展、产业升级、对外开放、科技创新、人才培养等方面取得了显著进展。在产业升级方面，成渝地区积极构建现代化产业体系，重点发展电子信息、装备制造、食品轻纺、能源化工、先进材料、医药健康等六大产业，对语言服务人才的需求不断增加，特别是在技术文档翻译、商务谈判、国际交流等方面。在对外开放方面，成渝地区致力于打造内陆开放高地，推动与“一带一路”倡议和 RCEP（《区域全面经济伙伴关系协定》）的对接，对跨语言沟通和翻译等高素质专业人才需求量大。科技创新是成渝地区双城经济圈的重要发展方向。为了提升成渝地区双城经济圈的语言服务能力，政府出台了一系列政策措施。例如，建立区域性语言服务产业发展协同机制，推动成渝两地语言服务行业协会、翻译类学术组织、翻译人才培养院校加强协同联动，形成政产学研协同工作机制。成渝地区双城经济圈的语言服务市场需求广泛，涵盖经济、社会、文化等不同领域，以下行业或领域对语言服务人才的需求最为迫切。

国际贸易：随着“一带一路”倡议和 RCEP 的推进，成渝地区双城经济圈的国际贸易活动日益频繁，需要大量外语人才，以促进国际贸易发展。

制造业：成渝地区双城经济圈正在积极构建现代化产业体系，特别是电子信息、装备制造等重点产业的发展需要大量技术文档翻译、商务谈判方面的语言服务人才。

科技创新：科技创新是成渝地区双城经济圈的重要发展方向。科技文献翻译需求、国际科技合作等不断增长，语言服务人才在科技领域的作用日益凸显。

教育和培训：成渝地区双城经济圈语言服务研究中心旨在通过提供口译、笔译、翻译技术、培训等专业服务，培养高素质的语言服务人才。教育和培训机构需要大量的语言服务人才来支持语言教学和培训项目。

公共服务：成渝地区双城经济圈需要语言服务人才来提供公共服务领域

的语言服务，包括公共政策宣传、公共服务信息翻译等，以提升公共服务的质量和效率。

文化旅游：文化旅游是成渝地区双城经济圈建设的重要内容。发展国际旅游和文化交流需要语言服务人才来提供导游、文化宣传、旅游资料翻译等服务。

医疗健康：医疗健康领域对语言服务人才的需求也在增长，特别是在国际医疗合作、健康信息翻译等方面。这些人才需要具备医学专业知识和语言能力，以支持医疗健康领域的国际交流。

应急响应：成渝地区双城经济圈需要语言服务人才来提供应急场景语言服务，包括灾害预警、应急救援信息翻译等，以提高应急响应的效率和效果。

数字化：随着数字化转型的推进，成渝地区双城经济圈需要语言服务人才来开发和管理数字化语言资源，包括语言教学资源、翻译软件等，以支持数字化语言服务的发展。

以上这些行业和领域对语言服务人才的需求反映了成渝地区双城经济圈在全球化和区域发展中的多样化需求，需要相关机构和高校进一步加强人才培养和服务质量提升，以满足区域发展的需要。

七　成渝地区双城经济圈语言服务行业分析与建议

（一）行业分析

成渝地区双城经济圈的语言服务行业特点总结如下。一是规模分化明显。成都的语言服务市场产值明显高于重庆市，在语言服务产业的规模和影响力方面优势明显，成都的语言服务企业产值占全省的70%以上，对整个西部地区语言服务产业的贡献也相当显著，是四川甚至整个中国西部地区的语言服务重镇。二是业务构成差异化。成都的语言服务市场产值高，但以本土企业为主；而重庆虽然总体语言服务市场产值较低，但在吸引和利用外资方面具有一定的优势，外商投资企业产值较高。三是语言服务在含语言服务的企业核心业务中的占比较小，表明语言服务只是信息科技产业中的一个环节，不是主导性的业务内容。

成渝地区语言服务产业的未来发展趋势值得关注。一是向深度和高端化发展：随着全球化的深入推进，语言服务将从单一的翻译、文字处理等基础服务，向更深层次、更高端的文化交流和国际商务等领域发展。二是跨界融合发展：随着科技和产业的进一步融合，语言服务产业将与人工智能、大数据等新兴技术深度融合，产生新的发展机遇。三是区域协同发展：成都和重庆两市之间将通过资源共享、优化产业布局等方式，实现语言服务产业协同发展，共享双城经济圈的发展红利。四是人才培养需求增长：成渝地区双城经济圈语言服务产业的发展将促进高素质和专业化的语言服务人才需求增长，为此，成渝地区高校要调整人才培养模式，加强行业需求研判，为成渝地区语言服务产业发展储备足够的人才资源。成渝地区双城经济圈的语言服务产业发展前景广阔，在科技创新和产业融合的推动下，有望迎来更好的发展。

（二）行业建议

建议成渝两市政府加强合作，扶持语言服务类企业发展。一是提供资金支持：通过设立专项资金、补贴、贷款等方式，为语言服务类企业提供资金支持，帮助企业缓解资金压力，促进企业发展。二是实施税收优惠政策：对语言服务类企业实施税收减免或优惠政策，降低企业运营成本，提高企业竞争力。三是加强人才培养与引进：与高校、职业培训机构合作，开展语言服务相关专业的人才培养，为企业提供高素质的人才；同时，制定人才引进政策，吸引优秀人才到成渝地区发展。四是搭建合作平台：组织企业参加各类展会、研讨会等活动，为语言服务类企业提供交流合作的平台，促进企业之间的资源共享和业务合作。五是优化营商环境：简化行政审批流程，提高服务效率，为语言服务类企业提供便捷的服务；加强知识产权保护，维护企业合法权益。六是推动产业创新：鼓励语言服务类企业技术创新和业务模式创

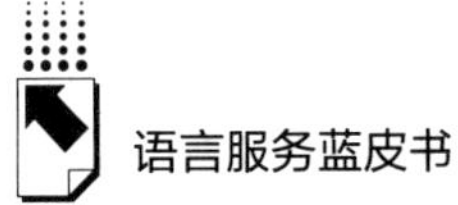

新，对有突出创新成果的企业给予奖励和政策支持。七是建立行业标准：制定语言服务行业的标准和规范，提高行业整体的发展水平，增强企业的市场竞争力。八是提供市场信息服务：收集、整理和发布语言服务市场信息，为企业提供决策参考，帮助企业更好地把握市场机遇。九是加强国际合作：支持语言服务类企业参与国际合作项目，拓展国际市场，提高企业的国际影响力。十是完善产业配套设施：加快建设语言服务产业园区，完善配套设施，为企业发展提供良好的硬件环境。

建议成渝两市的企业加强合作。成渝共同承接大型项目，联合承接大型语言服务项目，如国际会议和大型活动的口译、笔译等，共同调配资源，提高项目承接能力。成渝合作开展语言培训项目，提供专业的语言培训服务，满足市场对语言人才的需求。成渝共建语言技术研发中心，两市共同投资研发自然语言处理、机器翻译、语言智能、大语言模型等前沿语言技术，提升企业的技术实力。成渝合作开发语言资源库，共同开发和维护语言数据库，如术语库、语料库等，实现数据和资源共享，降低成本。成渝联合举办行业研讨会，邀请专家学者分享最新研究成果和行业趋势，提升区域内产业影响力。成渝共同开展市场调研，了解市场需求和竞争态势，为企业战略决策提供依据。成渝协同推进跨境电商语言服务，共同提供一站式翻译、本地化等服务。成渝合作开展文化交流项目，结合成渝地区的文化特色，共同举办文化交流活动，推动区域文化的国际传播。成渝共建语言服务产业园区，为成渝两地的语言服务类企业入园提供优惠和便利的条件，同时吸引全国各地更多的相关企业入驻，形成产业集聚效应。成渝联合制定行业标准，提高服务质量和水平，促进行业的规范化发展。通过具体项目的合作，增强企业之间的互信和协同效应，实现优势互补，共同开拓市场，提高竞争力，并推动成渝地区双城经济圈内语言服务产业的繁荣发展。在实际操作中，企业根据自身情况和市场需求，选择合适的项目进行合作。同时，政府和行业协会在项目合作中发挥引导和协调作用，为企业提供支持和保障。

建议两地大力发展民族语言服务，服务成渝区域经济社会发展。首先，企业提供通用语言文字培训服务，加强民族地区的中文扫盲。其次，加强民族语言的保护和传承，投入资金加强民族语言保护，提供民族语言的培训，同时开设相关在线课程，为汉族群众学习民族语言提供服务。再次，企业提供民族语言翻译服务，研发民族语言机器翻译系统和语言资源平台，提供在线民族语言学习和翻译等服务，让汉语和民族语言实现无障碍沟通。最后，加强对汉语和民族语言双语人才的培养，通过提供专业的双语教育和培训，培养一批具有专业能力的汉语和民族语言双语人才，服务成渝地区双城经济圈发展。

国际借鉴篇

B.10 全球语言服务产业发展报告*

崔 璨　邵珊珊**

摘　要： 本报告深入分析全球语言服务产业的发展态势。全球语言服务产业规模持续扩大，2023年，尽管受到疫情的影响，但语言服务产值超过519亿美元，增长率超过12%，继续保持高增长态势。欧美地区是全球语言服务产业高度集聚区，欧洲的占比达到46%，美洲占比达到42.5%，不仅市场规模大，而且全球100强语言服务企业云集，数量也全球领先，欧洲占比超过50%，美洲占比达超过20%。全球100强语言服务企业产值近年来持续增长，但企业数量分布不均衡，市场呈现高度分散的格局。全球语言服务市场呈现智能化、细分化和标准化的新趋势。全球语言服务产业发展为中国带来启示，中国语言服务产业要以技术驱动创新，以专业化与细分化培育市

* 本报告为2020年北京市社会科学基金重点项目"'一带一路'语言服务便利度测量模型构建与应用"（20YYA002）的资助成果。

** 崔璨，经济学博士，美国哥伦比亚大学经济学系福布莱特访问学者，首都师范大学外国语学院研究生导师，研究方向为国际语言服务；邵珊珊，博士、经济学博士后，中央财经大学外国语学院副教授，研究方向为国际语言服务。

场，以全球化与本土化并重谋发展，以高品质与标准化求生存，以多元化人才强能力，朝着更高效、更专业、更国际化的方向发展。

关键词： 语言服务产业　全球语言服务　智能化　语言服务企业

在全球化的浪潮中，语言服务产业作为连接不同文化、促进国际交流和商务活动的重要桥梁，发展规模持续扩大。随着世界经济的进一步融合以及信息技术的快速发展，全球语言服务产业不仅见证了自身的蓬勃发展，也成为支持其他产业国际化的关键因素。本报告对全球语言服务产业的发展状况及未来的发展趋势进行深入分析，重点探讨产业规模、区域分布、企业规模、面临的挑战以及未来发展方向。尤其是欧美作为全球语言服务产业的集聚地，不仅引领了产业的发展，也孕育了大量全球领先的语言服务企业。然而，全球 100 强语言服务企业的数量分布呈现明显的不均衡特点，同时产业的高度分散也对企业的竞争和发展提出了新的挑战。全球语言服务市场正在迎来智能化、细分化和标准化的新趋势。人工智能等技术的应用改变了传统的语言服务模式，使得服务更加高效、准确和个性化，不仅为产业的发展带来了新的机遇，也对语言服务提供商提出了新要求，包括技术创新能力、市场适应能力以及持续提供高质量服务的能力等。本报告展现全球语言服务产业的全貌，探讨其面临的挑战，分析影响产业未来发展的因素，为行业内外人士提供有价值的信息和见解。全球语言服务产业无疑将助力世界各个国家和地区的交流合作，推动全球经济和文化的共同繁荣。

一　全球语言服务产业规模不断扩大

2019~2023 年，全球语言服务产业规模总体呈现增长的趋势。2019 年，全球语言服务产业规模已达到 496.0 亿美元，在 2020 年因新冠疫情出现短暂的下降之后，2021 年和 2022 年都有了明显的增长，2023 年产业规模与 2022 年基本持平。2019~2023 年，产业规模增长了 23.5 亿美元，增长率为 4.7%。2020~2023 年，全球语言服务产业规模增长 58.6 亿美元，增长率为 12.7%。2023 年，全球语言服务产业规模达到 519.5 亿美元（见图 1）。全球化进程加速和跨文化交流增加将促使全球语言服务市场需求继续增长。全球语言服务产业发展受到全球经济形势、技术创新、人口结构变化等多重因素的影响。科技的发展和数字化转型使得全球语言服务市场面临新的机遇和挑战。

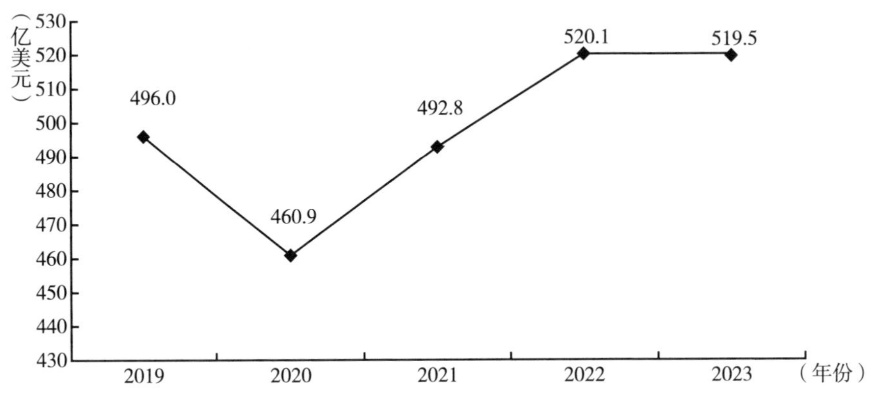

图 1　2019~2023 年全球语言服务产业规模

资料来源：2019~2023 年 CSA《全球语言服务市场报告》。

二　全球语言服务市场高度分散

图 2 显示，全球语言服务市场集中度低，2018~2020 年，未上榜的语言服务企业仍占据了主要的市场份额。虽然未上榜的语言服务企业市场份额逐年下降，但 2020 年仍高达 82.4%，表明全球语言服务市场高度分散，大量的中小型企业仍占据大部分市场份额。中小型语言服务企业组织结构简单，决策链条短，能够快速响应市场变化，提供灵活的服务，满足客户个性化的

需求。中小型企业往往专注于某一领域，专业性强，由于规模较小，运营成本较低，报价更具竞争力。

尽管大部分市场份额被未上榜的企业占据，但全球100强语言服务企业的市场份额逐年增长。特别是排第1~10名的企业，其市场份额从2018年的7.5%增长到2020年的11.3%，表明在市场竞争中，具有规模和实力的企业占据市场和资源优势，逐步扩大市场份额。头部语言服务企业往往具有较高的品牌知名度和良好的口碑，更容易获得更多与政府和其他企业合作的机会，客户来源相对稳定。同时，大型企业具有强大的技术研发能力，能够利用先进的技术提供更优质的服务。大型企业通常具有广泛的服务网络，能够覆盖更广泛的地域，满足更多客户的需求。

而排第11~20名、第21~50名和第51~100名的企业的市场份额相对稳定，2020年分别为2.6%、2.4%和1.3%，表明全球语言服务市场的集中度较低，市场竞争激烈。

总体来看，全球语言服务市场虽然分散，但规模较大的企业逐步扩大市场份额，市场竞争格局正在发生变化。

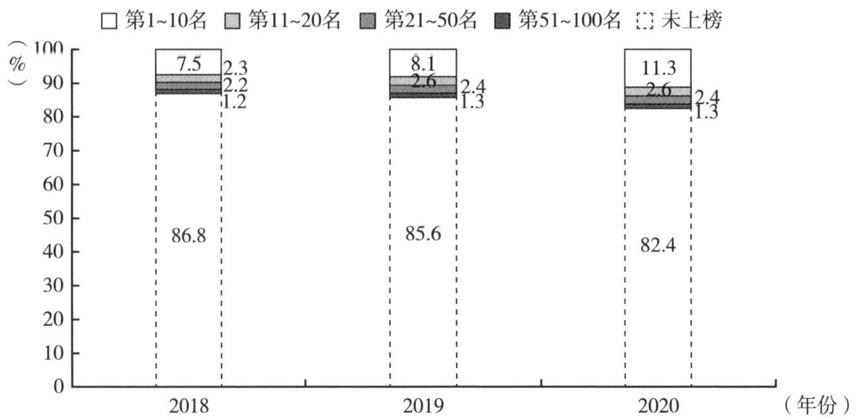

图2　2018~2020年全球语言服务企业市场份额

资料来源：2018~2020年CSA《全球语言服务市场报告》。

三　欧美成为全球语言服务产业集聚地

全球语言服务产业主要集中在欧洲和美洲，亚太地区市场份额逐年缩小，而非洲市场份额则相对较小，这与全球经济发展、文化交流以及全球化程度等多方面的因素息息相关。

欧洲是全球语言服务产业的主要集聚地，2021~2023 年，市场份额均在 41%以上，且在 2023 年达到了 46%（见图 3）。欧洲拥有多样化的语言环境，包括英语、法语、德语、西班牙语、意大利语、荷兰语、葡萄牙语等多种语言，多样化的语言环境为语言服务产业提供了广阔的市场。欧洲在语言教育和语言科学研究方面拥有悠久的历史和优秀的传统，许多语言研究机构和大学位于欧洲，为语言服务产业提供了丰富的人才资源和技术支持。另外，欧洲的全球化程度很高，许多跨国公司和国际组织的总部设在欧洲，如美妆巨头欧莱雅，汽车行业龙头企业宝马、奥迪等，为语言服务产业发展提供了大量的机会。

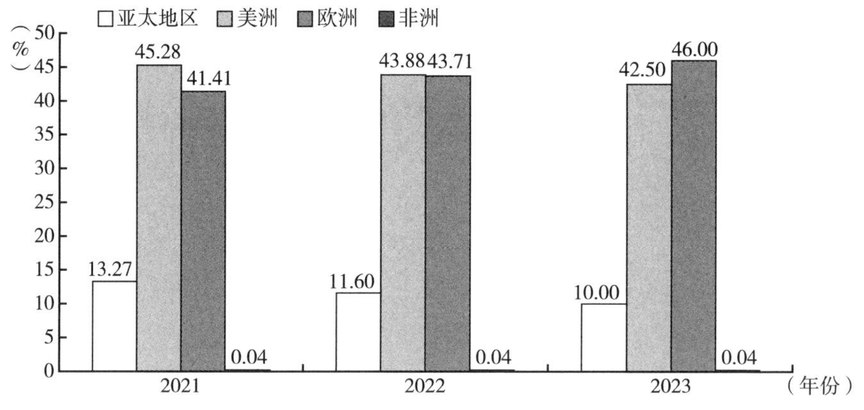

图 3　2021~2023 年全球语言服务市场份额分布

资料来源：2021~2023 年 CSA《全球语言服务市场报告》。

2023 年，美洲是全球语言服务产业的第二大市场。2021~2023 年，市场份额均在 42%以上。美洲，特别是美国，拥有强大的经济实力，具有巨大的语言服务市场需求，尤其是在商务、科技、法律、教育等领域。英语是全球使用最广泛的语言之一，也是许多国际组织和跨国公司的工作语言。美国作为英语的主要使用国之一，对全球的语言服务产业发展具有重要影响。另外，美国是全球科技创新的重要中心，在人工智能、大数据、云计算等新技术的推动下，语言服务产业正在经历深刻的变革。

从市场份额看，亚太地区的语言服务产业占比相对较小，2021~2023年，其市场份额在10%~14%。亚太地区经济发展速度快、人口基数大，全球化需求日益增长，尤其是中国、印度等经济增长迅速，为语言服务产业提供了广阔的市场空间。随着亚太地区经济的崛起，该地区的企业和组织越来越需要全球化运营，对语言服务产业提出了新需求。亚太地区在人工智能、大数据、云计算等新技术领域的发展迅速，为语言服务产业的发展提供了技术支持。语言服务产业的发展在亚太地区也开始越来越受关注。中国通过出台一系列政策推动语言服务产业发展，如设立语言服务产业园区、提供税收优惠等。

非洲的语言服务产业市场份额极小，2021~2023年，市场份额均不足1%，与非洲目前的经济发展水平、政治环境、教育水平等因素有关。近年来，非洲的教育需求巨大，特别是对外语教育的需求，为语言服务产业特别是在线语言教育服务提供了市场机会。

四　全球100强语言服务企业区域分布不平衡

全球语言服务企业总数在2017~2019年基本稳定，2020年出现显著增长，达到27000家。然而，2021年又下降到20375家。这反映出全球语言服务市场的竞争日趋激烈，部分企业未能适应市场变化而退出。总体来看，全球语言服务市场整体呈扩大趋势。欧洲是全球语言服务市场的主导者，美洲紧随其后，亚太地区占据次要地位，但未来具有较大的发展潜力。

首先，欧洲全球100强语言服务企业的数量多年来均保持领先地位，从2017年的57家波动下降到2022年的54家。虽然数量稍有波动，但占比一直在50%以上，表明欧洲在全球语言服务市场中具有较强的实力。其次，美洲全球100强语言服务企业的数量从2017年的26家波动下降到2022年的24家，整体呈现轻微下降趋势，但占比一直在20%以上。最后，亚太地区全球100强语言服务企业的数量从2017年的17家波动增长到2022年的21家，整体呈现上升趋势（见图4）。亚太地区全球100强语言服务企业数量的增长说明该地区的语言服务业正在壮大。

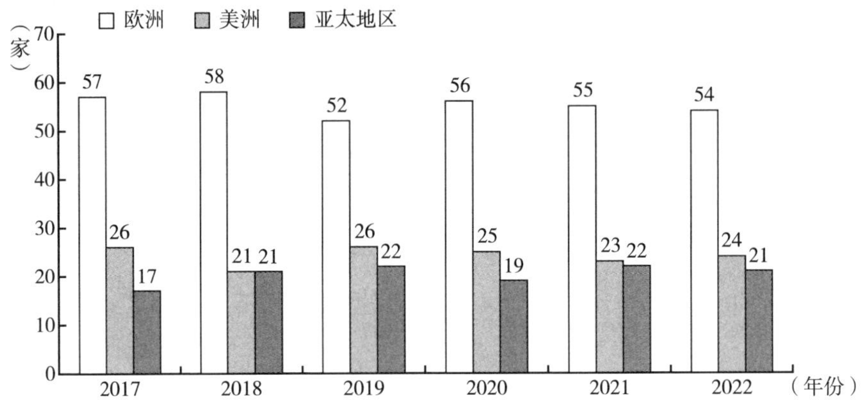

图4　2017~2022年欧洲、美洲、亚太地区全球100强语言服务企业数量

资料来源：2017~2022年CSA《全球语言服务市场报告》。

五　全球100强语言服务企业产值持续增长

2017~2021年，全球100强语言服务企业在欧洲、美洲和亚太区域的产值均呈现上升趋势。

欧洲全球100强语言服务企业的产值增长非常显著，从2017年的27.18亿美元增长到2021年的44.92亿美元。欧洲是全球语言服务需求最大的区域之一，主要原因是该区域内有多个国家和地区，语言文化多样性显著。此外，欧盟的政策也推动了语言服务市场的发展，例如，欧盟法律规定所有官方文件都必须翻译成所有成员国的语言。同时，欧洲的经济发展水平较高，对高质量的语言服务有更强的承受能力。

美洲全球 100 强语言服务企业的产值增长也较为明显，从 2017 年的 22.84 亿美元增长到 2021 年的 33.74 亿美元。美洲尤其是北美，由于经济发展水平较高，对语言服务的需求也较大。美国是全球最大的英语使用国家，对外商务活动频繁，对翻译和本地化服务的需求很大。而拉美地区由于语言和文化具有多样性，也对语言服务有一定的需求，尤其是在旅游、教育和移民服务等领域。

亚太地区全球 100 强语言服务企业的产值增长虽然在绝对数值上较小，但增长率却是最高的。从 2017 年的 4.34 亿美元增长到 2021 年的 11.46 亿美元，增长了 1.6 倍（见图 5）。随着亚太地区的经济发展和全球化进程推进，其对外交流和合作的机会也在增加，这将推动语言服务市场的发展。此外，亚太地区的语言和文化多样性也为语言服务提供了广阔的市场。

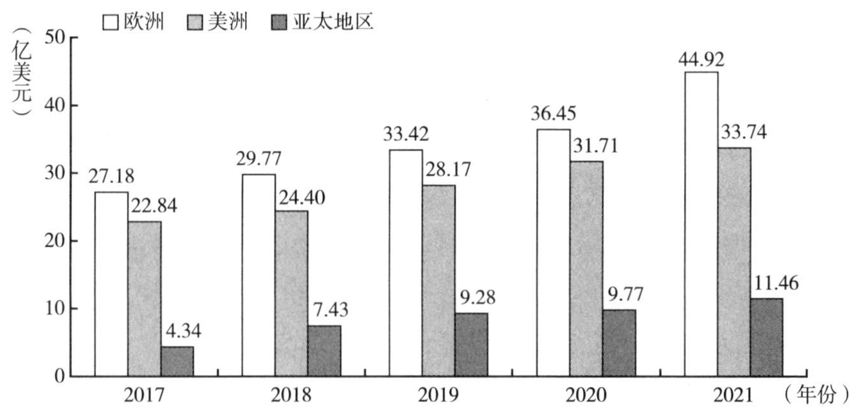

图 5　2017~2021 年欧洲、美洲、亚太地区全球 100 强语言服务企业产值

资料来源：2017~2021 年 CSA《全球语言服务市场报告》。

总体来看，欧洲、美洲、亚太地区全球 100 强语言服务企业的产值都在增长，显示出语言服务市场的需求在全球范围内都在增加。对于语言服务企业来说，这意味着更大的市场机遇，但同时意味着激烈的竞争。语言服务企业需要根据各个区域的特点和需求来制定相应的市场策略。例如，针对欧洲的多语言环境，企业需要提供更广泛的语言服务；针对美洲的商务需求，企业需要提供专业的商务翻译和本地化服务；针对亚太地区的快速发展，企业需要提供更快速、更灵活的服务。同时，由于全球化趋势，语言服务企业也需要有全球化的视野和战略，以适应不断变化的市场环境。

六　全球语言服务产业面临多重挑战

第一，语言技术迭代加速。随着语言技术的不断革新，全球语言服务产业面临人工智能等先进技术的挑战。一方面，人工智能和深度学习技术的发展使得机器翻译的准确性和效率不断提高，甚至在一些场景中已经能替代人工翻译。这无疑对传统的人工翻译行业构成了挑战。另一方面，科技的发展速度非常快，新的技术和工具不断出现，例如，科大讯飞、腾讯等都投入巨资研发语言服务技术，技术的迭代速度不断加快。语言服务从业者应跟上步伐，不断学习和掌握新的技术和工具。语言服务从业者需要找到人机共生的翻译工作模式，提高工作效率和翻译质量，拓展服务范围，提升竞争力。

第二，企业合规性风险大。全球各地的法规有所不同，语言服务提供商需要熟悉并遵守各地的法规。语言服务产业涉及的主要法规包括以下内容。一是语言数据保护和隐私法规。全球范围内，各个国家和地区关于数据保护和隐私保护的法规各不相同。例如，欧洲的 GDPR（《通用数据保护条例》）对数据保护和隐私设定了严格的标准，美国的 HIPAA（《健康保险可移植性和责任法案》）对医疗信息的保护也有特殊规定。语言服务企业必须确保在处理、存储和传输数据时符合这些法规。二是知识产权法规。语言服务产业涉及大量的内容创作和翻译，因此必须遵守各种知识产权法规，包括保护原始内容的版权，以及确保翻译后的内容不会侵犯任何第三方的知识产权。三是合同法和就业法。语言服务企业经常需要与译员、校对员等外部合作伙伴签订合同，因此需要确保这些合同符合各个国家和地区的合同法和就业法。四是跨境交易法规。语言服务产业是全球化产业，往往涉及跨境交易，语言服务企业需要遵守各个国家和地区的跨境交易法规，包括关税、税收和外汇管理等。五是专业认证和行业标准。某些国家和地区要求语言服务从业者具有特定的专业认证或遵循特定的行业标准。例如，欧洲的 EN 15038 标准就明确了翻译服务的质量要求。

第三，市场竞争愈加激烈。随着全球语言服务市场的规模持续扩大，新的语言服务提供商层出不穷，因此，语言服务提供商也面临激烈的行业内部竞争。一方面，大型公司，如百度、腾讯、科大讯飞等，通常具有更强的技术和更多的市场资源，在竞争中具有优势；而小型公司和自由翻译者则需要通过提供高质量的服务和独特的价值主张来获得竞争优势。另一方面，在全球化的影响下，语言服务市场的价格竞争日趋激烈，客户期望以更低的价格获得更高质量的服务；同时，由于市场上翻译供应过剩，语言服务提供商往往需要降低价格以吸引客户。这导致语言服务市场的利润率整体下降。

第四，人才短缺。全球语言服务市场语言专业人才和语言技术人才短缺。一方面，语言专业人才短缺导致市场人才供需不平衡，使得一些高端项目或者特定领域的翻译难以找到合适的译员，影响了项目的进展和质量，也导致恶意竞争、低价竞标等不良现象的发生，对整个行业的声誉和发展造成不良影响。另一方面，语言技术人才在整个语言服务产业的智能化发展中至关重要，他们需要具备技术领域的专业知识和应用能力，能够应对日益复杂的技术需求。这类复合型人才比较稀缺，主要集中在少数大型龙头语言服务企业，其他中小型企业难以吸引更多优秀技术人才加盟。

七　全球语言服务市场走向智能化、细分化和标准化

（一）人工智能技术的发展将使得语言服务更加智能化

大数据技术和大模型使得语言服务能够基于大量的语言数据进行优化。语音识别和语音合成技术将帮助语言服务覆盖更多的语言形式，也将推动语言服务覆盖更广泛的应用场景，预计 2025 年，全球语音识别市场规模将达到 265 亿美元。随着智能语音助手、自动语音响应系统等应用的推广，语音

识别市场前景广阔。另外，用户行为分析和智能推荐算法将提供更加个性化的服务，根据用户的历史翻译记录和偏好，推荐更符合用户需求的翻译结果。此外，智能交互将成为语言服务的另一大趋势，用户利用聊天机器人、智能助手等获取所需的语言服务。

（二）全球语言服务市场细分化趋势将更加明显

全球语言服务市场规模不断增长，特定行业的专业语言服务需求日益增长。医疗、法律、金融、科技等领域都有特定的专业术语和表达方式，需要专门针对这些领域的专业翻译服务。此外，语种细分化趋势也越来越明显，多语种市场开始受到重视。例如，非洲、东欧、中亚等地的语言服务市场虽然目前规模相对较小，但是增长潜力巨大。因此，细分语种的语言服务市场也在快速发展。语言服务市场也在不断细分。比如，有的语言服务提供商专门服务于政府部门，有的服务于企业。全球语言服务市场的细分化趋势，既是市场需求多样化的反映，也是市场竞争激烈化的体现。这种趋势将推动语言服务产业持续创新和发展。

（三）全球语言服务行业标准化发展已是大势所趋

为了保证服务质量，语言服务行业正在制定和实施一系列的服务质量标准，这些标准涵盖了翻译的准确性、一致性、及时性等各个方面。另外，随着人工智能、大数据等技术的应用，语言服务行业也在制定相关的技术标准，不仅包括技术的实现方式，也包括数据的收集、处理和存储方式，以确保技术的有效性和数据的安全性。除此以外，为了规范行业的发展，语言服务行业也在制定一系列的行业规范，内容涵盖服务的提供方式、价格的设定方式、合同的签订方式等，以保护语言服务提供商和客户的权益。为了提升语言服务提供商的专业性和信誉度，语言服务行业也在推行一系列的认证制度，通过这些认证，语言服务提供商向客户证明服务的质量和专业性。总的来说，标准化发展将有助于提升服务的质量和效率，提升语言服务提供商的专业性和信誉度，进而有助于满足全球化时代的语言服务需求。

八　全球语言服务产业发展对中国的启示

全球语言服务产业发展为中国带来诸多启示。应重视对内提升能力，对外扩展视野，以应对快速变化的市场需求和全球化带来的挑战。以下几点关键启示值得思考。

（一）以技术驱动创新

全球语言服务产业快速发展在很大程度上得益于技术进步，特别是在机器翻译、自然语言处理、语音识别等领域。中国的语言服务产业需要紧跟技术发展的步伐，通过引入和研发先进技术，提高服务效率和质量，满足客户对高质量、交付快的需求。

（二）培育专业化和细分化市场

全球语言服务市场呈现专业化和细分化趋势。针对法律、医疗、工程、制造、IT 等特定行业的语言服务需求日益增加，要求语言服务人才不仅要懂语言，也要深刻理解行业术语和专业知识。中国语言服务企业可以通过深耕细分市场，专注 1~2 个细分的专业领域，做深做透，提升特定领域的专业服务能力，在激烈的市场竞争中获得优势。

（三）全球化与本土化并重谋发展

中国扩大对外开放推动中外人文交流和经贸往来，但企业要成功地实现国际化，需要考虑本地化的重要性。要求语言服务不仅是文字的转换，更是中华文化、习俗和各地方特色的对外传播和宣介。中国语言服务产业应重视提高本地化服务能力，帮助企业顺利进入国际市场，同时将中华文化的独特魅力有效传达给世界各国的用户。

（四）以高品质与标准化求生存

全球语言服务市场不断扩大，高品质服务和服务标准化成为产业发展的必然要求。中国语言服务产业应加强标准化建设，提高服务质量和效率，确保服务输出的一致性和可靠性，以满足国际客户的严格要求。

（五）以多元化人才强能力

语言服务不仅需要语言能力强的人才，更需要具备跨文化沟通、技术应用、项目管理等多方面技能的复合型人才。中国语言服务产业应加强与高校的产教融合和协同育人，培养适应产业发展需要的高素质人才，同时鼓励现有从业人员提升个人能力和专业知识。

全球语言服务产业发展为中国语言服务产业提供了宝贵的经验和启示，引领语言服务产业朝着更高效、更专业、更国际化的方向发展，不断提升自身竞争力，满足全球化和智能化时代的需求。

参考文献

美国 CSA Research 语言服务咨询公司编《全球语言服务市场报告（2017—2020）》，蒙永业、王立非译，对外经济贸易大学出版社，2021。

蒙永业、王立非编译《全球语言服务市场研究报告（1）》，对外经济贸易大学出版社，2023。

B.11
全球重点区域语言服务产业发展报告*

崔 璨 艾 斌**

摘 要： 本报告深入分析全球重点区域语言服务产业发展状况。2023年，欧洲语言服务市场规模占据领先地位，尤其是北欧地区，市场规模位列全欧洲首位，占比25.18%。北美的语言服务市场规模在全球市场中占比42.50%，北美100强企业数量领先于美洲大陆其他地区。亚太地区是新兴市场，在全球市场中占比10%，显示出巨大的市场潜力。通过对比分析全球三大重点区域语言服务产业发展的特点，本报告指出，全球语言服务产业面临多重挑战，欧美语言服务产业的发展经验值得中国和亚洲新兴市场学习和借鉴。应强化高标准的质量管理，强调技术驱动的创新，满足多元化的服务需求，注重专业人才培养，拓展国际合作和市场，重视用户满意度。

关键词： 语言服务产业 欧美 亚太地区

欧美地区作为全球经济和技术发展的领先区域，在语言服务产业的规模、企业竞争力和产值等方面均引领全球的发展。北欧地区以高度发达的经济和技术优势创造了语言服务市场的规模优势。英、法、德等西欧发达国家凭借深厚的语言文化基础和先进的技术，拥有数量全球领先的全球100强语言服务企业。而美国凭借庞大的市场需求和技术创新能力在语言

* 本报告为2020年北京市社会科学基金重点项目"'一带一路'语言服务便利度测量模型构建与应用"（20YYA002）的资助成果。

** 崔璨，经济学博士，美国哥伦比亚大学经济学系福布莱特访问学者，首都师范大学外国语学院研究生导师；艾斌，博士、对外经济贸易大学经济学博士后，上海财经大学外国语学院教授，商务英语系主任，研究方向为外语教育、跨文化商务沟通、语言服务。

服务产值和全球100强语言服务企业数量上领跑美洲大陆。探讨这些区域成功的关键因素和如何在全球语言服务市场中保持领先地位对我国发展语言服务产业具有重要启示。全球语言服务产业面临全球化和技术创新的挑战和机遇，具有多样性和复杂性，在促进全球沟通和相互理解方面具有核心作用和价值。

一　欧洲语言服务市场分析

欧洲语言服务市场是全球语言服务规模最大、产业最成熟和最重要的市场。2023年，欧洲语言服务市场由于全球化、数字化转型和多语种需求不断增加，继续呈现增长的趋势。

从市场规模看，欧洲语言服务市场是全球规模最大的区域市场。欧洲的多语种环境为语言服务产业提供了庞大的市场需求。尤其是欧盟内部，成员国之间的紧密合作和多语言政策，为笔译、口译、本地化和语言咨询服务创造了巨大的市场空间。同时，数字化转型也为语言服务市场带来了新的增长点。以2023年为例，北欧全球20强语言服务企业的总产值为24.06亿美元，西欧全球20强语言服务企业的总产值次之，为8.70亿美元，南欧和东欧全球20强语言服务企业的总产值相对较小，分别为2.51亿美元和1.28亿美元（见图1）。

从地域分布看，欧洲语言服务市场的地域分布呈现多样化的特点。西欧国家（如英国、法国、德国）由于经济发达和国际化程度高，语言服务市场规模较大，市场成熟。北欧国家由于高度的数字化和高教育水平，对高质量的语言服务需求旺盛。南欧和东欧地区虽然市场规模相对较小，但经济发展，旅游业发达，语言服务需求逐年增长。

从产业结构看，欧洲的语言服务产业结构较为复杂，涵盖了翻译、本地化服务、国际化、语言技术工具开发等多个领域。翻译和本地化服务占据语言服务的核心地位，特别是法律、医疗、技术、游戏和应用程序等专业领域的翻译和本地化服务需求大。近年来，人工智能技术快速发展，机器翻译、

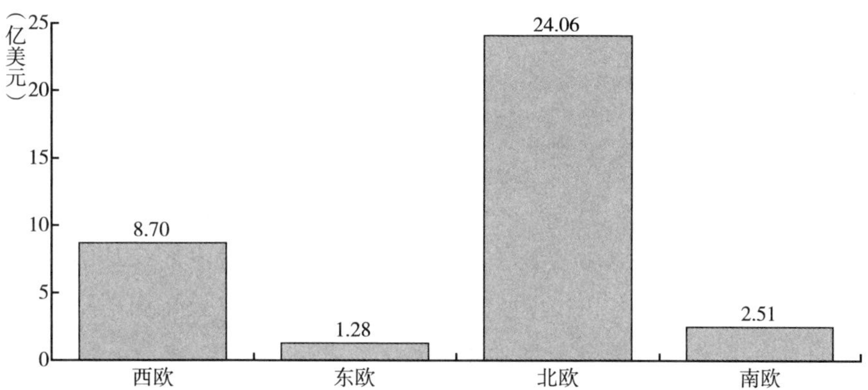

图 1　2023 年西欧、东欧、北欧、南欧全球 20 强语言服务企业总产值

资料来源：2023 年 CSA《全球语言服务市场报告》。

自动语音识别等语言技术工具成为欧洲语言服务产业的重要组成部分。

从服务业态看，欧洲语言服务业态呈现多元化发展趋势。传统的面对面口译和纸质文档翻译逐渐向在线翻译、远程口译和云端协作平台转变。同时，针对特定行业的定制化服务和解决方案也越来越受市场的欢迎。自动化和智能化语言服务逐步成为行业发展的重要方向。

从发展趋势看，未来欧洲语言服务市场的发展趋势将是技术驱动和服务创新的结合。一方面，人工智能、大数据等技术将在翻译质量控制、效率提升和成本降低方面发挥越来越重要的作用。另一方面，随着客户需求的多样化和个性化，语言服务提供商需要提供定制化和专业化的服务。同时，跨语言数据处理和跨文化沟通能力将成为语言服务的关键竞争力。

（一）北欧语言服务市场规模全欧洲最大

2023 年，北欧语言服务市场规模全欧洲最大，占欧洲语言服务市场的 25.18%。[①] 北欧高度重视经济发展、技术创新、教育水平以及多文化和多

① 蒙永业、王立非编译《全球语言服务市场研究报告（1）》，对外经济贸易大学出版社，2023。

语言环境。第一，北欧国家在技术创新方面一直走在欧洲前列，直接影响了语言服务行业的运作方式。人工智能在翻译工具和服务中的应用广泛，提高了翻译的速度和准确性。此外，自动语音识别和自然语言处理技术的进步也为口译服务带来了变革，使远程同声传译成为可能，极大地提高了服务的可及性和效率。第二，北欧市场对语言服务的质量有极高的要求，特别是专业领域，如法律、医疗、技术和财务。不仅要求译员具备优秀的语言技能，还要求拥有相关领域的专业知识。因此，专业化和高质量的定制服务成为北欧语言服务市场的重要特点。第三，2023 年北欧的语言服务市场继续朝着在线和远程服务的方向发展。数字平台、云技术和移动应用的广泛应用，使得语言服务更加灵活和高效，无论客户和服务提供商身处何地，都能轻松地沟通和交付服务。第四，在全球化和多文化背景下，北欧公司不断扩大国际业务，多语种和本地化服务需求增加。除了英语、法语、德语等常用语言外，对北欧语言（如瑞典语、丹麦语、挪威语和芬兰语）以及亚洲和中东语言的翻译和本地化服务需求也在增长。第五，北欧语言服务企业十分重视可持续发展和社会责任，符合北欧国家长期以来的价值观。2023 年，更多语言服务提供商开始采取环保措施，如减少纸张使用和优化在线流程，同时开展企业社会责任（CSR）项目，促进教育发展、文化多样性和社会平等。

（二）西欧全球100强语言服务企业数量领先

2023 年，西欧全球 100 强语言服务企业数量在欧洲全球 100 强语言服务企业中的占比达到 43%（见图 2），表明西欧的语言服务提供商在欧洲市场中具有较强的竞争力。北欧紧随其后，占比 39%，表明北欧的语言服务也在欧洲市场中占有重要地位。南欧和东欧占比较低，分别为 11% 和 7%，与这两个地区的经济发展水平等因素有关。

2023 年，西欧的语言服务企业展现出以下特点。一是数字化转型加速。西欧的语言服务企业加速了数字化转型，不仅包括采用先进的技术如机器学习来提升翻译质量和效率，也包括数字化管理流程，如客户关系管

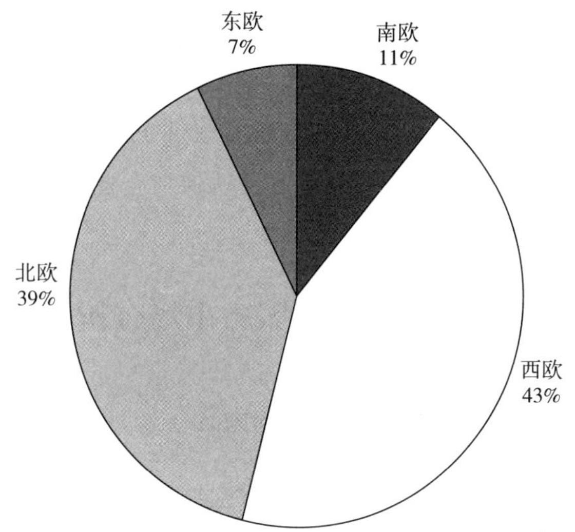

图 2　2023 年欧洲全球 100 强语言服务企业分布

资料来源：2023 年 CSA《全球语言服务市场报告》。

理（CRM）系统和项目管理工具的使用，以优化客户服务和提高工作流程的透明度。二是提供高度专业化的服务。为了满足市场对高质量翻译的需求，西欧的语言服务企业越来越注重提供高度专业化的服务。企业不仅提供传统的文本翻译，还涵盖了技术文档、医疗文件、法律文件和金融报告等领域的专业语言服务。专业化战略能够使企业在竞争激烈的市场中处于有利地位。三是采用本地化和全球化并行战略。西欧的语言服务企业在帮助客户实现全球化的同时，也非常重视本地化服务，不仅仅是语言翻译，更关键的是文化习俗和市场偏好的调适。语言服务企业通过提供优质的本地化服务帮助客户的产品和服务更好地融入目标国市场，提升品牌的全球影响力。四是强化可持续发展和社会责任。西欧社会对可持续发展和社会责任日益重视，语言服务企业也开始将这些价值观融入自身的业务发展模式，采取环保措施减少运营对环境的影响，通过提供免费或优惠的翻译服务支持非营利组织和社会项目。五是合作与竞争并存。一方面，西欧语言服务企业之间抢抓客户和市场份额；另一方面，加强合作，如子公司与母公司、独立翻译者与大型翻译公司的合作，共同扩大服务范围和市场占有率。随着市场的不断整合，并购活动日益频繁。六是灵活应对复杂多变的市场需求。西欧语言服务企业的市场适应性和灵活性极强，能快速响应客户需求，适时调整服务策略，采用新技术和方法保持企业的竞争力。

二　北美语言服务市场分析

（一）北美语言服务产值领先美洲大陆

北美语言服务产值在美洲大陆中占据主导地位。2023 年，北美的语言服务产值为 31. 16 亿美元，拉丁美洲的语言服务产值为 3. 3 亿美元。整个美洲的语言服务产值为 220. 78 亿美元，占全球市场份额的 42. 50%（见图 3）。首先，经济发展水平是影响语言服务产值的重要因素。北美的经济发展水平高，有很多世界顶级的大公司和机构，如苹果、谷歌、微软等。这些公司的业务遍布全球，需要大量的语言服务。同时，美国是全球最大的经济体，庞大的市场为语言服务产业提供了丰富的机会，北美的语言服务产值高于美洲其他地区。

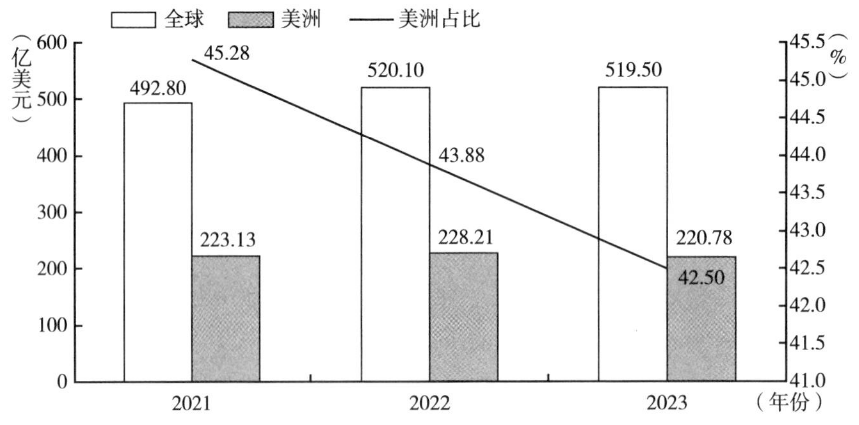

图 3　2021~2023 年全球、美洲语言服务市场产值及其占比

资料来源：2021~2023 年 CSA《全球语言服务市场报告》。

其次，技术发展已经改变了语言服务生产方式，提高了服务效率和质量。以美国为代表的北美地区科技发展水平领先全球。大数据、人工智能等技术的应用，使得语言服务更加精确和快速。例如，机器翻译和自然语言处理技术的发展，使得大量的翻译工作自动化，大大提高了效率。通过云计算和其他数字技术，语言服务实现在线提供，满足全球客户的需求。这些技术的应用使得北美的语言服务产值大大提高。相比之下，拉丁美洲和阿勒比地区的技术发展水平相对较低，在一定程度上限制了该区域语言服务产业的发展，从而影响了产值。

最后，教育资源的质量和数量对于语言服务产业的产值有重大影响。高质量的教育资源为语言服务产业提供高素质的人才，而人才是推动产业发展的关键因素。北美拥有许多全球顶尖的大学和研究机构，如哈佛大学、斯坦福大学和麻省理工学院等。这些高校为学生提供了丰富的语言课程和研究项目，培养出大量精通多国语言的毕业生，提高了服务质量和产值。此外，美国的多元文化环境有助于语言学习和交流，进一步提升了语言服务的质量和效率。

（二）北美全球100强语言服务企业数量领跑美洲

美洲的全球 100 强语言服务企业均分布在北美，其中，美国占绝大多数（87%），加拿大占 13%（见图 4）。美国语言服务产业在美洲乃至全球范围内领跑，是多方面因素综合作用的结果。第一，美国作为世界最大的经济体，拥有强大的经济实力和庞大的市场规模，为语言服务产业提供了广阔的发展空间。国际贸易、跨国公司的全球运营、科技创新等多个领域都对语言服务有巨大的需求。第二，美国是一个文化多元的国家，来自世界各地的移民群体和多样化的文化背景促进语言服务需求的增长，尤其是在法律、医疗、教育等领域，需要大量专业的语言服务支持。第三，美国的科技创新处于世界领先地位，特别是在信息技术和人工智能领域，为语言服务产业带来了新的机遇，比如机器翻译、大语言模型等先进技术的应用，极大地提高了语言服务的效率和质量。第四，美国拥有世界著名的高校和研究机构，如MIT、斯坦福大学等，在语言学、计算机科学等领域进行了大量的基础研究和应用研究，为语言服务产业的发展提供了人才和技术支持。第五，美国政府对语言服务产业的发展给予了政策支持和资金支持，尤其是在公共服务领域，比如法庭翻译、医疗翻译等。未来，预计美国语言服务产业将继续保持强劲的增长势头。

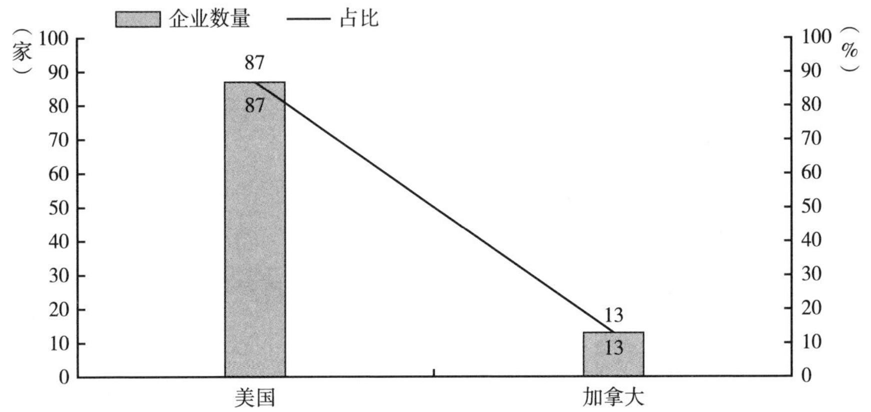

图4　2023年美洲全球100强语言服务企业分布

资料来源：2023年CSA《全球语言服务市场报告》。

三　亚太地区是语言服务新兴市场

（一）亚太地区语言服务市场规模与特点

近年来，亚太地区语言服务市场规模相较于欧美市场虽略显逊色，但依然保持了一定的市场份额。2023年，亚太地区语言服务市场规模为51.95亿美元，占全球市场的10%。然而，与预期的高速增长不同，亚太地区的市场规模在2021~2023年呈现逐步缩减趋势。亚太地区语言服务市场规模从2021年的65.39亿美元降至2022年的60.33亿美元，再降至2023年的51.95亿美元（见图5），值得深入分析。

首先，尽管亚太地区经济发展速度较快，尤其是中国、印度等国的经济体量持续扩大，但外部环境不确定性增强、全球经济波动，部分地区语

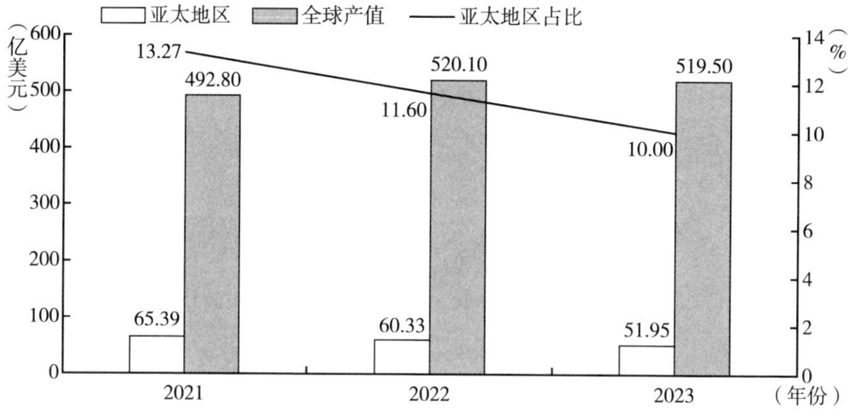

图 5　2021~2023 年全球、亚太地区语言服务市场产值及其占比

资料来源：2021~2023 年 CSA《全球语言服务市场报告》。

言服务需求出现阶段性饱和，可能导致市场增长放缓。其次，技术进步虽然在一定程度上提升了语言服务的效率和精准度，但也会在短期内压缩传统语言服务的市场规模。例如，机器翻译、自然语言处理等新兴技术的广泛应用，正在逐步替代部分人工翻译需求，成为市场规模缩小的潜在因素。

尽管如此，亚太地区语言服务市场潜力不容忽视。该地区语言文化丰富多样、跨国贸易需求及国际合作逐步扩展，为语言服务提供了广阔的发展空间。未来，随着技术的进一步成熟与应用深化，亚太地区语言服务市场有望恢复增长。

（二）亚太语言服务提供商规模与特点

图 6 显示，亚太地区全球 100 强语言服务企业主要集中在中国大陆，占比 26%；日本占比 22%，澳大利亚占比 13%，以色列、韩国和塞浦路斯占比均为 4%，其他国家和地区如新加坡、阿联酋等占比均为 9%。

作为全球主要经济体之一，中国凭借广阔的市场和丰富的资源，吸引了大量语言服务企业。中国语言服务市场不仅具备规模优势，而且在跨国交流和外贸扩展方面展现出巨大的潜力，成为全球语言服务产业发展的重要驱动力。截至 2023 年 12 月 31 日，中国大陆营业范围含语言服务企业数量为

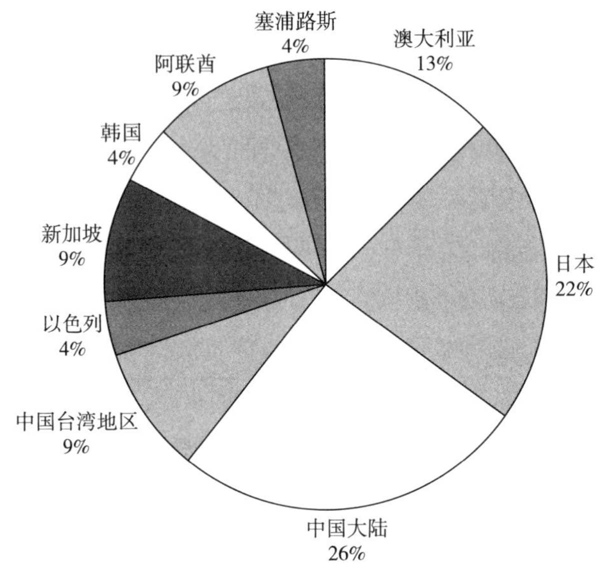

图 6　2023 年亚太地区全球 100 强语言服务企业分布

资料来源：2023 年 CSA《全球语言服务市场报告》。

623260 家，北京是国内语言服务企业数量最多的省份，信息与通信技术、教育培训、政府外事是语言服务排名前三的领域。①

其次，日本作为亚洲的经济大国吸引了大量的语言服务企业。同时，日本的文化也在全球范围内广泛传播，对日语的学习和使用需求也在不断增加，这为语言服务企业提供了良好的发展机会。然而，日本的语言服务市场也存在局限性，如市场规模较小，语言环境相对单一等。

此外，澳大利亚、新加坡、阿联酋等地也有一定比例的全球 100 强语言服务企业，与这些地区的经济发展水平、对外开放程度以及语言文化的影响力有关。

总的来说，亚太地区全球 100 强语言服务企业的区域分布反映了各个国家和地区的经济实力、对外开放程度以及文化影响力等多方面的因素。对于语言服务企业来说，选择在哪个国家和地区发展，需要综合考虑这些因素。

① 中国翻译协会：《2024 中国翻译行业发展报告》，2024。

四　三大区域语言服务产业特点对比分析

语言服务产值增长率是衡量产业发展速度和活力的重要指标，主要反映语言服务产业的市场需求、行业竞争情况、技术进步情况和政策环境。尽管全球三大区域的语言服务产业增长率存在明显波动和地区差异，但大部分地区仍保持了正向增长。尽管受到疫情的影响，全球语言服务产业仍显示出一定程度的韧性和复苏能力。2019~2022 年，全球三大区域的语言服务产业年增长率及复合增长率呈现的具体特点如下。

（一）亚太地区语言服务市场表现出较强的增长势头

2019~2021 年，亚太地区语言服务市场产值增长率均超过 15%，但 2022 年有所下降，增长率为-0.15%。复合增长率为 11.19%，领先全球（见表 1）。亚太地区的语言服务产业发展迅速，主要原因有以下几点。首先，亚太地区的经济发展迅速，尤其是中国和其他新兴经济体，对外经济交流频繁，需要大量的语言服务来满足跨国交流的需求；其次，亚太地区的人口基数大，语言学习者和使用者众多，为语言服务产业提供了巨大的市场；最后，亚太地区的政策环境较为友好，许多国家在积极推动国际化进程，鼓励跨国交流，为语言服务产业提供了良好的发展环境。

表 1　2019~2022 年全球三大区域语言服务市场产值增长率

单位：%

	亚太地区	欧洲				北美	平均增长率
		东欧	北欧	南欧	西欧		
2019 年	21.84	-11.23	9.11	21.10	15.91	12.56	11.55
2020 年	15.57	-8.57	-1.20	10.86	-9.01	6.36	2.34
2021 年	17.28	-6.43	21.63	-7.46	23.54	10.45	9.84
2022 年	-0.15	-3.25	5.05	1.35	-7.73	3.96	-0.13
复合增长率	11.19	-5.90	7.64	4.83	4.49	6.80	4.84

资料来源：2019~2022 年 CSA《全球语言服务市场报告》。

（二）欧洲语言服务市场增长波动势头明显

2019~2022 年，东欧语言服务市场产值连续 4 年呈现负增长。2019 年的增长率为-11.23%，2022 年回升至-3.25%，但 2019~2022 年复合增长率为-5.90%，表明该地区的语言服务市场持续萎缩。东欧的经济发展速度相对较慢，语言服务的需求有限，且区域内部分国家的社会经济转型尚未完成，这些因素制约了语言服务产业的增长。

北欧语言服务市场在 2019~2022 年表现出波动性。2020 年北欧经历了轻微的负增长（-1.20%），但在 2021 年快速反弹，增长率高达 21.63%。2019~2022 年复合增长率为 7.64%。尽管增长趋势不稳定，但该地区整体上保持了正增长，反映出市场对语言服务的需求较为旺盛。

南欧的语言服务市场产值增长率在 2019~2022 年也出现较大波动。2019 年的增长率为 21.10%，但 2020 年降至 10.86%，2021 年转为负增长（-7.46%）。2022 年，南欧语言服务市场产值略有回升，增长率为 1.35%，2019~2022 年复合增长率为 4.83%。这种波动反映了该地区语言服务市场的不稳定性，表明增长动能相对不足。

西欧语言服务市场表现波动剧烈。2019 年，西欧语言服务市场产值的增长率为 15.91%，但 2020 年大幅下降至-9.01%，随后在 2021 年回升至 23.54%，2022 年下跌至-7.73%。2019~2022 年复合增长率为 4.49%，虽然增长率波动较大，但市场总体仍具备一定的增长潜力。

（三）北美语言服务市场稳定正增长

2019~2022 年，北美语言服务市场产值增长率从 12.56%波动降低至 3.96%。复合增长率为 6.80%，呈现持续稳健的增长。

全球语言服务产业呈现如下特点。一是波动性较大。各区域的增长率波动明显，尤其是西欧地区和南欧地区，显示出经济增长的不稳定性。二是区域差异明显。不同区域的经济增长情况差异显著，亚太地区整体展现出较强的增长势头，而东欧地区则出现连续的负增长。三是增长趋势波动。大部分区域在研究期间内表现出正向增长的复合增长率，但东欧的复合增长率为负。四是受到疫情影响。疫情防控期间，不同区域的语言服务经济增长受到了不同的影响。

五　全球语言服务产业发展趋势

《全球语言服务市场报告》预测，全球语言服务产业在市场规模、增长率、技术应用、行业挑战和未来发展等方面呈现如下发展趋势。2024 年，市场规模预计将达到 767.8 亿美元，复合增长率为 6.32%。2025 年，全球语言服务市场规模将达到 770 亿美元，2029 年将增长到 1043.1 亿美元。全球语言服务市场在未来五年的复合增长率将保持在 6.2%左右。[①] 全球语言服务市场在未来几年将保持持续稳定增长态势。未来，机器翻译、自然语言处理等技术将更加深入地融入语言服务领域。跨境电子商务、国际贸易、文化交流等活动的持续增长将进一步推动语言服务需求的增长。此外，全球经济复苏也将激发各行业对多语言沟通的需求，从而推动语言服务产业的快速发展。

全球语言服务产业呈现以下发展趋势。第一，人工智能普及。人工智能和机器学习算法的发展使得机器翻译的质量大幅提升，能够提供更高效和低成本的翻译服务。这一趋势将大大改变传统翻译行业的工作方式。第二，多模态语言服务兴起。未来语言服务将不仅局限于文本翻译，会更多地涉及语音识别、图像识别等多模态技术的结合，提供更加综合的语言服务解决方案。第三，数据驱动语言服务发展。大数据分析将帮助语言服务提供商更好地理解客户需求，从而提供更个性化的服务。数据隐私与安全也将成为行业关注的重点。第四，全球化与本地化平衡发展。企业在拓展全球市场的同时，需兼顾不同地区的文化和语言差异，语言服务将在这一过程中扮演关键角色。第五，专业人才需求增长。随着行业的专业化程度提高，具备多语言

① 2023 年 CSA《全球语言服务市场报告》。

能力和技术背景的复合型人才将成为市场的抢手资源。

欧洲语言服务产业呈现以下发展趋势。第一，政府部门和私营企业需求将持续增长，欧洲各国政府和欧盟机构推行多语言政策，政府部门的文件、法律文书、移民服务以及公共信息的翻译将成为主要需求来源。私营企业对金融、医疗、科技等行业的高质量、多语言服务的需求将显著增长，以满足全球市场扩展和本地化运营的需要。第二，欧洲将继续加大对多语言技术的研发投入力度，推动机器翻译、自动语音识别、自然语言处理等技术的发展。欧洲企业和研究机构将继续在国际舞台上扮演重要角色，尤其是在开发基于 AI 的多语言平台和工具方面。由于欧洲内部的语言多样性，跨语言信息检索和多语言知识图谱构建也将成为研究重点，以提高信息获取和处理的效率。第三，欧洲内部及与外部市场的经济和文化交流日益频繁，欧洲各国的非通用语种服务市场将逐步扩展。例如，东欧国家的波兰语、捷克语、匈牙利语等小语种的翻译需求将增加。欧洲与非洲和亚洲的关系日益密切，对非洲语言和亚洲语言（如阿拉伯语、中文）的服务需求也将逐步增加。

美洲语言服务产业呈现以下发展趋势。第一，美国西班牙语人口持续增长，西班牙语市场在语言服务产业中的地位将愈加重要。企业、政府机构、教育系统和医疗机构将对西班牙语的笔译和口译服务产生更多需求，以更好地服务这一庞大的语言群体。拉丁美洲的经济发展将推动区域内的语言服务需求增长，特别是在跨境贸易、旅游和数字内容本地化方面。第二，技术平台和远程语言服务兴起，美国以科技创新优势推动语言服务云平台、实时翻译应用和 AI 驱动的语言工具发展，使语言服务更加便捷、高效，并推动远程口译和笔译服务的普及。远程办公和虚拟会议的普及将推动跨国企业对远程语言服务的需求。第三，本地化服务与跨文化培训结合。美洲国家与世界其他地区的联系日益密切，企业不仅需要语言翻译，还需要更深入的本地化服务和跨文化培训，将促进语言服务提供商提供更加多元化和更具综合性的服务，涵盖语言培训、文化咨询和本地化战略等。

亚太地区语言服务产业呈现以下发展趋势。第一，中国市场迅速崛起。中国经济的持续增长和“一带一路”建设的推进，对中文与其他语言的笔译、口译及本地化的需求将大幅增长，涵盖跨境电商、国际合作和文化交流等多个领域。中国的语言服务市场继续受到国家政策支持，尤其是在推进多语言大数据和人工智能应用方面，政府与企业将加大投入力度。第二，印度及南亚地区将成为亚太地区语言服务市场的重要增长点。印度拥有大量的多语言市场需求，涵盖政府文件、教育内容、医疗服务以及科技产品的本地化。印度成为全球 IT 和服务业的重要枢纽，对英语和其他外语的翻译和本地化服务需求将进一步增长。第三，日本与韩国高质量语言服务需求增长，日本和韩国作为技术先进的国家，将继续推动高科技、金融、医疗和娱乐领域的语言服务高质量发展。两国对本地化内容的精细化要求促使语言服务提供商不断提升服务水平。随着日韩企业全球市场的扩展，面向不同市场的多语言服务将成为国际化战略的重要组成部分。第四，东南亚国家的语言多样性和经济增长为语言服务市场提供了广阔的发展空间。随着区域内贸易、旅游和文化交流的增加，英语、中文、马来语、泰语等多种语言的服务需求将快速增长。区域一体化进程将进一步推动区域内多语言服务市场的发展，尤其是跨境电商和数字内容的本地化服务。

全球语言服务产业的未来发展将由技术创新、市场需求多样化和全球化趋势驱动。欧洲、美洲和亚太地区各自将基于其独特的经济、文化和技术背景，发展出各具特色的语言服务市场。无论是人工智能驱动的智能化服务，还是针对特定市场的本地化需求，语言服务产业将在全球范围内持续增长，并为跨国企业、政府机构和个人提供更加高效和精准的服务。

六　欧美语言服务产业发展对中国的启示

欧美等发达国家的语言服务产业发展的许多宝贵经验值得中国借鉴。

（一）强化高标准的质量管理

欧美的语言服务提供商普遍遵循严格的质量管理体系，如 ISO 17100（翻译服务要求）等国际标准。这些标准确保了服务的高质量和一致性。中国语言服务产业应加强质量管理体系的建设，通过国内外标准的认证提升服务质量和市场竞争力。

（二）强调技术驱动的创新

欧美发达国家的语言服务产业高度重视技术研发和应用，尤其是在机器翻译、自然语言处理、语音识别等领域。这些技术的应用提升了翻译的效率，同时降低了成本。中国语言服务产业应加大技术研发投入力度，探索人工智能等前沿技术在语言服务中的应用，以促进产业升级和转型。

（三）满足多元化的服务需求

欧美的语言服务产业提供的服务涵盖了笔译、口译、本地化服务、软件技术研发、行业咨询等多个领域，满足了不同客户的多元化需求。中国语言服务产业应根据市场和客户的需要，拓展服务范围，提供更加全面和专业的语言服务解决方案。

（四）重视培养专业人才

语言服务发展的核心是人才。欧美国家高度重视语言服务人才的培养，建立了完善的教育和培训体系。同时，积极引进国际人才，提升服务的专业化水平和国际化程度。中国语言服务产业应进一步加强校企合作，建设语言服务人才培养基地，同时吸引更多的海外人才。

（五）拓展国际合作和市场

欧美的语言服务企业在全球市场中占有重要的地位，通过跨国合作、并购等方式，不断拓展国际市场。中国的语言服务企业应积极寻求与国际大企业的合作，通过国际化的服务和运营，提升自身的国际影响力。

（六）注重用户满意度

欧美的语言服务产业非常注重提升用户体验，通过定制化的服务方案、快速响应客户支持系统等，确保客户的高满意度。中国的语言服务产业应进一步优化客户服务流程，提升服务的响应速度和个性化水平，增强客户的黏性。中国语言服务产业应通过学习和借鉴欧美发达国家语言服务产业的发展经验，更快、更好地服务于对外开放。

参考文献

美国 CSA Research 语言服务咨询公司编《全球语言服务市场报告（2017—2020）》，蒙永业、王立非译，对外经济贸易大学出版社，2021。

蒙永业、王立非编译《全球语言服务市场研究报告（1）》，对外经济贸易大学出版社，2023。

王立非、任杰：《中国语言服务行业国际竞争力评价与分析》，载李小牧、李嘉珊主编《中国国际服务贸易发展报告（2022）》，社会科学文献出版社，2022。

案例篇

B.12
语言服务企业调查报告*

蒙永业　王立非　李　洁**

摘　要：　本报告汇总2022年对国内144家语言服务企业的问卷调查结果，探讨了受访企业在新冠疫情背景下的经营状况、盈利情况、薪资成本、客户交易量、投标项目和境外业务的收入占比，以及企业对未来发展的规划。调查显示，语言服务企业运营模式多样，业务存在很大的差异。59%的受访企业员工工资在总收入中的占比在四成及以上，市场竞争加剧，客户交易量普遍不足。活跃客户、新增客户和核心客户的数量直接关系企业的营业收入。企业从投标项目和境外业务中获得的收益相对较少。绝大多数企业对未来采取谨慎和保守的发展战略。企业未来发展应加强数字化转型和技术应用，探

* 2022年北京语言大学校级重大应用研究专项“国家应急语言教育体系构建研究”（22ZDY01）相关成果。

** 蒙永业，经济学博士，河北民族师范学院语言服务研究所所长，北京语言大学国家语言服务出口基地语言服务产业研究中心主任，研究方向为国际语言服务；王立非，博士，北京语言大学高级翻译学院教授、国家语言服务出口基地首席专家，兼任中国对外贸易经济合作企业协会国际商务与语言服务工作委员会会长，研究方向为语言教育、国际语言服务、商务英语；李洁，北京语言大学国际语言服务专业硕士研究生，研究方向为国际语言服务。

索更多元化的市场和业务领域，吸引和保留高端翻译人才和技术开发人才，引入高标准质量管理体系，持续服务创新，制定长远的发展规划和有效的风险评估机制，增强客户黏性，积极参与行业标准的制定，提升企业在国内外市场中的竞争力。

关键词： 语言服务企业　翻译人才　高标准质量管理体系

北京语言大学国际语言服务研究院团队在2022年2月底至5月底发起中国语言服务企业问卷调查（2022），该调查是国际语言服务研究院“2023年语言服务推荐企业名录”的评价项目的数据采集部分。全国共有144家语言服务企业参与问卷调查,① 填写了企业真实和准确的营业收入数据和经营情况。参加抽样调查的语言服务企业来自全国30个省区市，包括国有企业和民营企业，以中小翻译公司为主，有少量的大型企业，具有一定的代表性，基本反映出疫情前后我国语言服务企业的实际经营情况。本报告分析了受访企业的经营状况并提出发展建议。

一　受访企业多数应对疫情冲击表现出韧性

2021年和2022年，全球新冠疫情对国际交往造成了严重影响，截至2023年底，国际航班客流量仅恢复到2019年的四成，国际合作和跨国项目明显受阻。受访的语言服务企业普遍反映，疫情防控期间的市场前景充满不确定性。尤其是在2021年和2022年，许多企业感受到市场需求减少。然而，尽管面对这一挑战，企业在适应和调整方面展现了显著的韧性。

2022年，27%的受访企业表示营业收入出现下降，主要是由于订单

① 语言服务行业相对分散，企业规模差异较大。通过将144家企业的调查数据与国家市场监督管理总局的数据精准比对，剔除了具有统计意义偏差的样本。本报告抽取了144家不同类型和规模的企业，其可以有效代表行业整体情况。

量减少、项目延期或取消等。此外，41%的受访企业表示大体持平，通过灵活的应对策略，如拓展新服务领域、转向在线服务、加强技术工具的应用等，成功应对了市场的挑战。与此同时，32%的受访企业实现了营业收入增长，表明部分企业在逆境中找到新的增长点。总体来看，73%的受访企业在疫情冲击下保持了稳定的经营状态，成功经受住了市场的考验（见图1）。

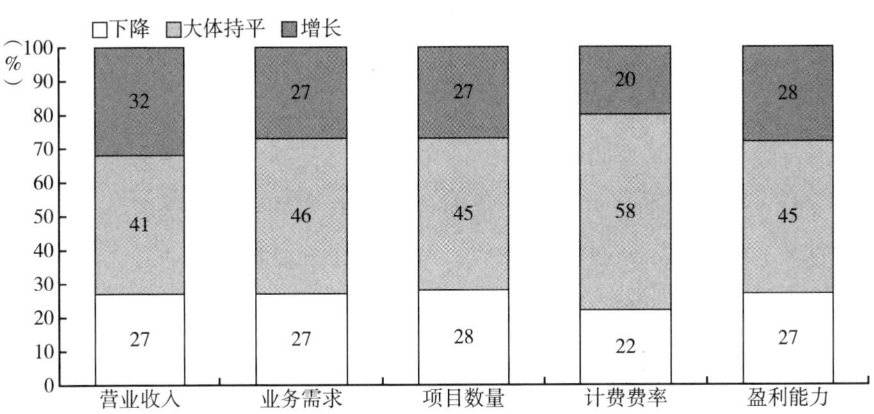

图1　2022年受访语言服务企业业务状况

资料来源：中国语言服务企业问卷调查（2022）。

在业务需求方面，27%的受访企业下降，46%的受访企业大体持平，只有27%的受访企业出现增长；在项目数量方面，28%的受访企业下降，45%的受访企业大体持平，只有27%的受访企业出现增长；在计费费率方面，22%的受访企业下降，58%的受访企业大体持平，只有20%的受访企业出现增长；在盈利能力方面，27%的受访企业下降，45%的受访企业大体持平，只有28%的受访企业出现增长。

二　受访企业市场盈利情况总体良好

尽管疫情给语言服务行业带来了严峻的挑战，但调查显示，2022年部分企业的盈利状况仍然表现良好。2%的受访企业表示利润很高，32%的企业表示盈利充足，50%的企业表示收支平衡，只有16%的企业出现了亏损（见图2）。总体来看，受访语言服务企业在疫情中通过灵活应变、发展线上业务，成功降低了疫情带来的负面影响和损失。部分受访企业甚至成功实现了业务的数字化转型，获得了新的市场增长机会。

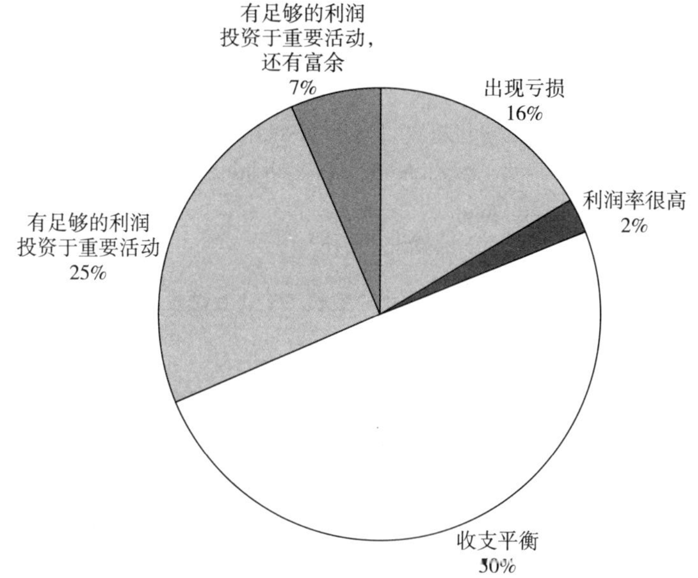

图2　2022年受访语言服务企业盈利情况

资料来源：中国语言服务企业问卷调查（2022）。

三　受访企业人力成本占比最大

调查显示，2022年，59%的受访企业员工工资在总收入中的占比在四成及以上（见图3），员工工资成为语言服务企业最大的支出。符合语言服务企业是人力密集型企业的特点。这从另一个侧面说明，人力资源对语言服务企业的影响很大，企业的发展在很大程度上受制于员工的流动。核心语言专家、译员、销售人员成为企业最重要的竞争力。

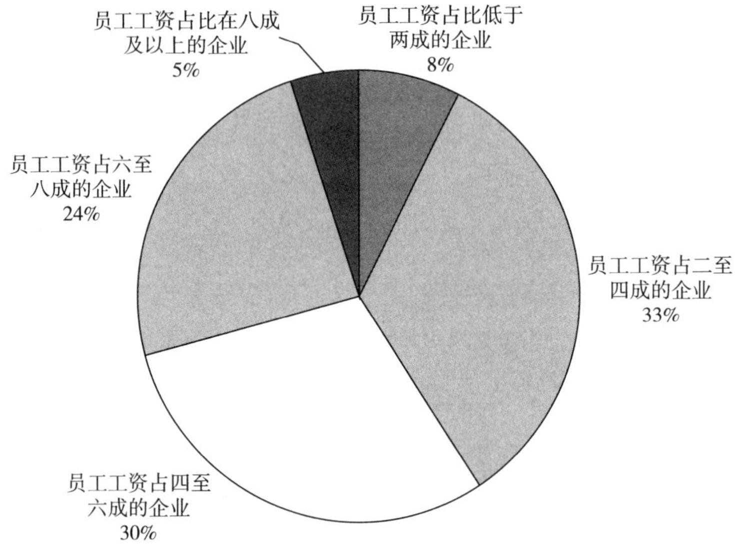

图 3　2022 年受访语言服务企业员工工资在总收入中的占比

资料来源：中国语言服务企业问卷调查（2022）。

四　受访企业的客户交易量小

调查显示，2022 年，64%的受访企业拥有的活跃客户不足 100 家，意味着大部分语言服务企业客户成交量少，业务规模较小，抗市场风险能力较弱，没有形成业务规模优势。有 9%的受访企业的活跃客户数量在 1000 家及以上，活跃客户数量在 10000 家及以上的受访企业只占 2%（见图 4），占比较低，显示出语言服务行业是高度分散和竞争激烈的行业，尚无任何企业形成市场垄断，拥有压倒性的绝对竞争力。

调查显示，从新增客户看，144 家受访企业中，50%的企业表示新增客户占比在 20%~40%，说明大多数企业的新增客户数量处于中等水平。只有 6%的企业表示新增客户占比在 60%及以上，其中 3%的企业新增客户占比超过 80%，表明企业新增客户数量较少。有 7%的企业没有新增任何客户（见图 5）。大多数企业新增客户有限，占比较低。市场整体竞争较为激烈，获得新客户不易。

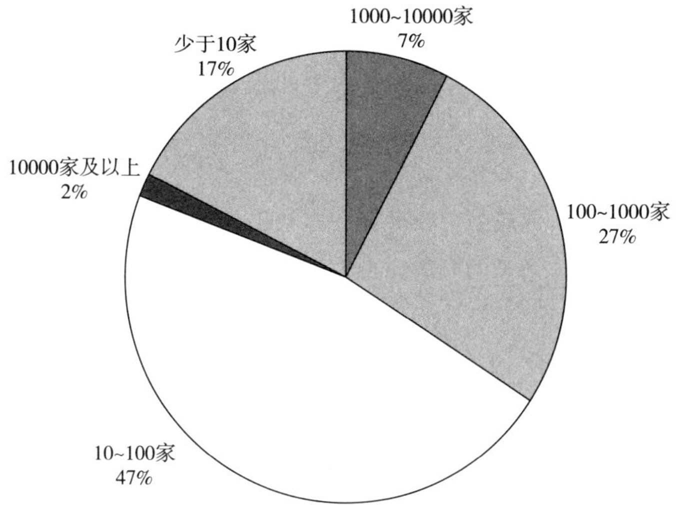

图 4　2022 年受访语言服务企业的活跃客户数量分布

资料来源：中国语言服务企业问卷调查（2022）。

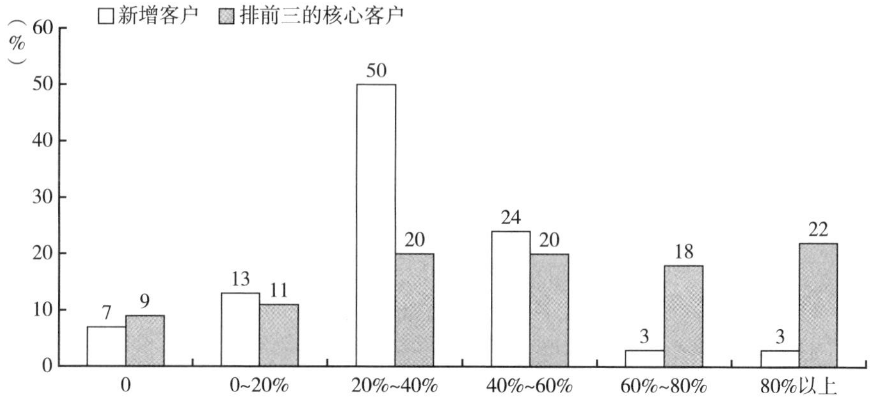

图 5　2022 年语言服务受访企业的新增客户与排前三的核心客户占比

资料来源：中国语言服务企业问卷调查（2022）。

从排前三的核心客户看，占比分布较为均衡，主要集中在 20%～80%。有 40%的受访企业表示，排前三的核心客户占比在 60%以上，表明受访企业主要依靠核心客户，核心客户对受访企业的贡献较大。22%的受访企业表示，排前三的核心客户占比超过 80%，企业业务和收入高度依赖少数几个大客户，市场竞争力较强，但业务风险也较大。许多企业对极少数核心客户高度依赖，特别是排前三的核心客户对企业业务贡献巨大。依赖关系虽然带来稳定的业务量和收入，但也增加了企业客户流失的风险。企业在维系核心客户关系和开拓新客户之间应保持平衡。依赖少数核心客户能提高效率，降低成本，但要注意分散风险，拓展新的市场机会，应对潜在的市场变化和不确定性。企业在追求增长的同时，也要注意风险管理和业务多元化。

五　受访企业项目竞标能力不足

调查显示，2022 年，33%的受访企业没有通过投标项目获得营业收入，另外，27%的受访企业表示，投标项目带来的营业收入占比在两成及以下，只有 18%的受访企业四成以上的营业收入通过投标项目获得。只有 6%的受访企业通过投标项目获得了八成以上的营业收入（见图 6）。项目竞标是一片红海，参与投标的语言服务企业需要比拼价格、质量、服务等，竞标项目

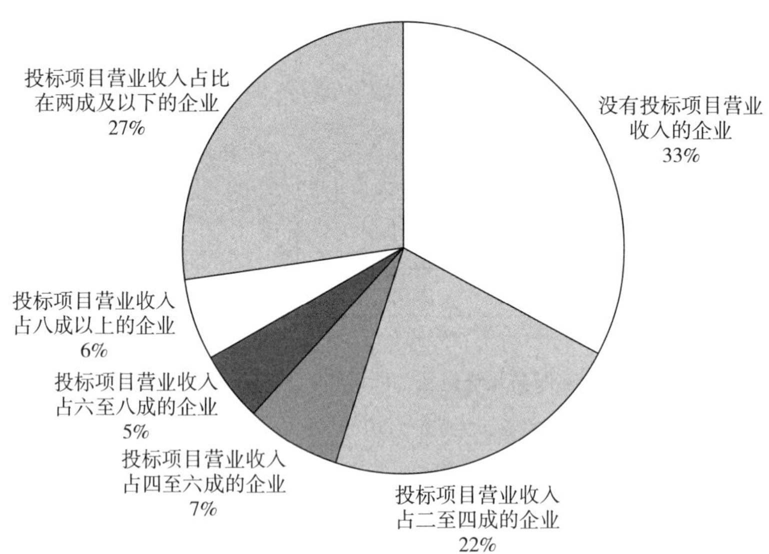

图 6　2022 年语言服务受访企业通过投标项目获得的营业收入占比分布

资料来源：中国语言服务企业问卷调查（2022）。

胜出者都是行业领先企业，依靠过硬的质量、满意的服务、适度的价格赢得客户。语言服务企业靠口碑式营销的时代已经过去，企业只有实现规模化增长，才能立于不败之地。

六 受访企业出口创汇能力较弱

调查显示，2022 年，28%的受访企业没有任何境外收入，47%的受访企业境外收入在两成及以下，12%的受访企业的境外收入占二至四成，只有1%的受访企业境外收入占六至八成，5%的受访企业境外收入占八成以上（见图 7）。这说明语言服务企业的主要服务对象为国内企业或个人，开展跨境服务贸易者少，语言服务出口创汇能力弱，“出海”的语言服务企业更少。

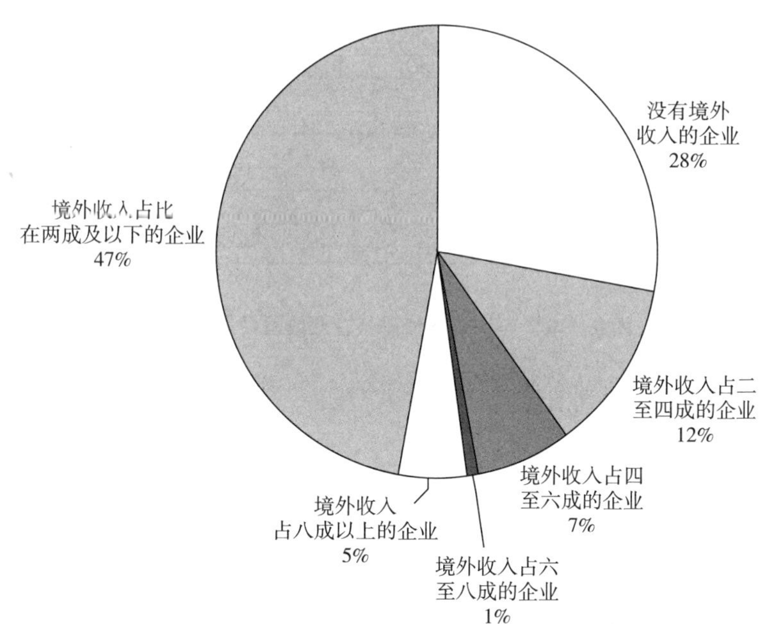

图 7 2022 年语言服务受访企业境外收入占比分布

资料来源：中国语言服务企业问卷调查（2022）。

七　受访企业未来发展战略谨慎

调查显示，2023 年，由于受新冠疫情后续效应的影响，一部分受访语言服务企业的业务发展受阻，在制定未来发展规划时比较谨慎和保守。受访企业普遍缺少参与资本市场运作的动力和能力，超过 55%的企业不愿意收购其他公司，不愿意出售不盈利业务和不愿意出售自己的公司的企业占比均超过 50%，36.69%的企业不愿意获得外部投资。39.03%的企业不愿意通过收购其他公司获得特定人才（见图 8）。

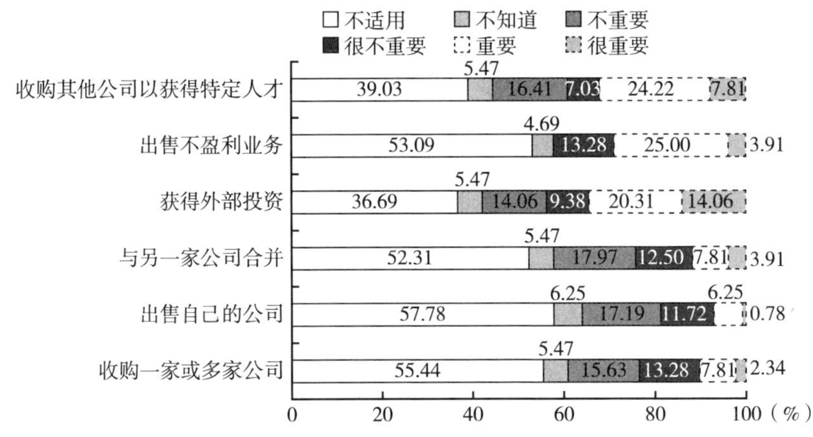

图 8　2023 年受访语言服务企业的发展策略调查

说明：因四舍五入存在误差。

资料来源：中国语言服务企业问卷调查（2022）。

八　结论

调查显示，2022 年，中国语言服务行业经受住了疫情的考验，大多数受访语言服务企业克服困难，运营状态良好，73%的受访企业保持了业务稳定或实现了增长。语言服务企业运营模式多样，业务量存在很大的差异。企业运营成本加大，59%的受访企业员工工资在总收入中的占比在四成及以上，市场竞争进一步加剧。受访企业普遍反映客户订单减少，交易量不足。企业拓展活跃客户、新增客户和核心客户至关重要，但大部分企业在拓展这三类客户上面临压力，活跃客户和新增客户少，想扩大规模比较困难。2022年，受访企业中标项目较少，境外订单较少，语言服务出口创汇能力偏弱，企业发展面临投融资困难。绝大多数受访企业对未来采取谨慎和保守的态度，保持现有企业规模或缩小规模，不愿意并购或接受收购，也不敢大规模招人。

语言服务企业未来应加强数字化转型和技术应用，利用人工智能、云计算等现代信息技术优化翻译流程、提高服务效率和质量，以更好地适应市场变化和客户需求。面对国内市场的竞争，语言服务企业应探索更多元化的市场和业务领域。通过提升员工福利、完善职业发展通道、加强内部培训等措施吸引和保留高端翻译人才和技术开发人才。通过引入高标准质量管理体系和持续的服务创新，提升客户满意度和忠诚度。强化风险管理和长期业务规划，制定有效的风险评估和应对策略。采取策略有效地拓展新客户群体，加强与核心客户的合作关系，提供定制化、差异化的服务以提高客户依赖度和黏性。积极参与行业标准的制定，提升自身在国内外市场中的知名度和影响力，把握行业发展趋势，引进国际先进技术和管理经验。

B.13
特色服务出口基地（语言服务）报告

特色服务出口基地（语言服务）案例编写组*

摘　要： 本报告聚焦7部门共同认定的特色服务出口基地（语言服务），概述14家特色服务出口基地（语言服务）遴选条件和程序。选取9家特色服务出口基地（语言服务）作为典型案例，包括2家园区类基地、2家高校类基地、5家企业类基地，从7个方面总结基地成立以来的建设经验和取得的成绩。园区类、高校类和企业类基地在促进语言服务产业发展等方面各显特色。园区类基地通过“一站式”服务、科技创新、国际交流、智慧化建设等措施，推动语言服务产业发展，加强国际文化交流。高校类基地侧重于语言教育服务贸易高质量发展、培养国际化人才、校企合作，致力于中华文化国际传播。企业类基地以技术驱动，实现多语言服务，持续创新和研发，确保服务高品质，进一步深化技术应用，推动产业创新与国际化。三类基地共同推动语言服务产业进步，为其他语言服务企业提供有益借鉴。

关键词： 特色服务出口基地　语言服务　大语言模型

---

* 编写组成员：高晓强，中国国际图书贸易集团有限公司副总经理、国际传播科技文化园管委会主任；郭铁，中国声谷运营单位综合管理中心总经理；王立非，博士，北京语言大学高级翻译学院教授、博士生导师，研究方向为语言教育、国际语言服务、商务英语；胡培安，博士，华侨大学华文学院教授、院长；田亮，新译信息科技（深圳）有限公司董事长；何恩培，传神语联网网络科技股份有限公司董事长、总经理；姜征，甲骨易（北京）语言科技股份有限公司董事长；朱宪超，四川语言桥信息技术有限公司总经理、中国翻译协会副会长、翻译服务委员会副主任；单杰，江苏省舜禹信息技术有限公司总经理。

2022 年，商务部、中央宣传部、教育部、自然资源部、人力资源社会保障部、国家知识产权局、中国外文局等 7 部门共同开展了人力资源、地理信息、知识产权和语言服务等 4 个领域的专业类特色服务出口基地评审认定工作。经地方申报、省区市商务和相关领域主管部门初审推荐、第三方机构客观指标评价、专家评审、部门复核和社会公示等程序，认定国际传播科技文化园等 14 家单位为语言服务领域特色服务出口基地，其中，园区类基地 2 家，高校类基地 2 家，企业类基地 10 家。本报告选取了 9 家特色服务出口基地（语言服务），包括 2 家园区类基地、2 家高校类基地和 5 家企业类基地作为典型案例，介绍基地建设的经验和取得的成绩，为其他语言服务企业提供有益借鉴。

一　特色服务出口基地（语言服务）申报要求和程序[①]

（一）申报主体

以语言服务为特色、在语言服务领域业绩突出、具有较好出口实绩或出口潜力的企业、园区或其他机构。本次申报面向的语言服务领域包括翻译、本地化服务、语言技术、语言信息资源服务等类别。

（二）申报条件

具有独立法人资格，管理运营规范，在语言服务领域业绩突出，在行业内具有较高知名度和影响力。原则上近两年年均营收不低于 1000 万元人民币。

具备多语种服务能力，语言服务出口业绩突出，在服务其他领域“走出去”方面具有较好示范性。原则上近两年语言服务年均出口额不低于 100

① 《商务部等 7 部门办公厅（室）关于组织申报专业类特色服务出口基地的通知》附件 5《语言服务出口基地建设工作方案》。

万元人民币。

已搭建具有一定影响力的语言服务公共平台，集聚了一批语言服务人才，对语言服务行业发展具有较强带动作用。

创新能力较强，促进语言服务与人工智能、大数据、云计算等新技术融合发展，注重技术研发或应用，专利、著作权等自主知识产权数量居于本领域领先水平。

原则上要求在人才培养、语料库建设等方面已与有关高等院校建立稳定合作关系。

（三）工作程序

各省（自治区、直辖市、计划单列市，下同）商务主管部门会同宣传部门、教育主管部门组织本地申报工作，并对申报单位提交的申报材料进行初审。

省级商务主管部门会同宣传部门、教育主管部门将正式文件报商务部，附本地推荐汇总表、申报单位的申报材料，同时抄报中央宣传部、教育部、中国外文局。

商务部会同中央宣传部、教育部、中国外文局等部门组织开展资料审核，视情组织答辩，确定候选基地名单，并通过政府网站公示。

经公示无异议或异议不成立的，由商务部会同中央宣传部、教育部、中国外文局发文认定为“语言服务出口基地”。

二　园区类特色服务出口基地（语言服务）案例

（一）国际传播科技文化园特色服务出口基地（语言服务）

1. 园区概况

国际传播科技文化园是中国外文局所属中国国际图书贸易集团有限公司运营的国家级、专业化园区，是国家首批特色服务出口基地（语言服务）之一，是全国仅有的两家园区类语言服务出口基地之一，2022 年、2023 年连续被认定为北京市级文化产业园区，中国外文局把园区定位为综合性国际传播集团中央总部基地。国际传播科技文化园是首批语言服务出口基地联席机制召集人。

2. 园区业务范围

国际传播科技文化园为语言服务企业等入驻机构提供包括办公空间、会议、接待、网络、信息、推广、政策直通车等免费或优惠服务，为入驻企业搭建包含财、税、法、知识产权等第三方服务平台，以“一站式”为突破点推动园企互促，以“精细化”为发力点提升服务能力，以“标准化”为关键点做好园区内部管理，以“政策+宣推”为切入点提供增值服务，打造智慧化、品质化园区。

3. 园区服务对象

截至 2023 年，国际传播科技文化园入驻企业已有 287 家，其中高新技术企业 30 余家，瞪羚企业 5 家，不乏国家文化出口重点企业、国家文化和旅游科技创新工程企业、专精特新“小巨人”企业等创新型领军企业。汇聚了国图集团、中国网、央视网等一批国际传播、翻译服务、语言培训、国际交流、创意研发、生产制作、展示交流、文化艺术、科学研究与技术服务等全产业服务链优势企业，以及中国公关关系协会等国际传播机构，为带动语言服务“走出去”形成基础支撑。从行业类别来看，语言服务类企业 43 家，占 15%，国际传播类企业 52 家，占 18%，科技类企业 129 家，占 45%，战略新兴行业企业 63 家，占 22%。

4. 园区规模

国际传播科技文化园形成“一园五址”布局，总建筑面积约 18 万平方米，跨海淀区、昌平区、石景山区三区，包含国际传播大厦、外文文化创意园、中国外文大厦、国图文化大厦、中国国际出版大厦等楼宇园区。

5. 园区经营业绩

（1）语言服务出口平台丰富多元

中国国际图书贸易集团有限公司申报的“国家语言服务出口平台”项

目成功入选2023~2024年度国家文化出口重点项目，成为此次发布的所有文化出口领域115个重点项目中唯一以“国家”“平台”入选的项目。同时，基地既有的国家级人工智能辅助翻译服务平台、“译鱼”人工翻译平台、“牵星出海”企业出海服务平台、海外翻译与传播应用能力培养计划、译国译民“一站式”语言服务平台、墨责国防语言服务中心北斗星多语种大数据采编译系统等一系列优势突出的语言服务公共平台，持续支撑语言服务出口能力建设。

（2）语言服务出口品牌矩阵逐步成型

国际传播科技文化园已经形成一批独具特色的语言服务出口品牌，如亚马逊中国书店、多语种书刊出口数据加工服务、学术宝、中国主题图书海外编辑部、动画中国、“第三只眼看中国”国际短视频大赛、解读中国工作室、“版通世界”一期平台、墨责（北京）科技传播有限公司研发的翻译系统等。此外，基地企业在中华学术外译项目、进博会等国家重大工程及重要活动中也作为提供商提供高效的语言服务。

（3）率先推动一系列标准和政策探索，领航基地和行业发展

国际传播科技文化园与北京语言大学等共同发起召开国家特色服务出口基地（语言服务）评估指标体系研讨会，初步设置了语言服务出口基地评价指标体系。推进语言服务标准制定，联合首批语言服务出口基地，聘请行业专家，启动“中译外文学出版物出口质量标准”制定工作，推进以中国文学“走出去”为主的国家翻译与语言服务标准建设，计划于2024年底发布并施行。在国际传播科技文化园举办语言服务出口基地政策调研会，商务部、教育部、中国外文局等国家有关部门指导调研。打造智慧化园区、物业服务平台、政策服务平台、金融服务平台和宣推服务体系，助力基地企业高质量发展。

（4）开展多元交流及特色消费活动，活跃基地发展氛围

圆满举办首届“书香文创国传园”市集活动，国际传播科技文化园多家多语种国际传播企业在市集亮相开展语言专场活动，活动被列为北京惠民文化消费季优质重点活动和第十一届北京惠民文化消费季书香板块主题活

动，荣登 2023 北京文化消费创新力金榜。市集活动召集参展品牌 50 余家，总客流量约 8 万人次，持续触达线上 3800 万人次以上。举办“汇聚创新·文促未来”中欧文化产业国际对话活动，共有来自 5 个国家的业内企事业单位的中外嘉宾现场参会，来自全国 9 个省份的 2400 多人在线参与活动。在 2023 世界中文大会语言展上举办了汉语教学资源展。国际传播科技文化园语言服务出口基地接待布隆迪外交官研修班等国内外来访参观 10 余次。

6. 园区优势

（1）语言服务出口基地联席机制召集人作用日益增强

国际传播科技文化园在北京举办“协同发力共话语言服务未来”语言服务出口基地工作推进会，研究推进全国首批 14 家特色服务出口基地（语言服务）建设，上线语言服务网，为各基地提供集中展示、对接交流的信息平台。通过“一带一路”及语言服务图书展展示了各基地的数百种多语种出版物。召集联动其他基地共同申报对外文化贸易“千帆出海”行动计划 2024 年重点活动（项目），牵头举办首届语言服务创新创业大赛并组织其他基地参与协办，充分发挥国际传播科技文化园的语言服务出口基地联席机制召集人作用。国际传播科技文化园联合主办了粤港澳大湾区智能语言服务产业高质量发展论坛，发布《语言服务出口大湾区宣言》，举办人工智能语言技术发展专题论坛、语言服务教育专题论坛等。

（2）园区特色产业聚集效应不断凸显

国际传播科技文化园持续被认定为北京市级文化产业园区。园区围绕语言服务和国际传播定位，通过锚定产业细分领域和具有垂直或水平关联的业态，有目标地吸引具备产业带动优势和关联效应的企业、项目入驻，实现“腾笼换鸟”。目前，国际传播科技文化园入驻企业中，语言服务类和国际传播类企业的比例均有序提升。园区中的国际书店（花园店）以多语种图书展示销售和开展国际文化交流为品牌定位，增添了园区多语种语言服务的色彩。

7. 园区未来发展方向

国际传播科技文化园将在中国外文局建设世界一流国际传播机构的目标

指引下，加快推动园区和基地建设，打造国际化、特色化、专业化园区，突出以展会促出口、打造语言服务全产业链，突出政策标准双推进，带动语言服务行业发展，突出内部建设叠加品牌活动，提升基地影响力，进一步发挥语言服务出口基地联席机制召集人作用，引领全国语言服务出口基地联动发展。

（二）中国（合肥）声谷特色服务出口基地（语言服务）

1. 基地概况

中国（合肥）声谷是由工业和信息化部与安徽省人民政府共建的部省重点合作项目，定位为人工智能领域的国家级产业基地。自 2012 年建立以来，中国（合肥）声谷以“机制创新、技术引领、应用拓展、生态建设”为工作思路，致力于智能语音技术的发展与应用。2022 年，被商务部等 7 部门认定为特色服务出口基地（语言服务），是两个国家级园区类特色服务出口基地（语言服务）之一。中国（合肥）国际智能语音产业园一期孵化园 B 区项目的主要建设部分已于 2024 年 8 月正式竣工并移交使用。该项目总投资 5.1 亿元，旨在为基地扩大有效建筑面积，完善基地配套设施，吸纳更多优质企业与人才，为国家特色服务出口基地发展做出贡献。2022～2023 年，基地内企业立项重点项目共 120 余项，总投入约 110 亿元，80%以上的项目为语音业务开发项目。

2. 基地业务范围

中国（合肥）声谷的业务范围涵盖了智能语音及人工智能的多个领域，语音合成、语音识别、口语评测、语音转写、机器翻译、感知智能、认知智能等技术领域国际领先。尤其是中文语音技术的智慧办公、智慧教育、智慧医疗等系列产品，智能穿戴、AI 智能摄像机、车载智能语音后视镜等产品，智慧城市、智能交通系列产品等。

3. 基地服务对象

中国（合肥）声谷的服务对象广泛，包括但不限于国内外的行业龙头企业、中小企业、创业团队以及广大消费者。通过技术和产品，中国（合肥）声谷服务于教育、医疗、金融、交通等多个行业和领域。

4. 基地规模

截至2023年底，中国（合肥）声谷基地内共入驻135家企业，基地入驻了一大批国际知名企业。

其中，科大讯飞股份有限公司成立于1999年，是亚太地区知名的智能语音和人工智能上市企业，专注于智能语音、计算机视觉、自然语言处理、认知智能等人工智能核心技术研究并保持国际前沿水平。2021~2023年，该公司出口额依次为5723.83万元、9363.35万元和11805.07万元，占该公司总收入比重分别为0.31%、0.50%和0.60%。

安徽华米信息科技有限公司成立于2013年，是全球出货量位居前列的智能可穿戴设备商，是国内首家登陆美国资本市场的智能硬件创新公司。公司旗下的健康监测设备全球累计出货量已突破2亿台，产品和服务已进入全球90多个国家和地区，日活跃用户超4200万。其中，2023年华米科技的产品出口额为14.27亿元，2022年产品出口额为21.24亿元，2021年产品出口额为26.23亿元。

合肥智能语音创新发展有限公司于2019年10月注册成立，2021年，获得工业和信息化部批复组建“国家智能语音中心”，现已在多语种语音技术、声学传感麦克风阵列、工业声音数据库、AI语音芯片智能语音公共检测等方向取得有效进展。其中，多语种语音技术助力中国制造的28万辆汽车、4000万台手机和智能硬件产品等出海。2021~2023年，营业收入分别为3742.9万元、5115.8万元和12588.1万元。

5. 基地经营业绩

中国（合肥）声谷的经营业绩显著，截至2023年底，基地内135家企业的营收超300亿元，出口额约为2.96亿美元，年末就业人数为2.2万人，2022~2023年，新增专利过万件，基本建成以智能语音及人工智能技术为引领，以行业应用和互联网应用为特色的产业集群。

6. 基地优势

中国（合肥）声谷的优势在于核心技术的持续领先，其核心技术获得了40余项世界冠军。同时，产品创新成效明显，成功研发并上市了100余款首台（套）智能创新产品。此外，中国（合肥）声谷还建设了 18 个公共平台，提供了完善的公共服务体系。

核心技术方面，科大讯飞承建有认知智能全国重点实验室、语音及语言信息处理国家工程研究中心以及国家首批新一代人工智能开放创新平台等国家级平台，多年来积累了认知智能大模型综合研发实力、持续关键技术突破和创新能力。2023 年 5 月 6 日，科大讯飞正式发布了讯飞星火认知大模型。讯飞星火认知大模型在国内可测的大模型中处于领先水平，率先实现了在教育、医疗、办公、汽车、工业、智能硬件等多个行业的深度应用。

行业标准方面，截至 2023 年，科大讯飞先后主导和参与制定了国内外智能语音、人工智能领域标准 70 余项，其中，已经发布实施国际标准 2 项、国家标准 29 项、行业标准 8 项、团体标准 9 项，覆盖了语音识别、语音合成、智能家居、智能客服、移动终端、车载终端、智能电视、机器翻译等各领域。

业务发展方面，截至 2023 年底，讯飞开放平台已开放 647 项国际领先的 AI 能力及方案，集聚开发者超过 578 万人，同比增长 52%，其中，自 2023 年 5 月 6 日讯飞星火发布至 2023 年底，讯飞开放平台新增开发者 167. 6 万人，同比增长 229%。其中大模型开发者超 35 万人，并吸引 2. 7 万名助手开发者，公司正与 10 万余家企业客户用讯飞星火认知大模型创新应用体验，已在教育、医疗、平台与消费者、智慧城市、运营商等公司各业务赛道逐步形成产业落地成果。

7. 未来发展方向

展望未来，中国（合肥）声谷计划在“十四五”期间实现年收入达到 3000 亿~5000 亿元的目标，打造成为世界级产业地标。将聚焦人工智能、智慧医疗、智慧教育、智慧城市等主攻方向，进一步扩大品牌影响力，并强化生态体系建设，打造产业发展综合服务平台。基地将不断创新深度学习和其他机器学习技术，提高语音识别和合成的准确性，使语音交互变得更加自然和流畅，减少误解和错误。基地将增加 AI 语音技术对不同语言和方言的支持，提供更加全球化的服务，打破语言障碍。基地将通过分析用户数据和行为，通过语音助手，提供更加个性化的服务和建议，更好地满足用户需求。

基地未来将加大AI系统理解指令技术研发力度，识别用户情绪和语气，给出相应的情感化反馈，让交流更加人性化。基地将提高数据安全和隐私保护水平。

三 高校类特色服务出口基地（语言服务）案例

（一）北京语言大学特色服务出口基地（语言服务）

北京语言大学是新中国创办的唯一以“语言”命名、以传播中国语言文化为主要使命的国际型大学，拥有北京市唯一的高校类国家语言服务出口基地。自2022年4月正式被商务部、中央宣传部、教育部、中国外文局等部委联合认定为国家语言服务出口基地以来，该校致力于教育服务出口，扩大来华留学生教育服务规模，推动语言教育服务贸易高质量发展。基地以习近平新时代中国特色社会主义思想为指导，紧紧围绕服务国家高质量发展大局和新一轮对外开放战略，加快语言服务与信息技术融合，探索政产学研用协同创新机制，提升语言服务人才培养质量，提高语言服务学科和科研水平，为中外人文交流和文化国际传播提供人才保障和智力支持。

1. 基地业务范围

教育服务出口：开展长短期培训，培养翻译技术应用、国际传播、商务语言服务、应急语言服务等复合型中外人才。

语言服务学科建设：创新国际语言服务学科。

智库研究咨询：开展语言服务研究与咨询，为政府部门和企业提供研究报告和政策建议。

语言服务出口：出版和推广优质中外文图书和教材。

资源建设：开发语言数据资源库等。

2. 基地服务对象

政府：提供语言服务资政建议、行业分析等，助力政府提升决策的科学性和有效性。

企业：开展校企合作、横向课题，为企业提供翻译和技术支持。输送语言服务人才，助力企业提升国际竞争力。

高校：为国内外高等学校、培训机构等提供培养方案和课程资源咨询。

社会：为中外人士提供培训和考试服务，助力个人提升职业竞争力。

3. 基地经营业绩

北京语言大学语言服务出口基地自成立以来取得了显著的经济效益和社会效益。

经济效益：2022 年，北京语言大学来华留学生教育收入为 2498.1 万元，2023 年收入达到 4486.9 万元，同比增长 80%。2023 年，中文教材图书出口额达到 2955.26 万元，2023 年语言服务出口额达到 7442.16 万元。[①]

社会效益：留学生规模持续扩大，新增留学生共计 2000 余人，生源遍布 100 多个国家和地区。基地产出各类语言服务成果 40 项；在国内外核心期刊和权威媒体撰写语言服务论文 30 篇，发布《北京冬奥会语言服务大数据报告》《中国东盟语言服务产业发展现状分析与建议》，出版《京津冀、长三角、粤港澳大湾区语言服务竞争力报告》和《中国语言服务发展报告（2024）》等；发布国内第一个语言服务推荐企业名录、机器翻译企业推荐名录、京津冀语言服务教育特色院校名录；成立京津冀语言服务教育联盟。参与研制语言服务出口基地评价指标体系、中国文学出版物翻译质量与出口要求等标准；主办或协办语言服务学术会议和讲座 30 余场；招收国际语言服务专业博士研究生和硕士研究生 16 名、访问学者 3 名；与多家互联网头部企业和语言服务行业知名企业建立校企合作；与知识产权出版社联合，成立地理标志语言服务教育与实践基地联盟，首批建成 24 家地理标志语言服务教育与实践基地（含培育基地），推动我国地理标志产品和文化国际传播。

---

① 王立非、李昭：《2023 年中国语言服务出口现状分析与建议》，载李小牧、李嘉珊、王丽主编《服务贸易蓝皮书：中国国际服务贸易发展报告（2023）》，社会科学文献出版社，2023。

4. 基地优势

学科优势：拥有国内首个“国际语言服务”二级学科，形成了完整的硕士和博士语言服务人才培养模式和课程体系，实现国际语言服务专业本硕博一条龙培养，引领全国语言服务学科建设。

人才优势：拥有全国领先的语言服务师资队伍，拥有王立非、王继辉、韩林涛等教授和副教授 8 人、博士研究生导师 3 人。聘请多位行业专家和导师，形成了结构合理、素质优良的师资团队。

资源优势：开发了一系列高质量的语言服务教育资源库和语言服务出口数据库等，为行业提供了宝贵的资源和数据支持。

平台优势：基地建立了四个研究中心，由中青年专家领衔，在语言服务产业研究、语言服务技术研发、智能语言教育、国际商务语言服务等领域取得丰硕成果。此外，建立了完善的产学研合作平台，与思爱普、北京墨责、苏州联跃、甲骨易、新译科技、传神语联网等企业，以及腾讯、百度、小米、滴滴等头部互联网企业签订校企合作协议，开展联合培养和横向课题研究。

政策优势：得到了商务部、中国外文局和北京市政府的大力支持。2023 年获批北京市促进服务贸易创新发展资金。

5. 未来发展方向

基地以习近平新时代中国特色社会主义思想为指导，全面贯彻党的二十大精神和党的二十届三中全会精神，坚持服务国家战略和行业发展的大局观，加强基地建设，力争以优异成绩通过基地评估。

培养高端语言服务人才：进一步完善本硕博贯通的语言服务人才培养体系，扩大语言服务人才培养规模，充分发挥语言服务人才培养引领示范作用，培养更多高素质的语言服务人才。

建设一流语言服务学科：按照国家一流学科建设要求和《北京语言大学学科建设行动计划（2021—2025）》，建好“国际语言服务”二级学科，加强智能语言技术应用和语言服务行业管理两个特色方向建设，将“国际语言服务”学科建成特色鲜明、优势领先的高水平学科。

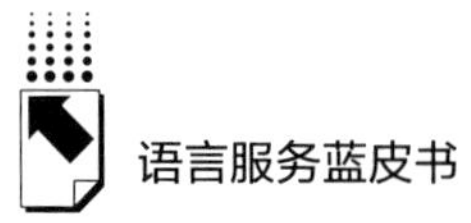

产出领先智库研究成果：加强语言智库研究与咨询工作，为政府部门和企业提供更加科学、专业的政策建议和咨询服务。发布一系列语言服务研究报告，提供优质的咨询服务，提升基地在行业内的影响力。

推动智能语言服务行业发展：加强与国内外知名高校、企业和机构的合作与交流，推动智能语言服务发展，服务中华文化的国际传播和交流互鉴。

（二）华侨大学特色服务出口基地（语言服务）

1. 基地概况

华侨大学直属中央统战部（国务院侨务办公室），是由中央统战部、教育部、福建省人民政府共同建设的高校。学校坚持“面向海外，面向港澳台”的办学方针，是国家特色服务出口基地（语言服务）、华文教育基地、教育部中国政府奖学金来华留学预科教育试点院校、国家语言文字推广基地和全国高校中华优秀传统文化传承基地。截至 2023 年，在全球 90 多个国家设有 148 个办事处或招生机构，在校境外学生共 8488 名，连续 18 年为泰国、印度尼西亚、菲律宾等 10 多个国家培养政府官员 1700 多名，毕业境外校友 6 万多名。①

华侨大学国家特色服务出口基地（语言服务）由华侨大学、中国（福建）自由贸易试验区厦门片区管理委员会和厦门市集美区人民政府三方共建，致力于聚合自贸政策资源、服务贸易资源、“人文集美”文化品牌以及华侨大学侨校优势，政、产、学、研、用结合，打造具有国际影响力的语言服务平台和服务品牌，探索服务国家和区域发展的新路径。

基地围绕“语言人才培养+产业服务”，拓展“中文+”人才培养体系，搭建中外交流和校企合作服务平台，培育“语言+职业+产业”创新项目，形成了“以语带文，文语并进”“以语通文，以文同心”的语言服务出口工作体系。

基地获批以来，打造了中国企业“出海”陪伴式语言服务、同心国际

① 《华侨大学简介》，华侨大学网站，2020 年 10 月 25 日，https://www.hqu.edu.cn/info/1013/23346.htm。

中文·智慧语言学习公共服务平台、外国政府官员中文速成教育服务、国外主流大学中文学分课程服务、国际产业人才中文速成教育服务、中文语言教学资源研发服务等多个品牌项目。

2. 基地优势及品牌

（1）陪伴式语言服务助力中国企业“出海”

基地深挖语言教育资源优势，依托优质的中文速成教学体系、教学资源体系、语言教育研发和服务体系，为出海企业量身定制涵盖中国员工外国语言培训、海外本土员工和重要客户中文速成培训、“中文+职业”专业技能培训、海外员工子女来华留学预科教育、海外员工人力资源供给服务等陪伴式综合性语言服务资源包，以语言为载体提升企业外籍员工对中国企业文化的认可，促进中外员工民心相通，更好地服务“一带一路”建设。

华侨大学与世界500强企业厦门象屿集团有限公司合作，为该公司“一带一路”倡议重点项目——印度尼西亚250万吨不锈钢一体化冶炼项目（该项目投资超180亿元，招收印度尼西亚员工超18000人）的印度尼西亚员工提供中文语言技能提升服务。通过“线上+线下”教学模式为该项目培养“懂中文、通文化、精技术”的中高级中文人才300多名，来华中文语言强化速成培训100多名，为象屿集团该项目本土化运营奠定了坚实的语言和人才基础。

基地还与国家文化出口重点企业厦门梦加网络科技股份有限公司、亚洲最大的卫浴五金制造商路达（厦门）工业有限公司等合作，为其越南、土耳其、俄罗斯等国的100余名核心员工开展中文速成培训，为企业“出海”赋能，解决“出海”企业痛点问题。

（2）国际中文语言服务智慧学习平台助力语言服务新质“出海”

基地依托自主研发的多模态国际中文课程资源和技术，与人工智能领域独角兽企业云知声智能科技股份有限公司合作，共同打造“同心国际中文·智慧语言学习公共服务平台”，构建全世界中文学习者的“一站式”学习服务社区。

平台一方面聚焦以学生为中心的个性化学习目标，使国际中文学习者可通过平台自助式、互动式、智能地完成中文学习全过程，实现教学全场景闭环；另一方面围绕以教师为主导的自助式智能备课授课目标，采用 AI 大数据精准构建学习者画像，为教师提供个性化教学参考，内置海量优质中文学习资源，包括融媒体智慧教材、中文情景剧、翻转课堂学习视频、智能测试等，教师可以自由调用、轻松组合。依托语言服务平台的流量优势及发展潜力，有效整合教学、科技、商务、贸易等资源，赋能中国企业“出海”，发挥语言服务产业聚集效应，实现多方共赢。

（3）中文学分课程服务贸易模式推动语言服务国内国际双循环

（a）海外主流大学中文学分课程服务贸易

基地与海外主流大学及当地教育部门合作，根据国外高校学生中文学习培养要求，定制化开发在线课程、研发优质中文教学资源。国外高校以购买服务的方式将基地课程嵌入其专业课程体系。基地通过输出优质国际中文学分课程，将我国优质的中文教育资源推广到海外主流教育体系，进而带动相关教材、文化产业出口。

2021 年 9 月，基地与菲律宾加洛干市政府、菲律宾加洛干市菲华商会、加洛干市立大学（UCC）合作，为加洛干市立大学教育学专业学生提供中文学分课程服务。项目学制四年，教师在线授课输出大一至大四共四个学年的“中文+教育学”课程。该专业学生可实现“中文高级水平+教育学理论与教学技能合格”的目标，进而满足该专业学生毕业后承担中英双语教学任务的需要。截至 2023 年，该项目已经培养学生 120 多名，该模式已经向印度尼西亚、越南等国推广。

（b）中文基础教育阶段服务贸易

该项目旨在发挥华侨大学语言服务出口基地和中国政府奖学金来华留学预科教育基地国家级基地优势，通过和海外国际中学合作，将优质来华留学预科中文课程前置到当地基础教育教学体系中，打造“中文+留学中国”语言服务出口新品牌。华侨大学和当地学校共建虚拟教研室，共同开发适合当地的中文教学产品，并通过当地出版社和合作伙伴，共同推出适合当地的本地化中文教材。2022 年 7 月，华侨大学分别与菲律宾怡朗新华学院、菲律宾马尼拉晨光中学、印度尼西亚圣道基督教学校、泰国普吉中学合作启动该项目，截至2023年，已经为500余名海外中学生提供中文课程服务。

3. 语言服务助力中国职业标准“走出去”

基地联合中国（福建）自由贸易试验区厦门片区管委会、厦门海事局打造共建“一带一路”国家“职业中文+职业技术+职业资格”培训创新项目。基地编写了《国际邮轮船员职业中文教程》，用系统、科学的教学方法帮助外籍船员突破了参加中国海船船员培训的语言障碍，实现外籍船员与中国船员完全同等的培训和考试。截至2023年，两名来自贝宁的青年历经3个多月的培训及考试，领取了由厦门海事部门签发的船员证书，成为首个共建“一带一路”国家人员在厦门学习国际邮轮船员职业中文、使用中文参加船员培训并成功考取船员证书的案例。该项目探索了语言服务赋能邮轮产业发展、推动中国技术和职业标准“走出去”的新模式，全面助力我国国际邮轮母港建设。

4. 未来发展方向

未来，基地将继续聚焦“六个一”的建设目标，即“着力探索一套语言服务人才培养体系，培育一个语言教育产品系列，打造一组语言服务出口品牌，助力一批中国企业‘出海’，推动一批语言服务企业落户厦门，搭建一个语言服务公共资源平台”，着力为中国文化、产品、服务、技术和标准“走出去”提供更有效的专业支撑，助力“一带一路”倡议走深、走实。

四　企业类特色服务出口基地（语言服务）案例

（一）新译信息科技（深圳）有限公司特色服务出口基地（语言服务）

1. 企业概况

新译信息科技（深圳）有限公司（简称“新译科技”）成立于2016年3月，是一家以人工智能技术为支撑的国家高新技术企业。

2. 企业业务范围

新译科技以机器翻译技术为驱动，致力于构建以新译智能翻译系统为核心，连接全球译员和企业级翻译需求的一站式智能编辑服务平台，解决全球B端企业语言沟通问题。

3. 企业服务对象

该公司以自然语言处理技术为支撑，根据企业客户对及时性、精准性和保密性的不同需求，与全球翻译组织和机构合作，共同为客户提供全场景的文本及音视频翻译解决方案，助力企业客户将翻译融入日常工作流程。

4. 企业规模

新译科技总部位于广东省深圳市南山区，在北京设有分支机构。截至2023年，公司拥有员工近百人。

5. 企业经营业绩

创办至2023年，新译科技不断得到资本青睐，先后获得力合科创集团、美亚梧桐、博将资本、凯泰资本、远宁资本等数亿元的投资。

6. 企业优势

作为国家高新技术企业，新译科技拥有国内领先的人工智能自然语言处理分析和生成技术，在多模态机器翻译研发和应用方面不断引领语言服务行业发展。2016年，新译科技神经网络机器翻译引擎接受美国权威公开测评机构WMT测评，获得行业第一名；2017年，智译辅助翻译平台通过国家科技成果认定；2017年12月，获得人工智能最高奖——吴文俊人工智能科学技术奖；2018年获得北京市文创优秀项目；2022年获批国家语言服务出口基地（首批）。2023年，旗下智能翻译硬件“Moss Talk”一经问世便广受好评。同年，携手合作伙伴联合发布垂直领域大模型应用——“新超智能编辑系统”。公司在以下几个方面具有显著优势。

（1）语料积累与应用场景搭建

依托多年在智能语言服务领域的技术积淀与创新，新译科技整合通用领域的海量数据、数十个垂直行业累超百亿条优质数据，涵盖语言100多种（含外语和少数民族语言），充分具备训练新一代认知智能大模型的能力，并已在国防军工、文学出版领域得到实际应用。新译科技正在着力推动GPT等新兴AI技术在垂直领域的更广泛应用。通过发展语言服务产业，助力大模型训练在更丰富的场景中落地，解决不同专业的应用问题，在垂直专业领域得到发展。

（2）技术沉淀创新与服务社会

研发智能翻译平台：以自然语言处理技术为支撑、以多模态机器翻译技术为驱动，支持 100 多种语言的翻译，包括我国多种少数民族的语言，能够帮助各国人民快速解决信息搜索、文献阅读、出国旅游、国际贸易、文化交流时遇到的语言难题。

用高科技为防疫做贡献：在我国积极参与全球抗疫的过程中，智能翻译平台从技术、工具和使用三方面为防疫贡献力量，24 小时在线，全天候帮助不同母语的人了解疫情防控的最新政策和动态信息，及时应对突发、紧急、重大情况。

推动产品应用创新：新译科技是国内首个将机翻技术与办公系统融合，实现译编一体的公司；是国内首个研发浏览器翻译工具服务上网民众、首个制定面向企业级的机翻服务和质量标准的公司。

（3）围绕智能语言服务，探索打造跨界融合的合作生态系统

新译科技致力于打造“一基地一中心三平台”国家级语言服务生态体系（一个国家语言服务出口基地，一个智能编译生产中心，三个平台包括国家多语传播合作平台、国家级预训练大模型翻译平台、国家级多语资源库），积极推进与高校的深度合作，探索创新产教融合的机制模式，培养新型专业人才，提供国家应急语言服务，以预训练大模型算法为核心，文本翻译和生成为切入点，建设全球无障碍沟通体系。

7. 未来发展方向

人工智能技术，特别是大语言模型的突飞猛进，为智能语言服务业带来了前所未有的挑战和机遇。新译科技将基于原有技术优势，持续研发和优化大语言模型，不断更新各垂直领域的专业知识和术语，提高准确性和效率，以保持模型的领先地位。同时，积极拓展更多的业务场景，并根据客户需求，提供全方位定制化的语言技术服务，赋能语言服务商及最终客户。新译科技积极投身垂直领域大模型的研发与实际应用，不仅为翻译工作注入新动

力，还将向学科领域的上下游扩展。未来，该公司将在以下几个方面持续发力。一是持续创新技术。该公司会加大在人工智能领域的研发投入力度，研发具有自主知识产权的大语言模型，结合大模型技术优势提升机器翻译的准确度和自然度，满足客户不断提升的要求。二是拓展市场。新译科技会进一步扩大市场份额，拓展国际市场，与更多的企业和机构合作，为他们提供高质量的语言服务。三是深度挖掘垂直领域。该公司会针对特定行业和场景，如医疗、法律、金融等领域，开发定制化的语言解决方案，以满足不同客户的需求。四是加强数据隐私与安全保护。公司会投入更多资源来确保用户数据的隐私和安全。五是多元化发展。公司会探索其他相关领域的业务，如语音识别、文本分析、学术论文及报告手册的自动生成及翻译服务等，实现多元化发展。

（二）传神语联网网络科技股份有限公司特色服务出口基地（语言服务）

1. 企业概况

传神语联网网络科技股份有限公司 2005 年在武汉成立，2019 年在深交所上市。主要业务包括笔译、口译、影视文化翻译、翻译技术和解决方案等，为客户提供多语言、多领域、多渠道的语言服务。

2. 企业业务范围

传神语联网网络科技股份有限公司基于语言服务领域，不断拓展业务范围。该公司通过旗下多个子品牌和平台，提供包括文本翻译、语音翻译、人工智能翻译、大数据分析等多种服务，涵盖了多个领域，包括但不限于科技、文化、金融、医疗、法律等。同时，传神语联网网络科技股份有限公司还致力于研发和应用人工智能技术，推动语言服务行业的智能化发展。

3. 企业服务对象

传神语联网网络科技股份有限公司的服务对象包括但不限于政府机构、跨国公司、国内外企业、非营利组织等。该公司为客户提供高质量的语言服务，满足客户在不同场景下的语言需求，帮助客户实现跨语言、跨文化的交流和沟通。

4. 企业规模

截至 2023 年 7 月，传神语联网网络科技股份有限公司已在全球设立了 70 多个分支机构，拥有超过 12000 名员工，业务范围覆盖全球 200 多个国家和地区。

5. 企业经营业绩

传神语联网网络科技股份有限公司 2022 年年报显示，该公司全年实现营业收入约 15.48 亿元，同比增长 24.42%；实现归母净利润约 1.17 亿元，同比增长约 31.40%。

6. 企业优势

技术创新：公司注重技术创新和研发，拥有自主研发的语联网平台和多项专利技术，能够为客户提供高效、精准的语言服务。传神语联网网络科技股份有限公司依托深度学习、大数据分析处理、分布式计算等技术自主研发了 IOLAIDrive 系统，包含深度学习框（iDLFrame）、分布式算力平台（iComputeNet）和语言大数据平台（iDataEngine），实现了算法、算力、数据及应用反馈的闭环体系。基于此在产能组织调度技术、人机共译技术和机器翻译技术三大重点技术领域实现突破，形成多项核心技术，成功建设语联网平台。其中，产能组织调度技术能够依托语联网平台整合人工译员、机器翻译引擎等产能资源，为全球用户提供翻译服务，并基于语联网平台的基础模块及核心技术为客户提供综合语言服务解决方案。人机共译技术能够持续对人工译员和各类机器翻译引擎进行评测，依托匹配算法动态根据客户订单特征自动选择最优译员，保障服务质量。机器翻译技术能够实现语言服务产能的标准化和规模化输出。这些核心技术的突破，为传神语联网网络科技股份有限公司的发展提供了强大的技术支撑，使其在行业内具有较强的竞争力。

多语言服务能力：传神语联网网络科技股份有限公司具备多语言、多领域、多渠道的服务能力，能够满足客户在不同场景下的语言需求。

专业团队：传神语联网网络科技股份有限公司拥有一支专业的团队，包括语言专家、工程师、项目经理等，能够为客户提供高质量的语言服务。

品牌影响力：作为国内领先的语言服务提供商，传神语联网网络科技股份有限公司在行业内具有较高的知名度和品牌影响力。

优质客户资源：公司服务的客户包括政府机构、跨国公司、国内外企业等，积累了丰富的客户资源和项目经验。

数据资源优势：通过长期的业务积累和大数据分析，传神语联网网络科技股份有限公司拥有丰富的语言数据资源，能够为客户提供更精准的语言服务。

7. 未来发展方向

传神语联网网络科技股份有限公司未来的发展方向将侧重于技术创新和产业链整合。通过自然语言识别等技术与人工翻译的结合，将机翻引擎、语言服务企业、全球译员连接起来，搭建行业产能平台“语联网”。在产业链方面，传神语联网网络科技股份有限公司将加强与上下游企业的合作，推动行业重构，形成翻译的统一标准，从而提升行业效率。此外，公司将继续推进平台化发展，拓展业务范围，提高服务质量，满足多样化的市场需求，打造具有全球竞争力的世界一流企业。

（三）甲骨易（北京）语言科技股份有限公司特色服务出口基地（语言服务）

1. 企业概况

甲骨易（北京）语言科技股份有限公司（简称“甲骨易”）成立于2016年，是一家专注于语言科技领域的上市企业。甲骨易以“让语言创造价值”为使命，致力于为客户提供高效、精准的语言服务。甲骨易于2022年被认定为特色服务出口基地（语言服务）。甲骨易在全球设有6大海外中心，在30多个国家及地区设有分支机构，成功搭建起全产业链升级服务平台，为全球跨文化交流提供坚实的支撑。

2. 企业业务范围

甲骨易的业务范围涵盖了语言翻译、语言本地化、语言技术支持、多语信息处理等多个领域，为客户提供全面、专业的语言解决方案。

3. 企业服务对象

甲骨易服务的客户群体广泛，包括但不限于跨国企业、政府机构、学术研究机构、文化传媒机构等。

4. 企业规模

甲骨易在全球范围内拥有多个分支机构和办事处，拥有超过 10000 名员工，业务范围覆盖全球 200 多个国家和地区。

5. 企业经营业绩

根据 2022 年年报，甲骨易在 2022 年的营业收入为 2.3 亿元，同比增长 10%；净利润为 3500 万元，同比增长 15%。[①] 公司的经营业绩较为稳定，呈现良好的发展态势。

6. 企业优势

甲骨易作为一家领先的语言科技公司，是最早被国际认可的成功“走出去”的中国权威语言服务机构之一，是美国翻译协会 ATA 荣誉会员、中国对外承包工程商会会员，并获得 ISO 9001 质量体系认证，具有以下优势。一是丰富的行业经验：甲骨易在语言服务领域拥有多年的经验，积累了丰富的知识和专业技能。二是先进的技术：甲骨易持续投入研发，采用先进的语言技术和工具，提高翻译质量和效率。三是多语种服务能力：甲骨易具备处理多种语言的能力，能够满足客户在全球范围内的语言服务需求。四是质量保证体系：甲骨易严格遵守国际质量标准，通过了 ISO 9001 质量体系认证，确保为客户提供高质量的服务。

7. 未来发展方向

作为国家语言服务出口基地，甲骨易将继续致力于语言科技的创新和发展，不断提升服务质量和客户满意度。甲骨易将加大在人工智能、机器翻译等领域的研发投入力度，推出更加智能化、高效化的语言解决方案。此外，甲骨易还将积极拓展国际市场，加强与全球企业的合作，推动语言服务行业

① 甲骨易（北京）语言科技股份有限公司网站，https：//www.besteasy.com。

的发展。具体来说，甲骨易将关注以下几个方面的发展。

人工智能和机器翻译：甲骨易将持续投入资源，研究和开发更加先进的人工智能和机器翻译技术，提高翻译效率和准确度，为客户提供更加便捷、高效的语言服务。

多模态语言处理：甲骨易将探索语音、图像、视频等多模态信息的处理和翻译，以满足不同场景下的语言服务需求。

本地化服务：随着全球化的深入发展，本地化服务的需求日益增长。甲骨易将加强本地化团队的建设，提供更加专业、全面的本地化解决方案，帮助客户更好地适应不同地区的市场。

数据隐私和安全：在数据驱动的时代，数据隐私和安全至关重要。甲骨易将进一步加强数据保护，确保客户的数据得到妥善保管。

人才培养和发展：甲骨易将注重人才的培养和发展，吸引和留住优秀的语言专家、技术人才和管理团队，为企业的长远发展提供坚实的人才支持。

通过以上努力，甲骨易将不断提升自身的竞争力，为客户创造更大的价值，并在语言服务行业中发挥更加重要的作用。

（四）四川语言桥信息技术有限公司特色服务出口基地（语言服务）

1. 企业概况

四川语言桥信息技术有限公司（简称“语言桥”）是国家语言服务出口基地，深耕语言服务行业二十余载。该公司成立于2000年3月26日，位于中国（四川）自由贸易试验区成都高新区天府大道北段1288号。语言桥是中国领先的全球语言服务提供商，曾多次获得中国翻译协会授予的“中国十佳翻译服务企业”“中国译协优秀会员企业”“中国翻译服务品牌企业”等荣誉称号。

2. 企业业务范围

语言桥的主要业务范围包括以下几个方面。一是翻译服务：提供多种语言的口译和笔译服务，涵盖法律、商务、技术、医学、金融等领域。二是本地化服务：为企业提供软件、网站、游戏等产品的本地化解决方案，确保在不同语言和地区的适应性和可用性。三是语言培训：提供专业的语言培训课程，包括英语、日语、韩语、法语、德语等多种语言，帮助个人和企业提高语言能力。四是语音识别与合成：利用先进的语音技术，提供语音识别和合成服务，应用于智能客服、语音助手等领域。五是多语言内容创作：为企业和个人提供多语言的文案撰写、编辑和校对服务，确保内容的准确性和流畅性。六是跨国会议支持：提供跨国会议的口译设备租赁、同声传译和远程口译服务，保障会议的顺利进行。七是语言咨询：为企业提供语言相关的咨询服务，帮助企业制定有效的语言战略和解决语言相关问题。

3. 企业服务对象

语言桥主要为国内外企业、机构和个人提供语言解决方案，主要服务对象包括以下几种。

跨国公司：许多大型跨国公司需要与全球各地的合作伙伴沟通和合作，语言桥为其提供专业的翻译和本地化服务，以确保产品和服务在不同地区的顺利推出。

政府机构：政府部门在国际交流、外交事务、贸易合作等方面需要语言服务，语言桥为其提供准确的口译、笔译和文件翻译服务。

法律和金融机构：律师事务所、银行、证券公司等机构经常处理涉及多语言的法律文件、合同、财务报告等，语言桥为其提供专业的翻译和本地化支持。

医疗和制药公司：语言桥为医疗行业大量的医学文献、临床试验报告、药品说明书等提供准确的医学翻译服务。

科技公司：语言桥为科技公司的产品和服务本地化提供软件本地化、网站本地化等服务。

4. 企业规模

语言桥在国内外拥有 20 多个办公室和代表处，拥有超过 400 名员工，包括专职译员、数据工程师、语言工程师等专业化团队。

5. 企业经营业绩

截至 2023 年，语言桥在全球语言服务商中排第 41 位，继续稳居全球 50 强，并且其翻译服务出口和业务增长在全球范围内表现出色，显示出其作为快速增长的语言服务提供商的实力。

6. 企业优势

语言桥拥有丰富的翻译项目管理实践经验和翻译技术研发能力。以下是语言桥在技术研发方面取得的一些具体成果。LanMT：一个高效准确的 AI 翻译系统，能够实现中文与小语种的互译。LanBot：一个强大的 AI 智能客服，能够灵活定义企业数据库，提供智能的知识检索及客服服务。AI 公文写作：能够根据主题自动生成高品质的书面材料。LanDroid：一个独特的 AI 助手，基于大语言模型技术，能够提供全面的问答、文章生产和撰写支持。AI Dubbing：一个先进的 AI 音视频翻译及配音服务系统，是面向多媒体内容的多语言智能解决方案。这些技术成果展示了语言桥在人工智能和大数据处理方面的技术实力，为客户提供了更加高效、准确和智能化的语言服务。

7. 未来发展方向

语言桥未来的发展方向包括以下几个方面。一是拓展国际市场。加大国际市场拓展力度，与更多的国际企业和组织合作，提供更加全面和专业的语言服务。二是加强技术研发。随着人工智能和机器翻译技术的不断发展，语言桥会加大在技术研发方面的投入力度，提高翻译效率和质量，降低服务成本。三是拓展服务领域。除了传统的翻译服务外，语言桥会拓展更多的服务领域，如口译、本地化、语言培训等，以满足客户更加多样化的需求。四是加强人才培养。语言桥加强人才培养和引进，提高员工的专业水平和服务能力。通过产教研融合发展，助力高校及科研院所培养高素质应用型翻译人才，推动语言服务行业与翻译人才培养单位深度融合发展。五是推动行业发展。作为行业领导者之一，语言桥会积极参与行业标准制定、推广行业新技术等活动，推动整个语言服务行业的发展。

（五）江苏省舜禹信息技术有限公司特色服务出口基地（语言服务）

1. 企业概况

江苏省舜禹信息技术有限公司（简称“舜禹”）是知识产权与全球化服务企业，于 1996 年初创立于中国南京，在全球多个城市设有办事处或分公司，拥有近千名员工。

舜禹旗下拥有舜禹信息、舜禹环球通、兰登紫金、FTA（华聚汇智·外籍人士服务中心）等多个品牌，覆盖知识产权国际化、多语言本地化、人工智能数据服务、语言资产管理、机器翻译研发、洲际赛事语言服务解决方案等多个领域。舜禹是江苏省唯一一家首批国家语言服务出口基地。在2023年全球100强语言服务企业排行榜上，舜禹在亚太地区排第6名，在全球排第26名。舜禹提供的语言服务已覆盖159个国家和地区，服务语种涉及140多种，覆盖全球95%的市场，是中国规模最大的语言服务企业之一。

2. 企业业务范围

舜禹全面覆盖多语言本地化、知识产权国际化、人工智能数据服务、洲际赛事语言服务解决方案等众多领域。

语言服务业务方面，本地化翻译服务包括软件/App本地化、多语言网站本地化、专业文档翻译、口译、AI培训和数据处理、语言测试、游戏本地化、多媒体本地化等，其中垂直行业横跨信息技术、生命科学、金融、电子商务、机械制造、娱乐及体育。

知识产权服务主要包含专利翻译、软件平台研发、专利及市场信息检索、全球专利申请支援等。舜禹还提供专利检索分析服务，其中包括创新咨询、检索分析及信息收集三大领域。

在洲际赛事语言服务领域，自2013年南京亚青会起，舜禹已连续服务20余场国际体育赛事，同时是唯一一家连续为三亚亚沙会、汕头亚青会、杭州亚运会、哈尔滨亚冬会提供口笔译、人员派驻及国际联络服务的公司。

此外，舜禹深耕语言资源管理、语言技术开发及国际化战略咨询板块。舜禹基于对行业的深度理解与标杆研究，能够为企业提供一站式的国际化战略解决方案。

3. 企业服务对象

作为中国规模最大的语言服务企业之一，舜禹致力于为国内外客户提供值得信赖的专业化定制解决方案，与众多世界500强及国内知名企业达成了长期合作关系。舜禹是华为和世界知识产权组织（WIPO）在中国最大的语言服务提供商，同时与阿里巴巴、腾讯、网易、抖音、国家电网等众多世界知名企业/组织保持着长期友好合作关系。舜禹作为杭州 2022 年第 19 届亚运会官方口笔译语言服务提供商，为杭州亚运会提供笔译、赛前口译及赛时中英口译服务。

4. 企业规模

舜禹目前在上海、深圳、西安、成都、苏州、延边、香港，以及日本东京、菲律宾马尼拉、瑞士日内瓦、美国洛杉矶等多个城市设有分公司或办事处。公司总部位于南京，由舜禹投资建设的舜禹大厦坐落于南京河西 CBD，总建筑面积达 6.7 万平方米，是舜禹全球总部所在地。

舜禹拥有近千名员工，其中 600 余名为语言服务团队成员，处理数据加工字数累计超 60 亿字，支持各种类型的语言翻译服务。舜禹在全球拥有逾 4000 名笔译员储备，服务范围已覆盖亚洲、欧洲、美洲、大洋洲共计 159 个国家和地区，可服务超过 25 个专业领域；服务语种涉及简体/繁体中文、英语、西班牙语、德语、法语、俄语、日语、韩语等 140 多种。

舜禹已与全国 52 所高水平大学建立了长期的合作关系，设立实习、实践、就业、创业基地，主办或承办具有区域影响力的学业发展、创新创业大赛，覆盖人才培养的全链条。2021~2023 年，公司每年吸纳超过 100 名高校应届毕业生入职。此外，与公益组织联手策划推出一系列公益品牌，先后组织 10 余场主题公益活动，累计覆盖流动儿童 500 余名。

5. 企业经营业绩

舜禹历年来在多项国际排名中获得良好的名次，其中在 2024 年 CSA 排名中列世界第 30 位、亚太地区第 6 位；在 2024 年 Nimdzi 排名中列世界第 48 位；在 2024 年 Slator 排名中列世界第 30 位。

舜禹发展稳健，2023 年主营业务收入超过 1 亿元。同时，舜禹积极参与城市文化品牌建设。2020 年 3 月，参与多语种（8 个语种）《新冠肺炎防治手册》的发布，向世界宣传并推广中国抗疫的成功经验；2021 年，公司联合江苏 16 所高校在明城墙上开展“建党百年，多语朗诵《共产党宣言》”支部共建活动，引起广泛的社会反响；2022 年，举办“我的中国故事”江苏省外国留学生短视频大赛，讲好中国故事。2023 年，做好基地建设工作，受政府部门委托打造多种文化品牌项目，宣传江苏和南京的高质量发展。

6. 企业优势

（1）国家基地，党建引领

舜禹获批多项国家级和省、市级基地和平台建设。公司始终以党建为引领，服务国家经济文化发展战略，利用自身全球化优势，宣传国家和地方政策，助力企业“走出去”，推进“一带一路”建设；与高校开展广泛合作，优化人才培养。

（2）科技创新，数字赋能

舜禹积累了云计算、大数据、人工智能、网络文学等数十种专业领域、数十亿句对的语言资产，建立了庞大的多语语料库和术语库，为行业提供专业化、定制化的语言资产管理服务；通过项目共建、数据共享，为高校应用型人才培养提供语料支撑。公司自主研发了包括舜禹信息管理系统、舜禹本地化翻译管理系统软件、舜禹机器翻译、专利文献质量检测软件等，通过技术创新提升企业服务能力与作业效率。2023 年，舜禹拥有 38 项软件著作权证书、15 项发明专利及 137 项有效商标注册。[①]

（3）资质齐备，标准护航

舜禹以质立业，一是通过 ISO 9001 质量管理体系认证、ISO 17100 国际翻译质量标准认证和 ISO 13485 医疗器械等质量管理体系认证，为企业服务提供有效的质量和管理保障。二是重视网络信息安全工作，为业内首家通过 ISO 27001 信息安全管理体系认证的企业，公司设立网络安全部，建有企业私有云，为公司开展业务提供信息安全保护。

7. 未来发展方向

舜禹坚持以改革促创新，以创新驱发展，积极探索多元化、多渠道的管

① 江苏省舜禹信息技术有限公司网站，https：//www. sunyu. com。

理模式，加快语言与科技的融合进程，致力于成为全球语言服务行业发展的标杆。舜禹期望改变语言服务行业传统的生产模式和组织模式，打破行业分散的信息孤岛状态，致力于构建一个协同、开放、创新的平台；此外，用自身对技术持续探索的成果为行业赋能，以技术和服务重构语言服务价值体系，同时借助语言服务多场景下的探索，实现对译前处理、产能资源对接、翻译处理、译后处理全链条 AI 赋能，推动传统翻译行业向跨语言信息产业发展。

五　基地特色分析

语言服务出口基地建设取得了突出成绩。从园区类基地案例看，国际传播科技文化园专注于语言服务领域，以“一站式”服务为核心，包括第三方财税法律、知识产权等服务，全方位支持入驻企业。汇集了超过 260 家涉及国际传播、翻译服务、语言培训等领域的企业。致力于推动行业标准制定、科技创新，通过运营特色平台和品牌强化企业竞争力。举办“书香文创国传园”市集、中欧文化产业对话等，促进国际文化交流，扩大行业国际影响力。智慧化园区建设提升管理效率和服务水平，为企业提供增值服务。成为推动中国语言服务行业发展、国际传播和文化交流的重要平台。中国（合肥）声谷特色服务出口基地（语言服务）业务涵盖语音合成、识别等多领域，服务于教育、医疗、金融等行业。截至 2023 年底，基地内入驻科大讯飞、安徽华米信息科技等一批知名企业，正扩建国际智能语音产业园。基地内 135 家企业的营收超 300 亿元，出口额约为 2.96 亿美元，就业人数为 2.2 万人。[①] 2 年间新增专利过万件，基本建成以智能语音及人工智能技术为引领，以行业应用和互联网应用为特色的产业集群。面向未来，中国（合肥）声谷特色服务出口基地（语言服务）将继续聚焦人工智能等领域，提高语音识别和合成的准确性，增强多语言支持，提供个性化服务，加

① 中国（合肥）声谷网站，http：//www.chinavoicevalley.com。

强数据安全，打造世界级产业地标。

从高校类基地案例看，北京语言大学特色服务出口基地（语言服务）以传播中国语言文化为使命，致力于推动语言教育服务贸易高质量发展。基地业务包括教育服务出口、语言学科建设、智库研究等，旨在培养国际化语言服务人才。2023 年，教育服务收入为 4486.9 万元，语言服务出口额达 7442.16 万元，留学生规模扩大至 2000 余人，覆盖 100 多个国家和地区。[①] 基地创建国际语言服务博士点和硕士点，凭借学科和人才优势，成功产出 40 项语言服务成果，包括重要行业报告和语言服务企业推荐名录等，建立了京津冀语言服务教育联盟，举办 30 余场学术会议。与顶尖企业合作推动智能语言服务发展。基地将继续培养高端语言服务人才，加强智库研究，提升基地在行业内的影响力，服务中华文化国际传播。华侨大学特色服务出口基地（语言服务）依托华侨大学的资源优势，致力于打造具有国际影响力的语言服务平台，推动“中文+”人才培养体系，并通过中外交流和校企合作，培育创新项目，形成独特的语言服务出口工作体系。基地成功实施了多个品牌项目，如“陪伴式”语言服务助力中国企业国际化、同心国际中文·智慧语言学习公共服务平台，推动语言学习智能化，与海外主流大学合作开展中文学分课程服务等，有效促进了中华文化的国际传播。未来，基地将继续完善语言服务人才培养体系，培育语言教育产品，打造语言服务出口品牌，助力中国企业“走出去”，推动语言服务企业落户，构建语言服务公共资源平台。

从企业类基地案例看，新译信息科技（深圳）有限公司特色服务出口基地（语言服务）以人工智能技术为驱动力，专注于构建一站式智能翻译服务平台，融合先进的机器翻译技术和丰富的自然语言处理分析能力，为全球 B 端企业提供全面的语言解决方案，已获得吴文俊人工智能科技进步奖等多项国内外荣誉。公司利用自主研发的技术，成功整合了覆盖百余种语言的海量数据资源，推动了智能语言服务在国防军工、文学出版等垂直行业领域的应用。未来，新译科技将依托技术优势，深化大语言模型的研发与应

① 北京语言大学网站，http：//ls. blcu. edu. cn。

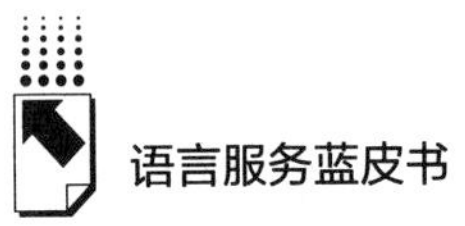

用，探索更多垂直行业的定制化解决方案，积极投身国家级语言服务生态体系建设，推动语言技术服务的国际化。

传神语联网网络科技股份有限公司特色服务出口基地（语言服务）专注于提供多领域、多语言服务，包括笔译、口译及影视文化翻译等。公司在全球建立了70多个分支机构，拥有12000多名员工，服务范围涉及200多个国家和地区。2022年营收达15.48亿元，净利润增至1.17亿元，[①] 呈现强劲的增长态势。其自主研发IOLAIDrive系统，通过深度学习、大数据分析实现语言服务的智能化发展，有效提升翻译质量和效率。此外，传神语联网还凭借多语言服务能力、强大的专业团队和品牌影响力，积累了丰富的客户资源。未来，传神语联网将依托技术创新推进产业链整合，致力于打造具有全球竞争力的世界一流企业，推动翻译行业的发展和效率提升。

甲骨易（北京）语言科技股份有限公司特色服务出口基地（语言服务）在全球拥有30多个分支机构，员工逾10000名，服务范围覆盖200多个国家和地区。业务包括语言翻译、本地化服务、技术支持及多语信息处理，面向跨国公司、政府和学术机构等客户。凭借丰富的经验、先进的技术、多语种服务能力和严格的质量管理，甲骨易在语言服务领域展现出强劲的发展势头。未来，公司将加强在人工智能、机器翻译等领域的研发，推动本地化服务、数据安全和人才发展，以智能化、高效的解决方案推动语言服务行业的创新与发展。

四川语言桥信息技术有限公司特色服务出口基地（语言服务）获评"中国十佳翻译服务企业"，在全国和亚洲排名领先。拥有国内外20多个办公室400多名专业员工，提供翻译、本地化、语言培训、语音识别与合成、多语言内容创作、跨国会议支持及语言咨询等全方位服务。研发LanMT、LanBot、AI公文写作、LanDroid和AI Dubbing等一系列领先技术。未来，语言桥计划深耕国际市场、加强技术研发、拓展服务领域、加强人才培养和推动行业发展，不仅致力于满足更多样化的客户需求，还旨在推动整个语言

① 传神语联网网络科技股份有限公司网站，https：//www.transn.com。

服务行业的进步与发展。

江苏省舜禹信息技术有限公司特色服务出口基地（语言服务）覆盖多语言本地化、知识产权国际化及人工智能数据服务等领域。服务范围覆盖159个国家和地区，支持140多种语言。在全球100强语言服务企业中，在亚太地区排第6名，在全球排第26名。与华为、阿里巴巴、腾讯等国内外知名企业建立了长期合作关系，在洲际赛事语言服务、知识产权服务等多个专业领域具有领导地位。基地致力于技术创新，拥有38项软件著作权、15项发明专利，并通过ISO 9001、ISO 17100等多项国际质量管理体系认证。未来，基地将加速语言服务与科技融合，推动传统翻译行业向跨语言信息产业发展，致力于成为全球语言服务行业的标杆，为客户提供更高效、专业的语言解决方案。

六　总结

园区类基地在促进语言服务产业发展、科技创新、国际交流与文化推广、提供综合性支持服务以及智慧化园区建设等方面展现出显著的共同特点。一是专注于语言服务领域。园区类基地都聚焦语言服务行业，提供与语言相关的多元化服务，满足不同行业对语言服务的需求。二是提供综合性服务支持。提供“一站式”服务，不仅包括语言服务本身，也涉及第三方财税法律、知识产权等全方位的支持，为入驻企业提供便利和增值服务。三是促进科技创新与产业集群发展。致力于推动科技创新和产业标准的制定，通过构建以智能语音及人工智能技术为引领的产业集群，增强企业的竞争力和行业的整体实力。四是促进国际交流与文化推广。致力于促进国际文化交流和扩大中国语言服务行业的国际影响力，助力中文和中华文化的国际传播。五是建设智慧化园区。采取智慧化管理和服务措施，提升园区的管理效率和服务水平，为入驻企业和从业人员创造更优质的工作和生活环境。六是推动行业发展。通过汇聚各方资源和优势，共同促进行业发展。

高校类基地在推动语言教育服务贸易高质量发展、国际化人才培养、校

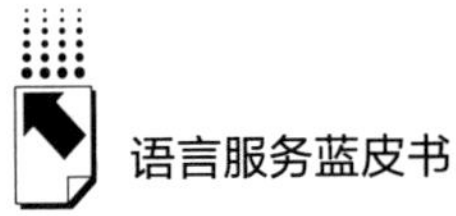

企合作与国际交流方面展现出显著的共性，同时坚持服务于中华文化国际传播的核心使命。以传播中华文化作为其核心使命，通过提供多样化的语言服务，致力于促进中华文化的国际传播。专注于培养具有国际视野的语言服务人才，通过创建相关的博士点和硕士点等高层次教育项目，满足全球化时代对语言服务专业人才的需求。活跃在教育服务出口、语言学科建设等领域，通过提供优质的教育内容和构建强大的学科体系，推动语言服务行业的发展。通过与顶尖企业的合作和国际交流，推动智能语言服务的发展，提升学生的实践能力和创新能力。致力于构建具有国际影响力的语言服务平台，发展创新项目，形成独特的语言服务出口工作体系，促进中华文化的国际传播。通过培养高端语言服务人才、加强智库研究以及推动“中文+”人才培养体系建设，提升在行业内的影响力并服务于中华文化国际传播。

企业类基地特色鲜明。一是坚持技术驱动。案例企业都强调技术在服务中的关键作用，特别是人工智能、机器翻译、深度学习和大数据分析技术的应用，推动了翻译服务的智能化水平和效率提升。二是实现多语言服务覆盖全球。案例企业服务范围广泛，覆盖全球多个国家和地区，提供百余种语言的翻译和本地化服务，满足跨国公司、政府机构和学术机构等不同客户的需求。三是持续创新。案例企业都有自主研发的技术和解决方案，以及持续的技术创新和研发投入，旨在开发新服务和推动行业进步。四是打造高品质服务与专业团队。案例企业拥有专业的团队和人才，包括数千名员工以及专业的翻译人员。五是未来发展规划明确。案例企业都有明确的未来发展规划，包括进一步深化技术应用、拓展服务领域、探索定制化解决方案、强化人才培养和推动语言服务行业的创新与国际化。

附录一
特色服务出口基地（语言服务）名单

序号	基地名称
园区类	
1	国际传播科技文化园
2	中国(合肥)声谷
高校类	
3	北京语言大学
4	华侨大学
企业类	
5	中译语通科技股份有限公司
6	甲骨易(北京)语言科技股份有限公司
7	沈阳创思佳业科技有限公司
8	上海文策信息科技有限公司
9	江苏省舜禹信息技术有限公司
10	中冶东方工程技术有限公司
11	传神语联网网络科技股份有限公司
12	新译信息科技(深圳)有限公司
13	四川语言桥信息技术有限公司
14	智慧宫文化产业集团有限公司

注：以上排名不分先后。

附录二
语言服务出口基地申报表

<table>
<tr><td colspan="4">一、基本信息</td></tr>
<tr><td>申报单位名称</td><td colspan="3"></td></tr>
<tr><td>申报单位所在地</td><td colspan="3"></td></tr>
<tr><td>基地负责人及职务</td><td></td><td>联系电话</td><td></td></tr>
<tr><td>基地联系人及职务</td><td></td><td>联系电话</td><td></td></tr>
<tr><td colspan="4">二、业务情况</td></tr>
<tr><td>提供的语言服务类型</td><td colspan="3">翻译/本地化服务/语言技术/语言资源服务/其他</td></tr>
<tr><td>主要旗舰产品和服务</td><td colspan="3">（具有较高知名度和影响力的语言服务、产品、技术等，包括应用程序等软件，可另附页）</td></tr>
<tr><td>语言服务公共平台情况</td><td colspan="3">（简要介绍已搭建的具有公共服务性质的平台，可另附页）</td></tr>
<tr><td>参与标准制订情况</td><td colspan="3">（包括参与的国际标准、国内行业标准制订情况）</td></tr>
<tr><td colspan="4">三、基本数据</td></tr>
<tr><td></td><td>2019 年</td><td>2020 年</td><td>备注</td></tr>
<tr><td>语言服务营业收入（万元）</td><td></td><td></td><td rowspan="2">营业收入需要与提供的语言服务直接相关，需提供相关证明材料</td></tr>
<tr><td>语言服务营业收入增长率（%）</td><td></td><td></td></tr>
<tr><td>语言服务出口金额（万元）</td><td></td><td></td><td rowspan="2">语言服务和技术出口的总金额及增长情况，需提供银行结汇单证等证明材料</td></tr>
<tr><td>语言服务出口增长率（%）</td><td></td><td></td></tr>
<tr><td>自主知识产权数量（存量）</td><td></td><td></td><td rowspan="2">与语言服务和技术相关的专利授权数量、软件著作权登记数量等</td></tr>
<tr><td>自主知识产权数量（增量）</td><td></td><td></td></tr>
</table>

续表

四、校企合作情况
五、申报单位声明
申报单位郑重声明如下： 1. 申报单位依法注册，具有独立法人资格，并合法经营； 2. 提交的数据、文件、资料真实、准确、完整、有效； 3. 申报单位提交的所有复印件与原件完全一致； 4. 申报单位承诺接受有关主管部门为审核本申请而进行的必要核查。 申报单位法定代表人（签字或盖章）　　　申报单位盖章 申报日期：　年　月　日
六、地方主管部门推荐意见
推荐意见： （商务部门盖章）　　（宣传部门盖章）　　（教育部门盖章） 年　月　日　　年　月　日　　年　月　日

资料来源：《商务部等7部门办公厅（室）关于组织申报专业类特色服务出口基地的通知》附件5《语言服务出口基地建设方案》。

附录三
全国外语本科专业目录（2023）

序号	专业名称	专业代码	门类	授予学位	基本修业年限
1	桑戈语	050200T	文学	文学	四年
2	英语	050201	文学	文学	四/五年
3	俄语	050202	文学	文学	四年
4	德语	050203	文学	文学	四年
5	法语	050204	文学	文学	四年
6	西班牙语	050205	文学	文学	四年
7	阿拉伯语	050206	文学	文学	四年
8	日语	050207	文学	文学	四年
9	波斯语	050208	文学	文学	四年
10	朝鲜语	050209	文学	文学	四年
11	菲律宾语	050210	文学	文学	四年
12	语言学	0502100T	文学	文学	四年
13	塔玛齐格特语	0502101T	文学	文学	四年
14	爪哇语	0502102T	文学	文学	四年
15	旁遮普语	0502103T	文学	文学	四年
16	梵语巴利语	050211	文学	文学	四年
17	印度尼西亚语	050212	文学	文学	四年
18	印地语	050213	文学	文学	四年
19	柬埔寨语	050214	文学	文学	四年
20	老挝语	050215	文学	文学	四年
21	缅甸语	050216	文学	文学	四年
22	马来语	050217	文学	文学	四年
23	蒙古语	050218	文学	文学	四年

续表

序号	专业名称	专业代码	门类	授予学位	基本修业年限
24	僧伽罗语	050219	文学	文学	四年
25	泰语	050220	文学	文学	四年
26	乌尔都语	050221	文学	文学	四年
27	希伯来语	050222	文学	文学	四年
28	越南语	050223	文学	文学	四年
29	豪萨语	050224	文学	文学	四年
30	斯瓦希里语	050225	文学	文学	四年
31	阿尔巴尼亚语	050226	文学	文学	四年
32	保加利亚语	050227	文学	文学	四年
33	波兰语	050228	文学	文学	四年
34	捷克语	050229	文学	文学	四年
35	斯洛伐克语	050230	文学	文学	四年
36	罗马尼亚语	050231	文学	文学	四年
37	葡萄牙语	050232	文学	文学	四年
38	瑞典语	050233	文学	文学	四年
39	塞尔维亚语	050234	文学	文学	四年
40	土耳其语	050235	文学	文学	四年
41	希腊语	050236	文学	文学	四年
42	匈牙利语	050237	文学	文学	四年
43	意大利语	050238	文学	文学	四年
44	泰米尔语	050239	文学	文学	四年
45	普什图语	050240	文学	文学	四年
46	世界语	050241	文学	文学	四年
47	孟加拉语	050242	文学	文学	四年
48	尼泊尔语	050243	文学	文学	四年
49	克罗地亚语	050244	文学	文学	四年
50	荷兰语	050245	文学	文学	四年
51	芬兰语	050246	文学	文学	四年
52	乌克兰语	050247	文学	文学	四年
53	挪威语	050248	文学	文学	四年
54	丹麦语	050249	文学	文学	四年
55	冰岛语	050250	文学	文学	四年
56	爱尔兰语	050251	文学	文学	四年
57	拉脱维亚语	050252	文学	文学	四年

续表

序号	专业名称	专业代码	门类	授予学位	基本修业年限
58	立陶宛语	050253	文学	文学	四年
59	斯洛文尼亚语	050254	文学	文学	四年
60	爱沙尼亚语	050255	文学	文学	四年
61	马耳他语	050256	文学	文学	四年
62	哈萨克语	050257	文学	文学	四年
63	乌兹别克语	050258	文学	文学	四年
64	祖鲁语	050259	文学	文学	四年
65	拉丁语	050260	文学	文学	四年
66	翻译	050261	文学	文学	四年
67	商务英语	050262	文学	文学	四年
68	阿姆哈拉语	050263T	文学	文学	四年
69	吉尔吉斯语	050264T	文学	文学	四年
70	索马里语	050265T	文学	文学	四年
71	土库曼语	050266T	文学	文学	四年
72	加泰罗尼亚语	050267T	文学	文学	四年
73	约鲁巴语	050268T	文学	文学	四年
74	亚美尼亚语	050269T	文学	文学	四年
75	马达加斯加语	050270T	文学	文学	四年
76	格鲁吉亚语	050271T	文学	文学	四年
77	阿塞拜疆语	050272T	文学	文学	四年
78	阿非利卡语	050273T	文学	文学	四年
79	马其顿语	050274T	文学	文学	四年
80	塔吉克语	050275T	文学	文学	四年
81	茨瓦纳语	050276T	文学	文学	四年
82	恩德贝莱语	050277T	文学	文学	四年
83	科摩罗语	050278T	文学	文学	四年
84	克里奥尔语	050279T	文学	文学	四年
85	绍纳语	050280T	文学	文学	四年
86	提格雷尼亚语	050281T	文学	文学	四年
87	白俄罗斯语	050282T	文学	文学	四年
88	毛利语	050283T	文学	文学	四年
89	汤加语	050284T	文学	文学	四年
90	萨摩亚语	050285T	文学	文学	四年
91	库尔德语	050286T	文学	文学	四年

续表

序号	专业名称	专业代码	门类	授予学位	基本修业年限
92	比斯拉马语	050287T	文学	文学	四年
93	达里语	050288T	文学	文学	四年
94	德顿语	050289T	文学	文学	四年
95	迪维希语	050290T	文学	文学	四年
96	斐济语	050291T	文学	文学	四年
97	库克群岛毛利语	050292T	文学	文学	四年
98	隆迪语	050293T	文学	文学	四年
99	卢森堡语	050294T	文学	文学	四年
100	卢旺达语	050295T	文学	文学	四年
101	纽埃语	050296T	文学	文学	四年
102	皮金语	050297T	文学	文学	四年
103	切瓦语	050298T	文学	文学	四年
104	塞苏陀语	050299T	文学	文学	四年

资料来源：《普通高等学校本科专业目录》，http://www.moe.gov.cn/srcsite/A08/moe_1034/s4930/202304/W020230419336779992203.pdf。

附录四
全国9种东盟语言招生院校名单

语种	院校数量	院校名称
泰米尔语	2	北京外国语大学、云南民族大学
菲律宾语	4	北京大学、云南民族大学、北京外国语大学、海南外国语职业学院
柬埔寨语	12	北京外国语大学、广东外语外贸大学、广西民族大学、广西外国语学院、海南外国语职业学院、红河学院、闽江师范高等专科学校、西双版纳职业技术学院、天津外国语大学、云南大学、云南民族大学、云南师范大学
马来语	13	北京外国语大学、广东外语外贸大学、广西国际商务职业技术学院、广西民族大学、海南外国语职业学院、闽江师范高等专科学校、四川外国语大学成都学院、天津外国语大学、西安外国语大学、云南大学、云南民族大学、中国传媒大学、中国人民解放军战略支援部队信息工程大学
老挝语	16	北京外国语大学、广东外语外贸大学、广西民族大学、广西外国语学院、贵州民族大学、海南外国语职业学院、红河学院、昆明冶金高等专科学校、丽江师范高等专科学校、普洱学院、西双版纳职业技术学院、云南大学、云南国防工业职业技术学院、云南旅游职业学院、云南民族大学、云南师范大学
印度尼西亚语	18	北京大学、北京外国语大学、北京语言大学、广东外语外贸大学、广西民族大学、广西民族大学相思湖学院、广西外国语学院、河北外国语学院、合肥工业大学、吉林华桥外国语学院、吉林外国语大学、曲靖师范学院、上海外国语大学、天津外国语大学、海南外国语职业学院、西安外国语大学、云南民族大学、浙江越秀外国语学院
缅甸语	24	保山学院、北京大学、北京外国语大学、大理大学、德宏师范高等专科学校、滇西科技师范学院、广东外语外贸大学、广西民族大学、广西外国语学院、贵州大学、海南外国语职业学院、红河学院、普洱学院、四川外国语大学、天津外国语大学、西南林业大学、西双版纳职业技术学院、玉溪师范学院、云南财经大学、云南大学、云南农业大学、云南民族大学、云南师范大学、云南司法警官职业学院

续表

语种	院校数量	院校名称
越南语	39	百色学院、北部湾大学、北京大学、北京第二外国语学院、北京外国语大学、广东外语外贸大学、广西大学、广西国际商务职业技术学院、广西民族大学、广西民族大学相思湖学院、广西民族师范学院、广西农业职业技术学院、广西外国语学院、广西职业技术学院、贵州民族大学、桂林学院、国防科技大学、海南外国语职业学院、河北外国语学院、红河学院、昆明冶金高等专科学校、南宁师范大学、南宁职业技术学院、上海外国语大学、四川外国语大学、四川外国语大学成都学院、文山学院、西南林业大学、云南财经大学、云南大学、云南大学滇池学院、云南机电职业技术学院、云南旅游职业学院、云南民族大学、云南农业大学、云南师范大学、云南外事外语职业学院、云南司法警官职业学院、中国人民解放军战略支援部队信息工程大学
泰语	78	安徽外国语学院、百色学院、北部湾大学、北京大学、北京外国语大学、成都大学、楚雄师范学院、大理大学、大连外国语大学、德宏师范高等专科学校、滇西科技师范学院、广东外语外贸大学、广东外语外贸大学南国商学院、广西城市职业大学、广西大学、广西国际商务职业技术学院、广西民族大学、广西民族大学相思湖学院、广西民族师范学院、广西农业职业技术学院、广西外国语学院、广西演艺职业学院、广西英华国际职业学院、广州华南商贸职业学院、贵阳幼儿师范高等专科学校、贵州民族大学、贵州航天职业技术学院、桂林旅游学院、桂林学院、海口经济学院、海南热带海洋学院、海南外国语职业学院、河北外国语学院、河池学院、红河学院、吉林外国语大学、昆明理工大学、昆明理工大学津桥学院、昆明文理学院、昆明学院、昆明冶金高等专科学校、昆明艺术职业学院、丽江文化旅游学院、南京工业大学浦江学院、南宁师范大学、南宁职业技术学院、内江师范学院、普洱学院、曲靖师范学院、山东外国语职业技术大学、汕头大学、上海外国语大学、四川外国语大学、四川外国语大学成都学院、天津外国语大学、太原旅游职业学院、文山学院、西安外国语大学、西南林业大学、西双版纳职业技术学院、玉溪师范学院、云南财经大学、云南大学、云南大学滇池学院、云南国防工业职业技术学院、云南交通职业技术学院、云南经济管理学院、云南经贸外事职业学院、云南旅游职业学院、云南民族大学、云南农业大学、云南师范大学、云南师范大学文理学院、云南司法警官职业学院、云南外事外语职业学院、中国人民解放军战略支援部队信息工程大学、浙江越秀外国语学院、重庆外语外事学院

注：某一语种专业2016~2022年未招生，不列入表格。

附录五
2023年语言服务企业推荐名录

2024 年 1 月，北京语言大学国家语言服务出口基地发布《2023 年语言服务推荐企业名录》。本次发布是根据候选企业自愿参与原则，研究团队采集参评企业的相关数据，使用结构化和文档化方法，对经营情况、纳税情况、标准化运营情况、行业地位、数字化建设、技术投入、标准引领等七个维度的若干指标逐一打分，并对被记入失信被执行名单的企业实行一票否决，经过严格筛选，客观、公正地选出以下 34 家企业进入名录。

附表 1　2023 中国语言服务企业推荐名录

序号	企业名称	注册地
1	安睿杰翻译(上海)有限公司	上海
2	百舜信息技术有限公司	北京
3	北京百通思达翻译有限公司	北京
4	北京康茂峰科技有限公司	北京
5	北京思必锐翻译有限责任公司	北京
6	北京雅信诚医学信息科技有限公司	北京
7	北京悦尔信息技术有限公司	北京
8	北京中慧言信息服务有限公司	北京
9	成都优译信息技术股份有限公司	成都
10	成都智信卓越科技有限公司	成都
11	传神语联网网络科技股份有限公司	武汉
12	创思立信科技(重庆)有限公司	重庆
13	福州译国译民集团有限公司	福州
14	广州市汇泉翻译服务有限公司	广州

续表

序号	企业名称	注册地
15	广州市迈尼科技有限公司	广州
16	甲骨易(北京)语言科技股份有限公司	北京
17	江苏省工程技术翻译院有限公司	南京
18	科大讯飞股份有限公司	合肥
19	昆明译诺翻译服务有限公司	昆明
20	上海创凌翻译服务有限公司	上海
21	上海文策信息科技有限公司	上海
22	深圳新宇智慧科技有限公司	深圳
23	深圳云译科技有限公司	深圳
24	四川精益通多语信息科技有限公司	成都
25	四川语言桥信息技术有限公司	成都
26	武汉爱译信息技术有限公司	武汉
27	武汉精译翻译有限公司	武汉
28	新译信息科技(深圳)有限公司	深圳
29	盈科译融(北京)信息技术有限公司	北京
30	智慧宫文化产业集团有限公司	银川
31	中电金信数字科技集团有限公司	上海
32	中国国际图书贸易集团有限公司	北京
33	中冶东方工程技术有限公司	青岛
34	中译语通科技股份有限公司	北京

注：按拼音排序，不分先后。

资料来源：《2023 中国语言服务推荐企业名录》，商务部网站，2024 年 1 月 23 日，http：//tradeinservices. mofcom. gov. cn/article/yyfw/yyfwxwfb/202401/160829. html。

附录六
2023年机器翻译平台推荐名录

2023 年 4 月，北京语言大学国家语言服务出口基地发布《2023 机器翻译平台推荐名录》，共有百度、腾讯等 16 家企业研制的机器翻译平台入选，这是国内首次发布机器翻译平台的相关名录。北京语言大学国家语言服务出口基地组织专家对国内主流的机器翻译平台进行大规模筛选，参考机器翻译质量评估相关 ISO 标准和国家标准，对入选的机器翻译推荐平台采取了多项测评指标的对比分析和评分，包括多篇译文输出质量、输出译文格式、互译语种数量、平台响应时间、平台访问难易度、产品服务功能等。该名录可以基本反映我国机器翻译领域的最高水平。

附表 1　2023 年机器翻译平台推荐名录

序号	研制单位	平台名称
1	沈阳雅译网络技术有限公司	小牛翻译
2	深圳市腾讯计算机系统有限公司	腾讯翻译
3	新译（深圳）信息科技有限公司	智译
4	网易有道信息技术（北京）有限公司	有道智云 AI 开放平台-自然语言翻译
5	阿里巴巴集团	阿里翻译
6	百度在线网络技术（北京）有限公司	百度翻译
7	甲骨易（北京）语言科技股份有限公司	LanguageX
8	四川译讯信息科技有限公司	云译通 AI 多语智能翻译平台
9	传神语联网网络科技股份有限公司	云译客
10	深圳云译科技有限公司	译境在线机器翻译平台

续表

序号	研制单位	平台名称
11	成都优译信息技术股份有限公司	译马网机器翻译
12	四川语言桥信息技术有限公司	LanMT
13	广西达译科技有限公司	译畅汉东南亚神经网络机器翻译平台
14	中国标准化研究院	标准化中英双语智能翻译云平台
15	北京外国语大学	LingTrans101
16	中电金信软件有限公司	鲸语智能多语言服务平台

注：排名不分先后。

资料来源：《北京语言大学国家语言服务出口基地发布〈2023 机器翻译平台推荐名录〉》，北京语言大学国家语言服务出口基地网站，2023 年 5 月 5 日，http：//ls. blcu. edu. cn/info/1103/1411. htm。

Abstract

Language services are a crucial part of the modern services industry and service trade. In 2023, China's total service trade reached 6 trillion yuan, with the language services sector generating over 198. 2 billion yuan in revenue and encompassing more than 1. 24 million language service enterprises nationwide. Meanwhile, the machine translation and AI language services market saw rapid growth, marking the sector as an emerging opportunity in knowledge-and-technology-intensive services.

The Report on Language Services Development in China (2024) consists of five sections: General Report, Markets Reports, Regional Reports, Global Insights Reports, and Case Reports. Through quantitative analysis, big data mining, and industry prosperity analysis, this book offers an in-depth look into the historical backdrop, current milieu, and future outlook of China's language services industry. It shines a spotlight on eight core markets and six key regions, such as Beijing-Tianjin-Hebei Region, Yangtze River Delta, and the Guangdong-Hong Kong-Macao Greater Bay Area. The analysis delves into the intricacies of machine translation and AI language services, tracks global market tendencies, and evaluates the standing of domestic firms. It further makes case studies of three types of bases for specialized language service exports, providing an overarching perspective of China's language services sector.

Despite a relatively recent advent, China's language services industry has matured into a comprehensive ecosystem, characterized by a growing market, defined categorizations, diversity of service offerings, extensive geographical spread, and great growth potential. Throughout the "14th Five-Year Plan" period, eight core markets emerged, encompassing translation and localization, media language services, language training, and multilingual content services. By 2023, these core markets reached 198.2 billion yuan, underscoring the industry's remarkable achievements and future potential. Nevertheless, the rapid expansion has encountered many challenges. The translation and localization market grapples with talent shortages and quality inconsistencies; multimedia language services are under the strain of rising costs and frequent intellectual property disputes; the efficacy of foreign language training varies, impacting learning outcomes; and substandard multilingual content translations obstruct international exchanges. The report recommends elevating translation and localization standards, enriching service quality, advancing multimedia language service technologies and safeguarding intellectual property rights, enhancing foreign language teacher training, and fostering the application of AI language technologies in cross-border e-commerce.

The report identifies the six regions such as the Beijing-Tianjin-Hebei Region, Yangtze River Delta, and Guangdong-Hong Kong-Macao Greater Bay Area, as pivotal for the industry's progression, however, these regions also face challenges like uneven development, outdated technologies, and a shortage of skilled professionals. It calls for further standardization, the promotion of AI language services in specialized sectors like finance, law, and healthcare, and larger and stronger regional industries to catalyze nationwide growth.

In 2023, the machine translation and AI language services market in China burgeoned to 61.6 billion yuan, supported by over 820000 enterprises. The sector is more diversified, with big data technology emerging as a core service. The report advocates for more investment in technology R&D, nurturing enterprise-university partnerships, emphasizing standardization and quality management, innovating machine translation applications, and training talent for sustainable AI language services market growth.

On a global scale, the language services industry maintained a high growth trajectory in 2023, with worldwide output surpassing $51.9 billion. Europe and North America continue to be the powerhouses, while the Asia-Pacific region, although smaller in market share, shows substantial growth potential. The global market is veering towards more intelligent, specialized, and standardized services, necessitating China's language services industry to align with these trends to spearhead innovation and promote both internationalization and professional advancement.

Based on a survey of 144 domestic firms, the report found that in spite of the pandemic's ramifications, about 73% of businesses thrived under pressure of high labor costs and stiff competition. It recommends language service providers to intensify digital and technological integrations, diversify market and business ventures, attract and retain top-tier talent, and formulate long-term strategic plans and risk assessment frameworks to bolster competitiveness.

With governmental endorsement, 14 bases for specialized service export (language services) were authorized in 2022 and positively influenced the industry progression. Park-type bases enhance industry growth through "one-stop" services, technological innovation and international collaboration; university-type bases pioneer in discipline development, international Chinese education and international talent cultivation; enterprise-type bases improve service quality through technology-driven innovations.

Looking forward, China's language services industry stands at the cusp of substantial opportunities. The sector is urged to keep pace with novel trends in AI language services, refine the industry structure, elevate service quality and efficiency, and bolster language service exports to align with the nation's high-quality development and opening-up strategy.

Keywords: Language Services; Language Services Industry; AI Language Services

Contents

Ⅰ General Report

Abstract: During the "14th Five-Year Plan" period, China has continuously expanded its opening up to the world, ushering in a significant phase of swift expansion for the language services sector. This report clearly defines the relevant core concepts of language services and adopts detailed statistics to delve into the history, environment, current status, and prospects of China's language services industry, as well as the main challenges, proposing suggestions for industry development. Despite a belated inception, persistent development have culminated in a robust and comprehensive industry infrastructure. In 2023, the market size reaches over 198.2 billion yuan, and the volume of enterprises totals over 1.24 million. The language sector has witnessed continual growth in scale, refinement in categorization, diversification in service offerings, and an expanded geographic presence, showing vast potential for further development. Facing the upcoming "15th Five-Year Plan", the sector faces challenges, including a scarcity of skilled professionals, underutilization of advanced technologies, and intense market competition. In the future, AI language services will become a new trend. The language services sector needs to optimize its structure, actively embrace technological innovation, improve service quality and efficiency, strengthen professional training, foster the technological integration, and expand language service exports, to actively serve China's high-quality development and new opening-up landscape.

Keywords: Language Services; Language Services and Industry; Technological Innovation; AI

Ⅱ Markets Reports

B.2 Report on the Core Markets of Language Services in China (2024) *Jin Yujue, Meng Yongye and Wang Lifei* / 068

Abstract: This report focuses on the analysis of the eight core markets within China's language services sector, including the markets for translation and localization, media language services, language education and training, multilingual content services, multilingual big data services, cross-border e-commerce language services, language technology, and the language talent market. An analysis of the market size and its characteristics in 2023 shows that the output value has reached over 198.2 billion yuan. It highlights the remarkable achievements and the potential growth of the language service industry during the "14th Five-Year Plan" period. The translation and localization services are dually driven by technological innovation and an increase in market demand. The media language services and foreign language education markets are rapidly undergoing a digital transformation, continually expanding the breadth and depth of their services. Multilingual content and cross-language data services have emerged as new pathways for companies venturing into international markets. The profound integration of cross-border e-commerce and language technology is accelerating market growth, injecting new vitality into the language service industry. The report identifies talent, technology, and quality as the main restrictions to industry development. The translation and localization market faces a shortage of skilled professionals, substandard translation quality, and insufficient application of new technologies. The multimedia language services market, under cost pressure, lacks quality standards, and encounters frequent intellectual property disputes. The foreign language training market suffers from poor teaching quality and outcomes. The multilingual content management market incurs to poor translation and intercultural communication. The big data language services market is scarce of data for less commonly spoken languages and strategic planning. Cross-border e-commerce has high market demand for localization but suffers from high labor costs and limited language offerings. The foreign language talent market is undersupplied. The international Chinese market faces an imbalance in labor supply and demand, with insufficient and unqualified teachers, and a mismatch between teacher training and market demand. The report calls for improving translation and localization standards to ensure service quality, and increased R&D in multimedia language technology, the establishment of industry standards, and better intellectual property protection. The report emphasizes improving foreign language teacher training and teaching quality, enhancing translation and cultural adaptability for multilingual content, applying more AI language technology in cross-border e-commerce, and developing multilingual talents and the quality system for international Chinese education to ensure high-quality and sustainable development in the language services industry.

Keywords: Language Services; Multiligual Big Data; AI Language Technology

Abstract: Leveraging comprehensive statistical data, this report unveils, for the first time, the current developments and growth trends in machine translation and AI language services market in China. In 2023, the sector output a value of over 61.6 billion yuan, supported by over 820000 AI language enterprises, among which merely 25 are machine translation companies. The AI language services has evolved into a multifaceted industry, with big data mining and analysis emerging as one of the pivotal services. A notable discrepancy exists in the workforce population across machine translation and AI language sectors, paralleled by an escalating demand for skilled professionals. Through a scrutiny of the prominent machine translation firms and products in China, it becomes evident that ChatGPT has profoundly influenced the realm of machine translation, propelling industry advancement amidst market competition, technological evolution, and sector challenges. The report suggests increasing investment in technology R&D, fostering industry-academia-research cooperation, promoting standardization and quality control, expanding innovative industry applications, strengthening talent cultivation, and encouraging the sustained development of the machine translation and AI language services market to secure a solid position for China in the global language technology market.

Keywords: Machine Translation; AI Language Services; Language Technology

Ⅲ Regional Reports

B.4 Report on the Language Services Market in the Beijing-Tianjin-Hebei Region (2024)

Abstract: This report analyzes the language services market in the Beijing-Tianjin-Hebei Region in 2023, focusing on key areas such as total market value, number of enterprises, employability, language technology market, and demand for language professionals. The study reveals that the region's language service market reached a total value of 47.507 billion yuan, with 218590 language enterprises and 214531 employees. Beijing alone accounted for 37.804 billion yuan, with 175996 enterprises and 16754 employees. As the language service industry in the Beijing-Tianjin-Hebei Region integrates, it faces multiple challenges such as tense market competition, imbalance in talent demand, inadequate capacity for technological innovation, under-standardization, difficulties in regional collaboration, and risks to information security. The report suggests the establishment of an integrated regional platform for information sharing to enhance efficiency and quality, strengthening cooperation between companies within the region as well as with other service industries, improvement of industry standards, optimizing internal and external information flow and collaboration, and enhancing talent training and knowledge sharing. These measures aim to bolster the overall competitiveness and the coordinated development of the language service sector in the region.

Keywords: Language Services; Beijing-Tianjin-Hebei Region; Language Talents

Abstract: In 2023, the language services market in the Yangtze River Delta exceeds 70.86 billion yuan. Shanghai take the lead in output value, accounting for 43.67%. Jiangsu Province has the largest number of language companies, accounting for 48% of the total in the Yangtze River Delta, indicating a high concentration of enterprises and an active market. The region employs over 290600 professionals in the language services sector. Shanghai stands out for the number of foreign-invested enterprises and employees, showcasing a clear global edge. The language technology market in the Yangtze River Delta shows a pattern of concentration in Jiangsu and Shanghai, and a dispersion in Anhui and Zhejiang Provinces. The strong economy of the Yangtze River Delta has led to a steady increase in demand for top multilingual and technology-integrated talents in the market. The innovation in artificial intelligence technology and the deepening of regional cooperation further promotes the sustained growth of the language service market and language technology market in the Yangtze River Delta.

Keywords: Language Services; Language Technology; Yangtze River Delta

B.6 Report on Language Services Market in Guangdong-Hong Kong-Macao Greater Bay Area (2024)

Shao Shanshan, Zhang Di and Wang Lifei / 195

Abstract: This report investigates the language services market in the Guangdong-Hong Kong-Macao Greater Bay Area (GBA), one of the most economically developed regions in China. In 2023, the total market value for language services in the GBA reached 20.777 billion yuan, with Guangdong Province contributing the largest share of 19.416 billion yuan. The Hong Kong Special Administrative Region (SAR) accounted for 1.361 billion yuan and the Macao SAR 0.247 billion yuan. The GBA hosts a total of 119781 language enterprises and 128926 employees in this sector. The language technology market was valued at 0.373 billion yuan, with Guangdong Province holding a 99.8% share and hosting 119532 language service enterprises, making it a leader in both language services and language technology. There were 47512 job postings related to language services in the GBA, 94% of which were offered in Guangdong Province. Guangzhou and Shenzhen exhibit a high demand for language professionals, while the demand in Hong Kong and Macao remains stable, primarily for talents in finance, law, and tourism. As the GBA strategies progress, the demand for language talents in international trade and technological innovation is expected to rise, and the mobility further intensifies.

Keywords: Language Services; Language Talents; Guangdong-Hong Kong-Macao Greater Bay Area

B.7 Report on the Language Services Market in the Hainan Free Trade Port (2024)

Wang Lifei, Li Jiexin and Yan Wenjin / 213

Abstract: This report investigates the language services market in the Hainan

Free Trade Port. The research indicates that the market shows a strong growth. In 2023, the total output value exceeded 1. 879 billion yuan, with language service enterprises contributing 32. 9% of this total. Hainan Province is home to 11734 language service enterprises, mainly concentrated in Haikou and Sanya, among which over 40% of them are small-sized. The language service industry in Hainan primarily focuses on translation, information technology, and foreign language training, with 233 translation companies generating an output value of 278. 8 million yuan. The workforce of language services in Hainan Province stands at 5568. The language technology market remains small, but is highly potential for growth in international tourism and cross-border e-commerce. Haikou and Sanya have strong demand for multilingual translators and foreign language teachers. In general, language services market in the Hainan Free Trade Port is dominant of small enterprises, intensive in market competition, and weak in application of language technologies. There is an urgent need for policy guidance and financial support to improve the development quality of language industry in the future.

Keywords: Language Services; Language Technology; Hainan Free Trade Port

Abstract: This report investigates the language services market in the Guangxi Pilot Free Trade Zone. In 2023, the total output value of the language services market of Guangxi exceeded 2. 808 billion yuan, with the language enterprise output value accounting for 34. 8%. Nanning, as the center of language services and training, achieved an output value of 205. 4 million yuan, accounting for 53. 07% in the region. Guangxi hosts 646 language enterprises, mainly concentrated in Nanning, Liuzhou, and Guilin, characterized by small size, scarcity of large companies, and low market concentration. The market structure is dominated by 30. 3% translation services, followed by 29. 7% language technology and 28. 0% foreign language training respectively. As a crucial bridge for cross-border cooperation with ASEAN countries, the language technology market in Guangxi achieved an output value of 55.67 million yuan in 2023, with big potential for future market. The Guangxi language service sector faces challenges from regional development imbalances and the small scale of enterprises. However, with deepening cross-border cooperation with ASEAN countries, there is noticeably increasing demand for talents in ASEAN languages such as Vietnamese, Thai, and Malay. Guangxi is expected to play a more vital role in the global language market, especially in trade, tourism, and diplomacy. Despite the current short supply in ASEAN language services, the regional language market is prospective, in view of the advancement of the "Belt and Road" construction and strengthened policy support.

Keywords: Language Services; ASEAN Languages; Guangxi Pilot Free Trade Zone

Abstract: This report investigates the language services market within the Chengdu-Chongqing Economic Circle. The study reveals that in 2023, stark regional disparities and imbalances exhibited in the language market in the Circle, with the Chengdu area as a leader in the total output value of 4654.26 million yuan, and the Chongqing area, 2422.46 million yuan. The Chengdu area outnumbered Chongqing with 1734 language companies, accounting for 70.1% of the total. Chongqing exhibited a notable advantage in attracting foreign investment, underscored by the higher output value of its foreign-invested enterprises. Language service companies in Chengdu primarily clustered in the central districts of the High-tech District and Wuhou District, while in Chongqing, companies spread out in Yubei District and Jiangbei District. The report indicates that language services in minority areas of the Chengdu-Chongqing region are relatively insufficient, both in the number of companies and output value, and calls for more ethnic language services to support regional economic growth. The formation of the Chengdu-Chongqing Economic Circle harbors substantial growth potential for the language service sector. Chongqing, in more collaboration with Chengdu, draws on successful experiences to vigorously foster the language industry development, shares resources and experiences between two cities, and jointly works towards the flourishing regional language services market.

Keywords: Language Services; Language Technology; Chengdu-Chongqing Economic Circle

Ⅳ Global Insights Reports

B.10 Report on Global Language Services Industry Growth

Cui Can, *Shao Shanshan* / 272

Abstract: This report gives an in-depth analysis of the evolving trends within the global language services industry, revealing that the sector is experiencing sustained expansion. Despite the challenges of the pandemic, the industry's value breached the $51.9 billion mark in 2023, with a robust growth rate of over 12%, underscoring its ongoing dynamic growth. The industry exhibits a high concentration in the European and American regions, which not only represent the largest markets, with Europe contributing to 46% and the Americas to 42.5% of the market share, but also host the majority of the top 100 global language service providers, with Europe accounting for more than 50% and the Americas for more than 20%. Although the revenues of these leading 100 global language enterprises have shown consistent growth, the distribution of companies across the sector is markedly uneven, leading to a highly fragmented market landscape. Currently, the global language market is embracing new trends towards artificial intelligence solutions, further segmentation, and standardization. The development of the global language services industry has brought valuable insights to China,

i. e. prompting technology-driven innovation, fostering market growth through specialization and segmentation, pursuing growth with a balance in globalization and localization, seeking survival through quality and standardization, and strengthening capabilities with diverse talents, to become more efficient, professional, and international.

Keywords: Language Services Industry; Global Language Services; Intelligence; Language Enterprises

Abstract: This report gives an in-depth analysis of the growth dynamics of the language services industry across pivotal global regions. In 2023, the European market emerged as a frontrunner in the language services sector. Within Europe, the Nordic region topped the whole continent with a 25.18% market share. The North American language services market accounted for 42.50% of the global market share, with its top 100 companies outpacing competitors across the Americas. Meanwhile, the emerging Asia-Pacific regional market claimed a share of 10%, revealing huge potential growth and opportunity. Through a comparative analysis of the language industry developmental across the three key global regions, this report uncovers the multifaceted challenges faced by the global language industry and underscores the European and American experiences worthy of learning by China and other emerging markets in Asia. They emphasize the need for high-standard quality management, technology-driven innovation, satisfaction of diversified service demands, attention to professional talent training, expansion of international cooperation and markets, and better customer satisfaction.

Keywords: Language Services Industry; European and American; Asia-Pacific

V Case Reports

Abstract: This report presents the findings of a questionnaire survey on 144 Chinese language service companies in 2022 amidst the Covid-19 pandemic. It describes their business operations, profitability, salary expenditures, volume of customer transactions, revenue percentage from bidding projects and international orders, and their future strategic plans. The survey unveils a diversity of and substantial discrepancies in business operations across the language service sector. In 59% of the surveyed companies, employee salaries account for 40% or more of their total revenue, signaling tense market competition and a common lack of customer engagement. A direct corrletion was observed between the companies' revenues and their counts of active, new, and core customers. Revenues generated from bidding on projects and international business were found notably low across the surveyed firms. A big majority of companies are taking a cautious and conservative approach to their future growth strategies. The report points out that enterprises should enhance digital transformation and technology application, explore more diversified markets and business sectors, attract and retain high-end translation and technology talents, introduce high-standard quality management systems and continuous service innovation, develop long-term plans and effective risk assessment mechanisms, and increase customer loyalty. Enterprises are encouraged to actively engage in the development of industry standards to bolster their competitiveness in both domestic and international markets.

Keywords: Language Service Companies; Transtation Talents; High-standard Quality Management Systems

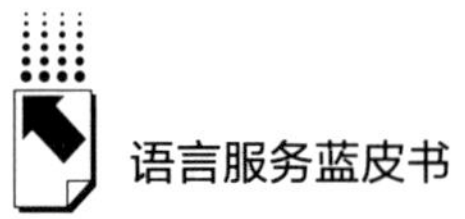

B.13 Case Report on Bases for Specialized Service Export (Language Services)

Writing Team of the Base for Specialized Service Export / 312

Abstract: The report makes case studies of the Bases for Specialized Service Export (Language Services) jointly recognized by seven ministries and administrations, outlining the selection criteria and procedures for 14 Bases for Specialized Service Export (Language Services). Nine of them are chosen as exemples, including two park-type, two university-type bases, and five enterprise-type bases. It summarizes their experiences and achievements from seven aspects since their inception. Each type of base showcases unique attributes that contribute significantly to the advancement of the language service sector. Park-type bases catalyze industry growth and foster cross-cultural exchanges by offering extensive "one-stop" services, technological advancements, international collaborations, and intelligent infrastructures. University-type bases prioritize the high-quality language education service trade, nurturing global talents and facilitating academia-industry partnerships, with a strong commitment to the global promotion of Chinese culture. Enterprise-type bases leverage technology to provide an array of multilingual services, perpetuating innovation and development to assure superior service quality, deepen technological application, and promote industry innovation and globalization. Together, these bases advance the language service sector and offer valuable benchmarks for other language service enterprises.

Keywords: Bases for Specialized Service Export; Language Services; Large Language Model

权威报告·连续出版·独家资源

皮书数据库

ANNUAL REPORT(YEARBOOK) DATABASE

分析解读当下中国发展变迁的高端智库平台

所获荣誉

- 2022年，入选技术赋能“新闻+”推荐案例
- 2020年，入选全国新闻出版深度融合发展创新案例
- 2019年，入选国家新闻出版署数字出版精品遴选推荐计划
- 2016年，入选“十三五”国家重点电子出版物出版规划骨干工程
- 2013年，荣获“中国出版政府奖·网络出版物奖”提名奖

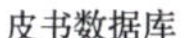
皮书数据库

“社科数托邦”
微信公众号

成为用户

登录网址www.pishu.com.cn访问皮书数据库网站或下载皮书数据库APP，通过手机号码验证或邮箱验证即可成为皮书数据库用户。

用户福利

- 已注册用户购书后可免费获赠100元皮书数据库充值卡。刮开充值卡涂层获取充值密码，登录并进入“会员中心”—“在线充值”—“充值卡充值”，充值成功即可购买和查看数据库内容。
- 用户福利最终解释权归社会科学文献出版社所有。

数据库服务热线：010-59367265
数据库服务QQ：2475522410
数据库服务邮箱：database@ssap.cn
图书销售热线：010-59367070/7028
图书服务QQ：1265056568
图书服务邮箱：duzhe@ssap.cn

社会科学文献出版社 SOCIAL SCIENCES ACADEMIC PRESS (CHINA) 皮书系列
卡号：492492494661
密码：

S 基本子库
UB DATABASE

中国社会发展数据库（下设 12 个专题子库）

紧扣人口、政治、外交、法律、教育、医疗卫生、资源环境等 12 个社会发展领域的前沿和热点，全面整合专业著作、智库报告、学术资讯、调研数据等类型资源，帮助用户追踪中国社会发展动态、研究社会发展战略与政策、了解社会热点问题、分析社会发展趋势。

中国经济发展数据库（下设 12 专题子库）

内容涵盖宏观经济、产业经济、工业经济、农业经济、财政金融、房地产经济、城市经济、商业贸易等 12 个重点经济领域，为把握经济运行态势、洞察经济发展规律、研判经济发展趋势、进行经济调控决策提供参考和依据。

中国行业发展数据库（下设 17 个专题子库）

以中国国民经济行业分类为依据，覆盖金融业、旅游业、交通运输业、能源矿产业、制造业等 100 多个行业，跟踪分析国民经济相关行业市场运行状况和政策导向，汇集行业发展前沿资讯，为投资、从业及各种经济决策提供理论支撑和实践指导。

中国区域发展数据库（下设 4 个专题子库）

对中国特定区域内的经济、社会、文化等领域现状与发展情况进行深度分析和预测，涉及省级行政区、城市群、城市、农村等不同维度，研究层级至县及县以下行政区，为学者研究地方经济社会宏观态势、经验模式、发展案例提供支撑，为地方政府决策提供参考。

中国文化传媒数据库（下设 18 个专题子库）

内容覆盖文化产业、新闻传播、电影娱乐、文学艺术、群众文化、图书情报等 18 个重点研究领域，聚焦文化传媒领域发展前沿、热点话题、行业实践，服务用户的教学科研、文化投资、企业规划等需要。

世界经济与国际关系数据库（下设 6 个专题子库）

整合世界经济、国际政治、世界文化与科技、全球性问题、国际组织与国际法、区域研究 6 大领域研究成果，对世界经济形势、国际形势进行连续性深度分析，对年度热点问题进行专题解读，为研判全球发展趋势提供事实和数据支持。

法律声明